『十三五』国家重点出版物出版规划项目

长江三峡工程文物保护项目报告 乙种第六十二号

重庆市文物局 重庆市水利局 主编

巫山古城和大昌蓝家寨

中国社会科学院考古研究所 编著

科学出版社

内 容 简 介

本书是关于中国社会科学院考古研究所主持的三峡库区考古发掘资料的专题考古报告之一，分为上、下两编。上编巫山古城遗址，位于重庆市巫山县。主体涵盖魏晋、宋元、明清时期遗存，出土大量陶瓷器标本等，为研究三峡库区的政治、经济、军事、历史增添了丰富的考古资料。下编大昌蓝家寨遗址，位于重庆市巫山县大昌镇蓝家寨村。实际上包含蓝家寨遗址和石园子墓地两部分。其中石园子墓地是一处东周时期的重要墓地。其墓葬保存较好，随葬品组合鲜明、数量丰富，是研究东周时期巴蜀文化的珍贵考古资料。

本书适于从事考古学、历史学等相关学科的研究者和相关人员阅读。

图书在版编目（CIP）数据

巫山古城和大昌蓝家寨 / 中国社会科学院考古研究所编著. -- 北京：科学出版社，2025. 8. --（长江三峡工程文物保护项目报告）. -- ISBN 978-7-03-082398-4

Ⅰ. K878.35；K878.85

中国国家版本馆CIP数据核字第2025Y9T361号

责任编辑：王光明　曹　伟　王　钰 / 责任校对：邹慧卿

责任印制：肖　兴 / 封面设计：陈　敬

科学出版社 出版

北京东黄城根北街 16 号

邮政编码：100717

http://www.sciencep.com

北京中科印刷有限公司印刷

科学出版社发行　各地新华书店经销

*

2025年8月第　一　版　开本：880 × 1230　1/16

2025年8月第一次印刷　印张：16 1/4　插页：53

字数：655 000

定价：328.00元

（如有印装质量问题，我社负责调换）

"13th Five-Year Plan" National Key Publications Publishing and Planning Project

Reports on the Cultural Relics Conservation
in the Three Gorges Dam Project
B(site report) Vol.62

Cultural Relics and Heritage Bureau of Chongqing
Chongqing Water Resources Bureau

Wushan Ancient City and Lanjiazhai Site in Dachang

The Institute of Archaeology,
Chinese Academy of Social Sciences

Science Press

长江三峡工程文物保护项目报告

重庆库区编委会

石　强　高　琳　刘　忠　幸　军　王德兵

王川平　程武彦　刘豫川　白九江

重庆市人民政府三峡文物保护专家顾问组

张　柏　谢辰生　吕济民　黄景略　黄克忠　苏东海　徐光冀

刘曙光　夏正楷　庄孔韶　王川平　李　季　张　威　高　星

长江三峡工程文物保护项目报告
乙种第六十二号

《巫山古城和大昌蓝家寨》

主　　编

董新林

执行主编

汪　盈

项目承担单位

中国社会科学院考古研究所

目　　录

上编　巫山古城遗址

下编　大昌蓝家寨遗址

插图目录

上编　巫山古城遗址

下编 大昌蓝家寨遗址

图版目录

上　编

巫山古城遗址

第一章 概 述

巫山古城遗址位于今重庆市巫山县巫峡镇西南约250米。该城地处长江左岸，地势南部平坦、北端陡升。地理坐标为东经109°52′40″，北纬31°4′22″，海拔90～260米（图1-0-1）。

早在新石器时代晚期，古城南部人民医院遗址即汇聚有大量先民，创造了灿烂的大溪文化①。三代以来，城外西北部阳台山一带丰富的两汉遗存也证实了此区历史底蕴的深厚②。

太康元年（280年），晋武帝司马炎合“吴、晋各有建平郡”，治峡口江岸，城垣修建或始于此③。郦道元《水经注》记述该城“缘山为墉，周十二里一百一十步，东、西、北三面皆带傍深谷，南临大江”④。宋、齐、梁、西魏、北周因之。又，《水经注》“巫溪水”条注云：“溪水又南屈径巫县东，县之东北三百步有圣泉，谓之孔子泉。”此泉尚存，位城外东北原圣泉村，迄今水势不减。

隋开皇三年（583年），隋文帝杨坚废建平郡，留置巫县。巫县县名改加“山”字，隶信州，“巫山县”自此始称⑤。唐武德二年（619年），改信州为夔州，巫山隶之⑥。

南宋乾道五年（1169年），时夔州通判陆游以“县在峡中”，颂称“壮县也”⑦。考古出土淳熙十六年（1189年）墓志述墓主“藏（葬）于县之北原黑龙泉之西”，黑龙泉至今犹存，亦证宋时巫山县即今之巫山县⑧。

明清以降，巫山县的沿革情况较为清晰。据明正德《夔州府志》载刻《巫山县地理图》，县城城垣原设六门⑨。清光绪十九年（1893年）复刊《县志》，追溯正德二年（1507年）知县唐书以成化七年（1471年）城垣岁久圮坏，正其方位，始筑石城。唐氏改六门为四门，东曰“丛秀”、西称“会仙”、南名“巫山”、北呼“阳台”。嘉靖二十九年（1550年），巫山大

---

① 武汉市文物考古研究所、巫山县文物管理所：《巫山古城遗址（人民医院）2003年度发掘简报》，《重庆库区考古报告集·2003卷》（第三册），科学出版社，2019年，第1759～1779页。

② 中国社会科学院考古研究所三峡工作队、重庆市文物局：《巫山古城遗址发掘报告》，《重庆库区考古报告集·2000卷》，科学出版社，2007年，第25～48页。

③ （唐）房玄龄等：《晋书》卷十五，中华书局，1974年，第456页。

④ （北魏）郦道元：《水经注》卷三十四，岳麓书社，1995年，第498～506页。

⑤ （唐）魏徵等：《隋书》卷二十九，中华书局，2019年，第919、920页。

⑥ （后晋）刘昫等：《旧唐书》卷三十九，中华书局，1975年，第1555、1556页。

⑦ （南宋）陆游：《入蜀记》，《全宋笔记·第五编》（八），大象出版社，2012年，第155～220页。

⑧ 中国社会科学院考古研究所长江三峡工作队：《长江三峡巫山、巫溪考古发掘报告》，待刊。

⑨ 奉节县县志编纂委员会办公室：《正德夔州府志》（天一阁藏明代方志选刊），中华书局，2009年。

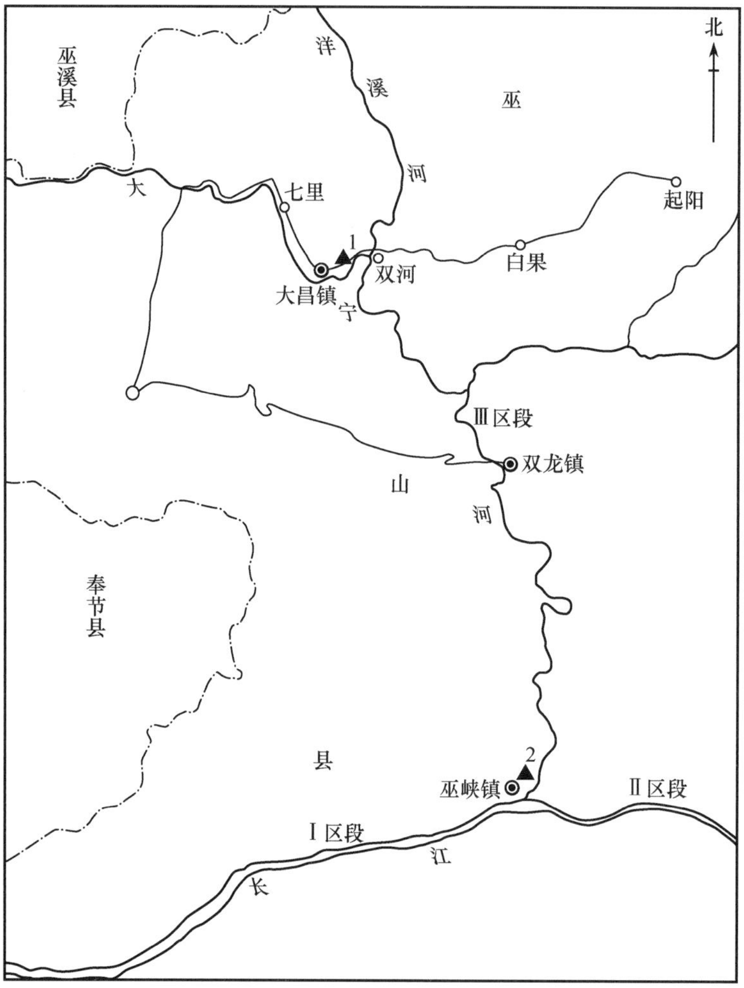

图1-0-1　长江三峡工作队巫山、巫溪县调查区段示意简图

1. 蓝家寨遗址和石园子墓地　2. 巫山古城遗址

水，城塌。万历元年（1573年），时任知县赵时凤重修城垣。因火患常起，继任知县张维任复更东门曰“永清”、南门称“临江”、西门名“广济”、北门呼“镇源”。自此至明末清初，张献忠、李自成义军数番攻城，城墙渐毁。

清乾隆三十二年（1767年），知县朱斐然重修城垣，“石砌砖拱，围城七百一十六丈”，改四门称谓，东曰“太清”、南称“平江”、西名“盛源”、北呼“世润”。咸丰十年（1860年）至同治九年（1870年），巫山水患频仍，城垣倾裂，至光绪十四年（1888年）培修完竣，乃定今古城城圈及四门建置（图版一）①。

民国三十五年（1946年），美国《生活》杂志出资刊摄三峡，摄影师凯塞尔俯拍巫山县城（图版二）②。同年，县内修葺街道，拆东门太清门。民国三十七年（1948年），筑碉堡，毁北门世润门。1952年，拆城墙，堕西门盛源门。至2003年，巫山古城明清四门，仅余城南平

① （清）恩成、诚瑞等：《夔州府志》，国家图书馆藏光绪十七年刻本；（清）李友梁等：《巫山县志》，国家图书馆藏光绪十九年刻本；王倩：《雍正〈巫山县志〉校注及研究》，重庆三峡学院硕士学位论文，2017年。

② 陈文：《民国时期凯塞尔之三峡摄影观》，《三峡论坛（三峡文学·理论版）》2018年第3期。

江门[1]。

为更好地理解巫山古城遗址的布局、沿革及遗址内出土考古材料的内涵等，下面对今重庆市巫山县的地理环境和历史沿革分别予以简要介绍。

第一节　地理环境与历史沿革

一、地 理 环 境

巫山古城遗址所在的巫山县位于重庆直辖市的东部边缘，地处长江三峡腹心地带，是长江中游地区沟通东西水陆交通的咽喉地带，素有“渝东北门户”之称[2]。

该县地跨长江巫峡两岸，东邻湖北省巴东县，南接湖北省建始县，西抵重庆市奉节县，北依重庆市巫溪县和湖北省神农架林区，是重庆向东开放的“桥头堡”。县域全境跨东经109°33′~110°11′、北纬33°45′~31°28′，总面积约2958平方千米。

县人民政府驻巫峡镇。辖26个乡镇（街道）、340个村（居）。截至2005年，总人口约60万，汉族占99.99%，另有极少数土家族、蒙古族、回族、满族、苗族、彝族等[3]。

县境系大巴山、巫山、七曜山三大山脉交接部，地势南北高中间低。巫山山脉矗立东南，为渝鄂界山；大巴山山脉亘峙北部，县境部分为其南坡；七曜山山脉横亘中部（长江北岸）。三大山脉在县境相会，丘陵平坝散布其间，构成“万峰磅礴一江通，锁钥荆襄气势雄，田野纵横千嶂里，人烟错杂半山中”的地貌景观。三山交界的地理区位使得该县山地总面积达97%以上。其中，中山约60%、低山约36%、丘陵平坝4%。县境最高点为大巴山南坡的太平山，海拔2680米；最低点为长江段东端的鳊鱼溪口，海拔73.1米。

县内河流统属长江水系，长江自西向东横贯中南部，54条溪流呈树枝状遍布全境。全县水域总面积约88平方千米，占面积3%。河流径流总量67.75亿立方米，水能资源丰富，开发潜力巨大。由于溪河密布，侵蚀强烈，遂形成峡谷幽深、岩溶发育、中低山多、丘陵平坝少的地貌现状。

其中，经流水作用的丘陵主要分布于大昌、巫峡等地，海拔400~1000米，属三级以上阶地所切割成的断续分布的平缓台地；缓丘平坝则主要有菜子坝、大昌坝等，属河流阶地形，切割浅，地势缓。台地、坝顶均覆盖较厚冲积层，土壤肥沃，适于耕种。

巫山县气候环境属亚热带湿润区。春季回春早，但不稳定，常出现低温阴雨及寒潮；夏季长，气温高，降水多而集中，常有暴雨，间有洪涝，且多伏旱；秋季气温下降快，碍于小环境，常阴雨绵绵；冬季短，气候温和，少霜雪。冬半年（11月~次年4月）降水量占全年的22%，0℃以上的正积温日占32%；下半年（5月~10月）降水量占全年的78%，0℃以上的正积

① 四川省巫山县志编纂委员会：《巫山县志》，四川人民出版社，1991年。

② 四川省巫山县志编纂委员会：《巫山县志》，四川人民出版社，1991年。

③ 巫山县地方志编纂委员会：《巫山县志（1986~2005）》，贵州出版集团、贵州人民出版社，2013年。

温日占68%，具较明显的亚热带季风性暖湿气候特征。

县域山势陡峭，群峰竞秀，气候要素水平差异小，垂直差异大。海拔每增高100米，年均气温递减0.66℃，年降水量递增55毫米，无霜期约递减10天，构成显著的立体气候特征。

因其群峰连绵，独特的高山峡谷环境，使得巫山县蕴藏着丰富的自然资源。

该县植物资源异常丰富，可为生产利用者近千个品种。县内粮食作物以玉米、洋芋、红苕为主；食用油料以芝麻、油菜为主；蔬菜以叶菜、瓜类、豆类为主；绿肥以豆类为主；木本油料以木卷子、油桐为主；林木以松、柏、落叶栎、红桦为主；水果以李子、柑橘、梨、桃、杏、柿、枣为主；药材以黄连、党参、银花、淫羊藿、牛膝、桔梗、杜仲、厚朴、贝母、独活、天麻为主；野生饲草以禾本科、豆科、菊科为主。

全县野生动物资源丰富，国家一级保护动物有金丝猴、羚牛、白唇鹿、穿山甲、大灵猫、小灵猫、白尾梢虹雉、绿尾虹雉、白冠长尾雉；国家二级保护动物有鬣羚、鸳鸯、大鲵、红腹角雉、猕猴、水獭、猪猁、獐、马鹿、斑羚、红腹锦鸡等。

县域土壤共有七类，即水稻土、潮土、紫色土、黄壤土、石灰岩土、山地黄棕壤土、山地棕壤。已发现矿产有煤、石灰石、磷、铁、铜等。其中煤炭分布广泛，储量约1.5亿吨，煤质为低硫低灰和中硫中灰无烟煤；石灰石分布极为广泛，约占全县面积60%，总储量1亿吨，均符合水泥生产工艺要求。

总的来说，巫山县地理环境复杂，自然环境优越，开发潜力较大。

二、历史沿革

巫山古城遗址所在的巫山县“上扼巴蜀，下控荆襄”，有着悠久的历史文化底蕴。从旧石器时代起，本区就有人猿的足迹。巫山大庙龙骨坡遗址出土的古化石经古地磁测定，为距今204万~201万年，不仅填补了我国早期人猿化石的空白，也为人类起源及演化过程的探索提供了重要的科学资料[①]。

巫山县大溪河与长江交汇处河口的西侧是闻名于世的大溪遗址[②]。新石器时代晚期，伴随大溪文化的扩张，瞿塘峡东部巫山一带已与长江中下游地区产生了密切联系。至新石器时代末期，以三峡地区为中心的哨棚嘴文化不断向东延伸，影响范围直抵湖北宜昌[③]。

---

① 吴新智：《巫山龙骨坡似人下颌属于猿类》，《人类学学报》2000年第1期；侯亚梅、李英华、黄万波等：《龙骨坡遗址第7水平层石制品新材料》，《第四纪研究》2006年第4期；武仙竹：《论龙骨坡遗址》，《华夏考古》2018年第3期。

② 四川省博物馆：《四川省长江三峡水库考古调查简报》，《考古》1959年第8期；四川长江流域文物保护委员会文物考古队：《四川巫山大溪新石器时代遗址发掘记略》，《文物》1961年第11期；四川省博物馆：《巫山大溪遗址第三次发掘》，《考古学报》1981年第4期；何介钧：《试论大溪文化》，《中国考古学会第二次年会论文集（1980）》，文物出版社，1982年；李文杰：《大溪文化的类型和分期》，《考古学报》1986年第2期；孟华平：《论大溪文化》，《考古学报》1992年第4期。

③ 江章华：《关于哨棚嘴文化的几个问题》，《四川文物》2010年第2期。

夏商时期，巫山属荆、梁二州，为巫载国邑。以小平底耸肩罐、灯形器、竹节状高柄豆等为代表的三星堆文化与以陶鬲等三足器为代表的荆楚地区商周文化在本区不断碰撞、交融，并逐渐成为长江流域文化交流的要道锁眼①。

西周宣王时（前827～前782年），巫山一带属夔子国。从考古学文化看，本区遗存虽仍陆续受成都平原十二桥文化的影响，但已不断被大量出现的各种尖底器（杯、钵、盏）、圜底器（釜）、船形杯等具浓郁地方特色的遗存所削弱②。

周襄王十八年（前634年），楚成王灭夔③；周匡王二年（前611年），楚庄王联合巴、秦灭庸，置巫郡，寻与“黔中”并举，成为楚国西陲门户④。秦昭襄王三十年（前277年），蜀郡太守张若东下伐楚，取黔中及巫郡⑤。省巫郡，始立巫县，隶黔中，后改隶南郡，治今巫山县北故巫城，揆其地望，或属大昌盆地一带⑥。

秦末汉初，项羽入咸阳，建西楚。共敖取南郡有功，封临江王，都江陵（今湖北江陵），领故秦南郡、苍梧、黔中三郡，巫县附之⑦。

西汉高祖五年（前202年），破江陵，临江国亡，其地沿袭秦制，“属汉为南郡”⑧。汉景帝二年（前155年），以南郡复置临江国，赐子哀王阏，阏封三年薨，无后国除⑨。景帝七年（前150年），栗姬失宠，封废太子刘荣为临江王，复以南郡地置临江国⑩。中元二年（前148年），刘荣自杀，国除为郡，改由汉廷直辖⑪。汉武帝元封五年（前106年），全国设十三刺史

---

① 四川省文物管理委员会、四川省博物馆、广汉县文化馆：《广汉三星堆遗址》，《考古学报》1987年第2期；四川省文物管理委员会、四川省文物考古研究所、四川省广汉县文化局：《广汉三星堆遗址一号祭祀坑发掘简报》，《文物》1987年第10期；四川省文物管理委员会、四川省文物考古研究所、广汉县文化局等：《广汉三星堆遗址二号祭祀坑发掘简报》，《文物》1989年第5期；四川省文物考古研究所：《三星堆祭祀坑》，文物出版社，1999年；荆州地区博物馆、北京大学考古系：《湖北江陵荆南寺遗址第一、二次发掘简报》，《考古》1989年第8期；何驽：《荆南寺遗址夏商时期遗存分析》，《考古学研究（二）》，北京大学出版社，1994年；王宏：《论周梁玉桥文化》，《江汉考古》1996年第3期；彭锦华：《沙市周梁玉桥殷商遗址试析》，《江汉考古》1989年第2期。

② 孙华：《四川盆地青铜文化初论》，《四川盆地的青铜时代》，科学出版社，2000年。

③ （西汉）司马迁：《史记》卷四十，中华书局，2014年，第2049页；（清）阮元校刻：《十三经注疏》，《春秋左传正义》卷十六，中华书局，2009年，第3954页。

④ （清）阮元校刻：《十三经注疏》，《春秋左传正义》卷二十，中华书局，2009年，第4035页。

⑤ （西汉）司马迁：《史记》卷五，中华书局，2014年，第268页。

⑥ （西汉）司马迁：《史记》卷四十，中华书局，2014年，第2082页。

⑦ （西汉）司马迁：《史记》卷八，中华书局，2014年，第459页；（东汉）班固：《汉书》卷一，中华书局，1962年，第28、29页。

⑧ （西汉）司马迁：《史记》卷八，中华书局，2014年，第473～477页；（东汉）班固：《汉书》卷二，中华书局，1962年，第50页。

⑨ （西汉）司马迁：《史记》卷十七，中华书局，2014年，第998～1002页；（东汉）班固：《汉书》卷五，中华书局，1962年，第141页；（东汉）班固等：《汉书》卷十四，中华书局，1962年，第410页。

⑩ （西汉）司马迁：《史记》卷十七，中华书局，2014年，第1006页。

⑪ （西汉）司马迁：《史记》卷十一，中华书局，2014年，第559页；（东汉）班固：《汉书》卷十四，中华书局，1962年，第415页。

部，巫县以南郡附县隶荆州刺史部[①]。

新莽时期，改南郡为南顺，领县十八，巫县隶之[②]。巫县县治在今巫山县北故巫城。

东汉初，秦丰乱南郡[③]。建武五年（29年），岑彭、朱佑平南郡，南郡下辖巫等十五城[④]。建初四年（79年），汉章帝“徙巨鹿王恭为江陵王”，南郡改江陵国，巫地附之[⑤]。元和二年（85年），“三公上言江陵在京师正南，不可以封，乃徙（江陵王）为六安王，以庐江郡为国”，江陵国除，南郡复故[⑥]。自此，南郡领域无所变更，下隶巫县，直至汉末献帝时期。

建安十三年（208年），曹操析南郡为襄阳、临江二郡，临江辖夷道、夷陵、很山、秭归、巫五县[⑦]。建安十四年（209年），刘备领荆州牧，十五年（210年），据临江，不久，改临江为宜都郡，又析巫县之北为北井县（以盐井而名）[⑧]。建安二十一年（216年），刘备改巴东为固陵郡，下隶朐忍、鱼复、汉丰、羊渠及宜都之巫、北井六县[⑨]。建安二十四年（219年），陆逊别取宜都，得秭归、枝江、夷道[⑩]。巫县后入吴，孙权划巫、秭归入固陵郡。

蜀汉昭烈帝章武元年（221年），刘备遣吴班、冯习等破孙权属将陆议、李异等于巫县[⑪]。吴景帝永安三年（260年），孙休析宜都设建平郡，又于巫县旧地新置沙渠、兴山等县[⑫]。此时，建平郡领信陵、兴山、秭归、沙渠、巫五县[⑬]。

太康元年（280年）西晋平吴，晋武帝合“吴、晋各有建平郡”，领巫、北井、泰昌、沙渠、秭归、信陵、兴山、建始八县[⑭]；至太康五年（284年），省建始县；及西晋末，复立建

---

① （东汉）班固：《汉书》卷六，中华书局，1962年，第197页；（东汉）班固等：《汉书》卷二十八，中华书局，1962年，第1566、1567页。

② （东汉）班固：《汉书》卷二十八，中华书局，1962年，第1566、1567页。

③ （刘宋）范晔：《后汉书》卷一，中华书局，1965年，第39页；（刘宋）范晔：《后汉书》卷十七，中华书局，1965年，第656～659页。

④ （刘宋）范晔：《后汉书》卷十七，中华书局，1965年，第656～659页；（刘宋）范晔：《后汉书》卷二十二，中华书局，1965年，第769、770页。

⑤ （刘宋）范晔：《后汉书》卷三，中华书局，1965年，第137页。

⑥ （刘宋）范晔：《后汉书》卷三，中华书局，1965年，第152页。

⑦ （西晋）陈寿：《三国志》卷一，中华书局，1959年，第30～32页；（唐）房玄龄等：《晋书》卷十五，中华书局，1974年，第453、454页。

⑧ （西晋）陈寿：《三国志》卷三十二，中华书局，1959年，第879、880页；（西晋）陈寿：《三国志》卷四十七，中华书局，1959年，第1118页；（北魏）郦道元：《水经注》卷三十四，岳麓书社，1995年，第498～506页；（北宋）司马光：《资治通鉴》卷六十八，中华书局，1956年，第2156～2173页。

⑨ （东晋）常璩：《华阳国志》卷一，上海古籍出版社，1987年，第33、34页。

⑩ （西晋）陈寿：《三国志》卷五十八，中华书局，1959年，第1344、1345页。

⑪ （西晋）陈寿：《三国志》卷三十二，中华书局，1959年，第890页。

⑫ （西晋）陈寿：《三国志》卷四十八，中华书局，1959年，第1158、1159页；（南梁）沈约：《宋书》卷三十七，中华书局，1974年，第1122、1123页；（北魏）郦道元：《水经注》卷三十四，岳麓书社，1995年，第498～506页。

⑬ （南梁）沈约：《宋书》卷三十七，中华书局，2019年，第1217页。案，建平郡治在巫县，《宋书·地理志》所谓四县，阙巫县，实为五县。

⑭ 泰昌县的初设情况详见本报告下编。

始县[①]。

东晋析建始县置南陵县，增设信陵、兴山、永新、永宁、平乐五县，建平郡统县十四[②]。咸和五年（330年），成汉克建平，巴东太守退保宜都[③]。

南朝刘宋因晋制损益。武帝永初后，废南陵、建始、信陵、兴山、永新、永宁、平乐七县，建平郡领巫、泰昌、北井、沙渠等七县，郡治地望未更[④]。

萧齐建元二年（480年），萧道成“分荆州巴东、建平，益州巴郡为州，立刺史，而领巴东太守，又割涪陵郡属”，时建平自荆州割属巴州；巴州建平郡领六县，巫、北井、泰昌等均属之；永明元年（483年）复还建平入荆州[⑤]。

萧梁初，建平、巴东二郡改属益州；普通四年（523年），移置二郡入信州，寻废建平[⑥]。大宝元年（550年），萧纲封萧大球为建平郡王，揆知梁末复立建平郡[⑦]。及承圣二年（西魏废帝三年，553年）春，益州入魏；次年五月，“（宇文）泰以（李）迁哲为信州刺史，镇白帝”[⑧]。结合相关地望，则至迟承圣三年（西魏废帝四年，554年）前，信州所属巫、北井、泰昌等均随蜀中没北。

西魏据信州后，建平郡或又省废。

北周初，因避文帝宇文泰讳，改泰昌县为建昌[⑨]。建昌县东新置永昌县，设永昌郡；以北井县置始宁郡[⑩]。明帝二年（558年），置永安郡，领巫县旧地[⑪]。天和元年（566年），分巫县西境，置江阴县；天和二年（567年），废始宁，其地入永昌郡；寻废永昌，悉以归县，至北

① （南梁）沈约：《宋书》卷三十七，中华书局，2019年，第1217页；（唐）房玄龄等：《晋书》卷十五，中华书局，1974年，第456页。

② （南梁）沈约：《宋书》卷三十七，中华书局，2019年，第1217页。案，西晋末建平郡领县八：北井、巫、秭归、沙渠、信陵、兴山、建始、泰昌。《宋书·地理志》建平太守条列七县，又“《永初郡国》有南陵、建始、信陵、兴山、永新、永宁、平乐七县，今并无”，则东晋似有十四县。

③ （北宋）司马光：《资治通鉴》卷九十四，中华书局，1956年，第2973～2978页。

④ （南梁）沈约：《宋书》卷三十七，中华书局，2019年，第1217页。案，《宋书·地理志》荆州刺史建平太守条，“……《永初郡国》有南陵、建始、信陵、兴山、永新、永宁、平乐七县，今并无”，则永初后此七县似废，建平郡仍领县七。

⑤ （南梁）萧子显：《南齐书》卷十五，中华书局，2019年，第310页。

⑥ （唐）姚思廉：《梁书》卷三，中华书局，1973年，第66、67页。案，“（普通四年）六月乙丑，分益州置信州”，知梁初巴东郡自荆州来属，普通四年又移置信州。

⑦ （唐）姚思廉：《梁书》卷四十四，中华书局，1973年，第617、618页。

⑧ （唐）令狐德棻等：《周书》卷四十四，中华书局，1971年，第790～793页。

⑨ （北宋）欧阳忞：《舆地广记》卷三十三，四川大学出版社，2003年，第1031页。

⑩ （唐）魏徵等：《隋书》卷二十九，中华书局，2019年，第919、920页；（南宋）王象之：《舆地纪胜》卷一百八十一，四川大学出版社，2005年，第5262、5263页。

⑪ （唐）令狐德棻等：《周书》卷四，中华书局，1971年，第54～56页。案，北周明帝二年（558年）置永安郡，一度领有巫县。

周末，复置建平郡，领巫、建昌、北井三县，寻废北井入建昌县①。此时，建平郡仍治今巫山县江岸古巫城。

隋文帝开皇元年（581年），改建昌为大昌县；开皇三年（583年），复废建平郡及江阴、南陵二县，留置大昌及巫县，因县域有"巫山峡"，巫县改加"山"字，隶归信州，"巫山县"名自此始称；隋炀帝大业三年（607年），罢信州为巴东郡，领县十一，巫山、大昌隶之②。

唐高祖武德元年（618年），以隋旧州为名，复改巴东郡为信州，置信州总管府，巫山、大昌二县隶之；次年，避皇外祖独孤信讳，改夔州，隶夔州总管府；贞观四年（630年），夔州领人复、云安、大昌、巫山四县，治人复（今重庆奉节县）；贞观十四年（640年），升都督府；唐玄宗开元十五年（727年），罢都督府，直属山南东道；开元二十三年（735年），析巫山县东境为太平县（今巴东）；天宝元年（742年），改夔州称云安郡；至德元年（756年），隶夔州防御守捉使；次年，改隶夔峡节度使；乾元元年（758年），复为夔州，大昌、巫山全境隶之③。及唐哀帝天祐四年（907年），夔州仍领奉节、云安、巫山、大昌四县，辖域未更。

前蜀永平四年（914年），荆南高季昌侵巫山，前蜀夔州刺史王成先等败之于瞿塘峡④。及咸康元年（925年）十一月，奉节、巫山、大昌三县均隶夔州。

后唐明宗天成二年（927年）七月，李亶克夔、忠、万等三州与云安监；不久，降云安监为云安县，隶夔州；又以夔、忠、万等三州置宁江军节度使，治夔州⑤。至闵帝应顺元年（934年）闰正月，夔州领具未更，一如天成二年。

后蜀明德元年（934年），孟知祥立国，因后唐旧制⑥。至广政二十二年（959年）底，夔

---

① （唐）魏徵等：《隋书》卷二十九，中华书局，2019年，第919、920页；（北宋）欧阳忞：《舆地广记》卷三十三，四川大学出版社，2003年，第1031页；（北宋）乐史：《太平寰宇记》卷一百四十八，中华书局，2007年，第2887页；（南宋）王象之：《舆地纪胜》卷一百八十一，四川大学出版社，2005年，第5262、5263页；（北宋）黄裳等：《元丰九域志·新定九域志（古迹）》卷八，中华书局，1984年，第684页。案，建平郡梁末已复置，西魏或又省废，故北周明帝二年（558年）置永安郡，一度领巫县。北周复置建平郡。《舆地广记》卷三十三夔州路夔州巫山县条："故楚之巫郡，秦昭王伐楚取之，以为县，属南郡。二汉因之。晋立建平郡。宋、齐、梁、西魏、后周皆因之"；《太平寰宇记》卷一百四十八山南东道七夔州大昌县条："本汉巫、秭归二县地，《舆地志》云：晋太康元年（280年）分秭归、巫县置建平县，后改为大昌县，属建平郡"；《舆地纪胜》卷一百八十一大宁监监沿革引《元和郡县志》："隋开皇元年（581年）改曰大昌县"，县沿革大昌县《图经》："后周于县东置永昌县，又以北井县置始宁郡，后废始宁入永昌，寻废永昌，悉以归县"；《新定九域志（古迹）》卷八大宁监条："始宁郡，后周置，天和二年（567年）废入永昌郡。"综上，北周末，建平郡当领巫、建昌、北井三县。

② （唐）魏徵等：《隋书》卷二十九，中华书局，2019年，第919、920页；（后晋）刘昫等：《旧唐书》卷三十九，中华书局，1975年，第1555、1556页。

③ （后晋）刘昫等：《旧唐书》卷三十九，中华书局，1975年，第1555、1556页；（北宋）欧阳修、宋祁：《新唐书》卷四十，中华书局，1975年，第1028、1029页；奉节县县志编纂委员会办公室：《正德夔州府志》（天一阁藏明代方志选刊），中华书局，2009年；（清）恩成、诚瑞等：《夔州府志》，国家图书馆藏光绪十七年刻本。

④ （北宋）薛居正：《旧五代史》卷一百三十三，中华书局，1976年，第1751～1754页。

⑤ （北宋）薛居正：《旧五代史》卷三十八，中华书局，1976年，第525、526页。

⑥ （北宋）薛居正：《旧五代史》卷一百三十六，中华书局，1976年，第1822、1823页。

州宁江军节度辖区未变，大昌、巫山隶之。

北宋乾德三年（965年）平后蜀，奉节、巫山、大昌、云安隶夔州[①]。开宝六年（973年），以夔州大昌县盐泉所建为大宁监，治今巫溪县前河乡一带；端拱元年（988年），徙大宁监治于今巫溪县城厢镇附近；咸平二年（999年）设峡路，夔州领奉节、巫山二县，大宁监改治大昌，即今巫山县北大昌镇附近[②]。及宋徽宗宣和五年（1123年），两县隶属未变。

南宋嘉定八年（1215年），大昌县徙治水口监[③]。因扼守长江峡口，巫山县在抗击蒙元的战役中，发挥了重要的军防作用。

蒙古中统三年（1262年），置行中书省，大昌、巫山县等转隶陕西四川行中书省；至元十五年（1278年），设夔州路总管府于奉节，辖大昌、巫山等县；至元十八年（1281年），析陕西四川行省，大昌、巫山两县由是隶属四川行省。至元二十年（1283年），升大宁监为州，大昌县并入大宁州，亦属夔州路[④]。

明洪武四年（1371年），朱元璋降夔州路为府，辖巫山等县；九年（1376年），复降府为州，转隶重庆府。洪武十三年（1380年），大昌县自大宁州析出复置；十四年（1381年），擢夔州为府，大昌、巫山两县并存附之。成化二年（1466年），房县石龙（石和尚）起义，四月克巫山，五月占大昌；正德二年（1507年），巫山筑石城；四年（1509年），大宁盐场灶夫鄢本恕起义，焚大昌县城。崇祯七年（1634年）二月，张献忠入蜀，占巫山、大昌，焚县城，是年，明军驻防两县隘口；十三年（1640年），张献忠自谷城入川，复攻巫山；十七年（1644年），楚民复入川，巫山及水路各寨因隶大西农民政权[⑤]。

清顺治四年（1647年）五月，李自成余部“夔东十三家”先下大昌，后攻巫山；十三年（1656年），清廷平乱。康熙二年（1663年），清军克巫山。九年（1670年），大昌钱粮无几，县民稀少，并入巫山县；十三年（1674年），吴三桂取巫山；十九年（1680年），复归夔州。嘉庆二年（1797年）至六年（1801年），白莲教乱巫山县；七年（1802年），清廷平叛，夔州及其属县巫山等转隶川东道[⑥]。

民国元年（1912年）裁废道制，以府、州、厅直隶省政，巫山县属夔州府。二年（1913年），袁世凯废省改道，以道统县，四川全境划为七道，巫山县属川东道，旋为东川道。民国七年（1918年）撤道，巫山县直隶四川省府。二十四年（1935年），蒋介石主持川政，设四川

① （元）脱脱等：《宋史》卷二，中华书局，1977年，第21页；（元）脱脱等：《宋史》卷八十九，中华书局点校本，1977年，第2226页。

② （元）脱脱等：《宋史》卷八十九，中华书局，1977年，第2226～2230页。

③ （元）脱脱等：《宋史》卷八十九，中华书局，1977年，第2229页。

④ （明）宋濂等：《元史》卷六十，中华书局，1976年，第1443、1444页。

⑤ （明）李贤、彭时等：《大明一统志》卷七十，巴蜀书社，2017年，第3113页；（清）张廷玉等：《明史》卷四十三，中华书局，1974年，第1029、1030页；四川省巫山县志编纂委员会：《巫山县志》，四川人民出版社，1991年；巫山县地方志编纂委员会：《巫山县志（1986～2005）》，贵州出版集团、贵州人民出版社，2013年。

⑥ （清）李友梁等：《巫山县志》，国家图书馆藏光绪十九年刻本；四川省巫山县志编纂委员会：《巫山县志》，四川人民出版社，1991年；巫山县地方志编纂委员会：《巫山县志（1986～2005）》，贵州出版集团、贵州人民出版社，2013年。

省政府，推行行政督察区制，是时，巫山县隶属第九行政督察区万县专员公署[①]。

1949年10月1日，中华人民共和国正式成立，当年12月17日，巫山县成立四川省巫山县人民政府；1950年，巫山县属四川省万县地区；1952年，湖北省建始县铜鼓乡划归巫山县；1968年10月，改四川省万县专署为万县地区行署，巫山县随属；1993年，巫山县属四川省万县市；1997年6月28日，划归重庆直辖市，自此建制基本没有变化。

第二节　考古工作概述

1994年，中国社会科学院考古研究所长江三峡工作队第二发掘组首次对巫山古城遗址进行考古勘察。1997～1998年，复对遗址进行大规模考古钻探及试掘，确认该城为西晋太康元年（280年）以来，司马炎所迁之“巫县故城”。在此基础上，三峡工作队于2000年、2003年陆续对城址开展大规模抢救性发掘（主要为北门坡、南门、粮食局三个地点）。

一、工作缘起

1992年，中华人民共和国第七届全国人民代表大会第五次会议通过兴建长江三峡水利枢纽工程的决议。1993年初，国家文物局成立长江三峡库区文物保护规划组，并具体负责运作和实施配合长江三峡水利枢纽建设工程的文物规划保护工作。1993年底至1994年初，规划保护工作开始全面启动。此后，全国30多家科研单位和高等院校先后进入库区，参与工程淹没区范围内各类文物的规划保护及抢救性发掘工作。

中国社会科学院考古研究所受国家文物局三峡工程文物保护领导小组委托，承担了三峡工程淹没区段内巫山、巫溪两县的地下文物保护规划任务。自1993年12月起，即迅速派遣有关人员赴巫山县，对工程淹没区规划水位线所涉遗址进行调查。1994年元月，中国社会科学院考古研究所正式组建长江三峡工作队，开始对巫山县境内长江及大宁河沿岸的古代遗存进行系统、全面的调查。

三峡工作队由原第一研究室（史前考古研究室）主任杨虎研究员担任队长，原第二研究室（夏商周考古研究室）主任殷玮璋研究员任顾问，抽调本所史前、夏商周、汉唐等三个研究室共19名专业干部组建成队（包括12名副研究员以上职称的高级职称人员和7名中、初级职称人员）。工作进行过程中，依据具体需要，还临时抽调了多名相关研究人员及技师进行配合。

针对具体调查对象的文化遗存、地理状况、交通条件、行政区划及宜于工作和将来室内整理等多项因素，工作队曾将巫山、巫溪两县的调查地域分为三个板块式区段来进行对待。这些区段分别为：

---

① 四川省巫山县志编纂委员会：《巫山县志》，四川人民出版社，1991年；巫山县地方志编纂委员会：《巫山县志（1986～2005）》，贵州出版集团、贵州人民出版社，2013年。

Ⅰ区段：从长江瞿塘峡出口，顺江水东去至巫山县城、大宁河口以东的巫峡口。

Ⅱ区段：自巫峡入口，顺江水而下，穿过整个巫峡到巫山县与湖北巴东县交界。

Ⅲ区段：将巫山县境内和巫溪县局部大宁河沿岸作为一个整体对待。

巫山古城遗址位于Ⅰ区段中部巫峡镇内（见图1-0-1）。

基于前期调查、发掘及梳理文献史料所得的认识，伴随三峡水利枢纽工程淹没区移民搬迁项目的推进，1997～1998年，工作队复查巫山古城遗址，进行了较大规模的钻探和试掘；在2000年前后，工作队进驻现场，对古城遗址等展开有计划、大规模的抢救性发掘。

二、工作概况

巫山古城的田野发掘工作可以分为考古调查试掘及大规模抢救性发掘两个阶段。

（一）考古调查试掘概况

1993～1994年，中国社会科学院考古研究所派遣业务骨干，对重庆市巫山、巫溪两县三峡库区所涉长江及大宁河沿岸的古代遗存进行了系统、全面的考古调查[①]。依据调查区内遗址分布分散的特点和工作需要，1994年成立的长江三峡工作队先后组建六个发掘组和一个联合调查组。其中，第二发掘组负责“巫峡镇古城遗址”。

1. 1994年的调查与试掘

1994年，为了解巫山古城遗址的相关情况，工作队第二发掘组（杜玉生负责，成员有赵超、杨焕新、丛德新等）对古城北垣进行初步勘察及试掘。通过对古城现存四门位置及城墙遗存的调查，初步了解到明清时期巫山古城城圈保存较好——其东西长约650、南北宽约550米，总面积约36万平方米。

考古调查发现，古城北垣西北部残存夯土城墙一段，长约90、宽约18、残高1.2～2.1米。工作队借已有断面开设探沟进行试掘，面积10平方米。自剖面观察，此处城墙系夯土版筑，分三块。三块夯土叠成一体，城墙基底总宽约18米。根据芯部夯层出土典型遗物的特征看，其始建不早于汉代，两侧夯土时代应不晚于隋唐。

此外，北城垣原巫山师范学校附近（现存北墙遗迹的中段），从地理形势看是全城地势最高处。考古钻探发现一段夯土向南面加宽，十分特殊，可能是防御类设施的夯土基础——清康熙二十五年（1686年）刊刻《夔州府治》内附《巫山县图》将这段特殊夯土刻绘为包砌高台[②]。光绪十七年（1891年）刻本《夔州府志》刊《巫山县地舆图》称“楚阳台”，述为巫山“三台八景”之一[③]。光绪十九年（1893年）刻本《巫山县志》图考刊《城池图》未附其形，

① 中国社会科学院考古研究所长江三峡工作队：《长江三峡巫山、巫溪考古发掘报告》，待刊。

② 王倩：《雍正〈巫山县志〉校注及研究》，重庆三峡学院硕士学位论文，2017年，第126页。

③ （清）恩成、诚瑞等：《夔州府志》，国家图书馆藏光绪十七年刻本。

仅述其名[①]。

本年度调查与试掘确认了巫山古城的分布范围和保存情况，初步了解了城墙遗址的时代线索，为后续考古工作奠定了基础。

2. 1997～1998年的勘察与发掘

1997年6月，巫山新城指挥部落成，全县机关企事业单位迁建即将大规模上马。在此情形下，为深入认识巫山古城遗址的布局及沿革情况，1997年12月至1998年1月，长江三峡工作队对古城遗址做了进一步的钻探及发掘。

本次重点钻探面积约4000平方米，目的在于了解城墙走向、形制结构及地层堆积情况。通过有重点地对现有城墙断缺处的调查、钻探，工作队首次确认了明清时期该城址的四至范围，即城址平面呈不规则方形，东西长580、南北宽470米，面积约272 600平方米（图1-2-1）。据考古调查和勘探，结合历史文献记载，明清时期巫山古城四面城墙各设一门。东门“太清门”位于东墙中段，西门“盛源门”位于西垣南段，北门“世润门”位于北墙斜折西段的西端，这三座城门均已毁弃。现仅存的南门“平江门”位于南垣偏东处。

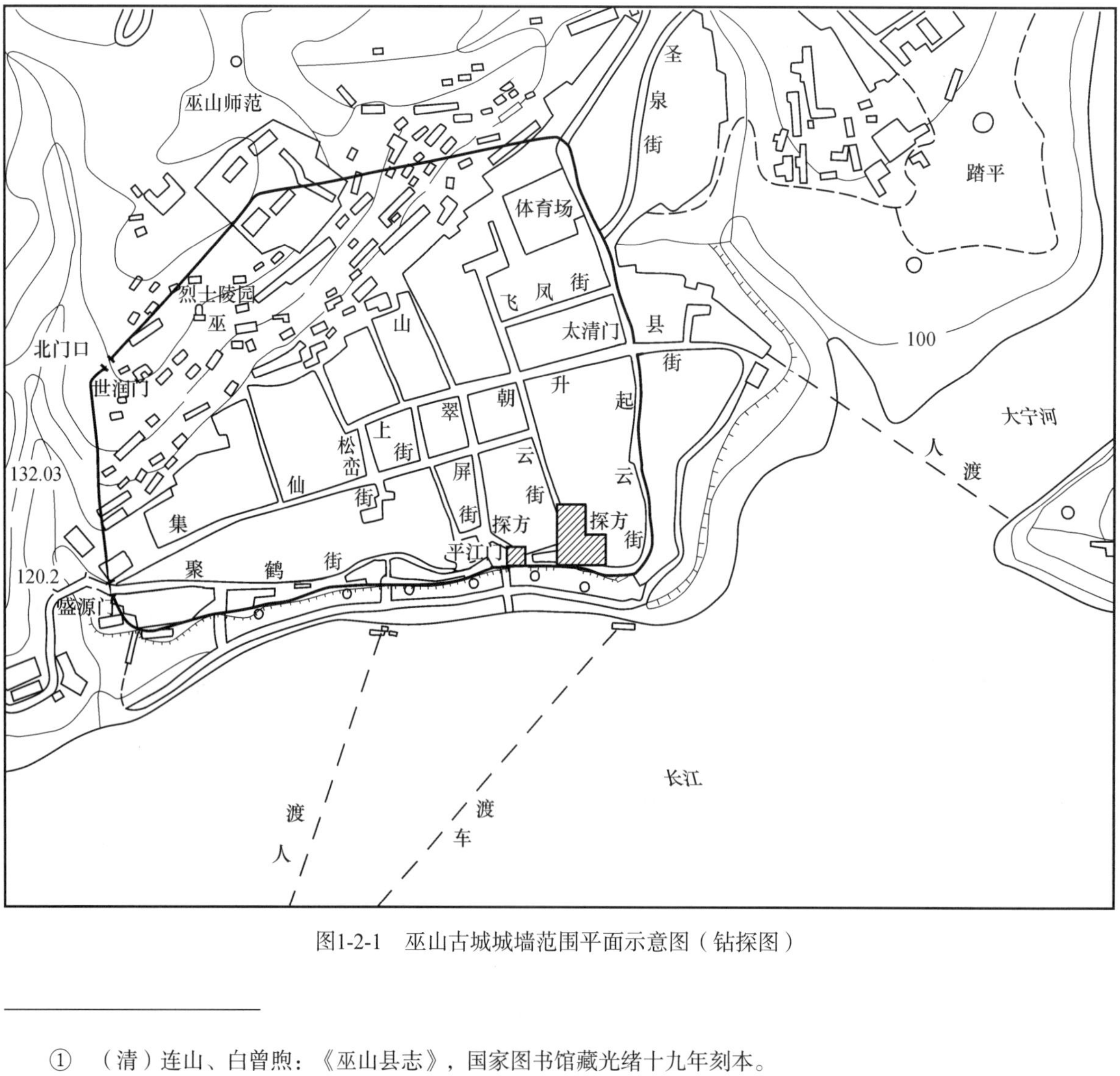

图1-2-1　巫山古城城墙范围平面示意图（钻探图）

① （清）连山、白曾煦：《巫山县志》，国家图书馆藏光绪十九年刻本。

为配合巫山新城的建设，工作队对1994年古城北垣中段内侧发现的夯土台基（1997年10～11月被夷为平地）也进行了勘察。为明确城墙的始建及使用情况，1997年，工作队在北垣西段（北门坡附近）开设了一条与城墙垂直的探沟，编号97WCT1，面积2米×20米。因探沟所揭城墙紧贴民房，1998年2～4月，复于西墙北端跨垣设15米×15米的大探方作为补充，编号98CWT2。

1997年及1998年的试掘，总计265平方米。两年度所得资料经综合比对、分析，无论遗迹关系、早期夯土内出土遗物的形制还是墙垣的夯筑技术等，均反映古城或建于魏晋时期，与北魏郦道元著《水经注》所述相合，并一度沿用至明清时期。至此，工作队首次从考古学上确认了巫山县原巫峡镇“巫山古城”或即西晋太康元年（280年）司马炎所迁之“巫县故城”。

（二）考古发掘概况

1994年，中国社会科学院考古研究所长江三峡工作队第二发掘组对古城北城垣进行局部试掘及解剖，初步了解了该城城垣的基本概况；1997～1998年，工作队两次试掘古城北垣，首次从考古学上确认该城或系西晋太康元年（280年）以来之“巫县故城”；2000年，中国社会科学院考古研究所抽调相关人员组建考古队，集中力量对巫山古城遗址进行了大规模抢救性发掘。

发掘时，三峡水利枢纽工程淹没区居民搬迁项目已属攻坚阶段。考古工作任务重、时间紧、用人难、压力大可想而知。尽管前期的详尽准备为发掘组提供了重要线索和较明确的学术目标，但就遗址本体而言，无论历史文献还是考古资料等，都还缺乏深入、细致的梳理，相关影像资料和各种地图也十分欠缺。这种情况下，工作队难以获得较详细的原巫山县城地形图以准确标识旧有街道、衙署、寺庙等。因此，巫山县原巫峡镇巫山古城平面布局的考证，还有待未来的进一步工作。

现按发掘年度及地点的不同，将相关工作概述如下。

1. 2000年古城北门坡的考古发掘

2000年是巫山古城遗址进行大规模抢救性发掘的肇始之年。

作为重庆库区的首搬首淹县，根据地质条件，时中华人民共和国水利部长江水利委员会（长江委）确认巫山新城的搬迁方案是依山后靠，迁建于三峡工程蓄储最高水位175米之上的山坡上。鉴于古城北部适中的海拔及地势，巫山县巫峡镇库区移民项目拟于“北门坡”附近率先建设新城。考古队1994年、1997～1998年的试掘在证实此处城圈保存甚好的同时，也意识到“北门坡”这一地点对于研究古城布局、沿革的重要性。2000年10月16日至12月26日，考古队即率先对此地进行了大规模抢救性发掘。

本年度主持发掘的业务人员主要有王吉怀、赵超等。发掘所见遗迹除古城墙外，计墓葬11座，涵括汉晋墓4座、宋元墓2座、明清墓4座等。

围绕古城墙及周边地带，本年度还进行了大规模考古勘探，面积不少于8万平方米。这次勘探工作为后续古城的大规模抢救性发掘奠定了基础。

2. 2003年古城平江门（南门）遗址的考古发掘

平江门（南门）是巫山古城明清城圈四门中唯一一处保存较为完整的城门。该门位于南墙偏东段，石砌、券顶。依据1997～1998年的调查资料，门洞宽约4.36、高约4.3、进深约8米。

2003年3月17日至4月19日，中国社会科学院考古研究所长江三峡工作队巫山古城发掘组在前期准备的基础上，着手对古城遗址南部平江门（南门）及粮食局这两处重要地点进行抢救性发掘。

本年度主持发掘的业务人员主要有王吉怀、贾笑冰等。发掘所见遗迹除古城墙外，主要为灰坑。

3. 2003年粮食局遗址的考古发掘

2003年3月17日至4月19日，巫山古城发掘组对古城平江门（南门）遗址进行揭露的同时，也对门址东部原粮食局（粮站）进行了大规模抢救性发掘。

粮食局（粮站）遗址处古城南部居民区，该发掘区内现代建筑基址及扰坑尤多。遗迹类型除建筑址外，主要为灰坑、灰沟等，出土遗物也较为丰富。

需说明的是，2003年2月25日至4月21日，武汉市文物考古研究所对古城遗址人民医院地点进行了发掘，面积计2000平方米[①]；2006年，武汉市文物考古研究所复对古城做了3735平方米的揭露；2010年，重庆市文物考古所（现重庆市文物考古研究院）对古城老年大学及原巫山师范等地点进行了2900平方米的发掘[②]。上述发掘资料另行刊布。

① 武汉市文物考古研究所、巫山县文物管理所：《巫山古城遗址（人民医院）2003年度发掘简报》，《重庆库区考古报告集·2003卷》（第三册），科学出版社，2019年，第1759～1779页。

② 长江三峡工程文物保护项目未刊资料。

第二章　北门坡遗址2000年发掘报告

北门坡遗址位于古城北墙西部向南斜折处的西侧。此处原存北门“世润门”残迹，当地习称“北门口”。北门口外（西侧）坡地坡度近30°，俗称“北门坡”。北门坡地势南北长、东西窄，西部边缘是黑龙潭深沟，东部有古城墙，地势险要，空间局促。2000年北门坡遗址发掘区可分为2个大地点和5个小区域。第一地点位于北门坡西城墙外（图版三，1），共布5米×5米探方25个，自南向北又分为4区，Ⅰ区布方3个，编号T101～T103；Ⅱ区布方18个，编号T201～T218（图版三，2）；Ⅲ区布方2个，编号T301、T302（Ⅲ、Ⅳ区间是1997年度发掘的探沟，因此隔开）；Ⅳ区布方2个，编号T401、T402。第二地点即Ⅴ区，共布5米×5米探方15个，编号T501～T515。五区相加，共布5米×5米探方40个，计1000平方米（图2-0-1）。

第一节　发掘概况

本年度发掘区内遗存主要由城墙及墓葬两部分构成（表2-1-1）①。第一地点Ⅰ区（T101～T103）、Ⅲ区（T301、T302）仅见城墙遗迹；Ⅱ区（T201～T218）清理墓葬4座（编号M1～M4），2座为明清土坑墓（T211M1、T216M2）、2座为东汉砖室墓（T206M3、T210M4）；Ⅳ区（T401～T402）除城墙外，有1座东汉砖室墓（T401M1）。第二地点即Ⅴ区（T501～T515），清理明清土坑墓（T514M3、T514M4）、宋元砖室墓（T501M1、T506M2）共4座，东汉砖室墓（T506M6）及年代不明土坑墓（T508M5）各1座。

表2-1-1　2000年巫山古城遗址北门坡遗存简表

发掘区	探方号	遗存类型	遗存编号
Ⅰ区	T101～T103	城墙	
Ⅱ区	T201～T218	墓葬	T211M1、T216M2、T206M3、T210M4
Ⅲ区	T301、T302	城墙	
Ⅳ区	T401、T402	城墙、墓葬	T401M1
Ⅴ区	T501～T515	墓葬	T501M1、T506M2、T506M6、T508M5、T514M3、T514M4

① 本年度相关资料曾刊于《重庆库区考古报告集·2000卷》，科学出版社，2007年。

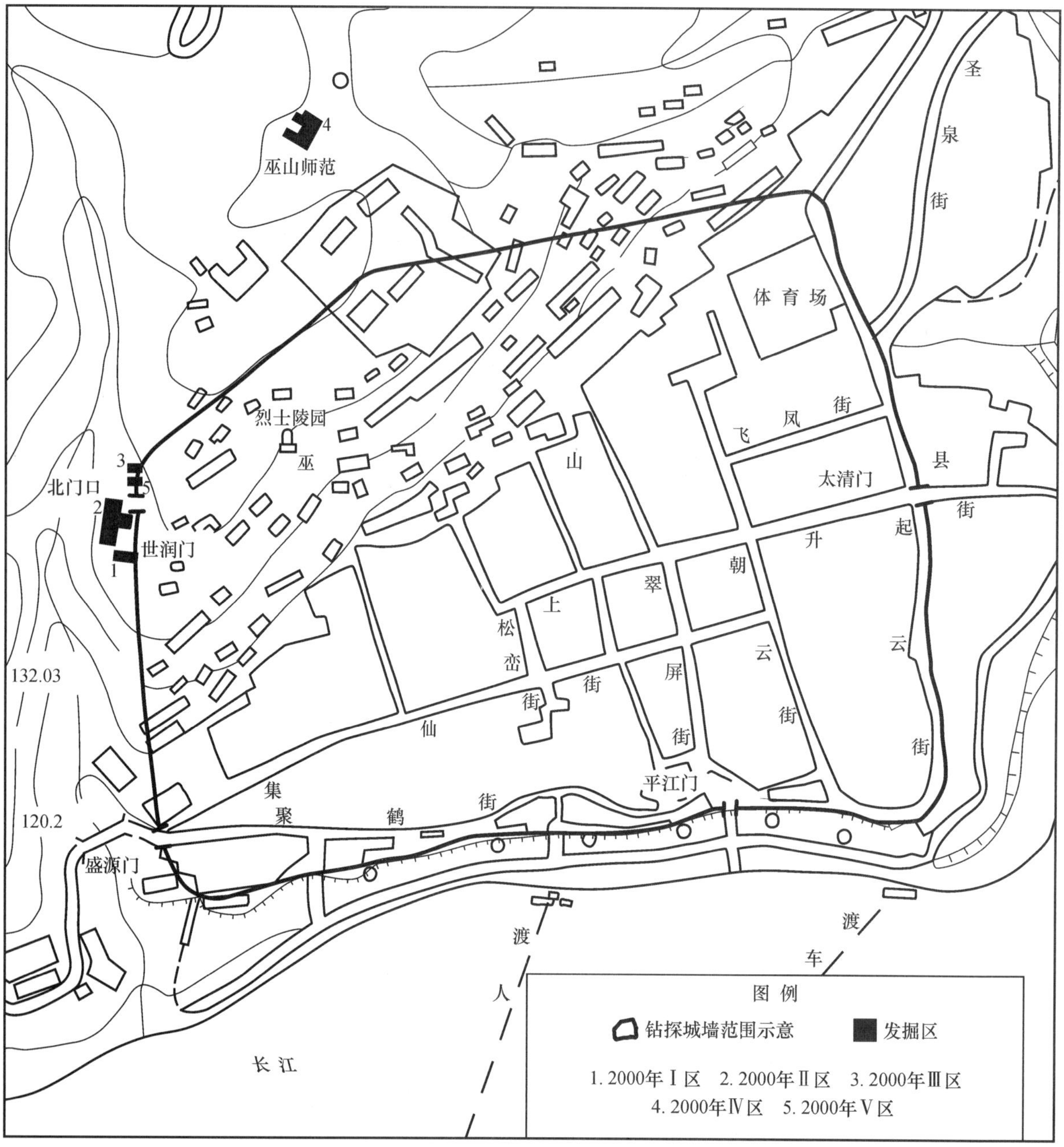

图2-0-1　2000年北门坡遗址布方分区示意图

第二节　城　　墙

为了解城墙遗址形制与沿革，在北门坡古城墙西侧、原巫山师范北侧附近古城墙外的斜坡地带布方发掘（图2-2-1）。

发掘显示，北门坡一带城墙由夯土夯筑而成，内、外壁无包石。经解剖（Ⅰ区T103、Ⅲ区T302、Ⅳ区T402），城墙夯层较为明显，各层厚10～20厘米。结合墙体纵剖面，中部墙芯每一平面的夯层并不相互连接，而是分节、分段竖向夯筑后组成整体。各纵面夯距约50厘米。

墙芯夯土内含陶片、红烧土粒、石块等遗物。出土陶片的年代至迟不晚于魏晋时期。

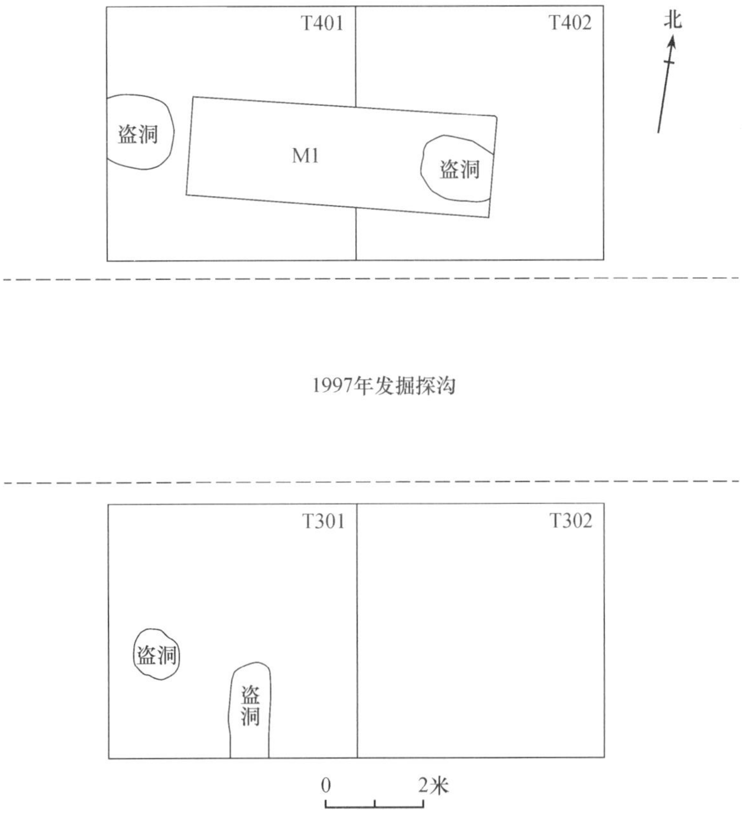

图2-2-1　2000年北门坡遗址Ⅲ、Ⅳ区布方示意图

第三节　墓　　葬

除城墙外，2000年度所见遗存主要为墓葬（表2-3-1）。墓葬分布比较集中，第一地点Ⅱ区多位于发掘区北部偏东（图2-3-1）；第二地点Ⅴ区则多位于发掘区西侧（图2-3-2）。

需注意的是，本次发掘的砖室墓，部分墓葬顶部被扰乱严重，层位关系不明。同时，由于地势所限，T206M3、T210M4、T506M6在建墓前均先依斜坡地势挖出一个横向洞穴，然后用砖体建造墓道及墓室。这种洞穴砖室墓，只能初步了解墓葬深度，开口层位无法确认。

表2-3-1　2000年巫山古城遗址北门坡墓葬登记表

探方号	墓号	墓室结构	时代	尺寸/米	随葬品	备注
T211	M1	土坑墓	明清	长3.1、宽1.2、现存深度1	瓷罐1件	被盗，墓内遗有1998年啤酒瓶
T216	M2	土坑墓	明清	长2.11、宽0.65、现存深度0.36	铜簪、瓷碗、瓦枕共5件	保存较好
T206	M3	洞穴砖室墓	东汉	墓道长1.24、宽1、墓室长2.86、宽1.26～1.48、墓室高0.85～1.35	人物俑、动物俑、陶碗、陶甑等共11件	墓室被盗，墓道残存随葬品
T210	M4	洞穴砖室墓	东汉	甬道长1.7、宽1.26、墓室长8.5、宽2.1、墓室高1.85	陶罐、铜扣、铜钱、残陶俑等共11件	完全被盗，仅存墓室
T401	M1	土坑砖室墓	东汉	长6.25、宽2、深1.7	无	完全被盗，仅存残砖

续表

探方号	墓号	墓室结构	时代	尺寸/米	随葬品	备注
T501	M1	土坑砖室墓	宋元	长2.8、宽1.4、残高1.1	陶罐、陶杯、瓷碗、水晶珠、铜簪、铜钱、石砚等共8件	被盗，底部保存尚好
T506	M2	土坑砖室墓	宋元	长2.95、宽1.11、深0.6	串珠、铜钱、铜镜等共5件	大部分被破坏
T514	M3	土坑墓	明清	长1.96、宽0.66、现存深度0.5	铜簪、瓦枕、铁镰、陶罐、瓷碗等共7件	上部被扰，底部保存较好
T514	M4	土坑墓	明清	长2.3、宽0.75、现存深度0.5	瓷碗、陶罐、铁镰（有漆器残痕）等共5件	上部被扰，底部保存较好
T508	M5	土坑墓	?	长2、宽0.68、现存深度0.96	无	仅存骨架，时代不明
T506	M6	洞穴砖室墓	东汉	甬道长1.68、宽1.26、墓室残长2.55、宽2.15、墓室高2.05	陶俑、陶罐、陶仓、陶盘、陶灶等共57件	墓室后部被破坏，甬道保存较好

一、汉代墓葬

共4座，均为砖室墓。多数被盗，但能看出墓室的结构和规模。由形制看，可分为土坑砖室墓、洞穴砖室墓两种。土坑砖室墓先于地面挖出竖穴土坑，后用砖体砌造墓室，规模比较小；洞穴砖室墓依地势横向挖出洞穴，再用砖建造墓穴，既有墓室又有甬道，规模较大。砖室墓墓顶呈“∩”形，墓壁多置花纹砖（图2-3-3、图2-3-4）。现公布3座。

（一）00-T206-M3

1. 形制结构

洞穴砖室墓，平面呈“凸”字形，由甬道和墓室两部分组成，破坏较为严重（图2-3-5；图版四，1）。

墓室砖砌，券顶，墓底以大砖错缝铺垫。墓室长2.86、宽1.26～1.48、高0.85～1.35米。所用砖体大小不一，大砖长0.36、宽0.14、厚0.08米，小砖长0.36、宽0.12、厚0.04米。

墓壁砖面的花纹丰富多样，有菱形、菊花形、五铢钱形等（图2-3-3，1、3～7、9；图2-3-4，1～5）。

2. 出土遗物

墓室被盗，只发现漆皮和棺木腐朽痕迹。甬道处集中出土人物俑、动物俑及陶器等遗物共11件（图版四，2）。发表6件。

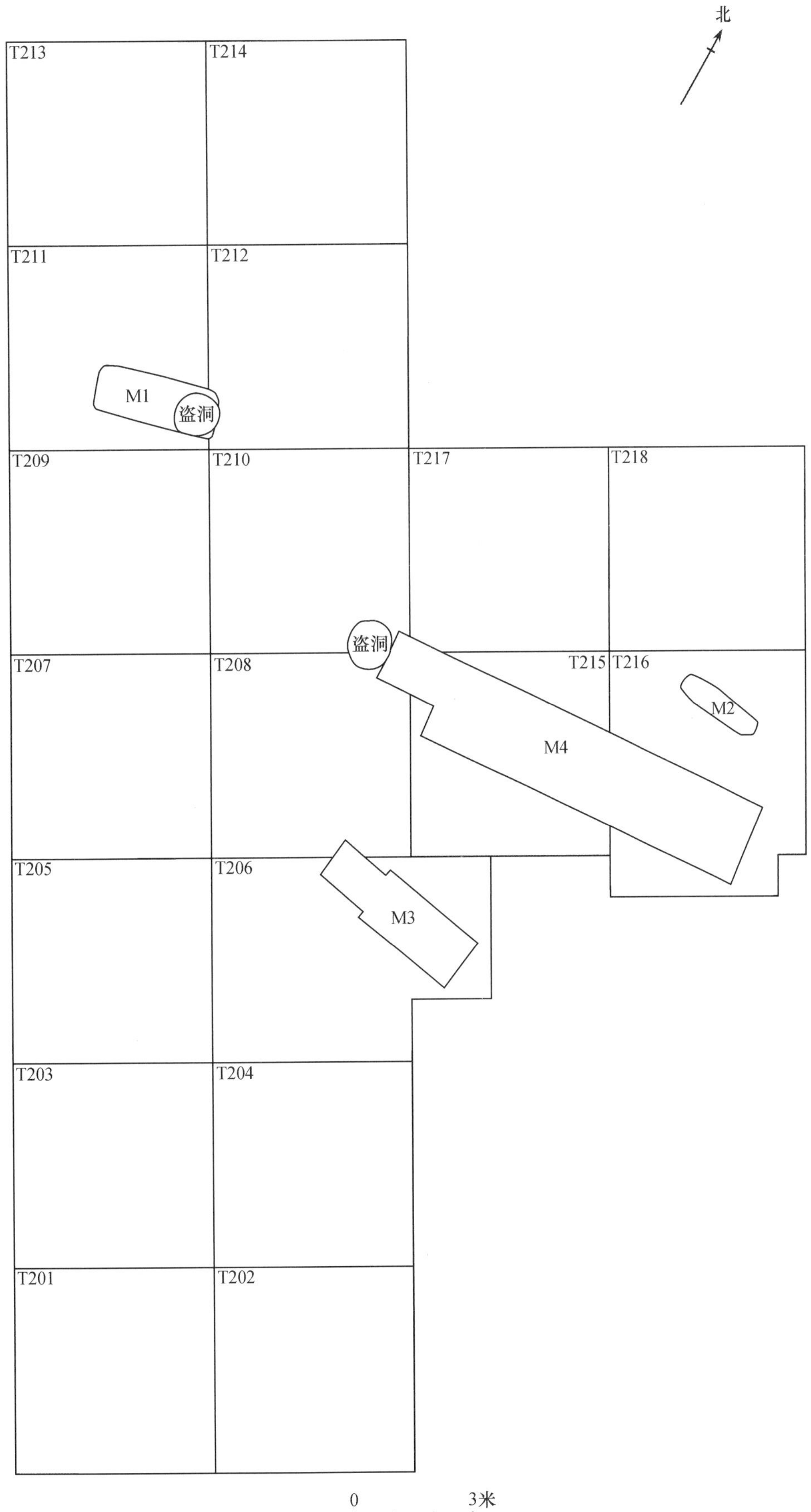

图2-3-1　2000年北门坡遗址Ⅱ区墓葬位置分布图

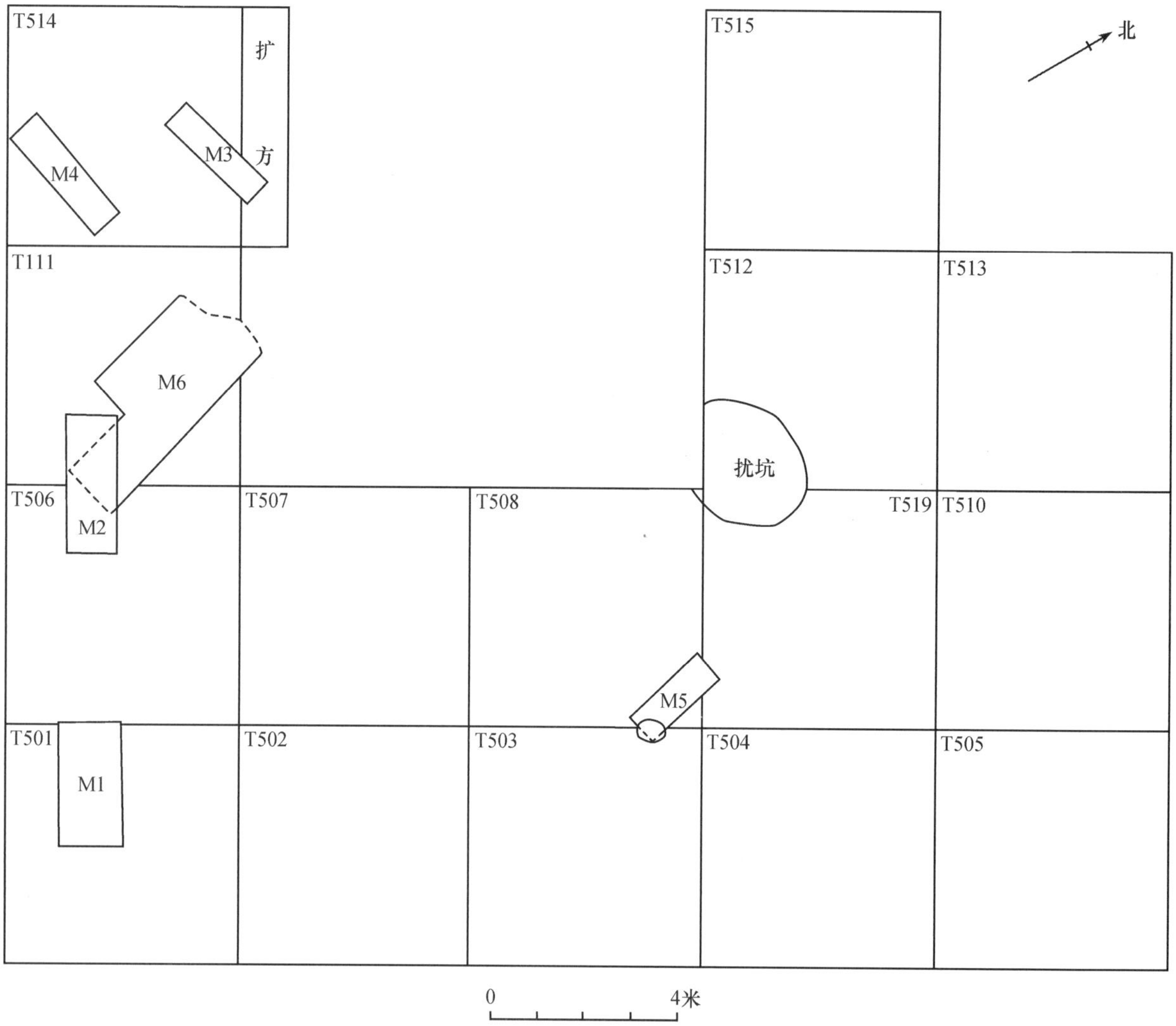

图2-3-2　2000年北门坡遗址Ⅴ区墓葬位置分布图

（1）陶俑

均手制，为泥质黑灰陶。其形态、形体较为抽象化，人物俑空心，动物俑实心。

人物俑　2件。

00-T206-M3：5，手制。站立状。冠尖顶，面部近方形，五官似随意捏制、刻划而成。双臂平起，向内弯曲。高19.2厘米（图2-3-6，2）。

00-T206-M3：8，手制。站立状。平头，面部近方形，五官及姿态与前者近同。嘴周围有夸张的胡须。高19.2厘米（图2-3-6，1）。

动物俑　1件。

00-T206-M3：6，手制。形体抽象，头似马，尾及四肢似狗，卷尾。长13、高7厘米（图2-3-7，3）。

（2）陶器

罐　1件。

00-T206-M3：10，泥质灰褐陶。敛口，广肩，下腹斜直，大平底。口径8.4、底径14、高15.6厘米（图2-3-8，8）。

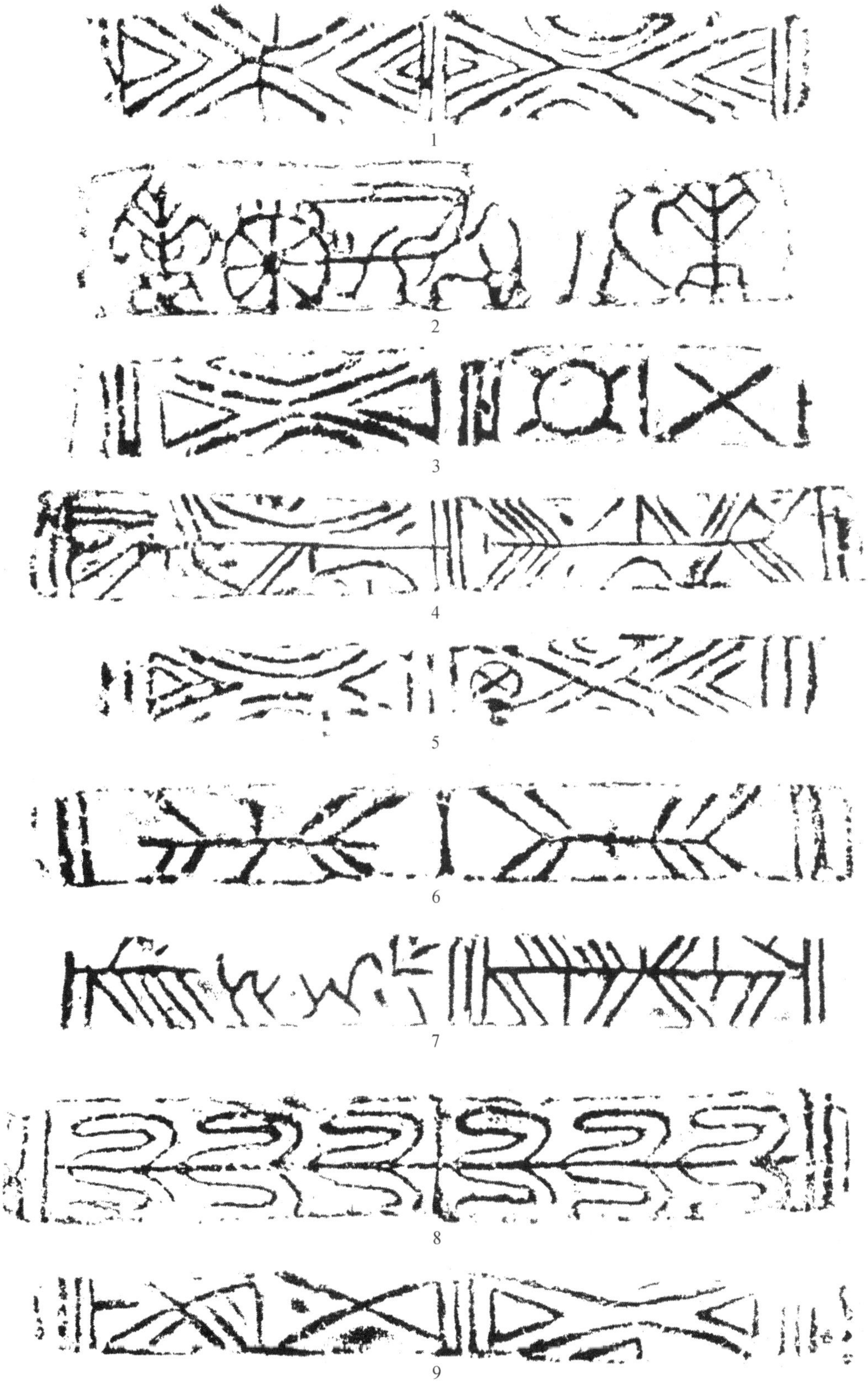

图2-3-3　2000年北门坡遗址汉墓砖纹拓片

1、3～7、9. 00-T206-M3　2. 采集　8. 00-T506-M6

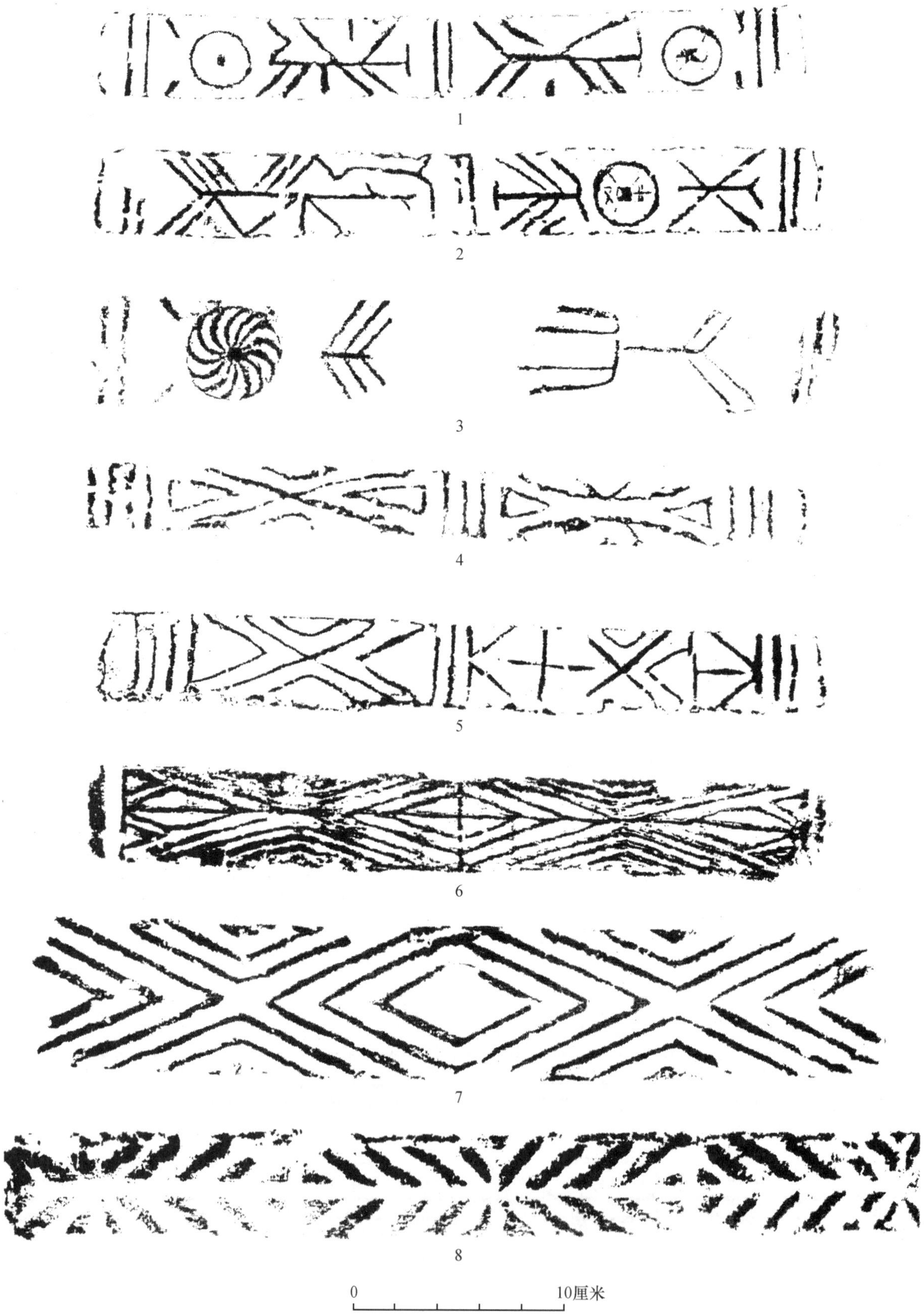

图2-3-4　2000年北门坡遗址汉墓砖纹拓片

1～5. 00-T206-M3　6. 00-T506-M6　7、8. 00-T210-M4

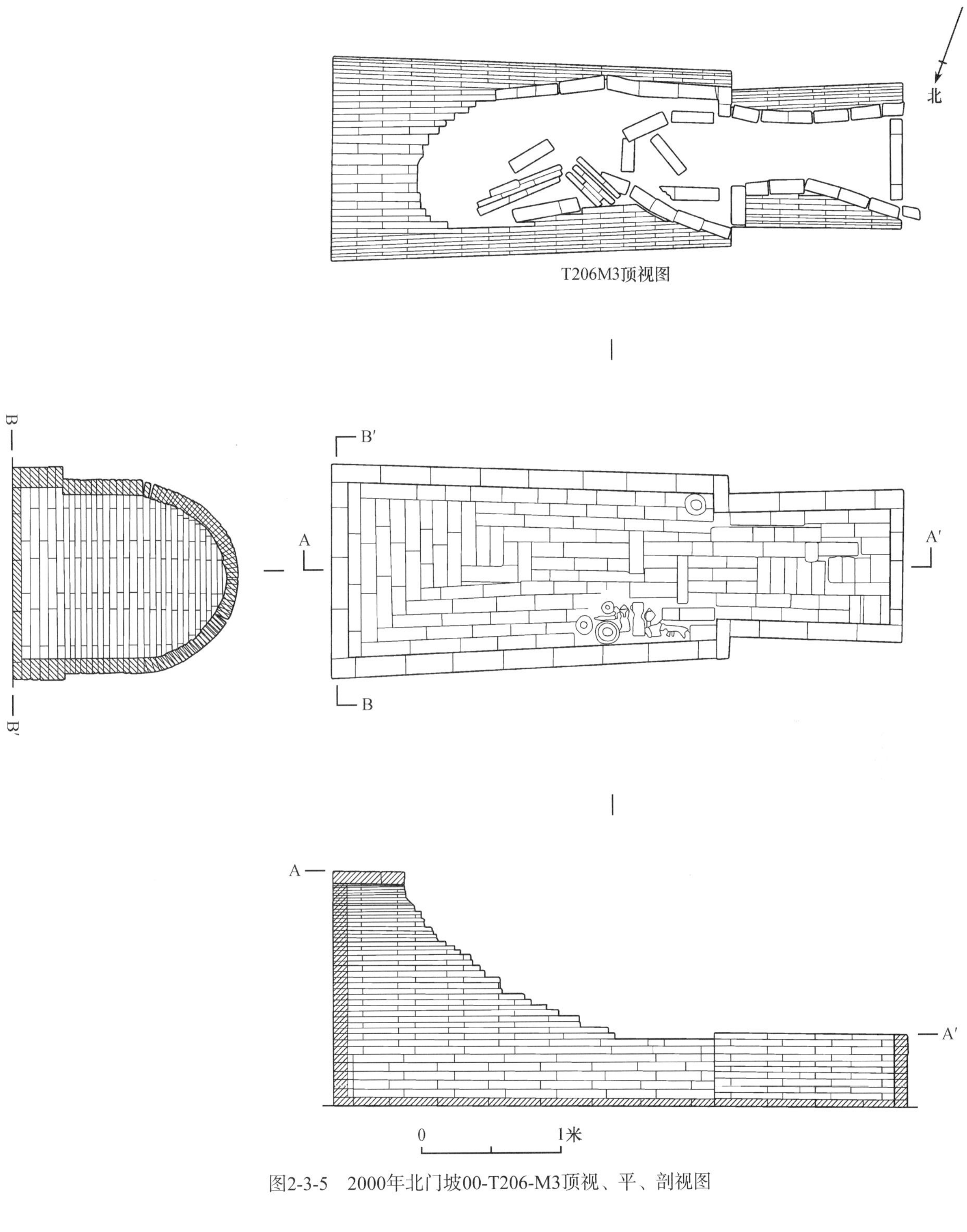

图2-3-5　2000年北门坡00-T206-M3顶视、平、剖视图

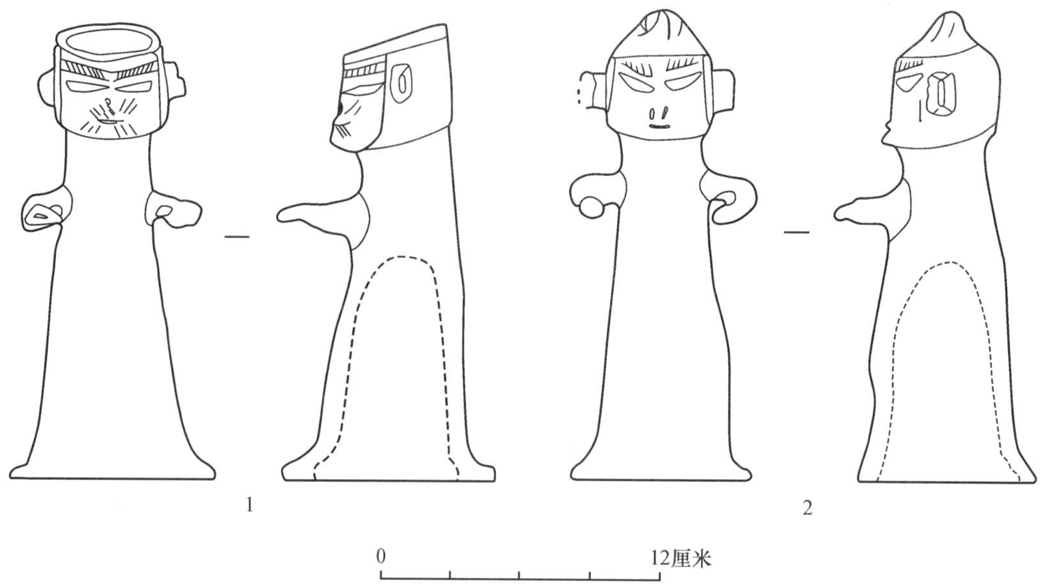

图2-3-6　2000年北门坡遗址出土陶人物俑

1. 00-T206-M3：8　2. 00-T206-M3：5

甑　1件。

00-T206-M3：9，夹砂褐陶。敞口，斜唇，弧腹，平底。底部有7个气孔。口径19.2、底径12、高11.6厘米（图2-3-9，5）。

（二）00-T210-M4

这是本次发掘中较大的一座洞穴砖室墓。随葬品基本被盗空，但保存较完整的墓室结构。建墓前，先依地势横向挖出洞穴，再用青砖建造墓室、甬道（图2-3-10；图版五，1、2）。

1. 形制结构

洞穴砖室墓，由甬道、墓室两部分组成。

甬道长1.7、宽1.26、高1.7米。墓室东西向（东偏北10°）。从墓壁到墓顶，朝向墓室的砖面均有花纹；墓底有榫砖。墓室长8.5、宽2.1、高1.85米。墓砖长0.4、宽0.4、厚0.08米。

2. 出土遗物

该墓被盗，墓底残存棺木漆皮，出土残陶罐、铜钱等遗物11件。发表4件。

（1）陶器

罐　均为泥质灰陶，分三型。

A型　1件。

00-T210-M4：1，泥质灰陶。敞口，鼓腹，平底。肩部一端饰一小纽，腹部饰两周凹弦纹。口径12、底径14、高14厘米（图2-3-8，6）。

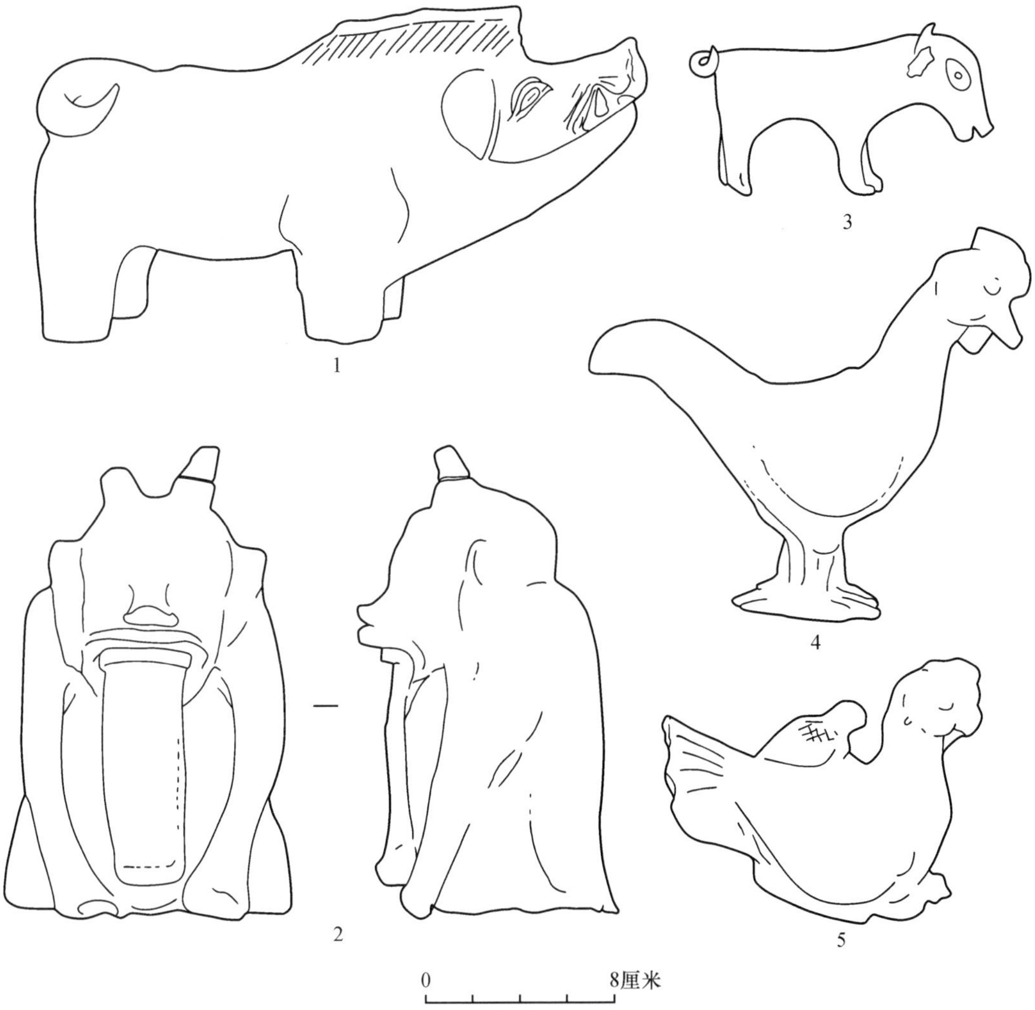

图2-3-7　2000年北门坡遗址出土陶动物俑、镇墓兽
1. 猪（00-T506-M6：3）　2. 镇墓兽（00-T506-M6：14）　3. 动物俑（00-T206-M3：6）
4、5. 鸡（00-T506-M6：26、00-T506-M6：13）

B型　1件。

00-T210-M4：6，泥质灰陶。敛口，广肩，鼓腹，平底。腹部饰弦纹。口径12.5、底径16、高13.8厘米（图2-3-8，2）。

C型　1件。

00-T210-M4：7，泥质灰陶。圆唇，小口，鼓腹，平底。口径14、底径11.5、高12厘米（图2-3-8，1）。

（2）铜钱

货泉　1件。

00-T210-M4：9，圆形方孔，正面篆书“货泉”，对读。背面光素（图2-3-11）。

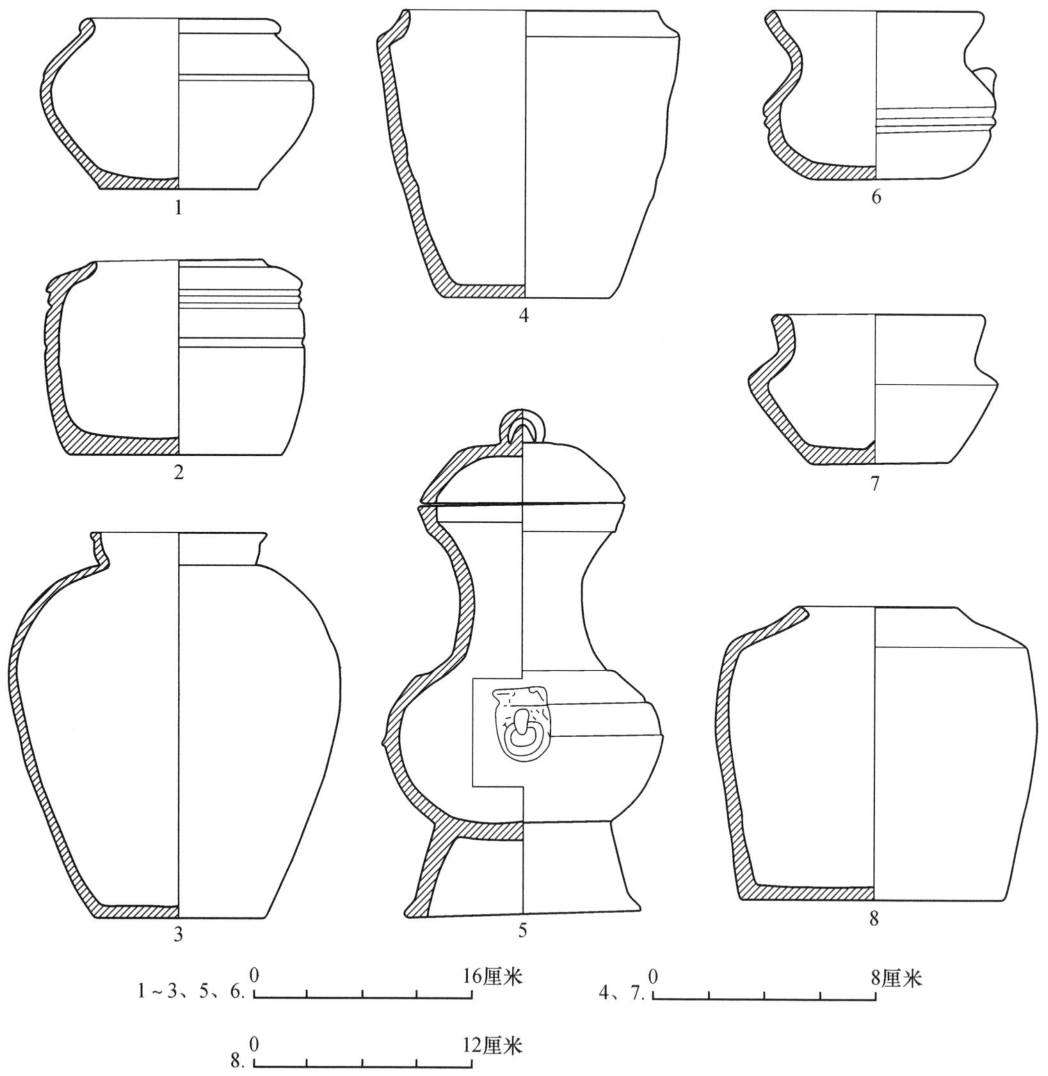

图2-3-8　2000年北门坡00-T206-M3、00-T210-M4、00-T506-M6出土陶器

1. M4 C型罐（00-T210-M4：7）　2. M4 B型罐（00-T210-M4：6）　3. M6 A型罐（00-T506-M6：6）　4. M6 C型罐（00-T506-M6：46）　5. 釉陶壶（00-T506-M6：7）　6. M4 A型罐（00-T210-M4：1）　7. M6 B型罐（00-T506-M6：22）　8. 罐（00-T206-M3：10）

（三）00-T506-M6

该墓出土遗物最为丰富（图2-3-12）。

1. 形制结构

洞穴砖室墓，形制和建造方式与00-T210-M4相同，均由甬道、墓室两部分组成。

长方形甬道位于墓室南部偏东侧，南北向，北偏西15°。甬道长1.68、宽1.26、高1.75米。

墓室长方形，券顶，后部已遭破坏。墓室残长2.55、宽2.15、高2.05米。

图2-3-9　2000年北门坡00-T206-M3、00-T506-M6出土陶器

1. 卮（00-T506-M6：55）　2. 盘（00-T506-M6：37）　3. 碗（00-T506-M6：56）　4. B型匜（00-T506-M6：38）　5. 甑（00-T206-M3：9）　6. 杯（00-T506-M6：44）　7. A型匜（00-T506-M6：53）　8. 熏炉（00-T506-M6：21）　9. 灶（00-T506-M6：4）　10. 灯（00-T506-M6：23）

2. 出土遗物

墓室前部南侧出土铜釜、铜扣、铜环、陶俑、镇墓兽、陶罐、陶壶、陶灶和陶楼等遗物57件。发表13件。

（1）铜器

饰件　1件。

00-T506-M6：1，略作长条半圆形，一端平面，一端带槽，整体鎏金。长8、宽1厘米（图2-3-13，2）。

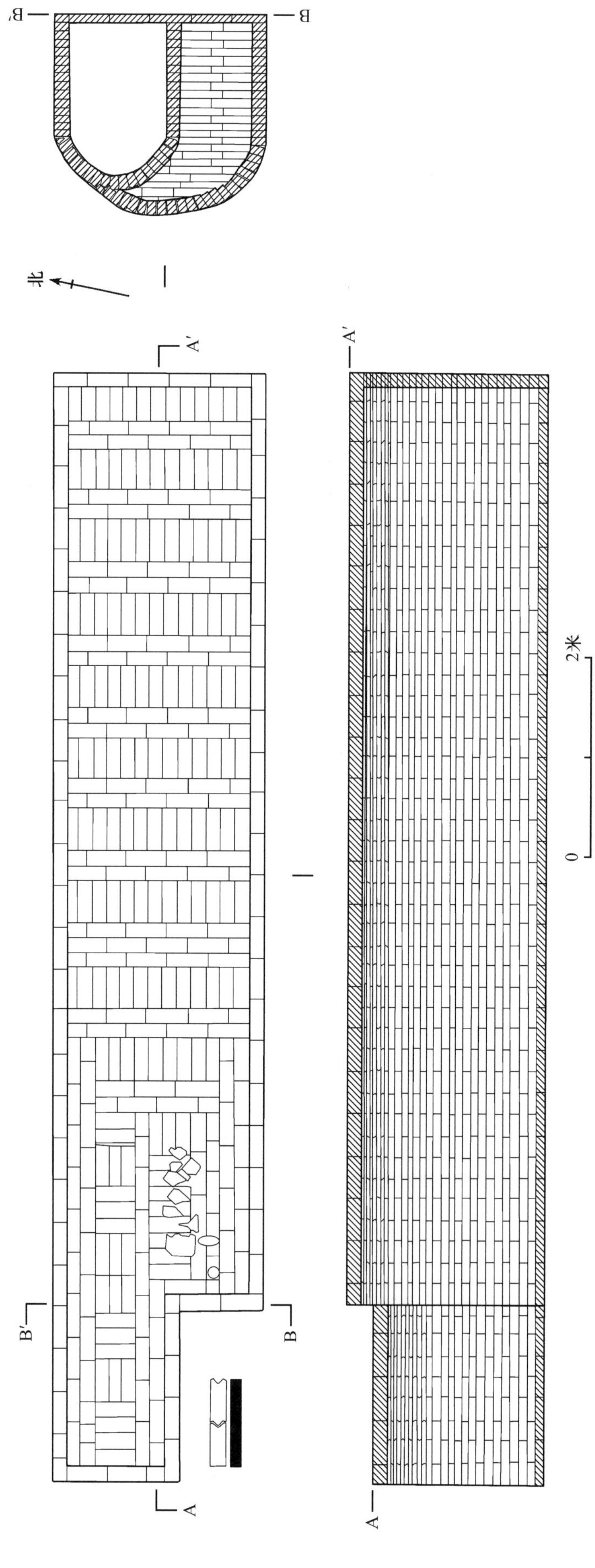

图2-3-10　2000年北门坡00-T210-M4平、剖视图

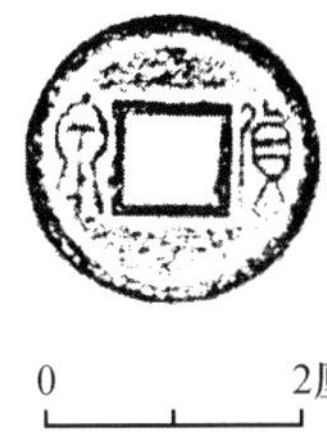

图2-3-11　2000年北门坡00-T210-M4出土汉货泉（00-T210-M4：9）

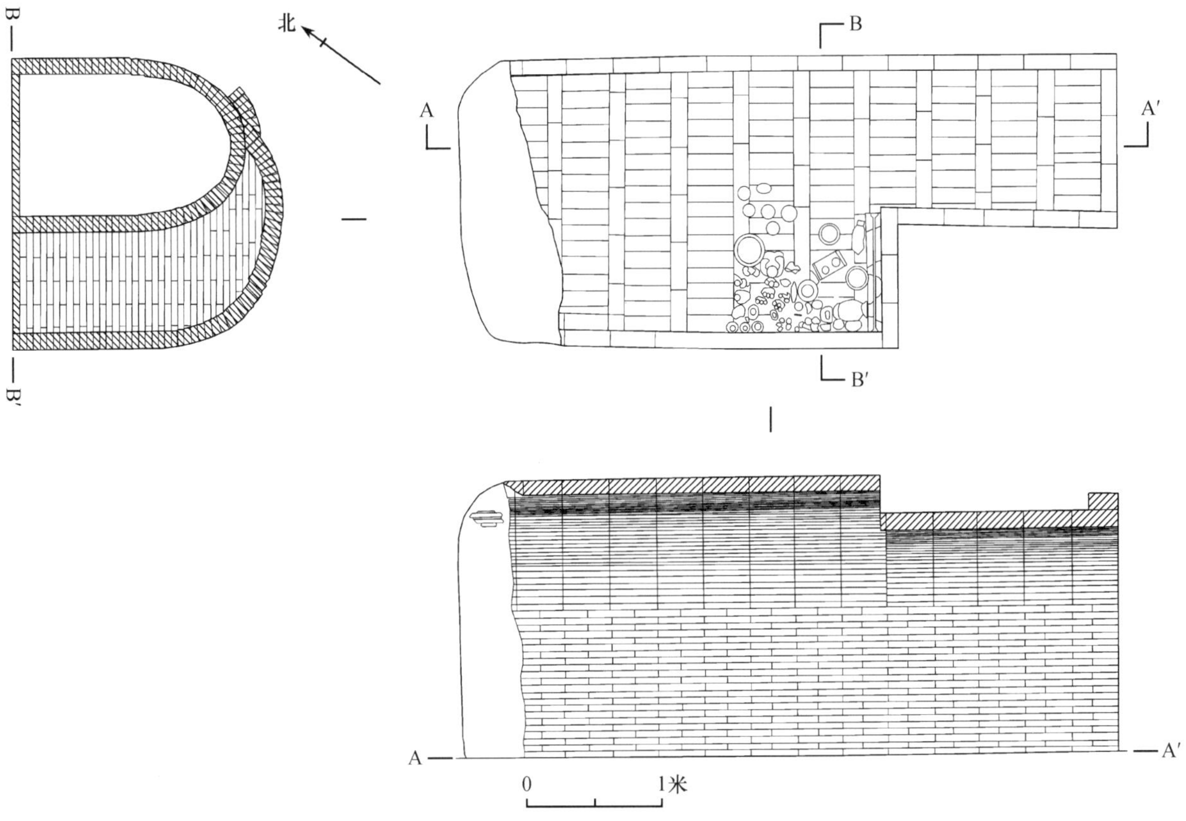

图2-3-12　2000年北门坡00-T506-M6平、剖视图

釜　1件。

00-T506-M6：15，敞口，束颈，斜肩，垂腹，平底。斜肩处饰对称双耳，腹部饰凸弦纹。口径24、底径13、高20厘米（图2-3-13，1）。

环　1件。

00-T506-M6：10，整体鎏金，出土时与另外2件形制相同的铜环分上下同时套在一件已腐朽的木质漆器上。环径9、宽1.5、厚0.2厘米（图2-3-13，3）。

扣　1件。

00-T506-M6：11，整体鎏金，是套在木质漆器口沿和底部上的附件。一面有凹槽，可与口沿或底部相扣。直径1.5、宽0.6厘米（图2-3-13，4）。

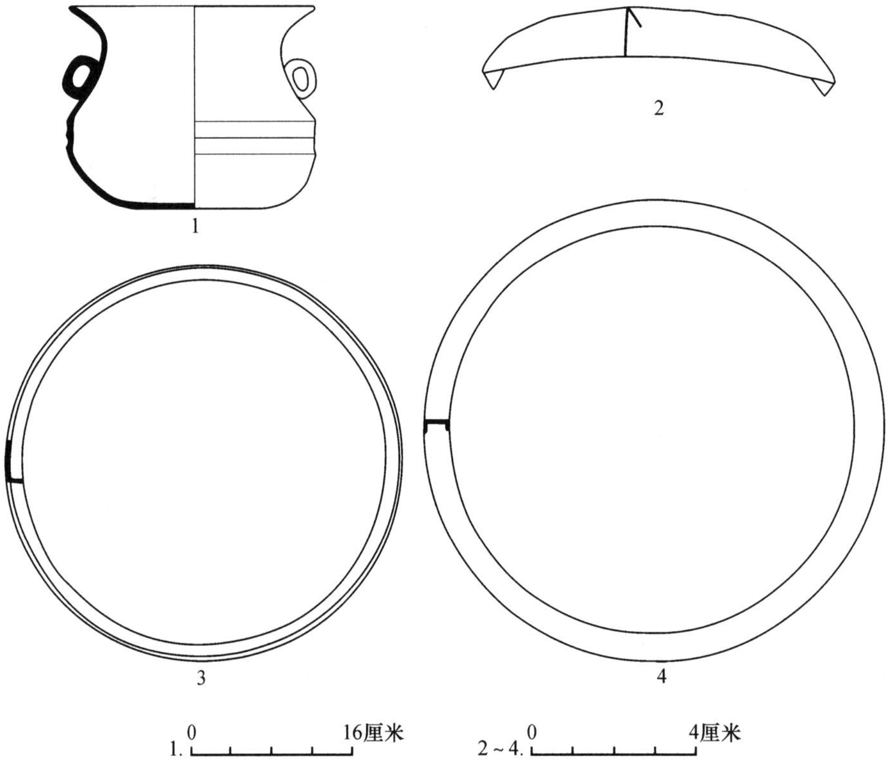

图2-3-13　2000年北门坡00-T506-M6出土铜器

1. 釜（00-T506-M6：15）　2. 饰件（00-T506-M6：1）　3. 环（00-T506-M6：10）　4. 扣（00-T506-M6：11）

（2）陶俑

均为泥质红陶。模制，空心。形态逼真，表情生动，一般成对出土，分立式、坐式两种。

镇墓兽　1件。

00-T506-M6：14，坐式，两臂身前下垂，吻部前凸，长舌垂地，头顶饰两角。高20厘米（图2-3-7，2）。

动物俑　3件。

00-T506-M6：3，立式公猪俑，吻部前伸，卷尾，前背部刻划鬃毛。高14、长26厘米（图2-3-7，1）。

00-T506-M6：13，坐式母鸡俑，背部驮一雏鸡，翅下似护有雏鸡。高12厘米（图2-3-7，5）。

00-T506-M6：26，立式公鸡俑，长尾高冠。高16厘米（图2-3-7，4）。

人物俑　4件。

00-T506-M6：16，坐式男俑，右手拿一牌饰，圆形头冠，表情笑容可掬。高29厘米（图2-3-14，4）。

00-T506-M6：27，立式男俑，手呈作揖状，圆形高冠，表情自然。高26厘米（图2-3-14，3）。

00-T506-M6：31，立式男俑，圆形头冠，左手举起，右手拽衣。高23厘米（图2-3-14，1）。

00-T506-M6：32，坐式男俑，圆形头冠，右手举起，左手自然放在腿上，似在言语。高19厘米（图2-3-14，2）。

图2-3-14　2000年北门坡遗址出土陶人物俑

1. 00-T506-M6：31　2. 00-T506-M6：32　3. 00-T506-M6：27　4. 00-T506-M6：16

（3）陶器

碗　1件。

00-T506-M6：56，泥质红陶。圆唇，侈口，平底。腹部饰两周凹弦纹。口径10.6、底径5.2、高4.4厘米（图2-3-9，3）。

杯　1件。

00-T506-M6：44，泥质红褐陶。直口，直腹，小假圈足。制作欠规整。口径7～8、底径4.4、高6.1厘米（图2-3-9，6）。

盘　1件。

00-T506-M6：37，泥质红陶。圆唇，平沿，斜腹，平底。口径12、底径5、高3.2厘米（图2-3-9，2）。

罐　陶质不同，分三型。

A型　1件。

00-T506-M6：6，泥质硬陶。侈口，弧肩，斜腹，平底，最大径在上腹部。肩部以下饰细网格纹。口径13、底径13、高28厘米（图2-3-8，3）。

B型　1件。

00-T506-M6：22，泥质红陶。圆唇，直口，折肩，平底。口径7.8、底径5、高5.2厘米（图2-3-8，7）。

C型　1件。

00-T506-M6：46，泥质褐陶。子母口沿，肩微斜，腹斜直，平底。口径9、底径6、高11厘米（图2-3-8，4）。

釉陶壶　1件。

00-T506-M6：7，泥质红陶，外施青釉。纽形盖，盘形口，长颈，鼓腹，大圈足。肩部有对称的铺首衔环装饰，腹部饰两周凹弦纹。口径15.6、腹径20.8、底径17.6、高36厘米（图2-3-8，5）。

匜　均为泥质红陶，分二型。

A型　1件。

00-T506-M6：53，似勺形，直口，直壁，小假圈足，尖状鋬手。口径6.2、底径3.2、高2.5厘米（图2-3-9，7）。

B型　1件。

00-T506-M6：38，形制与A型近同，腹略浅，壁微斜，饰鸟头状鋬手。口径5.2～6.4、底径3.8、高2.2厘米（图2-3-9，4）。

卮　1件。

00-T506-M6：55，泥质红陶。圆唇，口微敛，腹微鼓，平底，外沿一侧饰一鋬手。口径9.7、底径5.7、高4厘米（图2-3-9，1）。

灶　1件。

00-T506-M6：4，明器。泥质灰陶。长方形，侧面有两个方形火门，灶面有两个圆形灶孔，两端设有挡火墙。长22、宽14、高12厘米（图2-3-9，9）。

灯　1件。

00-T506-M6：23，泥质红陶。平唇，侈口，束腰，喇叭形座。口径8、底径10、高8厘米（图2-3-9，10）。

熏炉　1件。

00-T506-M6∶21，泥质红陶。子母口，半球形盖，细柄，喇叭形座。盖顶部有悬纽。口径4.8、底径10.4、高10.8厘米（图2-3-9，8）。

二、宋元墓葬

共2座，规模略小，均为土坑砖室墓。两墓形制基本相同，发表1座。

00-T501-M1

1. 形制结构

长方形土坑砖室墓。上部已被破坏，墓顶结构不详。长2.8、宽1.4米，残高约1.1米（图2-3-15；图版六，1）。

该墓西壁、北壁保存较好，北壁有砖砌壁龛（图版六，2）。

墓内原置木棺，有较多棺钉和棺木腐朽物。

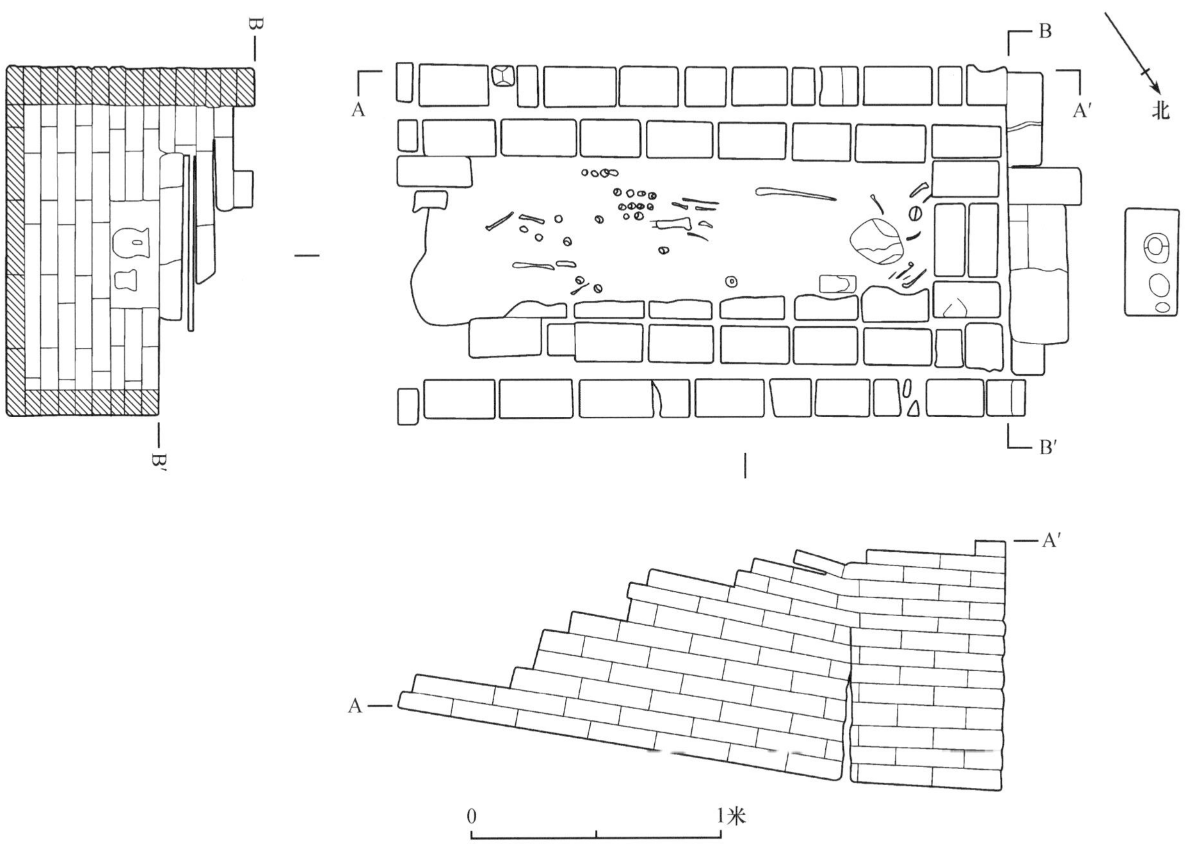

图2-3-15　2000年北门坡00-T501-M1平、剖视图

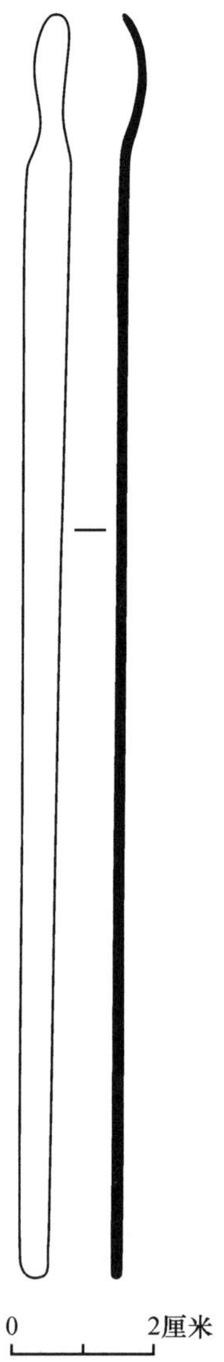

图2-3-16　2000年北门坡00-T501-M1出土铜簪（00-T501-M1：7）

2. 出土遗物

随葬品共8件，壁龛内随葬陶杯、陶罐、瓷碗各1件。发表6件。

（1）铜器

簪　1件。

00-T501-M1：7，形制呈细长条扁状，顶端弯曲。长17、宽1厘米（图2-3-16）。

（2）瓷器

碗　1件。

00-T501-M1：3，粗胎。黑釉，底及足部无釉。直口，圆唇，斜腹，假圈足。口径11、底径3.5、高5厘米（图2-3-17，1）。

（3）陶器

杯　1件。

00-T501-M1：2，泥质灰陶。平唇，直口，腹微斜，平底。口径10、底径7.2、高7.6厘米（图2-3-17，2）。

罐　1件。

00-T501-M1：1，夹砂灰陶。平唇，直口，腹微鼓，小平底。对称形双耳，制作欠规整。口径13.4、底径7.6、高17.7厘米（图2-3-17，5）。

（4）石器

水晶珠　1件。

00-T501-M1：5，质地纯正透明。圆形，经雕刻打磨成八棱形坠饰，中穿一孔。径2.5、厚2、孔径0.4厘米（图2-3-17，3）。

砚　1件。

00-T501-M1：4，页岩质。磨制。长方形，一端略宽，饰三道凹弦纹；一端略窄，饰一道凹弦纹和云纹。窄端墨槽凿刻较深。长18、宽7.6～8.6、厚1.4厘米（图2-3-17，4）。

三、明清墓葬

共4座，均为规模较小的土坑墓。一般长2、宽0.7米，现存深度0.3～0.5米。墓内原置木棺，棺体已朽，荡然无存，仅留棺钉。发表2座。

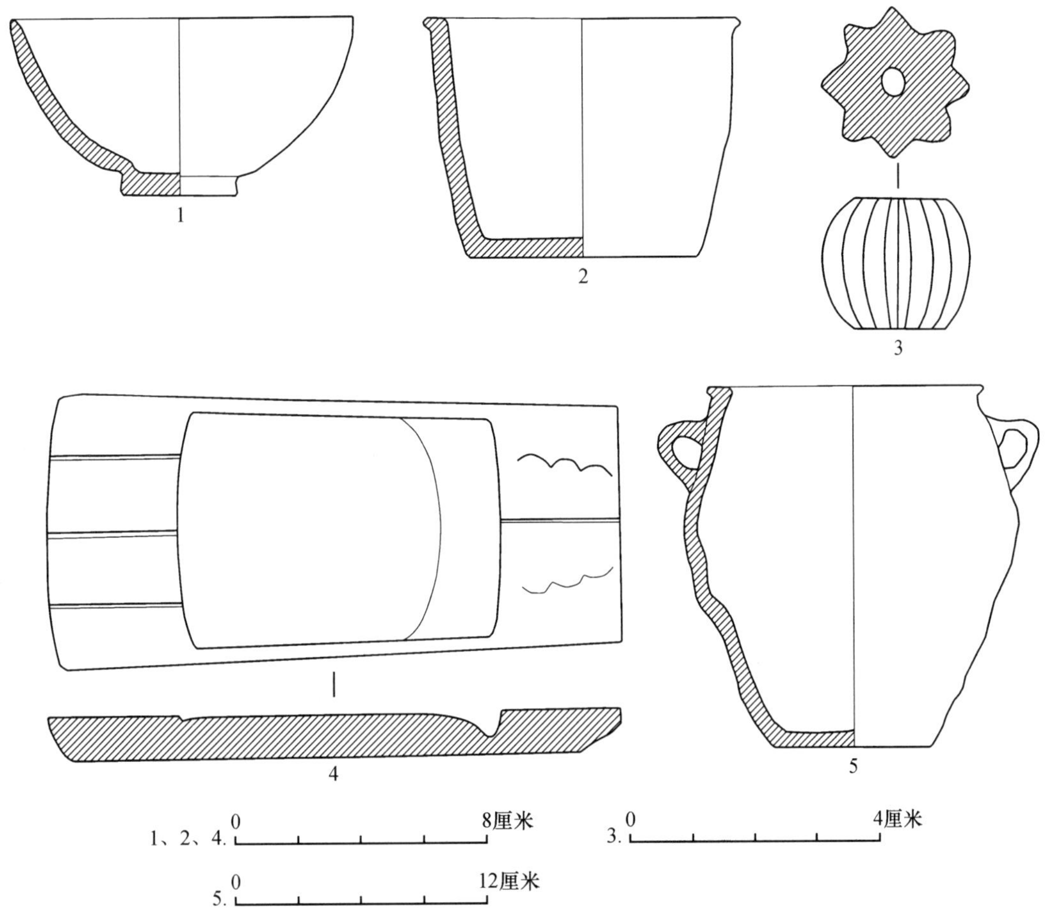

图2-3-17　2000年北门坡00-T501-M1出土器物

1. 瓷碗（00-T501-M1：3）　2. 陶杯（00-T501-M1：2）　3. 水晶珠（00-T501-M1：5）　4. 石砚（00-T501-M1：4）　5. 陶罐（00-T501-M1：1）

（一）00-T216-M2

1. 形制结构

长方形竖穴土坑木棺墓。长2.11、宽0.65、深0.36米（图2-3-18，1）。

墓室上部已被破坏，墓主头部枕有三层叠压的板瓦（瓦枕）。

2. 出土遗物

墓主头部发现2件铜簪、1件瓷碗。发表1件。

铜簪　1件。

00-T216-M2：2，顶部近伞形，呈双六角叠压状。下为锥形。长11、径0.3厘米（图2-3-19，1）。

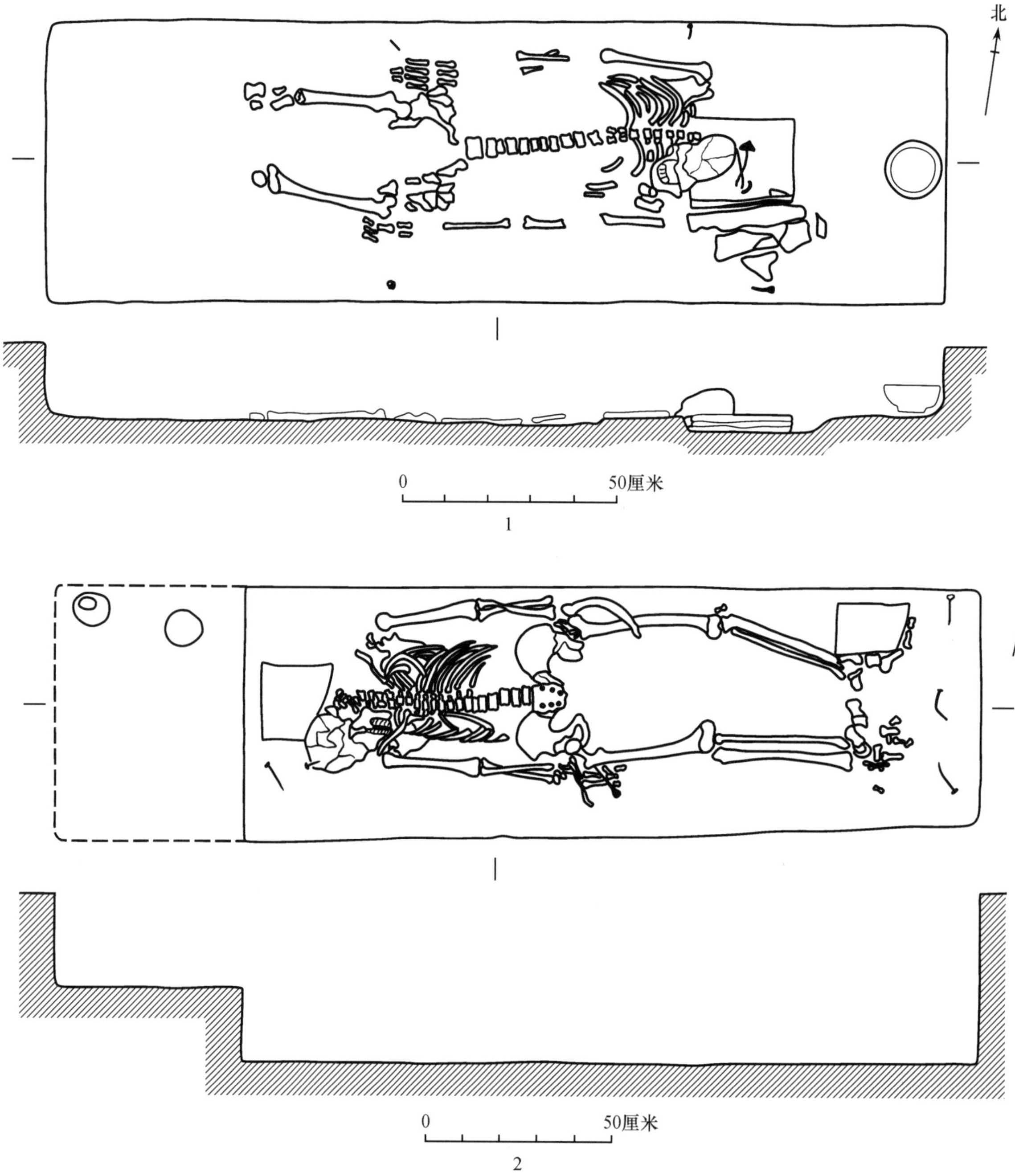

图2-3-18　2000年北门坡00-T216-M2、00-T514-M3平、剖面图

1. 00-T216-M2　2. 00-T514-M3

（二）00-T514-M3

1. 形制结构

竖穴土坑木棺墓。长1.96、宽0.66、深0.5米（图2-3-18，2）。

墓主头下有瓦枕，头部前侧有一个长0.5、宽0.66、深0.25米的头箱。

2. 出土遗物

墓主头部出土铜簪2件，左臂下部随葬1件锈蚀严重的镰状铁器，西侧头箱内随葬青花瓷碗、陶罐各1件。发表3件。

（1）铜器

簪　1件。

00-T514-M3：1，已残。近伞形，顶为莲花饰，下为锥形。长12.1厘米（图2-3-19，2）。

（2）瓷器

青花碗　1件。

00-T514-M3：7，敞口，唇外侈，斜直腹，圈足。内底部饰字体图案，器表饰鸟纹、旋涡纹及抽象形图案。口径14.5、底径6、高6.2厘米（图2-3-19，4）。

（3）陶器

罐　1件。

00-T514-M3：6，夹砂灰褐陶。敞口，口沿带流，鼓腹，平底，腹至肩部饰单把。口径10.6、底径5.4、高14.8厘米（图2-3-19，3）。

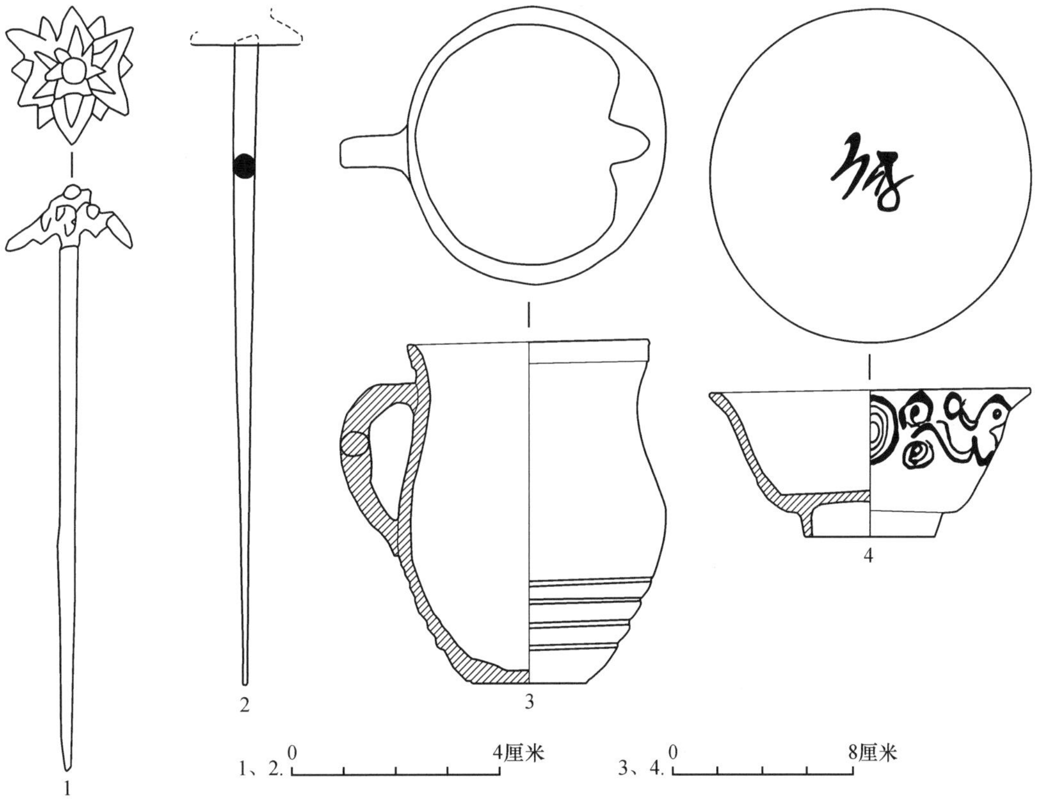

图2-3-19　2000年北门坡00-T216-M2、00-T514-M3出土器物

1、2. 铜簪（00-T216-M2：2、00-T514-M3：1）　3. 陶罐（00-T514-M3：6）　4. 瓷碗（00-T514-M3：7）

第三章　平江门遗址2003年发掘报告

平江门位于巫山古城南城垣偏东段，是明清时期巫山古城的南门。门址南侧紧邻长江码头，北面为巫山山麓，东经109°52′40″，北纬31°4′35″，海拔约130米。依据1997～1998年的调查资料，此门为过洞式城门，门洞条石浆砌，作券成顶。门道底宽约4.36、高约4.3、进深约8米。

第一节　发掘概况

2003年，为理清巫山古城南门的时代沿革及其东侧城墙的形制结构等问题，考古队对平江门遗址进行了发掘。因该门门道衔接江岸码头与巫山城区的交通往来，故发掘组在门道偏东近门洞东壁拱券基底附近向东侧布方，以了解城墙、城门衔接处这一关键节点遗迹的形制结构和时代沿革。

本年度领队为梁中合，平江门遗址的具体事宜主要由王吉怀负责。参加该门址（含城墙）田野发掘的工作人员还有丁长峰、毕道全、李涛及周海铎等。发掘组共布10米×10米（T0101、T0102）、5米×10米（T0201、T0202）探方各2个，均正南北方向，总发掘面积300平方米。依据实际需要，T0101局部解剖至生土（图3-1-1；图版七，1）。

第二节　地层堆积

巫山古城遗址的四座城门中，平江门是唯一尚存的一座城门。

2003年，巫山新城建设如火如荼，移民迁建是压倒一切的工作重心。为赶超进度，长江水利委员会（长江委）与巫山县委“拆建并举”，采用建好一批、搬迁一批、安置一批、拆除一批、清理一批的方法以确保库区二期蓄水工程的顺利实施。在此背景下，考古队发抵前，古城南部城圈涵括平江门（南门）在内，皆被拆毁，并为均厚约3.5米的建筑渣土所覆盖。经各种努力，发掘组成功清除了渣土，但前期爆破式的拆建已不可避免地破坏了平江门一带的原始堆积。现以T0101东壁及T0102东壁为例（图3-2-1、图3-2-2；图版七，2），将层位情况介绍如下。

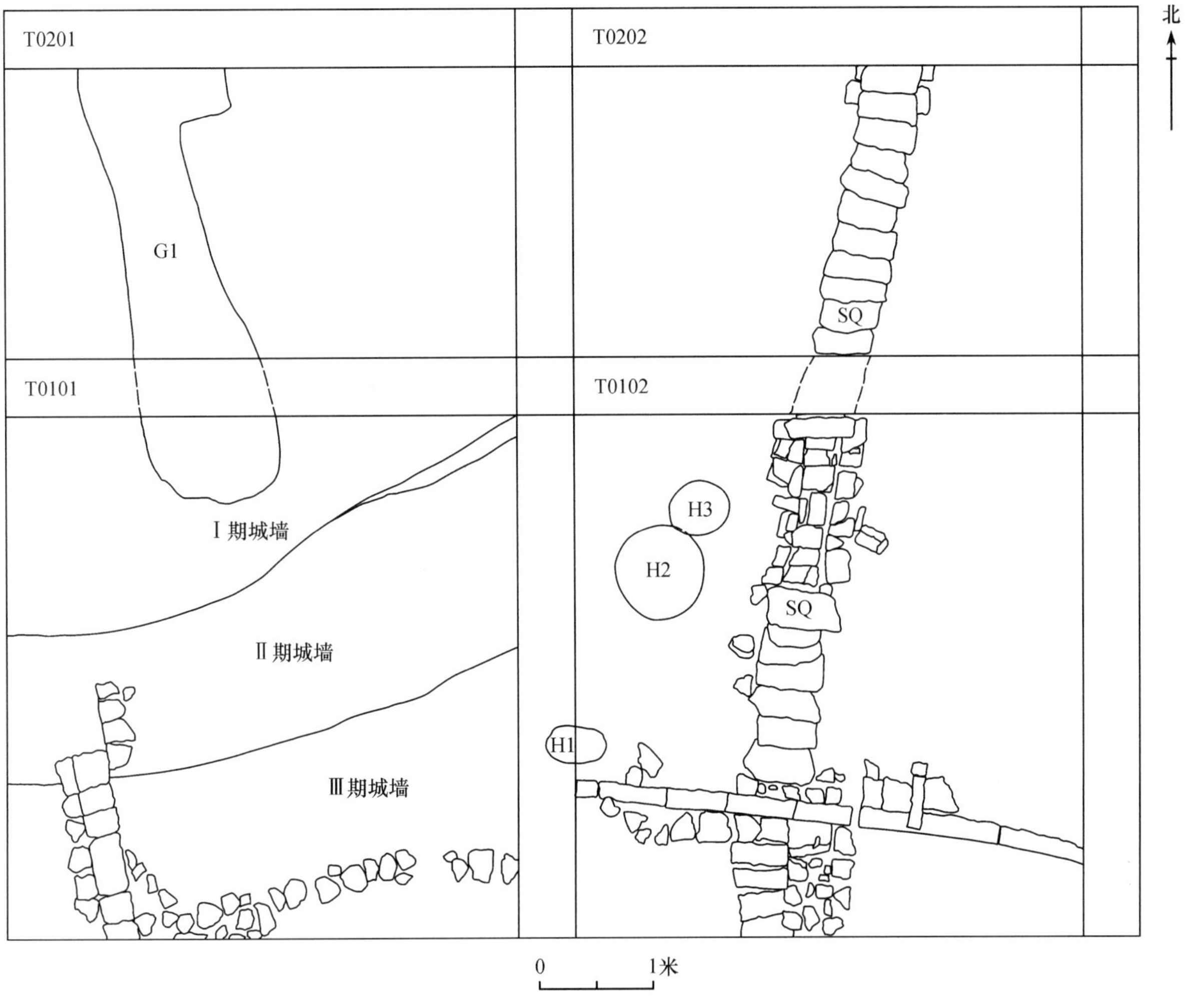

图3-1-1　2003年平江门遗址发掘总平面图

第1层：近现代表土层，主要为现代建筑扰乱所形成。本层土质灰黑，多含建筑垃圾、砖瓦碎块等。厚0～50厘米。

第2层：土色泛灰，较为致密，其内夹杂较多瓷片及红烧土碎块，多碎砖瓦和大石块。此层厚0～70厘米。Ⅲ期城墙叠压于该层下。

第3层：灰土层，土质较松散，仅见于T0101与T0102的小部分区域。本层含大量宋元时期瓷片，厚0～85厘米。Ⅱ期城墙起建于该层上。

第三节　主要遗迹

作为衔接城区与码头的交通节点，平江门（南门）遗址是了解巫山古城布局、沿革等重要问题的关键之一。2003年，该地点计发掘并解剖城墙（含门洞东部）一段、水渠一条，同时清理灰坑及灰沟若干。

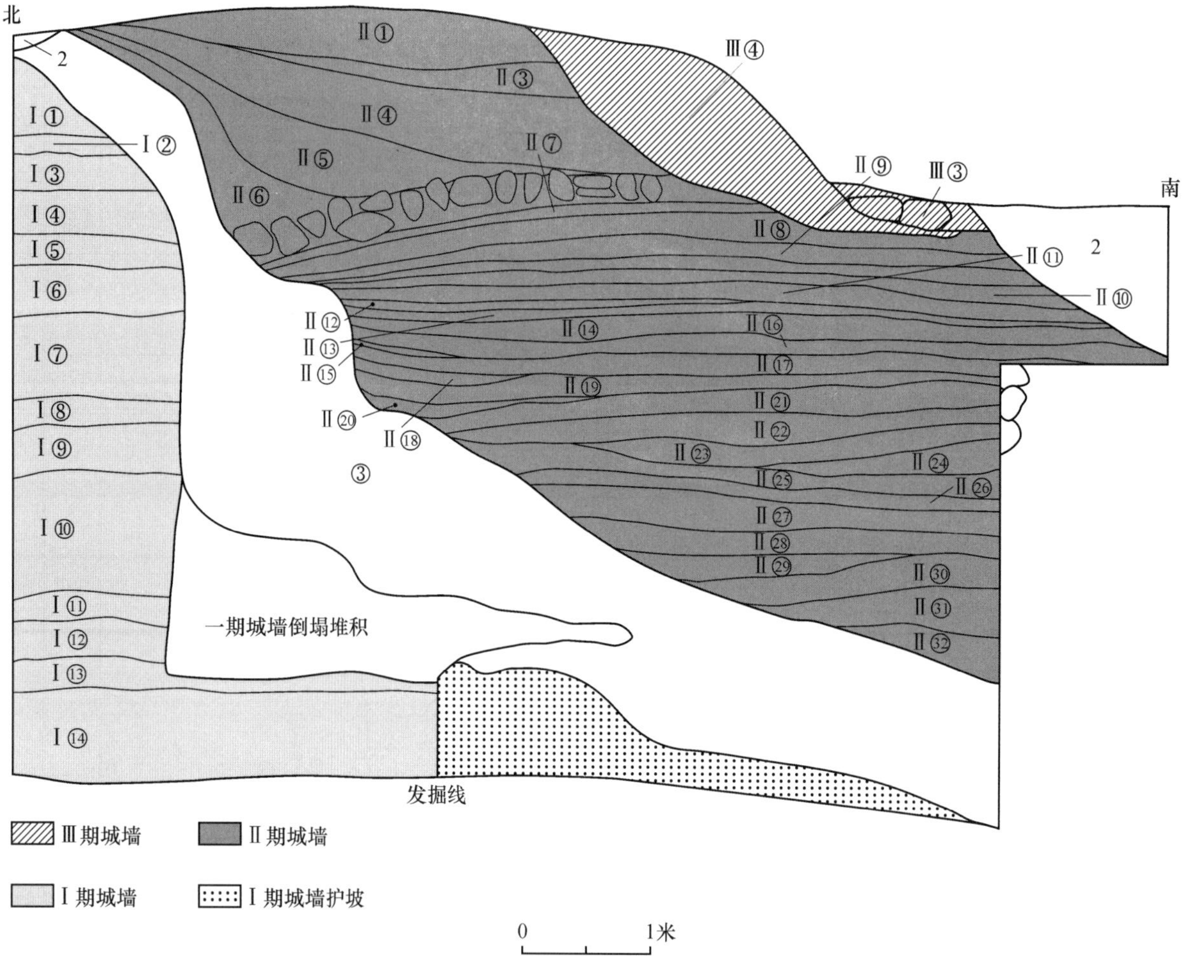

图3-2-1　2003年平江门遗址03KCW-N-T0101东壁剖面图

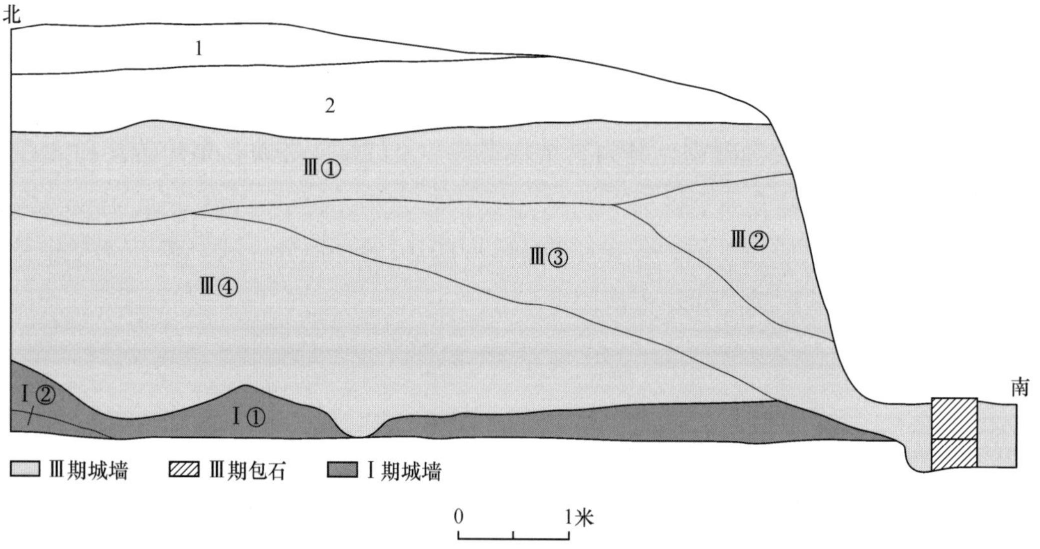

图3-2-2　2003年平江门遗址03KCW-N-T0102东壁剖面图

一、城门及城墙

2003年度对巫山古城南门——平江门门道的东壁券基及城门以东城墙遗址进行了考古发掘。

前期考古调查的地表遗迹显示，平江门门址门道向北稍收，两侧城垣略作内凹弧状。城址北临长江，南靠高山，城域局部地势呈现较大坡度。城圈南部主体墙垣依断崖走势，向上、向北砌筑墙体。这种山城特有的城墙构筑方式使得古城南墙的边界难以寻找，且在移民拆迁过程中，城墙及其内侧顺城路等遗迹也遭到了严重破坏，因此该地点南墙墙垣的实际北界及是否存在的边壁做法均已无从得知。发掘组改对残存的城门及城墙遗迹进行全面揭露，以了解城门、城墙的形制结构和营造做法。

综合本次发掘所见遗迹间关系及出土遗物的年代，经初步整理，城门及城墙大致可分为三期（图版八，1）。

（一）Ⅰ期城墙

起建于生土层，叠压于第3层下，是本段城墙最早的一期。

本期城墙外壁无包石，主要由墙基、主体墙身和护坡三部分构成。墙身北侧局部被G1打破。限于现场发掘条件，城墙墙基并未解剖至生土。同时，主体墙身的北壁（城墙里侧）边界不明，城墙南侧（外侧）现残高约5米。

以T0101为例，墙体堆积基本呈水平状，土质也较纯净。墙身及墙基堆土共计17层。第17层及以下为墙基。墙基已发掘部分最深约0.7米。叙述如下。

Ⅰ①层：黄褐色黏沙土，夹杂料姜石粒，厚0.4米。

Ⅰ②层：黄褐色土杂料姜石粒，厚0.4～0.8米。

Ⅰ③层：土色同Ⅰ①层，土质略硬，厚0.3～0.5米。

Ⅰ④层：红褐土，较硬，厚0.1～0.5米。

Ⅰ⑤层：黄砂土，厚0.1～0.2米。

Ⅰ⑥层：红褐色黏沙土，夹杂料姜石粒，厚0.3～0.5米。

Ⅰ⑦层：黄褐色黏沙土，厚0.3～0.5米。

Ⅰ⑧层：土色同Ⅰ⑦层，土质沙性略大，厚0.3～0.4米。

Ⅰ⑨层：黄褐色黏沙土，厚0.3～0.6米。

Ⅰ⑩层：红褐色黏沙土，土质较硬，夹杂小石子，出土禽类骨骼，厚0.4～0.5米。

Ⅰ⑪层：红褐色黏沙土，土质较硬，厚0.2～0.25米。

Ⅰ⑫层：黄褐色黏沙土，厚0.4～0.5米。

Ⅰ⑬层：红褐色黏土，略带沙性，厚0.8～0.85米。

Ⅰ⑭层：黄色黏沙土，土质较硬，厚0.2～0.25米。

Ⅰ⑮层：红褐色黏土，略带沙性，厚0.3～0.4米。

Ⅰ⑯层：黄色砂土，厚0.2～0.25米。

Ⅰ⑰层：红褐色黏沙土，夹杂小石子，厚0.6～0.7米。

护坡紧挨Ⅰ期墙体南侧，黄褐土，质地较墙身疏松，南北长4.15～4.3米，已发掘部分最厚0.89米。

（二）Ⅱ期城墙

起建于第3层，分布范围大体也与第3层相当，是此段城墙稍晚的一期。

Ⅱ期城墙无包石，主体结构与Ⅰ期城墙相近，即由墙基及主体墙身两部分构成。墙垣北壁（内侧）边界不明，南侧（外侧）墙身现存高约2米。

1. 墙基

本期城墙不设基槽，墙基垫土直接叠压于第3层上。垫土呈水平状分布，顶部铺设一层圆卵石。以T0101为例，总计32层，Ⅱ⑦层及以下墙基垫土的具体做法为：水平交替式铺置红黏土及黄沙土为墙身，每层底部另以一定厚度的红石粉粒作为骨料。

2. 主体墙身

城墙主体墙身较为纯净，以较致密的红褐色黏土进行构筑。以T0101为例，总计32层，Ⅱ①～Ⅱ⑥层为主体墙身。每层土质基本相同，但薄厚不同。各层底部也置有一定厚度的红石粉粒以作骨料。

（三）Ⅲ期城门及城墙

这是该段城墙最晚的一期，也是保存最好的一期。本期城墙在Ⅱ期城墙的基础上进行了增改包砌。依照城圈设施功能、所处位置等方面的不同，发掘区内所揭露的相关遗迹大致可分为城门与城墙两个部分。

1. 城门

（1）门洞

仅揭露门洞东壁包石残基（含东南转角）。依据残基的走向，门址方向南偏东约11°。石砌残基进深1.14米。所用石料不甚规整，平面朝外，不规则面向内。石料规格略大，东西长约0.53、南北宽约0.38米。

（2）门洞南侧道路

道路东侧石限保存较好。用料规整，尺度相近，主体长约2.95、宽约0.58米。

2. 城墙

本期城墙较前两期更为复杂，主要由墙基、内部墙芯、南侧包壁及壁缘外石砌散水等部分构成。

（1）墙基

墙底不设基槽，在第2层上直接铺加厚约1.5米的垫土作为墙基。

（2）内部墙芯

墙芯夯筑迹象不甚明显，为灰黄土，质地腻实。T0101内计4层，介绍如下。

第1层：黄褐黏沙土，内含明清砖瓦及瓷片，厚0.7～1米。

第2层：土色较第1层偏黄，出土物与第1层相近，厚0.5～0.7米。

第3层：黄褐黏土夹杂灰土，出土少量明清瓷片，厚0.4～0.5米。

第4层：土色较第1层偏灰褐，出土物极少，略纯净，厚0.6～1.4米。

（3）包石外壁

墙体南壁（城址外侧）包石，残高1.5～2.6米；北壁（城址内侧）边界不明。依据所处位置、筑造技法等方面的不同，包石南壁可细分为下部基础与上部立面两个部分。

下部基础的砌筑技法较为原始，与传统护坡墙相近，即先依夯土外侧坡度进行规算，复以块石浆砌叠垒。石料不甚规整、大小不一，叠砌时，平面向外、不规则面（多尖削面）多朝内，石与石间白灰填隙，使露明面上、下、左、右形成紧密的衔接。

上部立面的砌筑规范且成熟。顺置条石，浆砌包壁，内、外搭砌，上下错缝。条石规格相近，长约1、宽约0.33米。各层以拉结石丁砌，打入内芯。拉结石长0.92、宽0.23米。上、下各层间叠涩内收约0.06米。

（4）侧缘散水

南墙南侧包石外缘置石砌散水（主要为T0102），残长4.49、宽约0.52米。散水石料不甚规整，平面置上，不规则面覆下。

二、水　　渠

03KCW-N-SQ　已发掘部分位于03KCW-N-T0102中部、03KCW-N-T0202中部偏东。以南北为主向，南偏西约10°（图3-3-1；图版八，2）。

该渠打破Ⅲ期城墙，为第2层所叠压。平面呈不规则长条状，北高南低，依地势砌筑。砌筑方法为：先以石面铺地，用石块并灰浆砌筑东、西两壁，再覆条石或石板为顶。

以城墙南端外侧包边石为界，该渠可分南、北两段。北段不露明，为暗渠，渠顶板材自北向南近阶梯状依序覆压，严密无隙；南段位于城墙墙体南端包边石外侧（南侧），属明渠，渠顶面覆板与覆板间各留有一定间隙，以便排水。

北段暗渠与城墙大致垂直，呈西北—东南走向，已发掘部分长12、顶面宽（顶板长）约1.15米。由解剖可知，渠体两壁均石砌，宽1.3、深0.8、距地表1.6米。覆顶石板规格相近，长1～1.21、宽约0.5米。

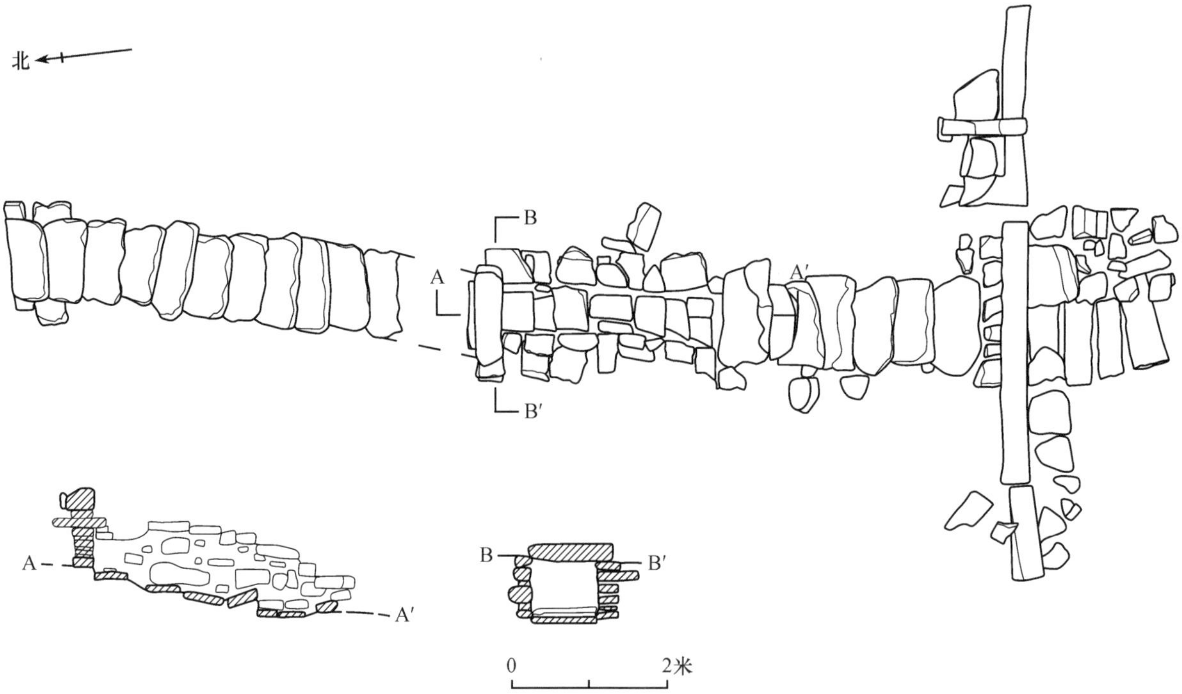

图3-3-1　2003年平江门03KCW-N-SQ平、剖视图

南段明渠与城墙略有夹角，约3°，已发掘部分长1.63、顶面宽（顶板长）约1米。覆顶石板与暗渠规格相似，板材与板材间间隙宽约0.1米。

三、其　　他

（一）灰坑

发掘区灰坑数量较少，共3处。

03KCW-N-H1　主体位于03KCW-N-T0102中部，局部延伸入03KCW-N-T0101东隔梁内。开口于Ⅲ期城墙下。平面呈东西向椭圆形，斜直壁，底微凹。已发掘部分东西最长1.05、南北最宽0.7、深0.2～0.3米。坑内填土灰黑色，较松软，含有较多草木灰和炭粒。出土物多为兽骨头部及石块，另见少量素面残瓦（图3-3-2，2；图版九，1）。

03KCW-N-H2　主体位于03KCW-N-T0102西北部。开口于第3层下，打破Ⅰ期城墙的同时，局部也被03KCW-N-H3所打破。平面近圆形，斜直壁，平底，剖面略呈袋状。坑内填土中部红褐色，较松软；外缘呈黄绿色，略致密。分两层，出土大量兽骨、鱼刺、素面瓦残块等。其中，兽骨多见羊骨，可能是整羊；鱼刺的出土也较集中，未发现鱼头骨。口径1.6、深1.2米（图3-3-2，1；图版九，2）。

03KCW-N-H3　主体位于03KCW-N-T0102西北部。开口于第3层下，打破H2及Ⅰ期城墙。平面整体近圆形，直壁平底。坑内填土为灰绿色，质地稍硬，较为纯净。坑径约1、深0.4米（图3-3-2，3）。

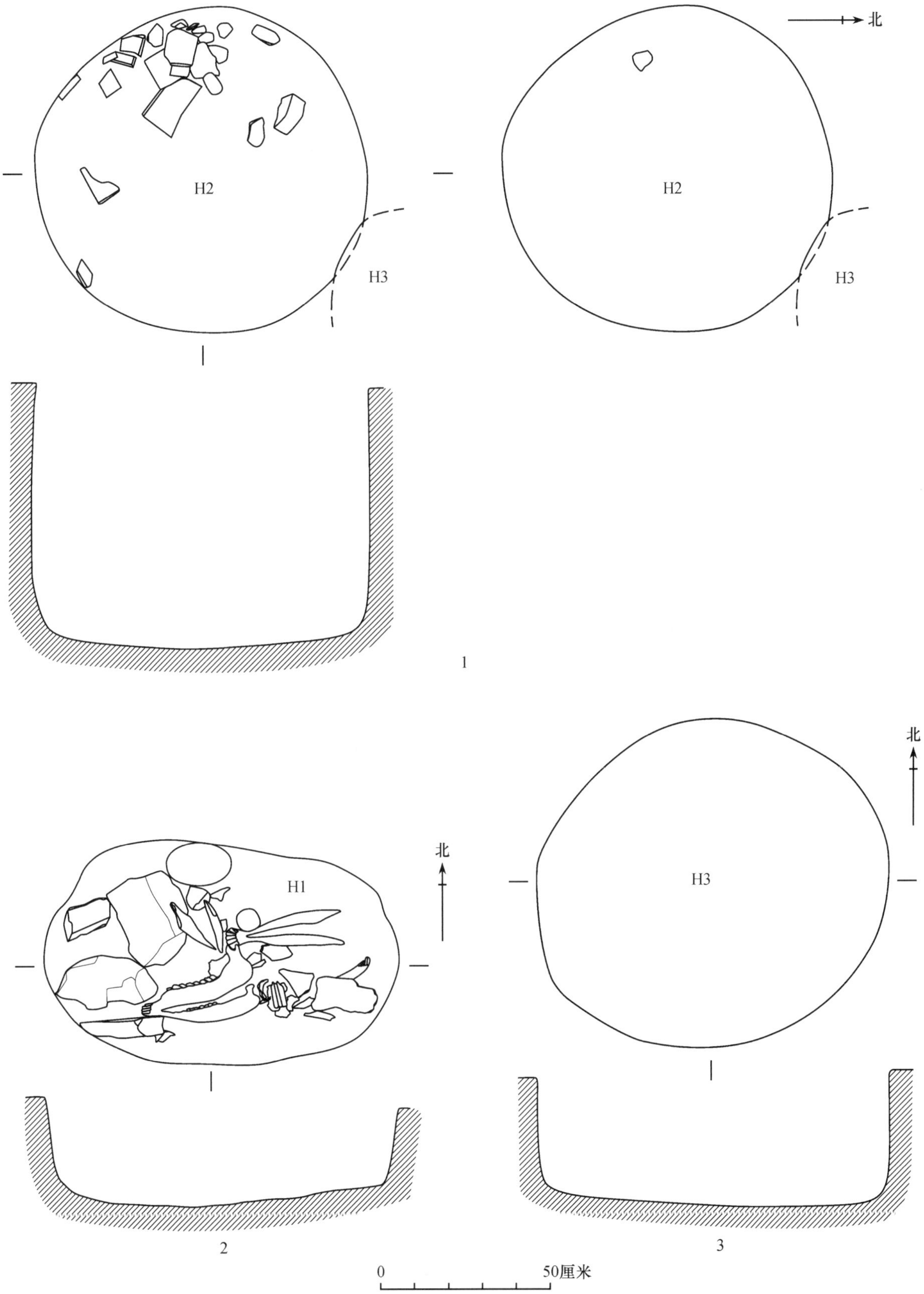

图3-3-2　2003年平江门03KCW-N-H1、03KCW-N-H2、03KCW-N-H3平、剖面图

1. 03KCW-N-H2　2. 03KCW-N-H1　3. 03KCW-N-H3

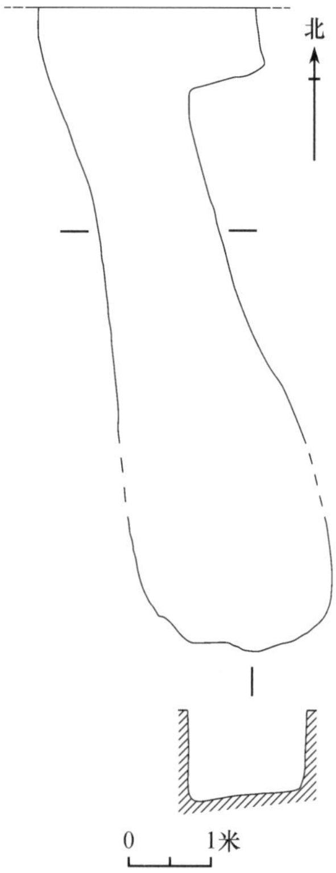

图3-3-3　2003年平江门03KCW-N-G1平、剖面图

（二）灰沟

仅1处。

03KCW-N-G1　西北—东南向，已发掘部分位于03KCW-N-T0101西北及03KCW-N-T0201西部，延伸至03KCW-N-T0201北隔梁外。开口于第2层下。平面呈长条刀把形，南端略弧弯，北端向东侧凸出，直壁，斜平底，南部稍高于北部。已发掘部分南部宽约2.2、中部最窄约1.5、北部宽约2.7、深0.98～1.15米。沟内填土灰黑色，较致密，出土少量绳纹瓦块、陶瓷片及晚期花卉纹瓦当等（图3-3-3）。

第四节　出土遗物

平江门遗址的堆积情况虽然比较简单，但出土遗物的类型却十分丰富，经初步整理，可分为生活遗物及建筑构件两大类[①]。这些遗物集中出土于03KCW-N-T0101及03KCW-N-T0102内，数量较多，不便按单位发表，现统一分类分述如下。

一、生活遗物

包括瓷器、陶器、骨器、石（玉）器等。

（一）瓷器

出土瓷器数量较多。以川渝地区本土窑口出产的器皿为大宗，重庆涂山窑的占比最为庞大，也有浙江龙泉窑、江西湖田窑等其他窑场的产品。出土器类丰富多样，涵括碗、盏、杯、

① 2003年，平江门及粮食局遗址在移交文物前尚未进行系统的整理。根据协议，出土遗物均移交至巫山专库。面对巫山县境内诸遗址所移交的海量文物，巫山专库不得不另起流水号进行编序。陈陈相因，整理组介入时，平江门遗址出土遗物的重号与改号问题便极为突出。经论证，整理组在确保初始号不变的前提下，参照巫山专库流水号，附以“-1、-2”的形式顺编（本编粮食局遗址出土遗物的重号问题也照此法处理）。如，初始号“03KCW-N-T0101③：9”共3件器物重号，参巫山专库号，编为“03KCW-N-T0101③：9-1”“03KCW-N-T0101③：9-2”“03KCW-N-T0101-③：93”。凡巫山专库号与初始号相抵牾的，均以初始号为准。如，初始号“03KCW-L-H5①：46”，巫山专库号为“03KCW-L-H5③：46”，本文采纳初始号“03KCW-L-H5①：46”。

盘、碟、罐等。以碗、盏等日用容器最为多见，黑釉盏类型多样，颇具特色。多黑（酱）釉、青釉器，白瓷次之，也有青白瓷、青花瓷等其他相关产品。

1. 青瓷

（1）碗

5件。

03KCW-N-T0101③：14-1，敞口，圆唇，弧壁，内平底，外圈足。碗内壁先设一圈凹弦纹，然后划刻缠枝莲；腹、底交接处有一周凹弦纹。灰胎，细腻坚硬。青釉，细腻滋润；内壁满釉，外壁施釉及底，圈足外底无釉。口径16.2、底径5.8、高7厘米（图3-4-1，1；图版一〇，1、2）。

03KCW-N-T0101③：12-1，芒口外敞，小方唇，圆弧壁，深腹，圈足，挖足过肩。外壁口沿下微内凹，有较明显的旋刮痕，胎釉相交处局部呈火石红；圈足内墙作二层台式，至少旋挖两次底足。灰胎，细腻坚硬。青釉，由于窑变，局部发白或蓝色；内、外壁通体施釉，圈足及外底无釉。胎釉结合较差，釉已部分脱落。口径13、底径5.6、高7厘米（图3-4-1，3）。

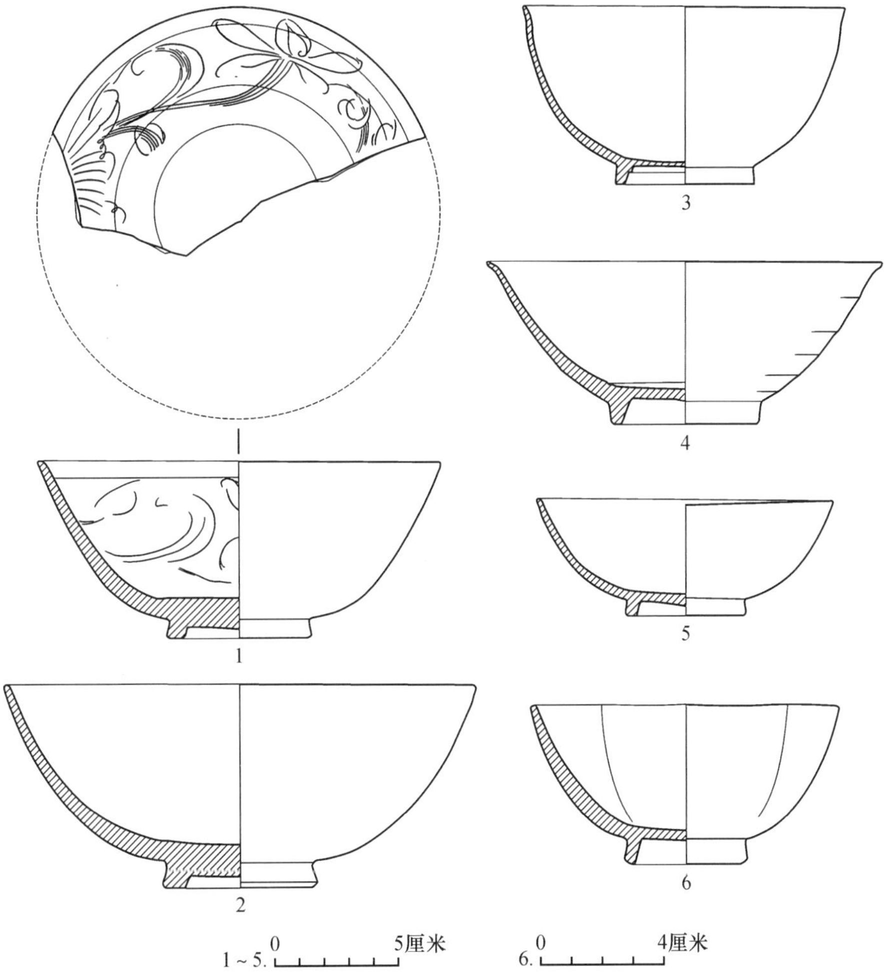

图3-4-1　2003年平江门遗址出土青瓷碗、杯

1～5. 碗（03KCW-N-T0101③：14-1、03KCW-N-T0101③：23-1、03KCW-N-T0101③：12-1、03KCW-N-T0101③：16、03KCW-N-T0101Ⅲ期墙：2）　6. 杯（03KCW-N-T0101③：36）

03KCW-N-T0101③：16，敞口，尖唇略卷，弧壁，圈足微外撇，挖足过肩。器内壁有涩圈，外壁有明显刮削旋痕。灰胎微粗，坚硬有孔隙，底部火候不匀，作米白色。青釉较厚，略发灰黄，施釉近底，胎釉衔接处局部作火石红，器表有细密的开片。口径16、底径6、高6.4厘米（图3-4-1，4）。

03KCW-N-T0101③：23-1，口微侈，尖圆唇，壁略弧，腹微深，底部厚重，圈足陡直，外底作火石红。口沿修作葵口，内部出内筋不及下腹。细灰胎，致密坚硬。青釉滋润，通体施釉，圈足及外底无釉。属典型龙泉窑。口径19、底径6.2、高8厘米（图3-4-1，2；图版一○，3、4）。

03KCW-N-T0101Ⅲ期墙：2，敞口，圆弧壁，腹略深，圈足。通体素面，内底有一周砂粒圈烧痕迹，外壁下腹有形似跳刀技法的修刮痕，胎釉相交处局部呈火石红，圈足足墙外撇。灰胎，细腻坚硬。青釉，由于窑变，局部发蓝白色；内壁满釉，外壁半釉。口径12、底径4.9、高4.4厘米（图3-4-1，5；图版一○，5）。

（2）盘

1件。

03KCW-N-T0102③：1，波浪式口外敞，内壁弧缓，外壁下腹部内折，圈足内墙陡直，外墙内斜，外缘斜削一周。内壁以两组划纹分割出口、壁、底三部分。壁面密集划刻半弧形纹，内底斜刻花卉状纹样。细灰胎，致密坚硬。内满釉，外壁施釉近底，圈足及外底无釉；釉面滋润无开片。属典型龙泉窑产品。口径20、底径10.6、高3.3厘米（图3-4-2；图版一○，6）。

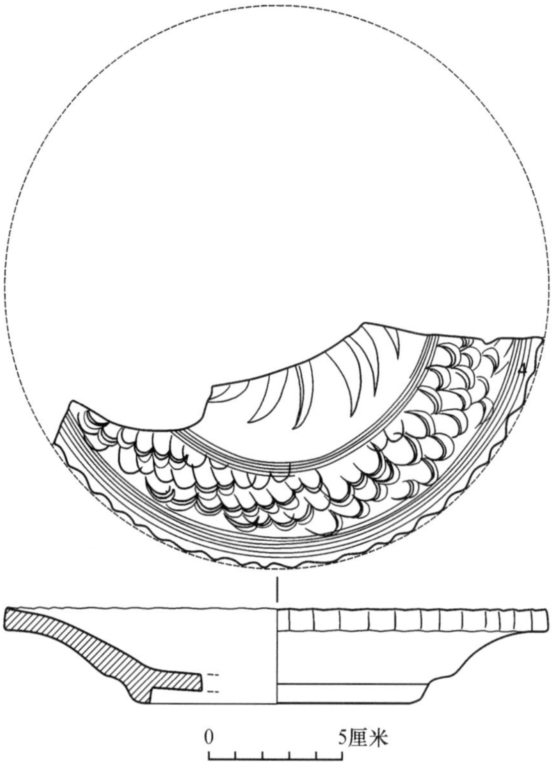

图3-4-2　2003年平江门遗址出土青瓷盘
（03KCW-N-T0102③：1）

（3）杯

1件。

03KCW-N-T0101③：36，六瓣花口微外侈，弧腹较深，圈足足墙陡直，挖足过肩。通体素面。细灰胎，致密坚硬。釉色青黄，滋润光洁；内满釉，外壁施釉近底，圈足及外底无釉；釉面密布开片，胎釉交接处局部见火石红。属典型龙泉窑。口径10.8、底径3.6、高5.6厘米（图3-4-1，6；图版一一，1）。

2. 白瓷

（1）碗

8件。依据胎釉、装饰技法等方面的不同，分三类。

中白瓷①碗　1件。

03KCW-N-T0101③：1-1，敞口，深弧壁，圜底，圈足。素面，外壁可见多道作胎时的旋纹，碗心有砂粒圈烧痕。灰白胎，较致密。不施化妆土，内壁满釉，外壁半釉。口径17.2、底径6.4、高7.8厘米（图3-4-3，1；图版一一，2）。

化妆白瓷碗　6件。

03KCW-N-T0101③：3-1，敞口，尖唇，口沿部不甚规则略有起伏，斜壁略弧，浅腹，矮足。外壁可见明显的同心波纹。胎质细腻，致密，胎色泛灰。施一层薄细化妆土后罩透明釉，内壁满釉，器外半釉。口径18、底径7、高5.2厘米（图3-4-3，2；图版一一，3）。

03KCW-N-T0101③：4-1，敞口，沿微卷，弧壁，圈足。外壁可见作胎的旋纹痕，内底有砂粒支烧痕，外底有旋突。胎色发黄，较致密。化妆土不均匀，里满釉，外不到底，有流痕，釉面有细密的碎小开片。口径20、底径6.8、高6.4厘米（图3-4-3，3；图版一一，4）。

03KCW-N-T0101③：4-2，敞口，圆唇，斜弧壁，圈足微外撇。外壁有三道较明显的作胎旋痕；内底有砂粒支烧痕迹，中部有旋突。灰白胎，细腻坚硬。先施化妆土，里满釉，外壁施半釉，釉面透明无开片。口径12.8、底径4.4、高3.8厘米（图3-4-4，2；图版一一，5）。

03KCW-N-T0101③：5-1，敞口，弧壁，内平底，外圈足，挖足过肩。口沿外撇作六瓣葵口，内壁口部下侧设一道凹旋；内壁面先施完化妆土，后用锯齿状工具刮刻草叶纹；内底有砂粒支烧痕；外底有旋突，色呈火石红。胎质灰白，细腻致密。外壁化妆土有流痕，里外均满釉，圈足无釉，釉面近底处局部有开片。口径18.2、底径5.6、高6.6厘米（图3-4-4，1；图版一一，6）。

03KCW-N-T0101③：6-1，敞口，弧壁，唇微撇，圈足微外撇。口沿作六瓣葵口，内、外壁能看出作胎时的旋痕，内底有砂粒支烧痕迹，外底有旋突。灰白胎，细腻坚硬。先施化

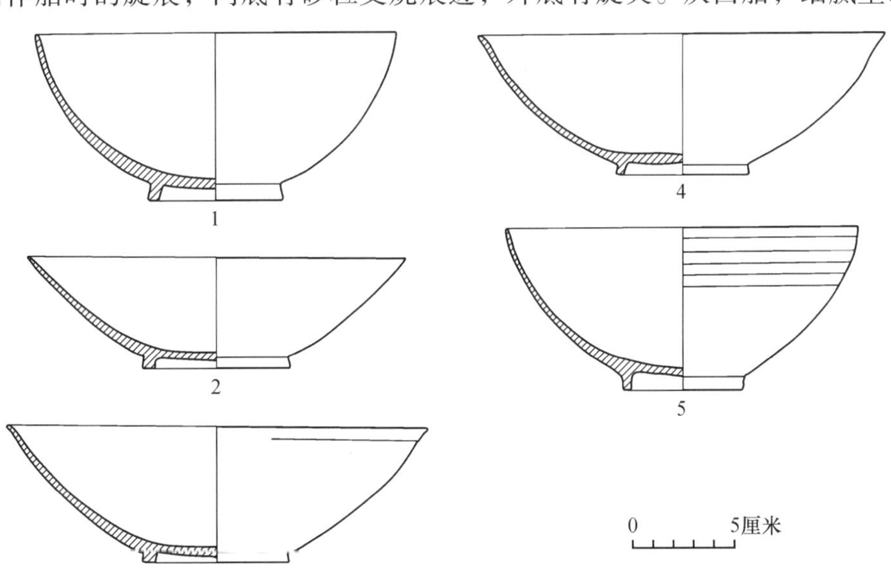

图3-4-3　2003年平江门遗址出土白瓷

1. 03KCW-N-T0101③：1-1　2. 03KCW-N-T0101③：3-1　3. 03KCW-N-T0101③：4-1　4. 03KCW-N-T0101③：6-1　5. 03KCW-N-T0101③：29

① 这里的中白瓷特指细胎、不施化妆土，但胎釉均下普通细白瓷一等的白瓷器。

妆土，有流痕，里满釉，外壁施半釉，釉面透明无开片。口径19.6、底径6.4、高6.6厘米（图3-4-3，4；图版一二，1）。

03KCW-N-T0101③：29，口微侈，尖唇，弧壁略深，圈足。器内壁有砂粒支烧痕，外壁上有基本等距的同心波纹，圈足底八处支烧点作火石红色。胎质发灰，细腻致密。器内壁及外壁上半部先以侧身半蘸，再以倒扣全蘸的方式施至少两次化妆土；釉色略发黄，除圈足部分外几乎通体施釉。口径17、底径5.7、高7.6厘米（图3-4-3，5；图版一二，2）。

紫口碗　1件。

03KCW-N-T0101③：15-1，敞口，弧壁，浅腹，圜底，圈足。唇部一圈酱色釉作紫口，外壁可见多道旋痕，碗心处有支烧痕。白褐色粗胎，较致密。先施化妆土，后施透明釉，里满釉，外半釉。口径13、底径5.6、高3.7厘米（图3-4-4，3；图版一二，3）。

（2）盏

8件。均为斗笠盏，按照胎釉、装饰技法的不同，分两类。

中白瓷盏　1件。

03KCW-N-T0101③：1-2，敞口，尖唇，斜壁微弧，假圈足较小。通体素面，外壁可见作胎时的旋纹痕。胎质细密，色灰白，局部除铁不净，有小黑点。内、外壁均满釉，外底无釉，釉面无开片。口径13.4、底径2.8、高5厘米（图3-4-4，4）。

化妆白瓷盏　7件。

03KCW-N-T0101③：7-1，敞口，尖圆唇，斜壁微弧，圈足较浅。内、外壁均素面，内底微外凹，碗心处有砂粒支烧痕，外壁可见作胎旋痕。灰白胎，质紧密。先施化妆土，后施透明釉，里满釉，外半釉，有细密开片。口径12、底径4、高4.3厘米（图3-4-4，5；图版一二，4～6）。

03KCW-N-T0101③：8-1，敞口，尖唇，斜弧壁，内平底，小圈足。内、外壁均素面，碗心处有砂粒支烧痕迹，外壁存作胎的旋纹痕迹。灰白胎，细腻致密。先施白色化妆土，后施透明釉，化妆土痕较明显；里满釉，外釉近底，有细密的开片。口径13.3、底径4.1、高4.4厘米（图3-4-4，6；图版一三，1）。

03KCW-N-T0101③：9-1，敞口，尖唇，斜壁微弧，浅圈足。通体素面，碗心可见砂粒支烧痕迹，外壁可见作胎时的旋纹痕。胎质灰白，细密。先施白色化妆土，后施透明釉；里满釉，外釉不到底，无开片。口径13.5、底径4.2、高4.5 厘米（图3-4-4，7；图版一三，2）。

03KCW-N-T0101③：10-1，敞口，尖圆唇，斜弧壁，浅圈足。内壁有酱釉斑点，内平底微内凹，外壁可见一道凹旋纹。灰白胎，细腻坚硬。先施化妆土，后施透明釉，里满釉，外半釉，无开片。口径12、底径3.6、高4厘米（图3-4-4，8；图版一三，3、4）。

03KCW-N-T0101③：11-1，大敞口，尖唇，斜壁，小圈足。通体素面，碗心可见砂粒支烧痕迹。灰白胎，质细腻。先施化妆土，后施透明釉，内壁满釉，器外壁施半釉，釉色略发青灰。口径14、底径4.2、高4.4厘米（图3-4-4，9；图版一三，5）。

03KCW-N-T0101③：17-1，大敞口，尖圆唇，斜壁，小圈足。通体素面，碗心可见砂粒支烧痕迹，外底心有多次旋刮痕。灰白胎，质细腻。先施化妆土，后施透明釉，器内壁满釉，外壁施半釉，釉色略发青灰。口径13.1、底径3.9、高4.4厘米（图3-4-4，10；图版一四，1、2）。

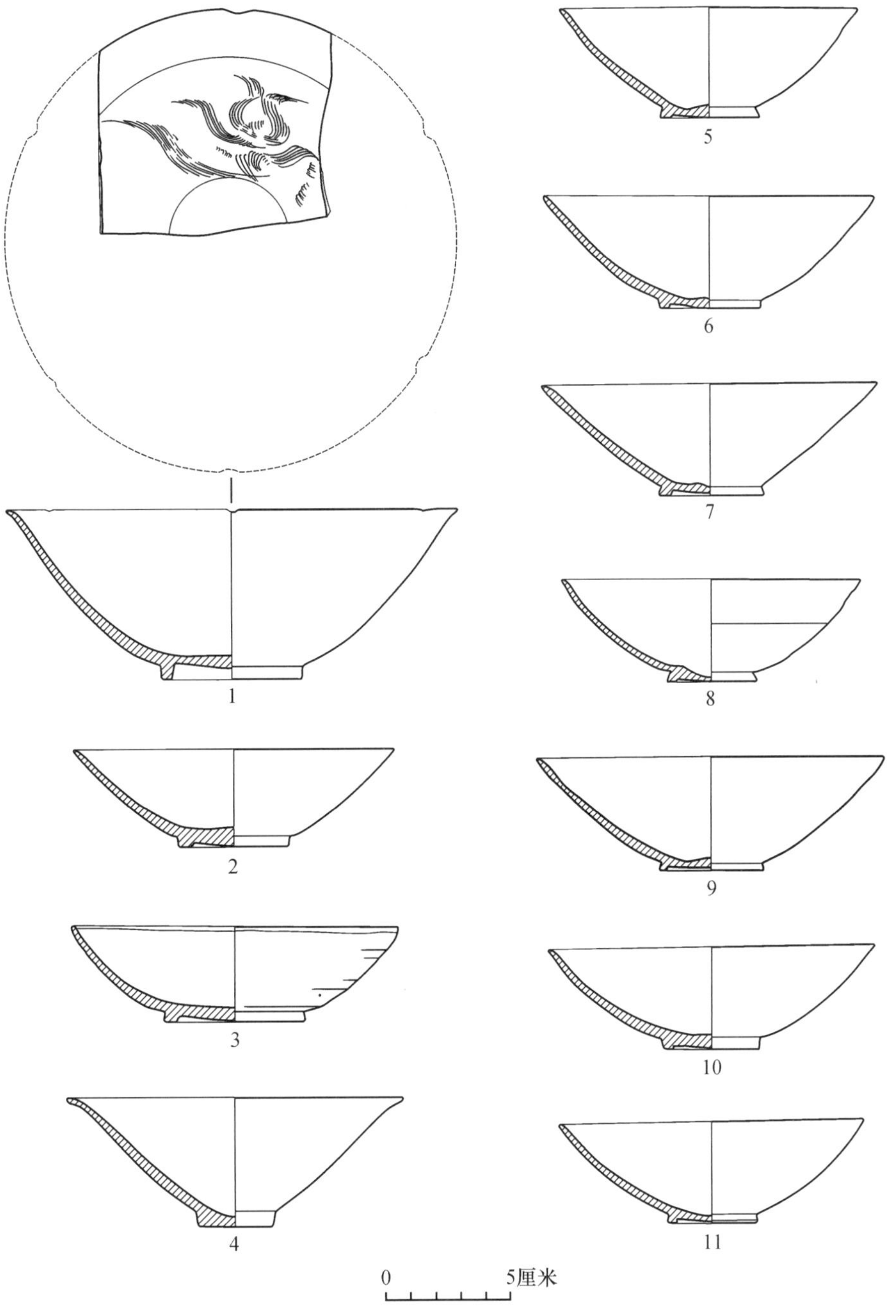

图3-4-4　2003年平江门遗址出土白瓷碗、盏

1～3. 碗（03KCW-N-T0101③：5-1、03KCW-N-T0101③：4-2、03KCW-N-T0101③：15-1）　4～11. 盏（03KCW-N-T0101③：1-2、03KCW-N-T0101③：7-1、03KCW-N-T0101③：8-1、03KCW-N-T0101③：9-1、03KCW-N-T0101③：10-1、03KCW-N-T0101③：11-1、03KCW-N-T0101③：17-1、03KCW-N-T0101③：35）

03KCW-N-T0101③：35，大敞口，尖圆唇，斜壁，小圈足。通体素面，碗心可见砂粒支烧痕迹。灰白胎，质细腻。先施化妆土，后施透明釉，内壁满釉，外壁半釉，釉色略发青灰。口径12.2、底径3.7、高4厘米（图3-4-4，11；图版一四，3、4）。

（3）碟

1件。为化妆白瓷。

03KCW-N-T0102③：8，敞口，尖唇，浅斜腹，平底略内凹。通体素面，外壁有一周折棱。胎质细腻，胎色发黄白。施一道极薄化妆土后施釉，内壁满釉，外壁施釉到折棱处。口径10.8、底径5.4、高1.6厘米（图3-4-5，1；图版一四，5、6）。

（4）杯

1件。为化妆白瓷。

03KCW-N-T0101③：32，六瓣花口微外敞，弧腹较深，圈足足墙陡直。通体素面。细灰胎，致密坚硬，局部掺杂小黑点。施化妆土后罩透明釉；内满釉，外壁上半部施化妆土后敷釉近底；圈足及外底无釉；釉面有开片，化妆土与胎体结合较差，崩脱现象较为严重。口径9.7、底径3.9、高5.4厘米（图3-4-5，2；图版一五，1、2）。

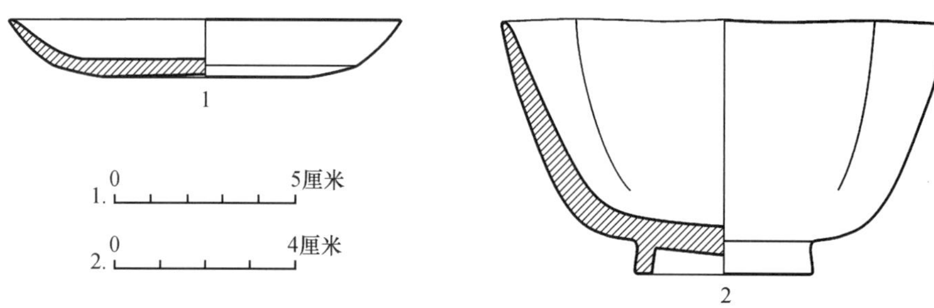

图3-4-5　2003年平江门遗址出土白瓷碟、杯

1. 碟（03KCW-N-T0102③：8）　2. 杯（03KCW-N-T0101③：32）

3. 青白瓷

（1）碗

4件。胎质细腻，釉色纯净。

03KCW-N-T0101③：22-1，敞口，尖唇略外卷，斜壁略弧，内平底，浅圈足。器内壁有划刻纹，腹、底交接处有一圆形凸弦纹。胎质较细腻，发白。影青釉，内壁满釉，外壁施釉及底，底足无釉；器表面有细密的开片。口径18、底径5.8、高5.6厘米（图3-4-6，2；图版一五，3、4）。

03KCW-N-T0101③：17-2，敞口，尖唇略外卷，斜腹略弧，假圈足，足壁内斜。器内壁有篦划暗花，腹底交接处设一圈凹弦纹，内底素面微圜。胎质细腻致密，白胎略发灰。影青釉，内、外壁满釉，底部不施釉。口径18、底径5.6、高6.5厘米（图3-4-6，3；图版一五，5、6）。

03KCW-N-T0101③：24，敞口，圆唇略尖，壁略弧，浅腹，圈足极浅，足墙内斜。器内壁有刻划纹，外底局部作火石红。白胎坚硬，微杂小黑点。青白釉，局部积釉，表面有细密的开片现象，除足底外通体施釉。口径16、底径5.4、高4.2厘米（图3-4-6，5）。

03KCW-N-T0101③：25，敞口，沿微外撇，斜壁微弧，内底近平，假圈足，足墙内斜。内壁有刻划纹，外底局部作火石红。灰白胎微粗，局部有小棕眼。施青白釉，里外满釉，除足底外通体施釉，釉面有均匀的小开片。口径17.2、高径5.8、底径5.6厘米（图3-4-6，1；图版一六，1、2）。

（2）盏

1件。

03KCW-N-T0101③：18-1，斗笠盏。口外敞，尖圆唇，斜直壁，假圈足较小。内壁外圈置

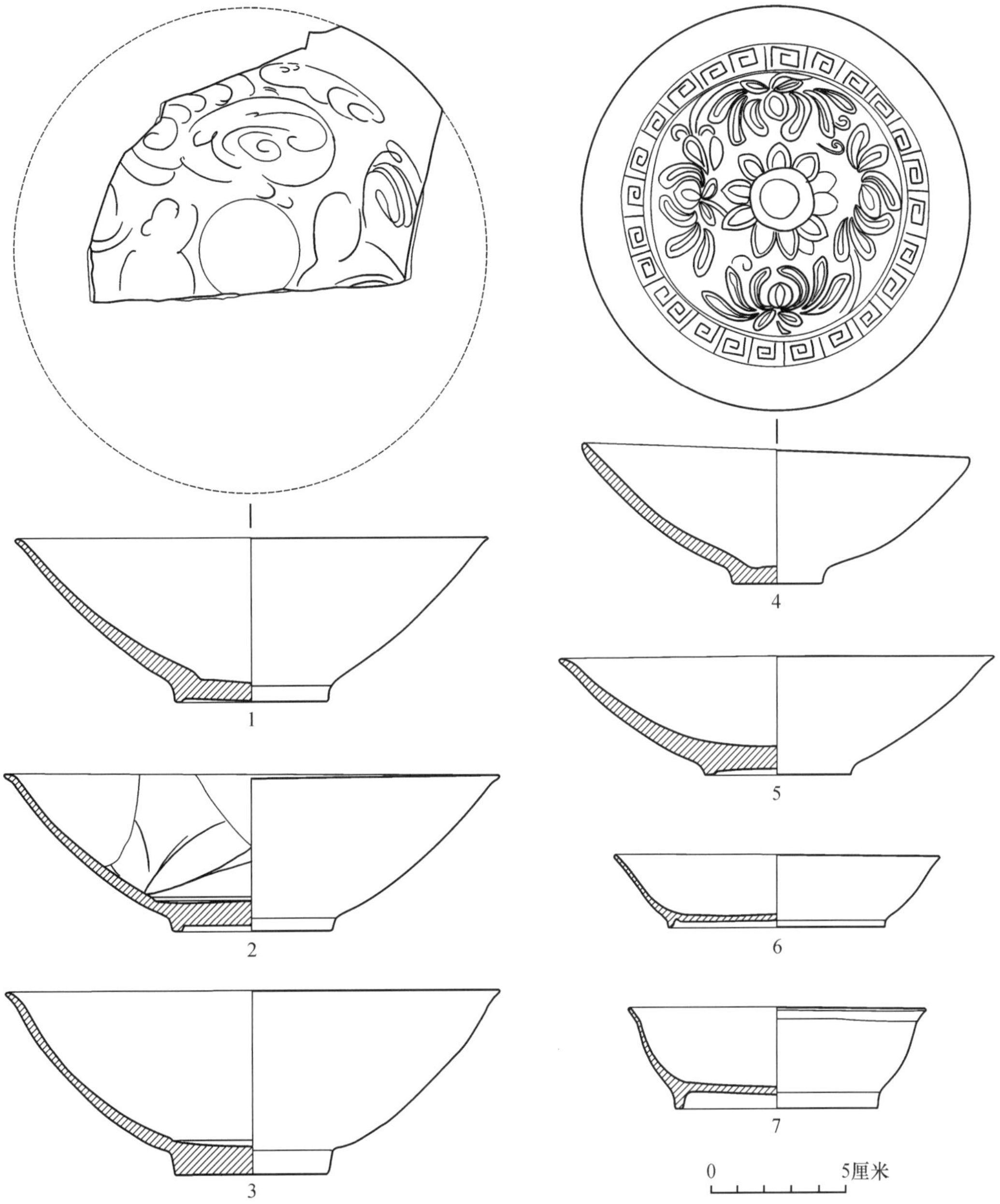

图3-4-6　2003年平江门遗址出土青白瓷碗、盏、盘

1～3、5. 碗（03KCW-N-T0101③：25、03KCW-N-T0101③：22-1、03KCW-N-T0101③：17-2、03KCW-N-T0101③：24）

4. 盏（03KCW-N-T0101③：18-1）　6、7. 盘（03KCW-N-T0101③：20-1、03KCW-N-T0101③：21-1）

回纹，回纹之上残存后期描摹痕；内圈设两组四朵对莲，一组花心向内，一组向外；内底一周饰花瓣，作花心；外壁局部有作胎时的旋纹痕。胎质细密，色白且净。内、外壁均满釉，外底无釉，釉面无开片。口径14.4、底径3.4、高5.1厘米（图3-4-6，4；图版一六，3、4）。

（3）盘

7件。依照足底形态的不同，分为圈足盘、平底盘两类。

圈足盘　3件。

03KCW-N-T0101③：20-1，侈口，方唇较窄，矮圈足，足墙外撇，足底呈火石红。通体素面。芒口，口部有扣器痕。胎质较细，发白。青白釉，除口沿及圈足外底外通体施釉。口径

12、底径8、高2.6厘米（图3-4-6，6）。

03KCW-N-T0101③：21-1，侈口，方唇略外斜，底较大，矮圈足，足墙微外撇。通体素面，芒口。胎质细腻，胎色洁白。青白釉，滋润光洁，裹足满釉。口径11、底径7.6、高3.6厘米（图3-4-6，7；图版一六，5、6）。

03KCW-N-T0102③：2，侈口，方唇略外斜，弧腹，圈足较浅。芒口，内壁残存三道模印出筋，内底为江涛双鱼划刻纹。胎质细腻，胎色洁白。青白釉，滋润光洁，裹足满釉。口径17.6、底径5.6、高4.6厘米（图3-4-7，1；图版一七，1、2）。

平底盘　4件。

03KCW-N-T0101③：2-1，芒口外侈，斜壁，浅腹，大平底微内凹。内壁为回纹与莲花纹，内底为浪花水纹与双鱼，中心为莲花纹，模印纹饰曲线似浅浮雕。胎色白，细腻坚硬。青白釉，裹足满釉。口径22.4、底径15.2、高4.8厘米（图3-4-7，4；图版一七，3、4）。

03KCW-N-T0101③：26，芒口外侈，斜壁，浅腹，大平底微内凹。内壁为回纹与莲花纹，内底为浪花水纹与双鱼，中心为莲花纹，模印纹饰曲线似浅浮雕。胎色白，细腻坚硬。青白釉，外底局部有刮痕，无釉处有火石红。口径22、底径16、高3.6厘米（图3-4-7，5；图版一七，5、6）。

03KCW-N-T0101③：27，芒口外侈，斜壁，浅腹，大平底微内凹。内壁为回纹与莲瓣纹，盘心为莲花荷叶双鱼纹，模印纹饰曲线似浅浮雕。胎色白，细腻坚硬。施青白轴，外底局部有刮痕，无釉处有火石红。口径17.6、底径12、高3厘米（图3-4-7，2；图版一八，1、2）。

03KCW-N-T0101③：28-2，芒口外侈，斜壁，浅腹，大平底微内凹。回纹、荷叶环绕内壁，盘心为波浪莲花双鱼纹，模印纹饰曲线似浅浮雕。胎色白，细腻坚硬。满施青釉，底部有支烧的刮釉痕，口部有火石红痕，无开片。口径21.8、底径15.2、高3.8厘米（图3-4-7，3；图版一八，3、4）。

（4）罐

1件。

03KCW-NT0101Ⅱ期城墙垫土：1，敞口，圆唇略外卷，束颈，圆弧腹，小平底。胎质细腻略发白，底部有火石红。青白釉，除内、外底一小部分外通体施釉，颈腹交接处有两道凹弦纹，凹弦纹间堆设一周釉下圆点状装饰。口径12、腹径11、底径5、高8.1厘米（图3-4-7，6；图版一八，5）。

4. 黑釉瓷

包含酱釉器、白覆轮器、玳瑁釉器等。

（1）碗

10件。按照装饰、烧制技法等方面的不同，分白覆轮碗、涩圈碗两类。

白覆轮碗　1件。

03KCW-N-T0101③：5-2，口微侈，斜弧腹微深，内圜底，假圈足。口沿蘸一圈化妆土作白覆轮，素面，内底残存四枚叠烧痕。砖红胎，较粗疏。酱色釉，里满釉，外半釉，有滴釉痕。口径15、底径7.3、高5.8厘米（图3-4-8，1；图版一八，6）。

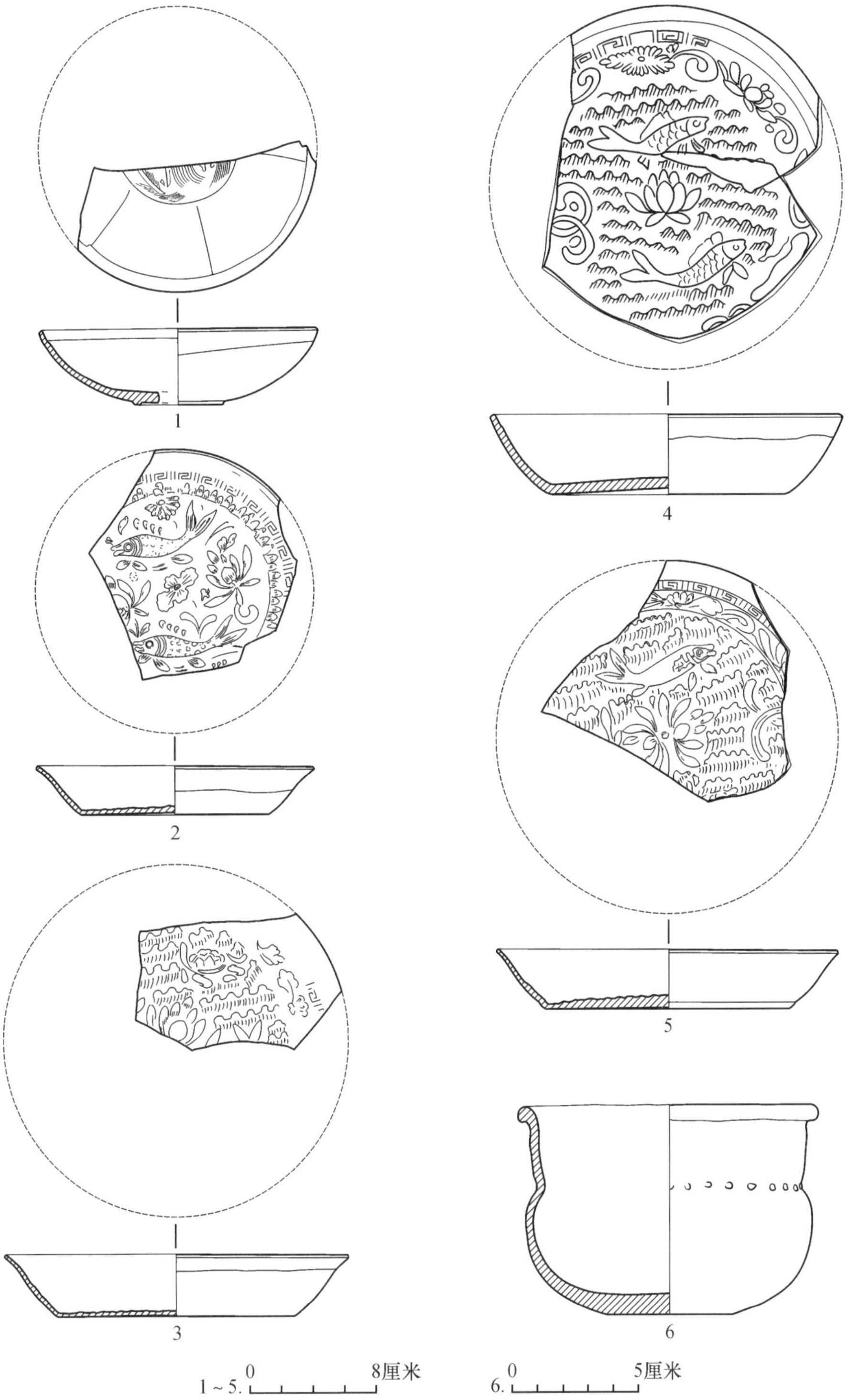

图3-4-7　2003年平江门遗址出土青白瓷盘、罐

1～5. 盘（03KCW-N-T0102③：2、03KCW-N-T0101③：27、03KCW-N-T0101③：28-2、03KCW-N-T0101③：2-1、03KCW-N-T0101③：26）　6. 罐（03KCW-N-T0101Ⅱ期城墙垫土：1）

涩圈碗　9件。依照器皿整体腹深的差异，介绍如下。

03KCW-N-T0101③：7-2，侈口，斜方唇，浅腹，斜弧壁，内平底，圈足。内壁置涩圈，外壁近底有明显刮削痕。灰胎粗疏，夹杂较多石英砂。釉色泛黑，釉层油润，内壁除涩圈外满釉，外半釉，口沿及胎釉交接处呈酱色。口径15.8、底径7.4、高4厘米（图版一九，1、2）。

03KCW-N-T0101③：21-2，侈口，斜方唇，浅腹，弧壁，内平底，圈足。内壁置涩圈，涩圈边缘局部黏附垫砂，外壁近底有明显刮削痕。灰胎较粗疏，夹杂较多石英砂。釉色泛黑，釉层油润，内壁除涩圈外满釉，外半釉，口沿及胎釉交接处局部呈酱色。口径16、底径7.4、高3.7厘米（图3-4-8，2）。

03KCW-N-T0101③：4-3，侈口，斜弧壁略深，内圜底微上凸，圈足，外足墙内斜。内底有一周涩圈，涩圈边缘局部黏附垫砂，外壁有明显拉坯弦纹。紫金土胎，较细腻。酱黑色釉，内部除圈足外满釉，外半釉，有流釉痕。口径17、底径7、高5.1厘米（图3-4-8，3）。

03KCW-N-T0102③：5，口微侈，斜弧壁略深，内平底，圈足。内底有一周涩圈。米黄色胎，较粗疏。酱色釉，内部除圈足外满釉，外半釉，有流釉痕。口径13.9、底径6、高4.7厘米（图3-4-8，4；图版一九，3、4）。

03KCW-N-T0101③：20-2，侈口，尖圆唇，弧壁，深腹，内圜底，圈足，足墙外撇。内底有一周涩圈，外壁近底有明显修抹痕。浅红胎发米黄，较粗疏，夹杂石英砂。茶褐色釉，内壁除圈足外满釉，外半釉，局部有流釉现象。口径12、底径6、高5厘米（图3-4-8，5；图版一九，5、6）。

03KCW-N-T0101③：1-3，敞口，尖圆唇，斜弧壁，深腹，内圜底，圈足。内底有一周涩圈，外壁近底有明显修抹痕。浅砖红胎，较粗疏。茶褐色釉，内壁除圈足外满釉，外半釉，局部有流釉、积釉现象。口径17.4、底径6.2、高5.6～6.2厘米（图3-4-8，6；图版二〇，1、2）。

03KCW-N-T0101③：22-2，侈口，方唇，斜弧壁，深腹，内圜底，圈足。内底有一周涩圈，外壁近底有明显修抹痕。米黄色胎，较粗疏。酱釉，内壁除圈足外满釉，外半釉。口径18、底径6.8、高7.5厘米（图3-4-8，7；图版二〇，3、4）。

03KCW-N-T0101③：28-1，侈口，方唇，斜弧壁，深腹，内平底，圈足。内底有一周涩圈，外壁近底有明显刮削痕。米黄色胎，较粗疏。黑釉，内部除圈足外满釉，外半釉。口径17.8、底径6.6、高6.8厘米（图版二〇，5、6）。

03KCW-N-T0101③：37，侈口，斜方唇，弧壁，深腹，内平底微下凹，圈足。口部制作不甚规整，内底有一周涩圈，外壁近底有明显刮削痕，圈足外心凸起。米黄色粗胎，夹杂一些石英砂。茶褐色釉，内部除圈足外满釉，外半釉，局部有流釉现象。口径16.8、底径7.2、高7.1厘米（图3-4-8，8）。

（2）盏

21件。依据功用、器型、釉色、装饰技法等方面的不同，分为十类。

灯盏　3件。

03KCW-N-T0101③：8-2，敞口，圆唇，弧腹，内圜底，外平底。外壁露胎处有明显制胎旋刮痕，底部有线切痕。砖红胎，质较细腻。釉层较薄，内壁满釉，外壁无釉。口径9.2、底径3.2、高3.9厘米（图3-4-8，9；图版二一，1）。

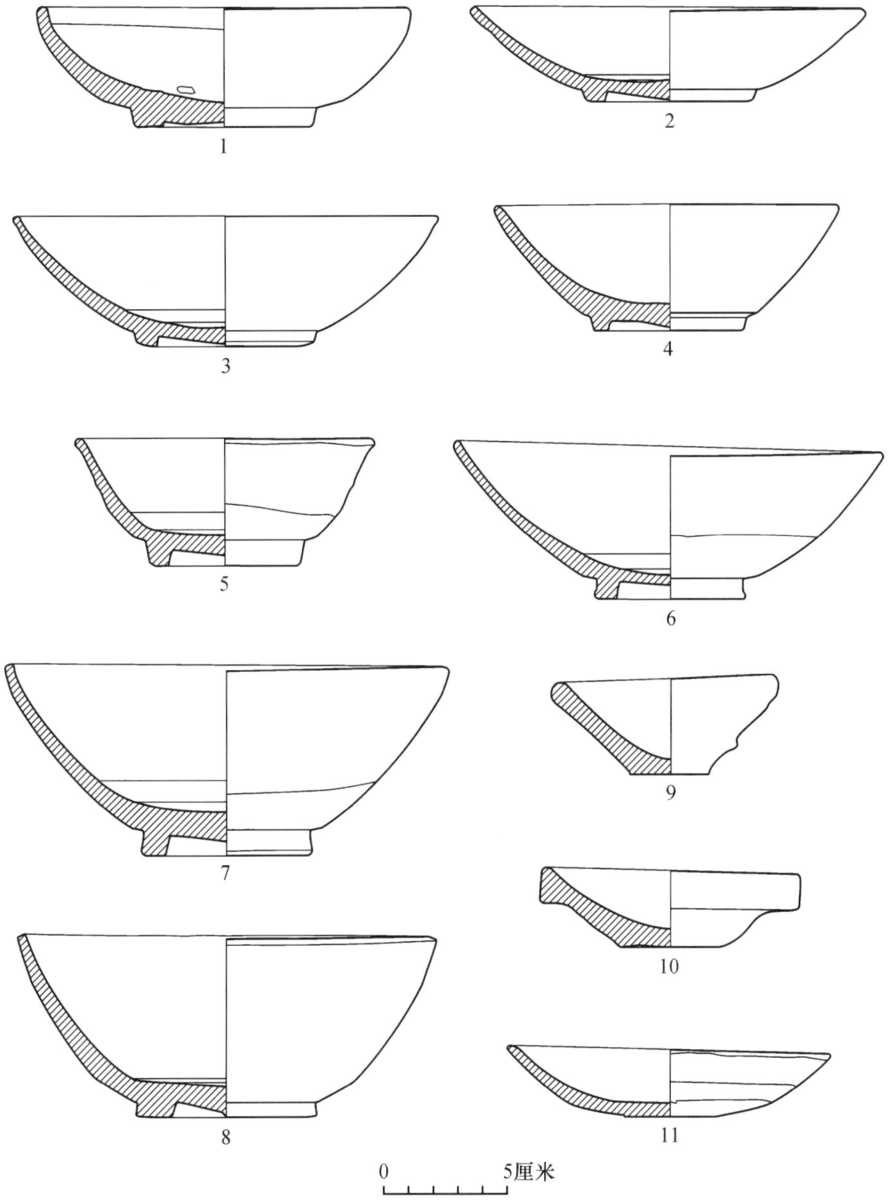

图3-4-8　2003年平江门遗址出土黑釉瓷碗、盏

1～8. 碗（03KCW-N-T0101③：5-2、03KCW-N-T0101③：21-2、03KCW-N-T0101③：4-3、03KCW-N-T0102③：5、03KCW-N-T0101③：20-2、03KCW-N-T0101③：1-3、03KCW-N-T0101③：22-2、03KCW-N-T0101③：37）
9～11. 盏（03KCW-N-T0101③：8-2、03KCW-N-T0101③：9-2、03KCW-N-T0101③：10-2）

03KCW-N-T0101③：9-2，口外敞，内弧腹，外上腹陡直、下腹弧缓，内圜底，外平底。外壁露胎处有明显制胎旋刮痕，底部有线切痕。灰黑胎，质较细腻。釉层较薄，内壁满釉，外壁无釉。口径10.5、底径3.9、高3.1厘米（图3-4-8，10；图版二一，2）。

03KCW-N-T0101③：10-2，大敞口，圆唇，弧腹，内底略平，外平底。通体素面，口部有引火缺口，底部有线切痕。灰胎，夹杂较多砂粒。釉层较薄，釉色透亮，内壁满釉，外壁先施半釉，再刮去口沿下部的一周釉层。口径13.1、底径4.5、高2.8厘米（图3-4-8，11；图版二一，3、4）。

黑釉敞口盏　1件。

03KCW-N-T0101③：14-2，口微敞，圆方唇，深弧腹，外腹近底内折，内平底，假圈足，足缘陡直。灰褐粗胎，颗粒感极明显。黑釉较厚，光亮滋润；内壁满釉，外壁施釉近底，流动感极明显，局部有积釉现象。口径10.5、底径3.5、高5.9厘米（图3-4-9，1）。

黑（酱）釉侈口盏　2件。

03KCW-N-T0101③：7-3，口微侈，圆方唇，深弧腹，内圜底，假圈足，足缘陡直。外壁露胎处有明显制胎旋刮痕。紫金土胎，质较细腻。釉层较薄，口沿处色微浅；内壁满釉，外壁半釉。口径10.5、底径3.8、高5.4厘米（图3-4-9，2；图版二一，5、6）。

03KCW-N-T0101③：8-3，口微侈，圆方唇，深弧腹，内小平底，假圈足，足缘陡直。外壁露胎处有明显制胎旋刮痕。灰胎较粗，掺杂小黑点。外壁下腹施护胎釉；酱釉较薄，内壁满釉，外壁半釉。口径11、底径3.7、高5.4厘米（图3-4-9，3）。

玳瑁釉侈口盏　2件。

03KCW-N-T0101③：13-3，口微侈，圆方唇，深弧腹，内平底微凸，假圈足，足缘陡直。器外壁有明显制胎旋刮痕。匣土粗胎，胎体颗粒极为明显。釉层较薄，内壁满釉，呈玳瑁色；外壁半釉，口沿处色微浅。口径11、底径3.7、高6厘米（图版二二，1、2）。

03KCW-N-T0101③：18-3，口微侈，圆方唇，深弧腹，内平底，假圈足，足缘陡直。器外壁有明显制胎旋刮痕。匣土粗胎，胎体颗粒极为明显。釉层较薄，内壁满釉，呈玳瑁色；外壁半釉。口径10.2、底径3.4、高5.2厘米（图3-4-9，4）。

黑釉束口盏　1件。

03KCW-N-T0101③：6-2，束口外敞，圆方唇，深弧腹，内圜底，假圈足，足缘陡直。灰白胎微粗，致密坚硬。外壁满施护胎釉；黑釉较厚，光亮滋润，口沿处色浅呈酱色；内壁满釉，外壁施釉近底。口径12.6、底径4.5、高6.3厘米（图3-4-9，5；图版二二，3、4）。

黑釉内束口盏[①]　4件。

03KCW-N-T0101③：9-3，口微敞，圆方唇，深弧腹，外腹近底内折，内平底，假圈足，足缘陡直。内壁口沿下修刮出一圈凸棱作内束。黑褐粗胎，胎体颗粒极明显。外壁护胎釉不及底；黑釉较厚，光亮滋润，口沿处色微浅；内壁满釉，外壁施釉近底，流动感极明显。口径10、底径3.7、高6.3厘米（图3-4-9，6）。

03KCW-N-T0101③：10-3，口微侈，尖圆唇，深弧腹，外腹近底内折，内平底微凸，假圈足，足缘陡直。内壁口沿下修刮出一圈凸棱作内束。黑褐粗胎，胎体颗粒极明显。没有护胎釉；黑釉较薄，光亮滋润，口沿处呈褐色；内壁满釉，外壁施釉近底。口径9.7、底径3.7、高6厘米（图3-4-9，7）。

03KCW-N-T0101③：15-3，口微侈，圆方唇，深弧腹，外腹近底内折，内圜底，假圈足，足缘陡直。内壁口沿下修刮出一圈凸棱作内束。黑褐粗胎，胎体颗粒极明显。整器通施护胎釉；黑釉较厚，光亮滋润，玻璃感强，口沿及近底部微呈褐色；内壁满釉，外壁施釉近底。口

---

① 重庆市文物考古所：《重庆涂山窑》，科学出版社，2006年。涂山窑报告将这种较为特殊的内束口称之为“弇口”。

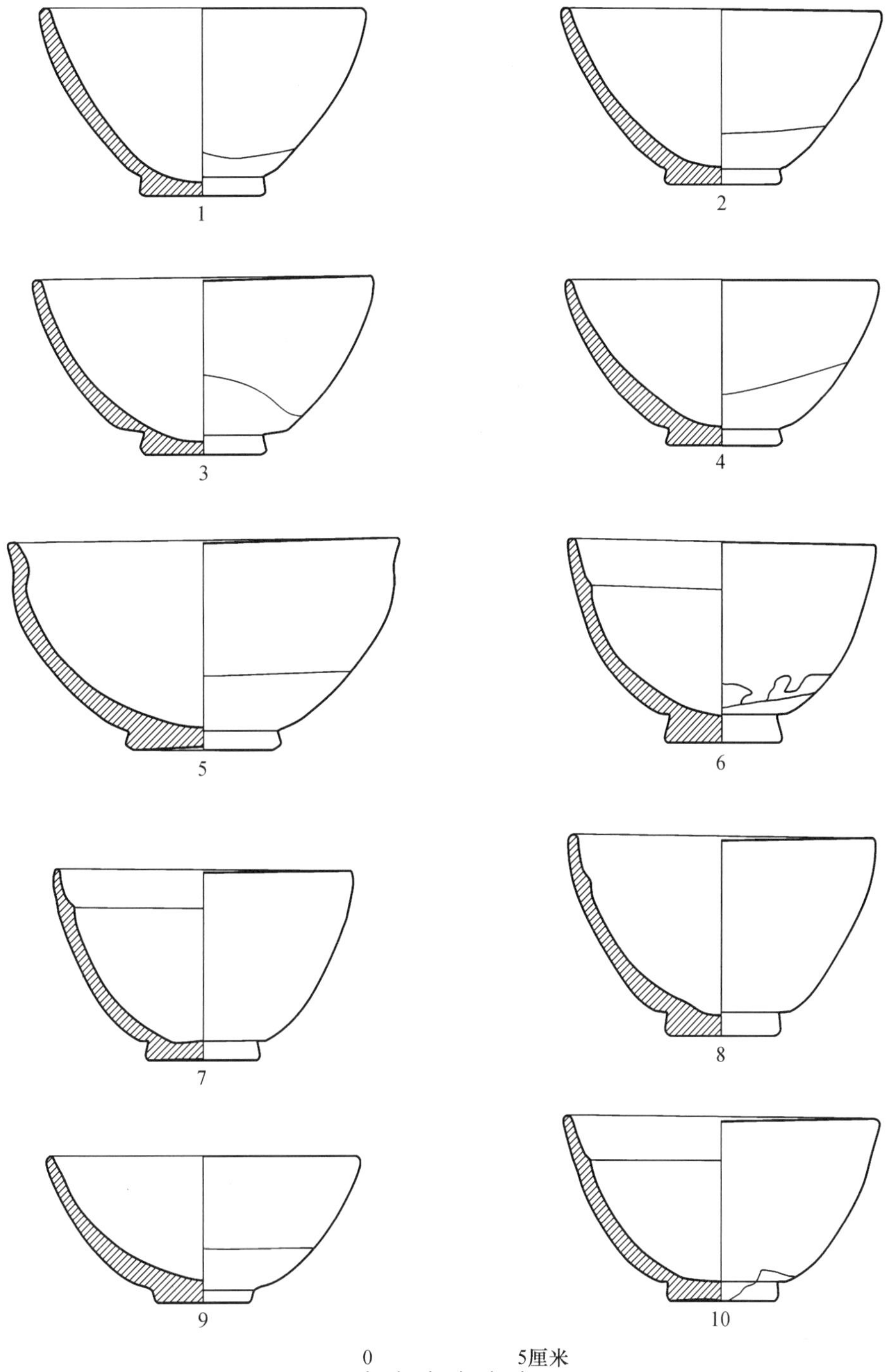

图3-4-9　2003年平江门遗址出土黑釉瓷盏

1. 03KCW-N-T0101③：14-2　2. 03KCW-N-T0101③：7-3　3. 03KCW-N-T0101③：8-3　4. 03KCW-N-T0101③：18-3　5. 03KCW-N-T0101③：6-2　6. 03KCW-N-T0101③：9-3　7. 03KCW-N-T0101③：10-3　8. 03KCW-N-T0101③：15-3　9. 03KCW-N-T0101③：19　10. 03KCW-N-T0101③：13-2

径10、底径3.8、高6.2厘米（图3-4-9，8）。

03KCW-N-T0101③：19，口微侈，尖圆唇，深弧腹，内圜底，假圈足，足缘陡直。内壁口沿下修刮出一圈浅凸棱作内束。黑褐粗胎，胎体有颗粒。黑釉较薄，口沿及近底部微呈褐色；内壁满釉，外壁半釉。口径10.1、底径2.9、高4.6厘米（图3-4-9，9；图版二二，5、6）。

酱釉内束口盏　1件。

03KCW-N-T0101③：13-2，口微侈，圆唇，深弧腹，内圜底，假圈足，足缘陡直。内壁口沿下修刮出一圈凸棱作内束。黑褐粗胎，胎体有颗粒。酱釉较薄，口沿及近底部呈黑色；内壁满釉，外壁施釉及底，有黑点；足底无釉。口径10.3、底径3.7、高5.7厘米（图3-4-9，10；图版二三，1～3）。

玳瑁釉内束口盏　1件。

03KCW-N-T0101③：17-3，口微侈，圆唇，深弧腹，外腹近底内折，内平底微凸，假圈足，足缘陡直。内壁口沿下修刮出一圈凸棱作内束。黑褐粗胎，胎体颗粒明显。整器通施一层薄薄的护胎釉；玳瑁釉较厚，光亮滋润；内壁满釉，外壁半釉，釉层流动感明显。口径9、底径3.4、高6.1厘米（图3-4-10，1；图版二三，4）。

兔毫釉内束口盏　4件。

03KCW-N-T0101③：2-2，口微侈，圆方唇，深弧腹，外腹近底内折，内平底，假圈足，足缘陡直。内壁口沿下修刮出一圈凸棱作内束，外壁近底粘连垫渣。黑褐粗胎，胎体颗粒极明显。整器通施一层薄薄的护胎釉；釉层较厚，光亮滋润，兔毫色呈棕褐，口沿处色微浅；内壁满釉，外壁施釉近底，流动感极明显。口径9.3、底径3.1、高5.8厘米（图版二三，5、6）。

03KCW-N-T0101③：3-2，口微侈，圆唇，深弧腹，内平底，假圈足，足缘陡直。内壁口沿下修刮出一圈凸棱作内束。黑褐粗胎，胎体颗粒极明显。施护胎釉不及底；釉层较厚，光亮滋润，兔毫色呈青蓝，口沿处色微浅；内壁满釉，外壁施釉近底，流动感极明显。口径10、底径3.3、高6厘米（图版二四，1、2）。

03KCW-N-T0101③：11-2，口微敞，圆方唇，深弧腹，外腹近底内折，内平底，假圈足，足缘陡直。内壁口沿下修刮出一圈凸棱作内束，凸棱下黏附一粒大窑渣；外壁近底黏附多粒垫渣。黑褐粗胎，胎体颗粒极明显。整器通施护胎釉；黑釉较厚，光亮滋润，玻璃感强，局部见褐色兔毫，口沿处色微浅；内壁满釉，外壁施釉至近底折棱处。口径10.8、底径4、高5.8厘米（图3-4-10，2；图版二四，3、4）。

03KCW-N-T0101③：23-2，口微侈，圆唇，深弧腹，内平底，假圈足，足缘陡直。内壁口沿下修刮出一圈凸棱作内束。黑褐粗胎，胎体颗粒极明显。整器通施一层薄薄的护胎釉；釉层较厚，光亮滋润，兔毫色呈棕褐，口沿处色微浅；内壁满釉，外壁施釉近底。口径10、底径3.8、高5.9厘米（图版二四，5、6）。

白覆轮内束口盏　2件。

03KCW-N-T0101③：12-2，口微侈，圆方唇，深弧腹，内圜底，假圈足，足缘陡直。器口沿刮去黑釉后蘸一周白釉作覆轮，内壁覆轮下修刮出一圈凸棱作内束，外壁有粘连疤。灰褐胎，质较细腻。釉层较薄，内壁满釉，外壁半釉，局部积釉。口径10.6、底径4、高5.4厘米（图3-4-10，3；图版二五，1、2）。

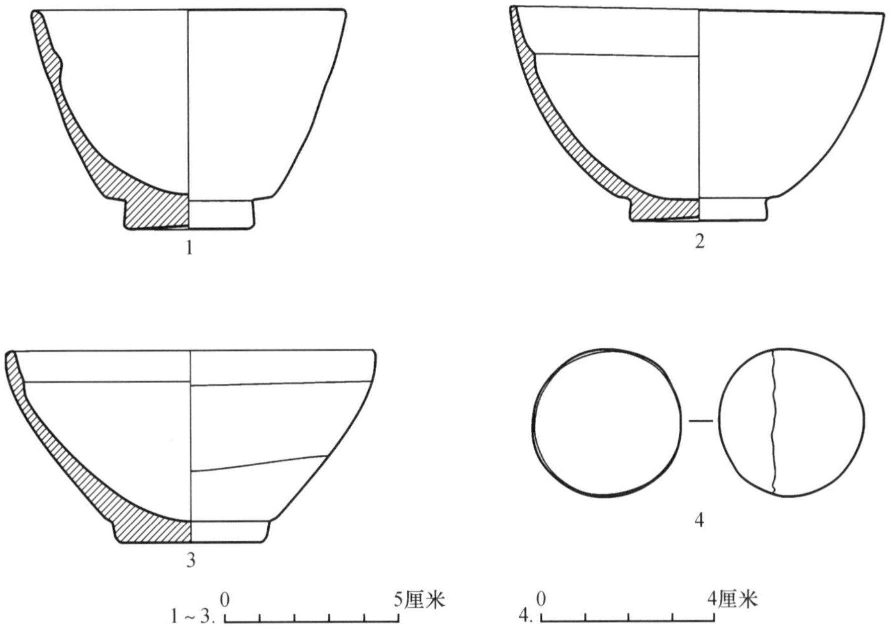

图3-4-10　2003年平江门遗址出土黑釉瓷盏、瓷球

1～3. 黑釉瓷盏（03KCW-N-T0101③：17-3、03KCW-N-T0101③：11-2、03KCW-N-T0101③：12-2）

4. 瓷球（03KCW-N-T0101③：3-3）

03KCW-N-T0101③：15-2，口外敞，圆唇，深弧腹，内圜底，假圈足，足缘陡直。器口沿刮去黑釉后蘸一周白釉作覆轮，内壁覆轮下修刮出一圈凸棱作内束，外壁露胎处有明显制胎旋刮痕。紫金土胎，质较细腻。釉层较薄，内壁满釉，外壁半釉。口径10.2、底径3.6、高4.7厘米（图版二五，3、4）。

（3）瓷球

仅1件。

03KCW-N-T0101③：3-3，圆球形。瓷胎，胎色发灰，胎内微见石英砂。一半施酱褐釉，一半不施釉。直径3.3～3.4厘米（图3-4-10，4）。

5. 青花瓷

碗

3件。

03KCW-N-T0102②：4，敞口，弧腹，圈足，足外墙内撇，内墙陡直。内壁近口沿、近底处各绘一道圈纹，内底置涩圈，涩圈釉缘作火石红；外壁近口沿绘一道圈纹，下腹弧弯处绘两道平行圈纹，口沿与下腹部圈纹间绘较为粗犷简约的缠枝花。胎质细腻坚硬，胎色较白。内、外壁除涩圈外均满釉，外底无釉。口径14.7、底径5.3、高6.2厘米（图版二五，5、6）。

03KCW-N-T0101Ⅲ期墙：1，残，仅余底部。下腹直，近底弧收，圈足，足内墙陡直，外墙内撇，外缘斜削一周。内壁近底处绘两道平行圈纹，圈内书“福”字；外壁纹饰残损严重，腹底交界处绘两道平行圈纹，局部粘连垫砂。胎质细腻坚硬，胎色较白。内、外壁均满釉，外底无釉。底径3.6、残高3.7厘米（图版二六，1、2）。

03KCW-N-T0101Ⅲ期墙：3，残，仅余底部。弧腹，圈足，足内墙陡直，外墙微内撇，挖足过肩。内壁近底处绘两道平行圈纹，圈内绘山花蕉叶；外腹壁纹饰呈六分式分布，残损严重，主题不甚明确；腹底交界处绘两道平行圈纹。胎质细腻坚硬，胎色较白。裹足刮釉，胎釉交接处作火石红。底径6、残高4.3厘米（图版二六，3、4）。

（二）陶器

釉陶器

只有1件釉陶[①]盆。

03KCW-N-T0101③：31，口外敞，近椭圆形。圆唇，沿略内斜，斜腹略有变形，平底略内凹。胎质粗疏，发红褐色。酱釉，器外壁施半釉。口径24.8、底径9.4、高8.2厘米（图3-4-11；图版二六，5、6）。

（三）骨器

日常用品

1件。为骨刷。

03KCW-N-T0101③：4-4，由扁骨制成，骨质部分保存完好，侧面可见板障。外板朝外，刷身前凸，有一定弧度。内、外板面均有打磨痕。刷头宽，自外板向内板方向单面钻孔，形成有规律的四列十行孔洞。四十个孔洞的内板直径均大于外板。刷尾窄，自外板向内板方向单面钻有一孔。刷长14.7、宽2.5、厚0.8厘米（图3-4-12；图版二七，1、2）。

（四）石（玉）器

包含玉器。器类较丰富，涵括装饰用品（环）、文房用品（盂）及石质工具等。

1. 装饰用品

共1件。为环。

03KCW-N-T0101③：5-3，玛瑙质。残作半环状。乳白色，局部有沁。内壁有磨损痕，内、外壁等高。内径4、外径6.8、厚1.4厘米（图3-4-13，2；图版二七，3）。

---

① 本报告所述“釉陶”是指胎体较粗疏、火候不是很高的施釉器。尚有学者称其为粗瓷、缸胎低温瓷等。本报告暂用“釉陶”一词，绝不是铅釉陶器，请读者使用时注意。

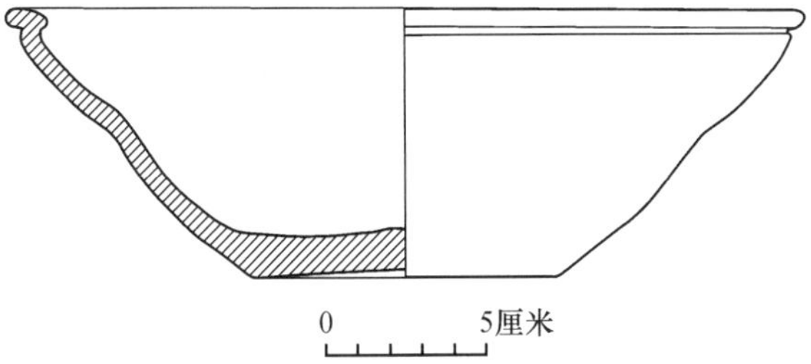

图3-4-11　2003年平江门遗址出土陶盆
（03KCW-N-T0101③：31）

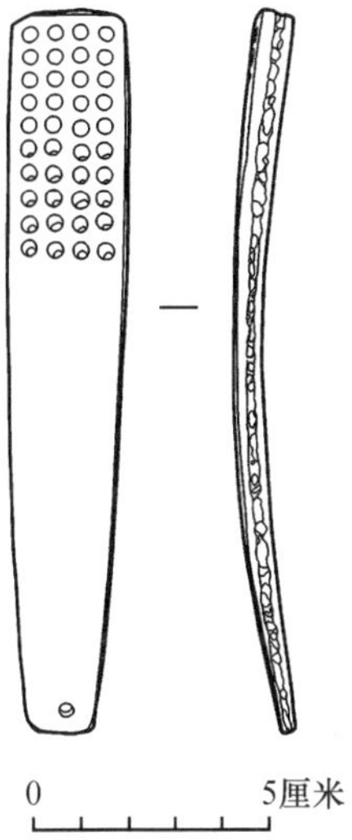

图3-4-12　2003年平江门遗址出土骨刷
（03KCW-N-T0101③：4-4）

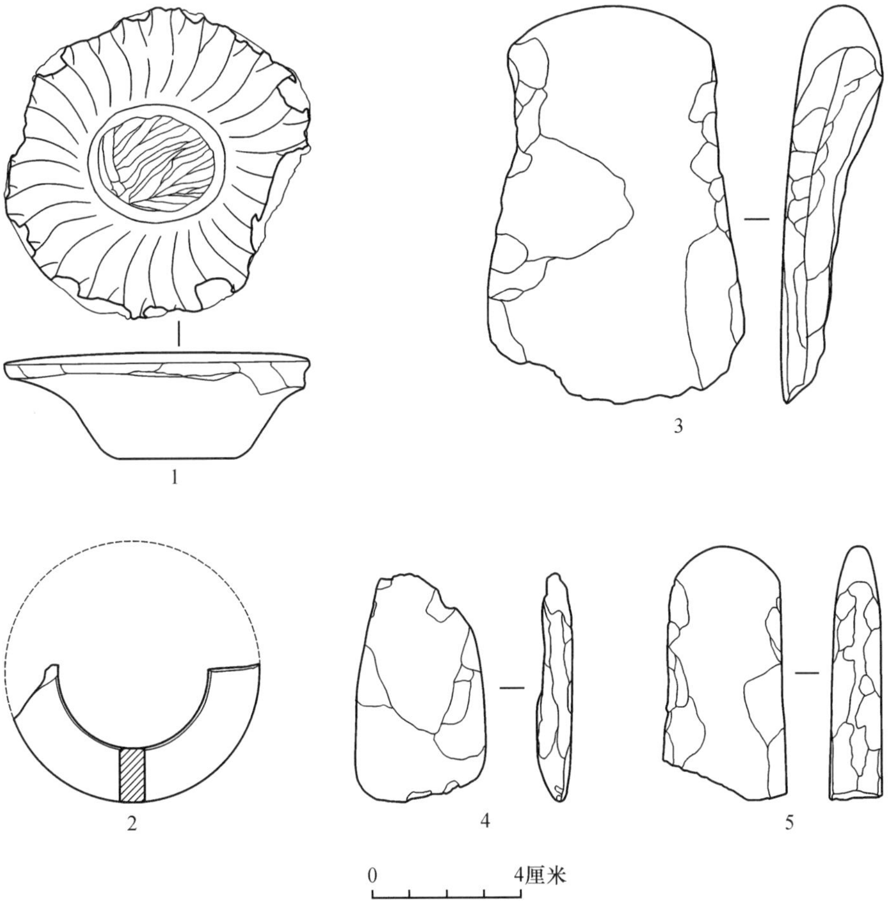

图3-4-13　2003年平江门遗址出土石器

1. 盂（03KCW-N-T0101③：6-3）　2. 环（03KCW-N-T0101③：5-3）　3. 石锛（03KCW-N-G1：2）
4. 石片石器（03KCW-N-T0101③：2-3）　5. 条状石器（03KCW-N-T0101③：1-4）

2. 文房用品

仅1件。为盂。

03KCW-N-T0101③：6-3，砚石质。整体呈倒“凸”字形。平顶，外缘下弧。弧腹，小平底。顶面近椭圆形，边缘满布磕疤。中部开椭圆形孔，边缘有凸挡，内部有明显凿痕。孔与边缘间平面中部微凸，划刻细纹肖荷叶状。底面圆形。器表经仔细打磨，圆润光亮。顶径8.1～8.2、孔径2.6～3.1、底径3.7、高2.8厘米（图3-4-13，1；图版二七，4）。

3. 石质工具

共3件。

03KCW-N-T0101③：1-4，条状石器。主体打制，局部磨制。砾石质，整体呈长条形。顶面为自然弧面，保留原始石皮；底面为断裂面，两侧分布打击点，一侧有人工磨制迹象。长6.6、宽3.4、厚1.3～1.4厘米（图3-4-13，5；图版二八，1、2）。

03KCW-N-T0101③：2-3，石片石器。打制。砾石质，整体略呈铲形。一面为自然面，保留原始石皮；另一面为破裂面，两侧有打击点。长5.9、宽3.5、厚0.9厘米（图3-4-13，4）。

03KCW-N-G1：2，石锛。砾石质。主体打制，局部磨制。整体略呈铲形，顶部向下微束。一面以自然面为主，一面为破裂面，两面侧缘均有明显的打击痕。顶部为自然面，保留原始石皮，圆润外凸；单面刃，位于破裂面。刃部有较多缺疤。长10.4、刃宽6.9、顶厚2.4厘米（图3-4-13，3；图版二八，3、4）。

二、建筑构件

平江门遗址出土建筑构件数量较少，仅3件瓦当。只见有兽面纹及花卉纹瓦当，没有其他类型。

（1）兽面纹瓦当

共2件。

03KCW-N-T0101③：11-3，残。夹砂黑陶。当面饰一兽面，上部有四道横向鬃毛，眉脊呈一字形，横椭圆状眼，弧形耳，一端收尖。嘴两角上凸，双排齿，短横舌。边轮略凸出，饰一周刻槽纹。当背有指压痕。瓦当背面存有一段对接筒瓦。筒瓦凸面素面，凹面残存部分布纹不清晰，疑经刮抹。筒瓦凹面对接当背处抹泥。瓦当复原径10.8、边轮宽1.8、厚1.2厘米，筒瓦厚1.7、残长6.5厘米（图3-4-14，2；图版二八，5）。

03KCW-N-T0101Ⅲ期墙：4，完整。夹砂灰陶。当面饰一兽面，上部鬃毛呈“V”形，犄角上翘，眉略弓，额心饰一“王”字。圆眼睑，内有实心圆眼珠。嘴上翘下平，单排齿，环绕一周鬃毛，下有两绺浓须。兽面外围饰一周联珠纹。边轮低平。瓦当背面存有一段对接筒瓦，凸面素面，凹面饰布纹，其上叠压斜向刮抹痕。筒瓦凹面对接当背处抹泥。筒瓦挤压瓦当边轮，致使对接部分边轮略凸起。筒瓦左侧缘存内侧切割痕。当面径11、边轮宽1、边轮最厚1.6厘米，筒瓦残长10.4、厚0.9～1.2厘米（图3-4-14，3；图版二八，6）。

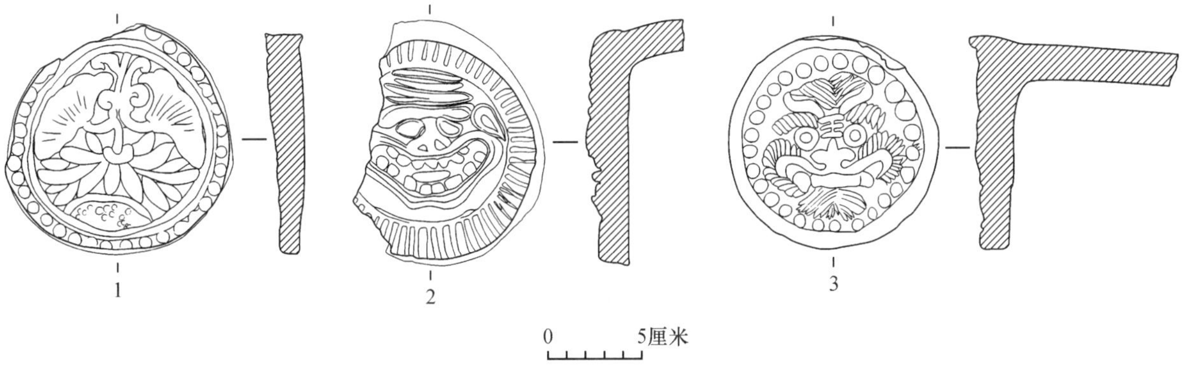

图3-4-14　2003年平江门遗址出土瓦当

1. 03KCW-N-G1：1　2. 03KCW-N-T0101③：11-3　3. 03KCW-N-T0101Ⅲ期墙：4

（2）花卉纹瓦当

仅1件。

03KCW-N-G1：1，完整。夹砂灰陶。当面饰一花卉形象，左右各伸出一绽放花朵，中有立枝，枝下有叶，叶下漫漶不清，可见细密莲蓬状装饰。花卉外饰两周凸弦纹和一周联珠纹，边轮低平。当背对接筒瓦处可见经过修整的较厚抹泥。当面径11.8～12.1、边轮宽1、厚1.1～2厘米（图3-4-14，1；图版一三，6）。

第四章　粮食局（粮站）遗址2003年发掘报告

2003年发掘的巫山县粮食局（粮站）遗址位于古城朝云街南部以东、起云街南端西侧。依据国家图书馆藏清光绪十七年（1891年）《夔州府志》卷三《巫山县舆地图》及光绪十九年（1893年）《巫山县志》图考所附《城池图》，发掘组获知此处位置极为重要，或系明末以来巫山县公署所在①。

据民国十九年（1930年）国立北平图书馆版雍正《巫山县志》抄本的记述，结合各本《夔州府志》《巫山县志》所载舆地图，明代巫山县公署初建于太祖洪武年间，处城内中部偏东，与城圈东南门大致相对。成化二年（1466年），房县石龙（石和尚）起义，四月克巫山。及明廷平叛，稍有修缮。崇祯七年（1634年）二月，张献忠破巫山，复焚公署。嗣后，知县沈向于城内东南重建县署，揆即今朝云街南部附近②。清代康熙年间，衙署先后补修，至乾隆年间，规模始备。及清光绪十九年（1893年），《巫山县志》图考所附《城池图》著录“已圮”，该地遂渐为民居所占。

第一节　发掘概况

2003年3月17日至4月19日，中国社会科学院考古研究所三峡考古队巫山古城发掘组依据发掘协议，组织业务人员对粮食局（粮站）遗址进行了大规模抢救性发掘。

然而，自清末民国以来，巫山县粮食局（粮站）及其附近区域即已是城内居民重要的生活活动区。该区域近现代建筑增改频仍，对古代遗存的破坏也较为严重。考古队入驻发掘不久，近现代扰坑即层出不穷，给我们的工作带来了许多困扰。

但鉴于该地点的重要性，发掘组仍在可供揭露的区域内，自东向西尽最大可能布设了10米×10米探方计5列。其中，前3列每列南北各设6个探方（03KCW-L-T0101～03KCW-L-T0601、03KCW-L-T0102～03KCW-L-T0602、03KCW-L-T0103～03KCW-L-T0603）、后2列每列南北置3个探方（03KCW-L-T0104～03KCW-L-T0304、03KCW-L-T0105～03KCW-L-T0305）。以

① （清）恩成、诚瑞等：《夔州府志》，国家图书馆藏光绪十七年刻本；（清）李友梁等撰：《巫山县志》，国家图书馆藏光绪十九年刻本。

② 佚名：《巫山县志》，国家图书馆藏民国十九年抄本。该抄本底本系雍正《巫山县志》，据其内载述，原本约刊刻于雍正十三年前后。

03KCW-L-T0101西南角为基点，发掘区大体作“L”形，共计揭露24个探方（后文在描述位置时为叙述方便，探方号只标具体方号，省略前缀）。所有探方皆正南北方向，总发掘面积达2400平方米（图4-1-1；图版二九，1）。

2003年度领队为梁中合，粮食局（粮站）发掘组的具体事宜由王吉怀负责。参加粮食局（粮站）遗址田野发掘的工作人员除贾笑冰、董海鹏、丁长峰、毕道全外，还有侯广平、鹿鹏、骆清山、孙国永、徐少华、杨宜荣、张晓虎、张莉、张燕等。

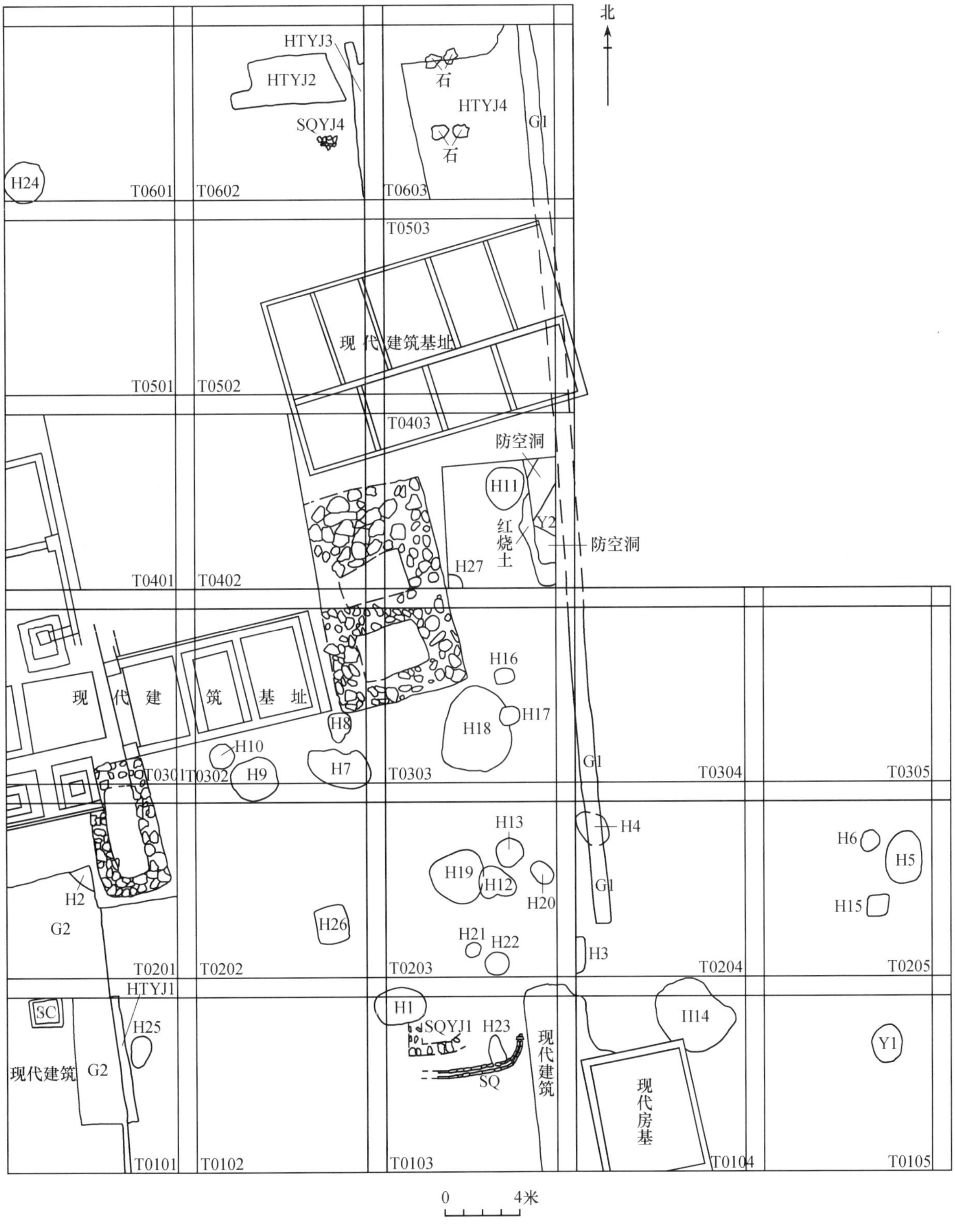

图4-1-1　2003年粮食局遗址发掘总平面图

第二节　地层堆积

2003年初，在长江委的指导下，重庆市巫山县三峡库区移民拆建工程开展如火如荼。因地处江岸，地势低平（发掘所见地层堆积也呈水平状），发掘组入驻前，遗址地表即堆有数米高的建筑渣土。同时，爆破式的拆迁方式也使此地原始地层受到一定程度的破坏。因此，本年度巫山古城粮食局（粮站）遗址的地层情况便显得较为简单。现简要介绍如下：

第1层：近现代扰土层。土色灰黑，土质较疏松。该层包含大量砖瓦碎块等近现代建筑垃圾，另见一些瓷片等。厚0.1～0.65米。大量扰坑开口于该层下。

第2层：土色灰黄发褐，土质较致密，包含较多陶瓷片、兽骨、木炭、红烧土块等。厚0.25～1.7、距地表1.65～1.9米。

第3层：灰褐色土，土质较致密，包含较多碎瓦、陶瓷片、兽骨、红烧土碎块等。厚0.6～1.5、距地表2～2.5米。

第三节　主要遗迹

2003年，巫山古城粮食局（粮站）遗址刨除大量近现代建筑基址及扰坑外，所涉类型仍较复杂，涵括夯土遗迹、石砌遗迹、砖砌遗迹（水池及水渠）、窑址、灰坑、灰沟等多类。需说明的是，古城朝云街曾自东北向西南横贯发掘区西部，本节则不再对该街道的布局及沿革进行过多的介绍。

一、夯土遗迹

夯土建筑址的分布以发掘区北部最为密集，叠压打破关系复杂，保存都很差，多为建筑单元残角或夯土残面，限于发掘条件，并未进行全面揭露，难以窥探原平面布局。

共4处。皆开口于第3层下，起建于生土上。现依序进行介绍。

03KCW-L-HTYJ1　位于T0101中部。长条状，西北—东南向，与西侧朝云街走向相近，南偏东约13°。现南北残长8.5、东西残宽0.25～0.6米（图4-3-1）。

03KCW-L-HTYJ2　位于T0602中部。灰夯面残存平面近似刀背朝下的刀把形。北边主体残长约4.1、南边残长5.97、整体残宽2.29～2.51、东侧凸出部分残宽0.73～0.87米。

03KCW-L-HTYJ3　主体位于T0602东部。西北—东南向，与东侧朝云街走向相近。平面略呈条状，东侧延伸入T0602东隔梁下，中部被多个现代扰坑打破。残存部分两段，总长8、北段长1.29、宽0.47、南段残宽0～0.71米。

03KCW-L-HTYJ4　位于T0603中部。残存平面整体近长方形，推测是建筑遗迹的一部分。

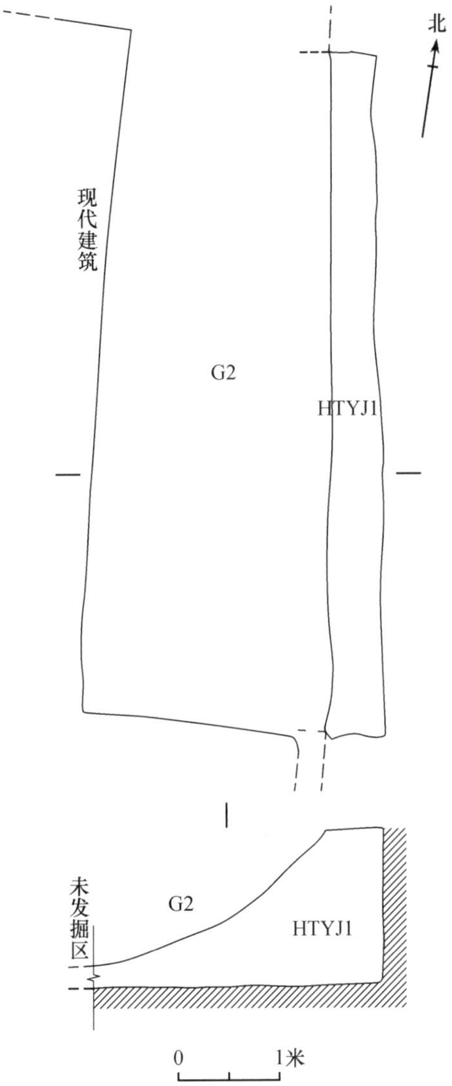

图4-3-1　2003年粮食局03KCW-L-HTYJ1平、剖面图

西北转角清晰可见，东北部向北凸出，伸入T0603北隔梁内。凸出部分东北端被现代扰坑打破。G1自西北向东南延伸，打破整块夯面。夯面南部为两处现代坑所扰，西南转角被T0503北隔梁叠压。以东北转角为基点，垂直其东侧边界进行测量，现存夯土面揭露部分东西残长7.14～10、南北主体残宽6.56～8.04、西北部凸出部分残宽约3.04米。夯土面中部及东北部各余两块铺石，铺石规格相似，径约0.8米。石块东西相近，南北中心相距约3.8米，距东侧界边约1.4米，或属柱网残迹。

二、砖石遗迹

（一）石砌遗迹

共4处。均开口于第1层下。均全面揭露。遗迹具体性质不明，推测与建筑台基相关。四例遗迹保存情况不一，两处保存较好，尚可复原其形制。

03KCW-L-SQYJ1　位于T0103西北部。石砌包边，保存较差。西临朝云街，残余西壁及南壁局部，推测是临街建筑西南转角的墙基残迹。遗迹方向与西侧街道走向相近。现东西残长2.66、南北残宽1.55米。

03KCW-L-SQYJ2　位于T0201东北部及T0301南部。石砌包边，整体保存较好。东沿朝云街，壁面斜直；西北角微弧内收，南壁略外凸；整体平面近南北长、东西窄的环扣状，推测是建筑类遗迹的石墙基。西北—东南向，与原街道走向大致相符。石包边外围南北长6.8、东西宽2.55 ~ 3.62米，内围南北长4.93、东西宽1.65米，石墙宽度相近，有0.91 ~ 1.13米。

03KCW-L-SQYJ3　跨越T0302东北、T0303西北、T0402东南、T0403西南部。石砌包边，西壁面稍被现代设施破坏，但整体保存较好。四壁斜直，西临朝云街，整体平面近南北长、东西窄的双扣状，推测是联排双间建筑的石墙残基。西北—东南向，与西侧街道走向大致相符。石墙外围南北总长11.22、东西宽7.03米；北间内围东西长3.22、南北宽2.27米；南间内围东西长3.29、南北宽2.33；石墙东西两壁宽度相近，有1.86 ~ 2.07米；南北墙体差异较大，自北向南分别宽3.5、1.26 ~ 1.48、1.32 ~ 1.67米。

03KCW-L-SQYJ4　位于T0602中部偏东。石砌，保存较差，难以观察原平面布局。残存范围较小，东西残长1.08、南北残宽0.76米。

（二）砖砌遗迹

主要为水渠及水池，分别对其进行介绍。

1. 水渠

仅1处。

03KCW-L-SQ　位于T0103中部，打破03KCW-L-H23，开口于第1层下。整体呈条状，主体以青砖砌就，局部填塞泥料及石块。西侧已破坏殆尽，东侧向北弯弧，并以砖石堵砌作北壁。砖长0.3、宽0.15、厚0.05米，水渠弧弯部分长1.5、东西总长约4.75、宽0.05 ~ 0.76、残深0.17米。渠内填土呈红褐色，质较致密。

2. 水池

共1处。

03KCW-L-SC　位于T0101西北部。开口于第1层下。平面近长方形，直壁，平底。四壁与底面均用青砖砌成。青砖长0.3、宽0.12、厚0.05米，池口南北长1.2、东西宽1、深0.5米。其内填土灰绿色，质地疏松，含较多陶片、兽骨及明清时期青花瓷片等（图4-3-2）。

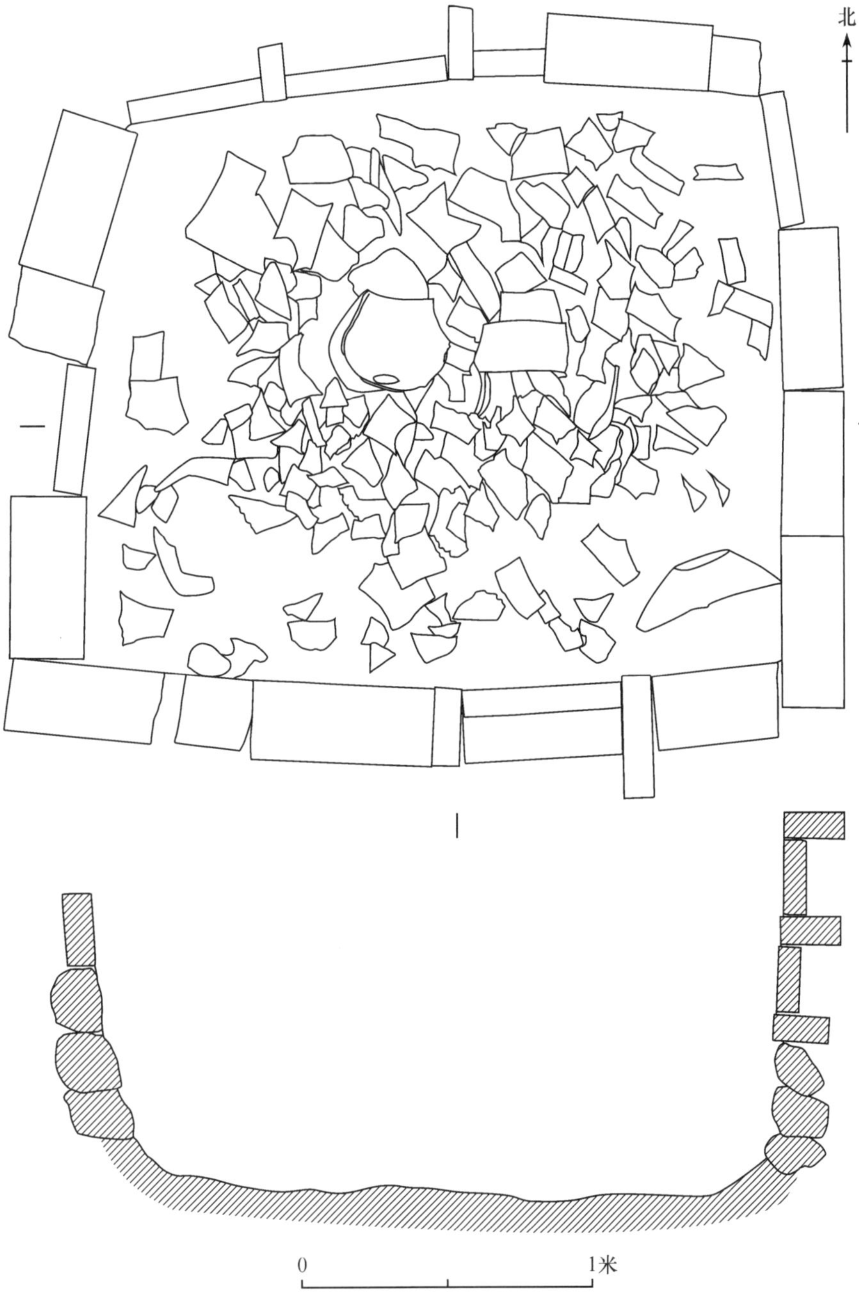

图4-3-2　2003年粮食局03KCW-L-SC平、剖面图

三、其他遗迹

（一）窑址

仅2处。均叠压于第3层下，起建于生土上。依序编号为03KCW-L-Y1、03KCW-L-Y2。

03KCW-L-Y1　位于T0105东北部。半地穴式，窑炉残损严重，仅烧结面保存较好。现平面近南北向椭圆形，残存口径1.66～2、底径1.54～1.8、残深0.35～0.4米。其内堆积均为红烧土，土质较硬，含烧骨、瓦块、炭渣及相关焦化物等（图4-3-3）。

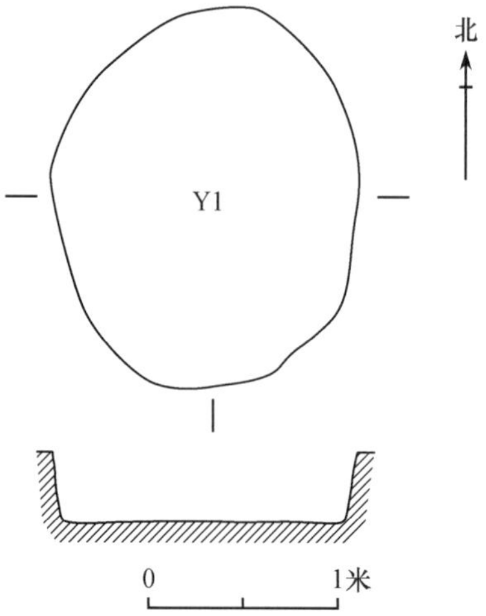

图4-3-3　2003年粮食局03KCW-L-Y1平、剖面图

03KCW-L-Y2　位于T0403东部。东部叠压于隔梁下，实际形状已无从得知。03KCW-L-Y2上部残损严重，底部被两处现代防空洞所破坏，实际结构也无从知晓。从03KCW-L-Y2打破生土所保留的残存现象看，西壁陡直向下，斜平底。其内堆积分2层。第1层为红烧土堆积，质地较纯，仅含少量绳纹瓦块；第2层为灰黑色土，质地较松软，夹杂大量草木灰、木炭及少量绳纹残瓦、石范、骨器等遗物（图4-3-4）。

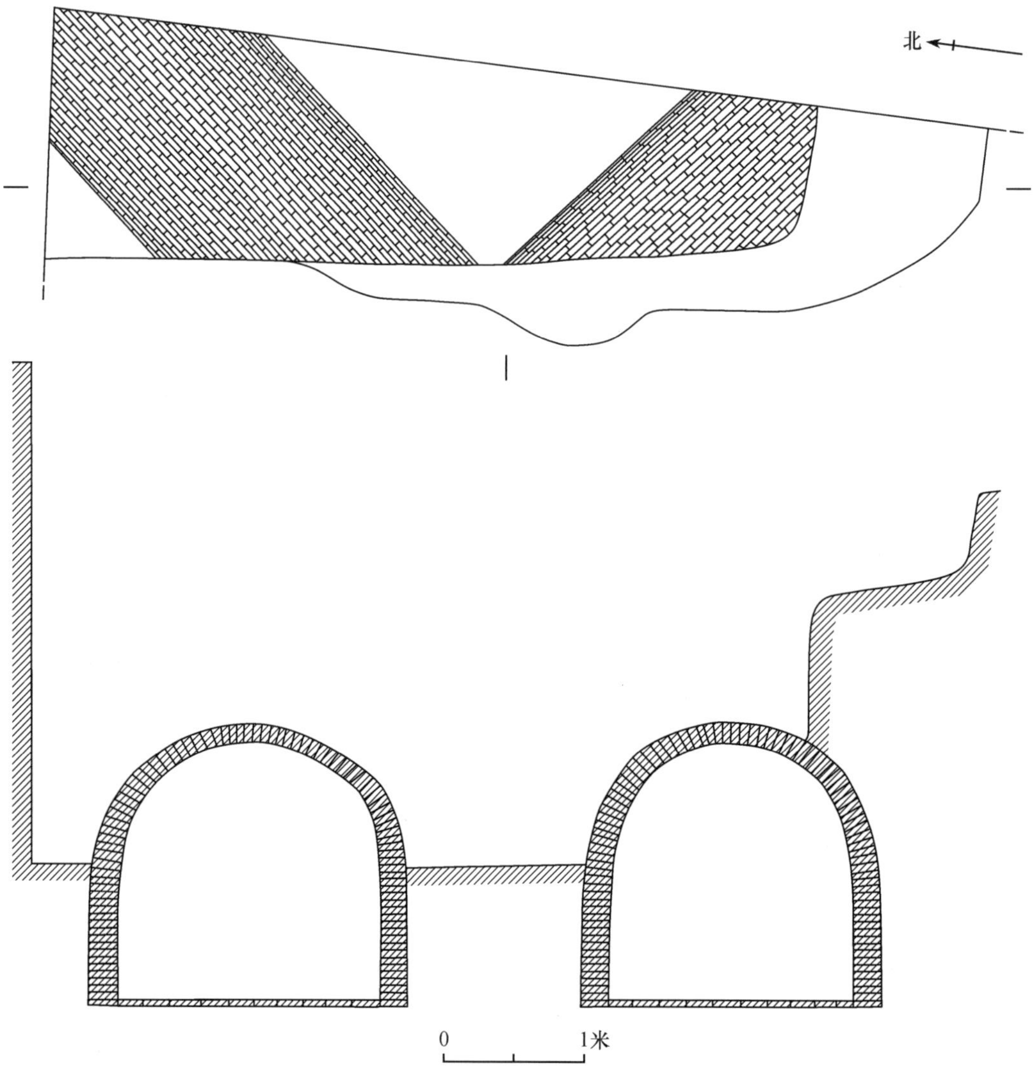

图4-3-4　2003年粮食局03KCW-L-Y2平、剖面图

（二）灰坑

发掘区内灰坑数量较多，计27处。依照开口层位的不同，共分为三大类，介绍如下①。

1. 第一类

仅1例。开口于第1层下。

03KCW-L-H1　位于T0103西北角，西部被T0102东隔梁及关键柱叠压，北部延伸入T0203北隔梁下。平面近椭圆形，斜直壁，底部较平。口径南北最长1.9、东西最长2.8、深0.75米。坑内出土瓷片若干（图4-3-5，1）。

2. 第二类

共13例。均开口于第2层下。其中，03KCW-L-H26内出土一具完整兽骨，性质比较特殊。

03KCW-L-H2　位于T0201中部，西南部打破G2，北部及东部被现代施工面破坏。平面近四分之一圆形，直壁，平底。坑半径长1.37、深0.9米。坑内堆积为灰褐土，较松软，出土铜镞、铜矛等遗物（图4-3-5，2）。

03KCW-L-H5　位于T0205中部偏东。口部平面近椭圆形，西壁略作袋状外凸，东壁斜直略收，底部较平。口径2.1～2.7、底径1.7～1.82、深3.5米。坑内堆积分3层。第1层包含大量红烧土块，出土少量瓷器，厚0.3米；第2层为灰土层，质地疏松，包含一些瓷片、兽骨、炭渣等，厚0.2米；第3层为灰绿色土，质地疏松，出土铜钱、骨器、角器及较多可复原瓷器，厚约3米（图4-3-6，1）。

03KCW-L-H6　位于T0205东北部。平面近圆形，直壁，底较平。坑径0.9～1.1、深0.28～0.3米。坑内填土灰绿色，土质较致密，含有一些兽骨、瓷片等遗物（图4-3-5，3）。

03KCW-L-H12　位于T0203中部，打破H19。平面呈不规则椭圆形，斜直壁，锅状底。东西长1.8、南北宽1.7、深0.7～0.9米。坑内堆积多为瓦块（图4-3-5，4）。

03KCW-L-H13　位于T0203东北部。平面近椭圆形，斜直壁，不规则底。东西长1.66、南北宽1.6、深0.2～0.6米。坑内堆积多为瓦块（图4-3-6，2）。

03KCW-L-H14　位于T0104东北部，北部延伸入探方北隔梁下。平面呈不规则椭圆形，斜直壁，坑底略呈锅状。口大于底，东西口径长2.2、底径1.9、深0.3米。坑内堆积红褐土，色微泛黄，土质较致密，出土较多陶片、少量磨石及石范等（图4-3-6，5）。

03KCW-L-H15　位于T0205中部偏东。平面近圆角四边形，斜直壁，不规则底。口径0.9～1.1、底径0.75、深1.9～2.1米。坑内填土灰绿色，质地较疏松，出土较多兽骨、瓦块及若干可复原瓷器等（图4-3-7，1）。

03KCW-L-H19　位于T0203中部，东侧被H12打破。平面近圆形，斜直壁，锅状底。口径南北2.62、东西2.74、深0.2～0.74米。坑内为黄褐土，较松散，杂有一些瓦块（图4-3-6，4）。

---

① 本章灰坑剖面一律参照底图，坑内堆积分层的均加封口线。

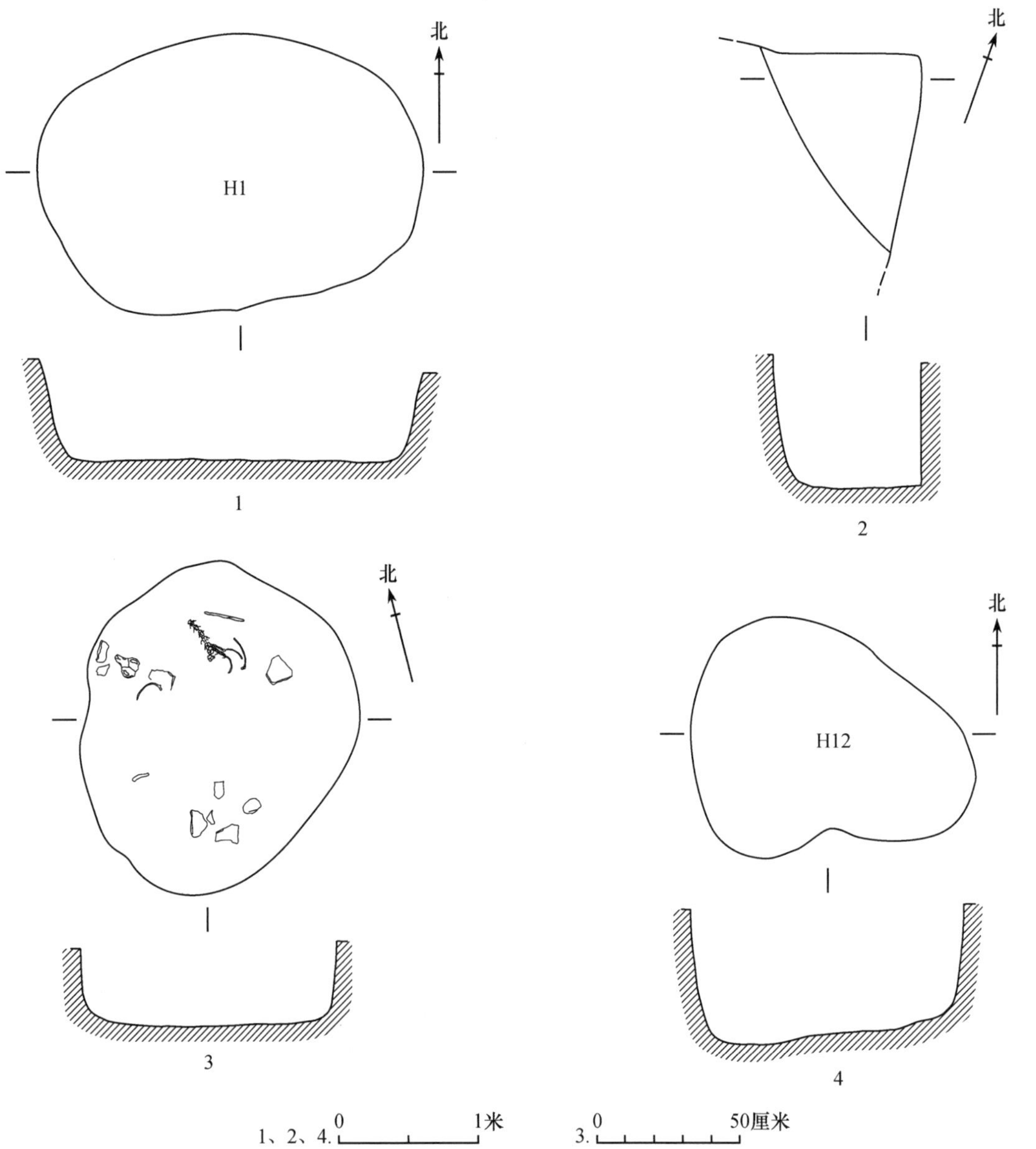

图4-3-5　2003年粮食局遗址第一类、第二类灰坑平、剖面图

1. 03KCW-L-H1　2. 03KCW-L-H2　3. 03KCW-L-H6　4. 03KCW-L-H12

03KCW-L-H20　位于T0203东部。平面近椭圆形，直壁，平底。坑径东西最长1.1、南北最长1.32、深0.38～0.68米。坑内堆积为灰黑土，杂有一些瓦块（图4-3-6，3）。

03KCW-L-H21　位于T0203南部。平面近圆形，斜壁，锅状底。坑口径0.8、深0.08～0.26米。坑内填土灰黑色，土质松散，包含一些瓦块（图4-3-7，2）。

03KCW-L-H22　位于T0203南部。平面近圆形，斜壁，底部较平。口径1.16、深0.13～0.34米。坑内填土灰黑色，土质松散，包含一些瓦块（图4-3-7，3）。

03KCW-L-H23　位于T0103东北部，南部被砖砌排水渠打破。现平面呈不规则形，斜壁，平底。口径南北残长1.6（最值）、东西残宽0.9（最值）、深0.18～0.34米。坑内填灰黑色土，土质松散，夹杂瓦块若干（图4-3-8，1）。

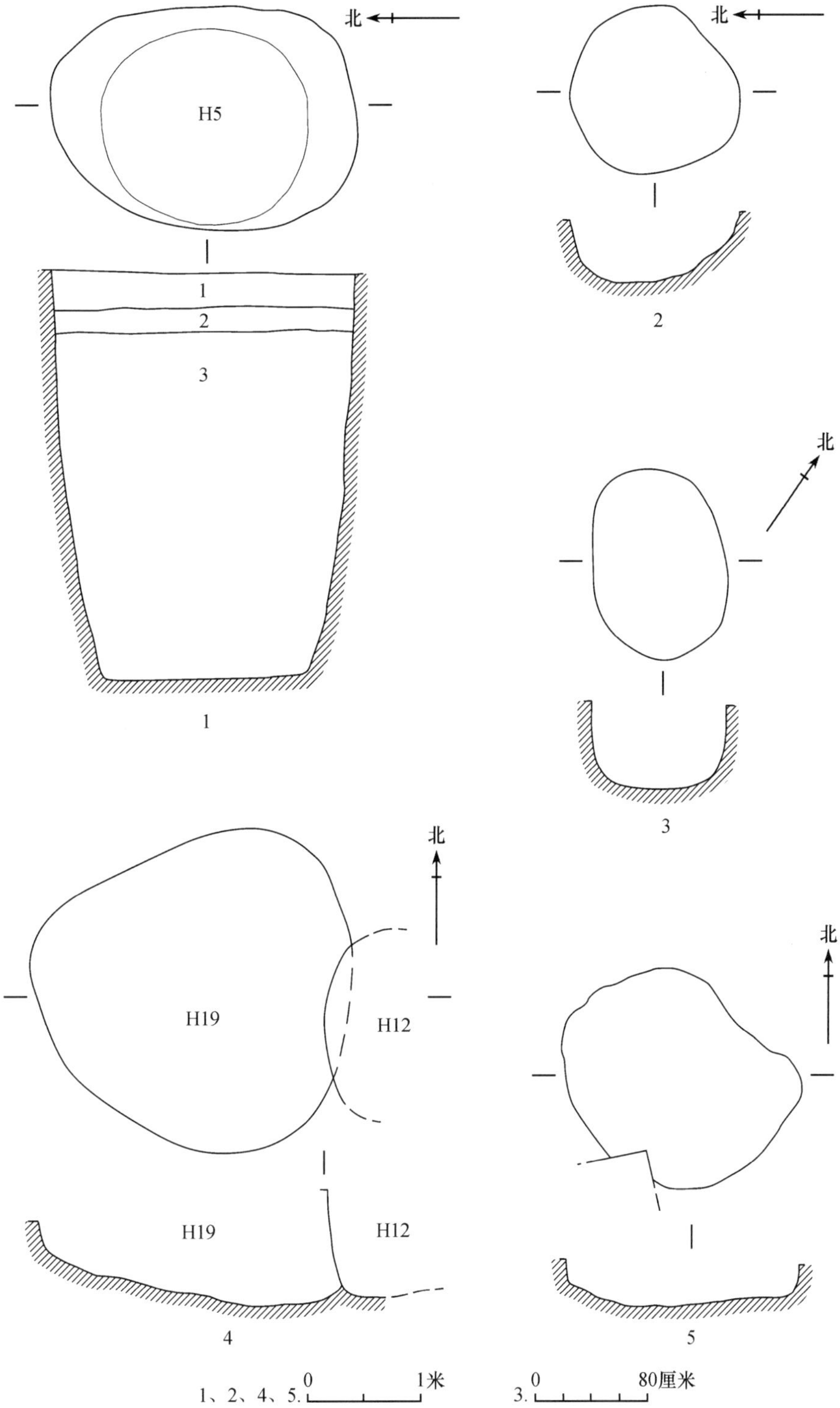

图4-3-6　2003年粮食局遗址第二类灰坑平、剖面图

1. 03KCW-L-H5　2. 03KCW-L-H13　3. 03KCW-L-H20　4. 03KCW-L-H19　5. 03KCW-L-H14

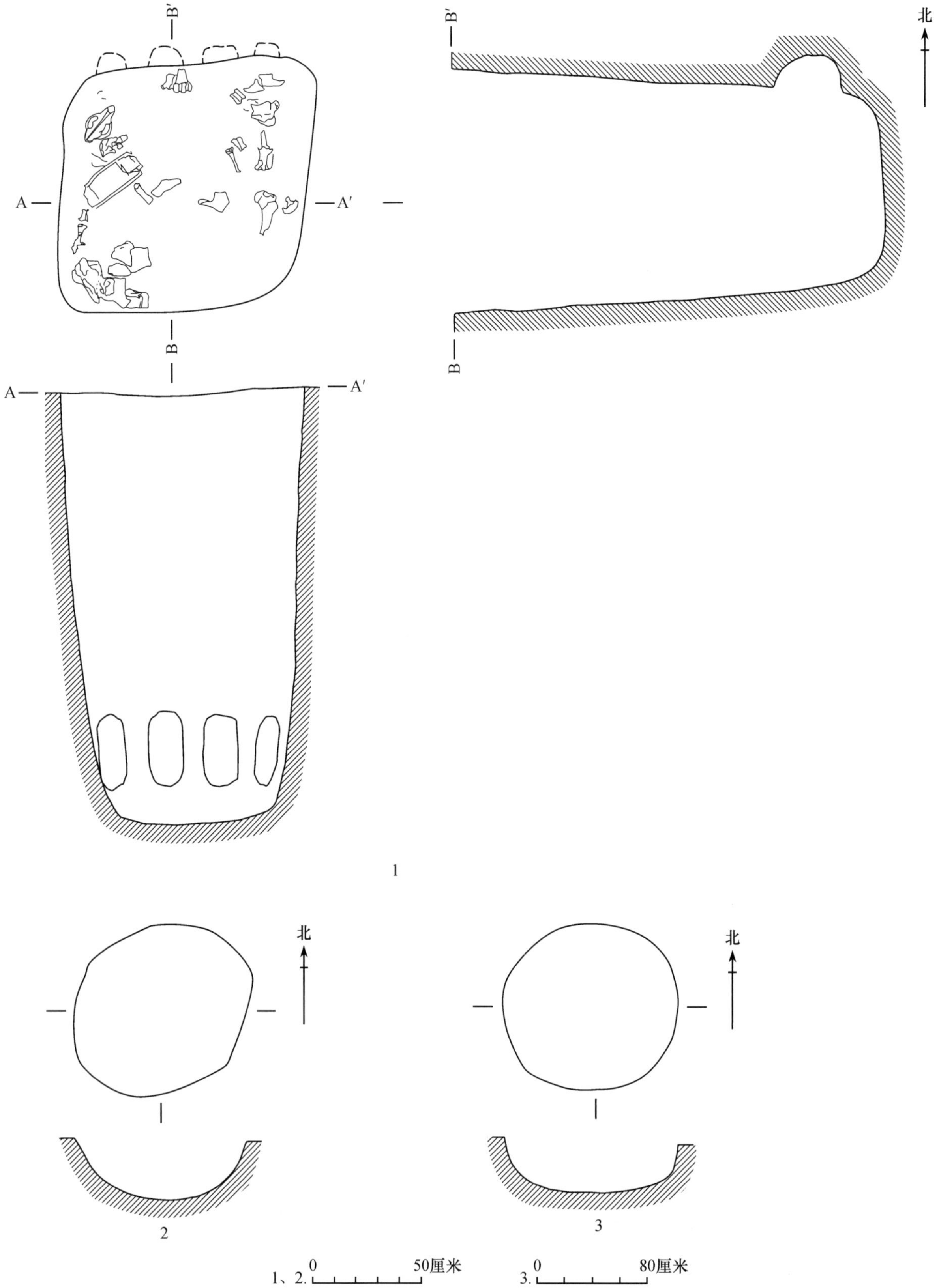

图4-3-7　2003年粮食局遗址第二类灰坑平、剖面图

1. 03KCW-L-H15　2. 03KCW-L-H21　3. 03KCW-L-H22

03KCW-L-H26　位于T0202东南部。平面近圆角方形，底略呈弧形。口径1.72～1.84、底径1.5～1.6、深0.53米。坑内为灰褐土，土质较松软，出土遗物以碎瓦块为大宗，另有陶瓷片、鹿角及一具头向东南的完整兽骨等（图4-3-8，2）。

3. 第三类

共13例。均开口于第3层下。其中，03KCW-L-H16与03KCW-L-H17具一定相关性；03KCW-L-H24形制特殊，可能具有某些特定的功能。现依序进行介绍。

03KCW-L-H3　位于T0204西南部，延伸至T0203东隔梁。已发掘平面近半弧角长方形，斜直壁，平底。口径南北长1.9、东西残宽0.42米，底径南北长1.74、东西残宽0.4米，深0.25米。坑内堆积灰黑土，包含少量红烧土块、瓦块等（图4-3-8，3）。

03KCW-L-H4　位于T0204西北部，被现代扰坑及G1打破。平面近椭圆形，斜直壁，斜平底。口径1.5～1.96、底径1.3～1.8、深0.3～0.4米。坑内填土灰褐色，质地较致密，包含少量碎瓦块等（图4-3-8，4）。

03KCW-L-H7　主体位于T0302东南部，局部延伸入T0202北隔梁及T0303西隔梁。平面近不规则长条形，斜壁，平底。口径2～3.3、深0.8米。坑内堆积为黑褐土，较致密，含陶片、瓷片等遗物（图4-3-8，5）。

03KCW-L-H8　位于T0302东南部，北部被现代建筑基址打破。现平面为不规则圆形，斜壁，斜底。口径1.2～1.6、深0.8米。坑内填灰褐土，土质较致密，含瓦块、陶片等遗物（图4-3-8，6）。

03KCW-L-H9　主体位于T0302西南部，局部延伸入T0202北隔梁内。平面近圆形，斜壁，斜底。口径2.3～2.5、深0.6米。灰褐色填土，质地稍硬，内含瓦块等遗物（图4-3-9，1）。

03KCW-L-H10　位于T0302西南部。平面近圆形，直壁，平底。坑径1.6、深约1米。坑内堆积灰褐土，土质较紧密，含瓦块、石块等遗物（图4-3-9，3）。

03KCW-L-H11　位于T0403中部偏东。平面近椭圆形，锅状坑。坑径东西最长1.92、南北最长2.04、深0.58米。坑内堆积填土灰褐色，土质较致密，含有少量兽骨、草木灰、木炭颗粒及大量瓦块（图4-3-9，5）。

03KCW-L-H16　位于T0303中部。平面近弧角长方形，剖面近圆柱形，四壁和底部有一层厚0.01～0.03米的淡绿色人工黏土层。该坑上口东西长1.02、南北宽0.86米，下口东西长1、南北宽0.82、深0.7米。坑内填黑灰土，质地松软，含较多草木灰及木炭粒，另出土少量兽骨及瓦块（图4-3-9，2）。

03KCW-L-H17　位于T0303东南部，打破03KCW-L-H18。平面近弧角长方形，剖面近圆柱形，四壁和底部有一层厚0.01～0.05米的淡绿色人工黏土层。该坑口径东西长1.06、南北宽1米，深0.8米。坑内填黑灰土，质地松软，含较多草木灰、木炭粒、铜渣等，另出土少量兽骨、瓦块及磨石（图4-3-9，4）。

03KCW-L-H18　位于T0303南部，东北部被03KCW-L-H17打破。平面近椭圆形，上部口径3.4～4.5、深0.6米。坑内堆积为黑褐土，土质较硬，含较多草木灰、红烧土颗粒及烧炼瓦块、石器等（图4-3-9，6）。

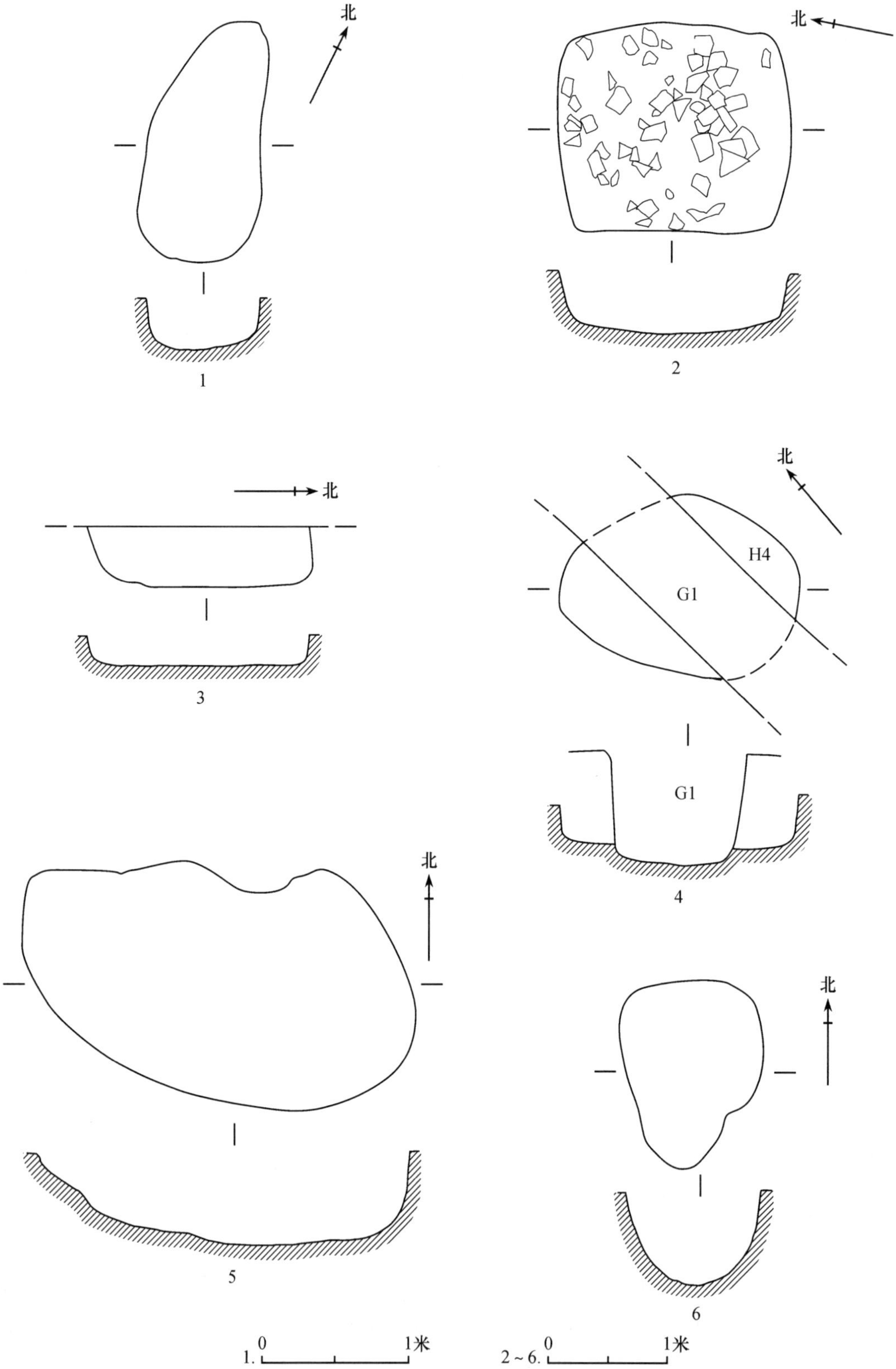

图4-3-8　2003年粮食局遗址第二类、第三类灰坑平、剖面图

1. 03KCW-L-H23　2. 03KCW-L-H26　3. 03KCW-L-H3　4. 03KCW-L-H4　5. 03KCW-L-H7　6. 03KCW-L-H8

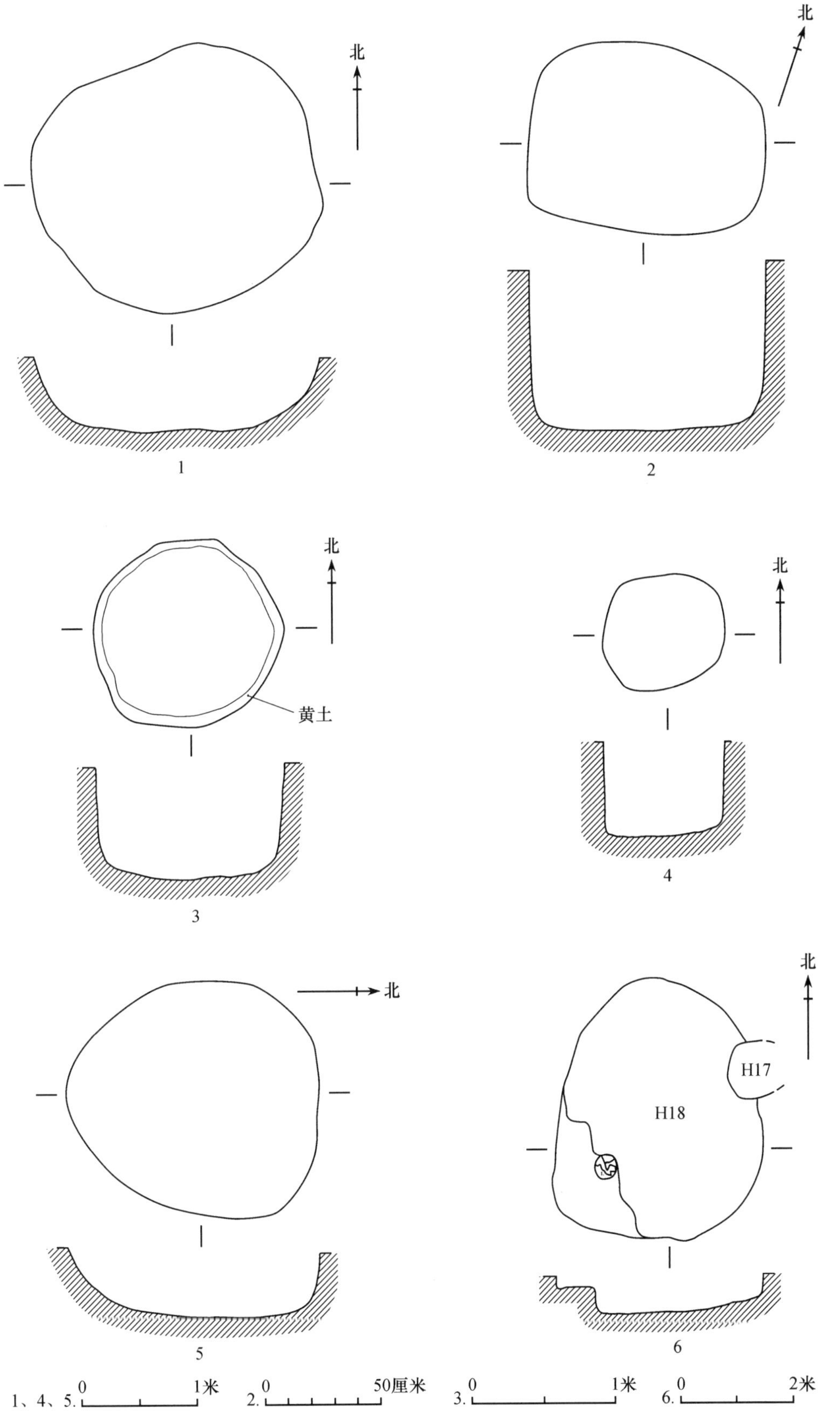

图4-3-9　2003年粮食局遗址第三类灰坑平、剖面图

1. 03KCW-L-H9　2. 03KCW-L-H16　3. 03KCW-L-H10　4. 03KCW-L-H17　5. 03KCW-L-H11　6. 03KCW-L-H18

03KCW-L-H24　位于T0601西南部，局部伸入T0501北隔梁及T0601西界外。平面近不规则圆形，斜弧壁，锅状底边缘均匀分布六块石块，中部则有一长方形南北向凹陷。坑径约2.1、深0.6米。坑内堆积为灰褐土，质较紧密，包含一些瓦块等遗物（图4-3-10，3；图版二九，2）。

03KCW-L-H25　位于T0101东北部。平面近椭圆形，直壁，平底。坑径南北最长1.6、东西最长1.1、深0.4米。坑内堆积为黄褐土，土质疏松，出土瓦块、兽骨等若干（图4-3-10，1）。

03KCW-L-H27　位于T0403南部，西部被现代扰坑打破，南部延伸入T0303北隔梁内。因灰坑大部分区域叠压于隔梁下，推测为椭圆形。口径范围不清，深0.7米。坑内堆积分2层。第1层为矿石堆积，均为铜矿石，深0.64米；第2层为绳纹残瓦堆积，深约0.06米（图4-3-10，2）。

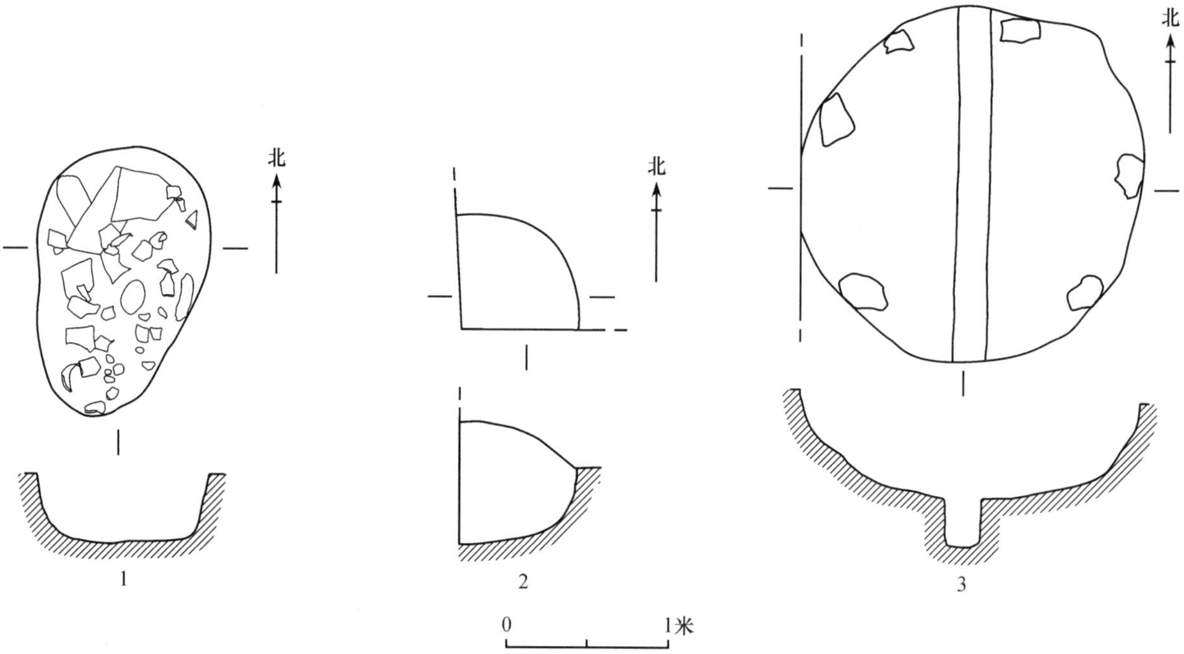

图4-3-10　2003年粮食局遗址第三类灰坑平、剖面图
1. 03KCW-L-H25　2. 03KCW-L-H27　3. 03KCW-L-H24

（三）灰沟

数量较少，仅发现2处。依序编为03KCW-L-G1、03KCW-L-G2。

03KCW-L-G1　东北—西南向，跨T0204、T0304西部及T0403、T0503、T0603东部，延伸至T0603北隔梁外。开口于第2层下，平面呈长条形，斜直壁，平底。已发掘部分（含钻探）长约46.5、宽0.8～0.9、深0.5～1米。沟内堆积为灰褐色，土质较致密，含一些草木灰，出土兽骨、陶片、瓦块及少量石器等（图4-3-11，1）。

03KCW-L-G2　东北—西南向，跨T0101中北部及T0201西南部，西部被现代建筑基础叠压。开口于第3层下，平面近长条形，东壁呈斜坡状。已发掘部分南北长约13、宽1.8～5.3、深0.8米。沟内堆积灰褐色土，土质松软，出土有一些瓦块、陶片、兽骨等遗物（图4-3-11，2）。

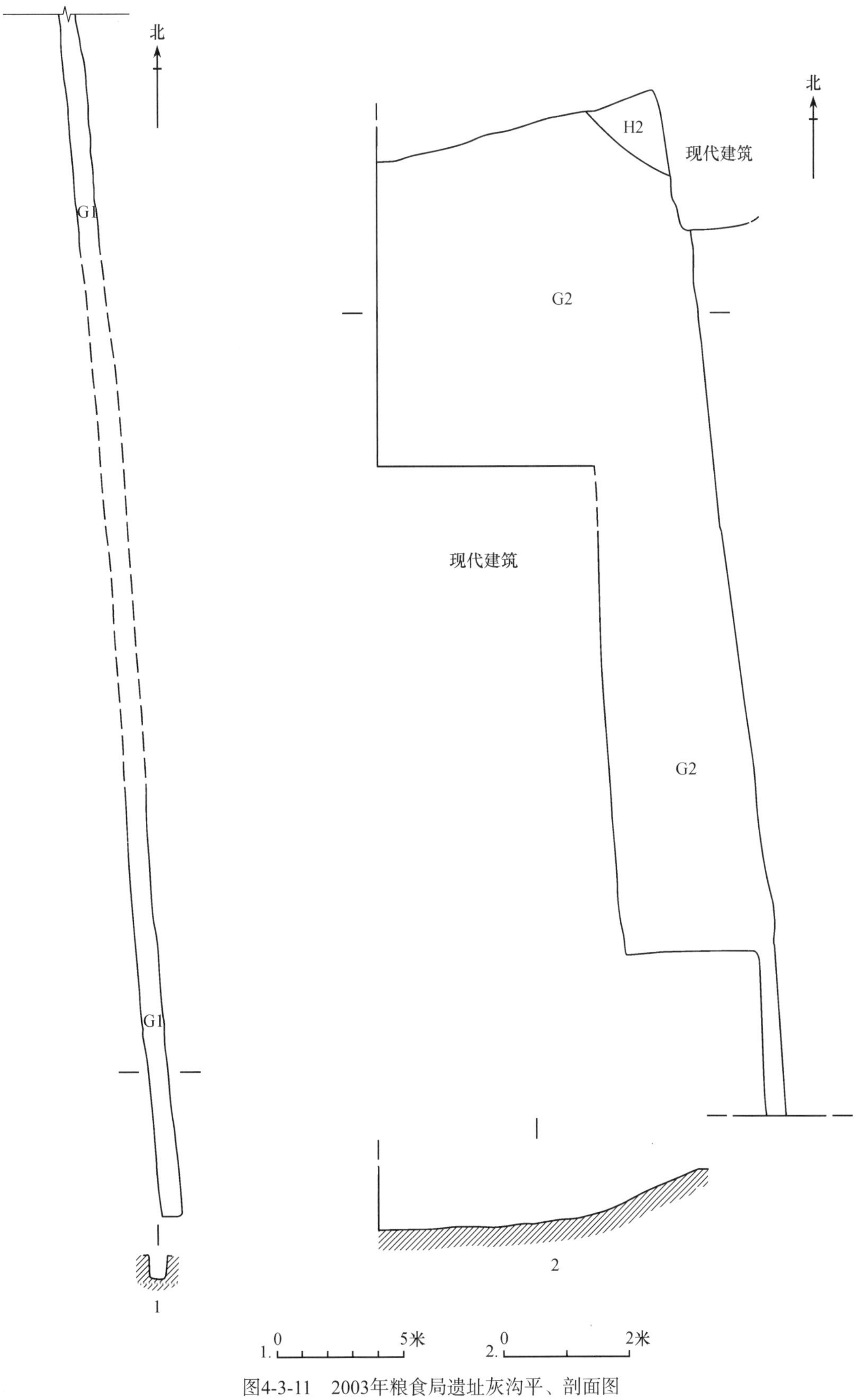

图4-3-11　2003年粮食局遗址灰沟平、剖面图

1. 03KCW-L-G1　2. 03KCW-L-G2

第四节　出 土 遗 物

2003年，巫山古城粮食局（粮站）遗址的地层堆积较为简单，所见遗物绝大多数出土自第2层和第3层，发掘区03KCW-L-H5与03KCW-L-H15内也出土相当数量的器物，为方便学者再利用，现按地层、遗迹单位分别介绍。

一、地层（文化层）

巫山古城粮食局（粮站）遗址地层（文化层）包括第2层和第3层。出土器物如下。

（一）生活器物

共有瓷器、陶器、骨器、铜器、石器五大类。以陶瓷器为大宗，出土数量较多、类型最为驳杂。

1. 瓷器

窑口涵括浙东早期越窑、赣北洪州窑、浙南龙泉窑、湖北湖泗窑、重庆涂山窑等。出土器类驳杂，有碗、盘、钵、盆等。以碗、盘居多。多青釉、酱（黑）釉器，也有黄釉、白瓷等。

（1）越窑青瓷

计3件。数量较少，均为孙吴—西晋时期早期越窑产品。

1）A型素面碗

仅1件。

03KCW-L-T0202②：16，直口微敞，圆唇，上腹直，下腹弧收，内底下凹，外平底。内壁腹、底交接处浅挖一圈。灰胎，胎体断面有较多孔隙。青釉滋润细腻，内壁满施釉，外壁半釉，露胎处作橘色。口径8.4、底径4.1、高3.7厘米（图4-4-1，1；图版三〇，1）。

2）B型素面碗

共2件。

03KCW-L-T0201②：2，直口微敞，圆唇，上腹直，下腹弧收，平底微内凹。内壁腹、底交接处刮饰一道凹弦；外壁下腹部有较明显的修坯痕。细灰胎，质地细腻，致密坚硬。青釉滋润细腻，内壁满施釉，外壁半釉。口径9.5、底径4.9、高3.1厘米（图4-4-1，2；图版三〇，2）。

03KCW-L-T0201②：3，直口，圆唇，上腹略直，下腹弧收，平底。内壁腹、底交接处刮饰一道凹弦；外壁下腹部有较明显的修坯痕。细灰胎，质地细腻，致密坚硬。内壁满施釉，外壁半釉，釉层未烧透。口径9.3、底径4.6、高3.7厘米（图4-4-1，3；图版三〇，3、4）。

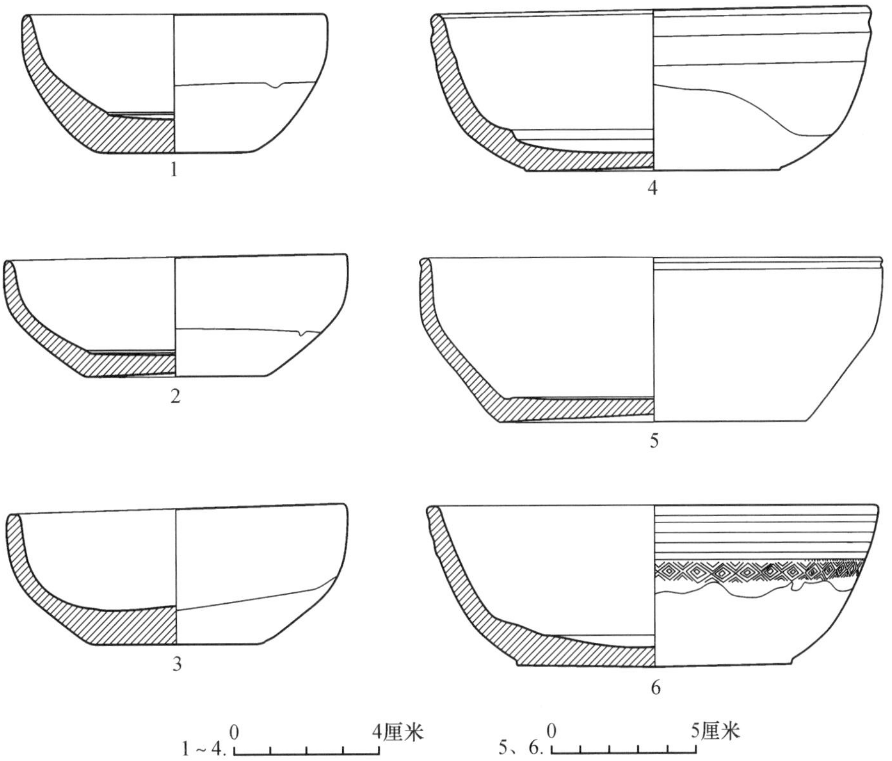

图4-4-1　2003年粮食局遗址出土越窑、洪州窑瓷碗
1～3. 越窑（03KCW-L-T0202②：16、03KCW-L-T0201②：2、03KCW-L-T0201②：3）　4～6. 洪州窑（03KCW-L-T0202②：7、03KCW-L-T0202②：1、03KCW-L-T0202③：15）

（2）洪州窑青瓷

共4件。均为碗，涵括孙吴—西晋、南北朝两个时期。

1）吴晋时期

A型弦纹碗　1件。

03KCW-L-T0202②：7，口微敞，圆唇，上腹略直，下腹弧收，平底。内底向下浅挖一周；口沿刮釉一周，似芒口；外壁口沿下侧刮饰两道凹弦纹，下腹部有坯痕。细灰胎，质地细腻，致密坚硬。青釉滋润、透亮；内壁满施，外壁半釉；窑温较高，露胎处出现一层薄釉。口径12.2、底径7、高4.4厘米（图4-4-1，4；图版三〇，5、6）。

B型弦纹碗　1件。

03KCW-L-T0202②：1，直口，圆唇，上腹略直，下腹弧收，内底略下凹，平底。口沿刮釉一周，似芒口；外壁口沿下侧刮饰一道凹弦纹。细灰胎，质地细腻，致密坚硬。青釉，内壁底心无釉，外壁半釉；露胎处受火作橘色。口径16、底径10.6、高5.5厘米（图4-4-1，5；图版三一，1、2）。

菱格纹碗　1件。

03KCW-L-T0202③：15，敞口，圆唇，弧腹，平底。口沿内侧刮釉一周，内壁腹、底交接处刮饰一道凹弦；外壁口沿下方刮饰两道凹弦，凹弦纹下部滚印一圈菱格纹。细灰胎，质地细腻，致密坚硬，底部有气泡。青釉，滋润、透亮，积釉处玻璃感强；内壁底心不施釉，外壁半釉。口径15.5、底径9.4、高5.4厘米（图4-4-1，6；图版三一，3、4）。

2）南北朝时期

深腹碗　1件。

03KCW-L-T0101②：1，口微敛，圆唇，深弧腹，内平底，饼状足，足墙陡直。内底中心压印小圈；底足旋刮一圈，中部有小平台。灰白胎，较细腻，烧结度不是很高。青釉泛黄，内壁满釉，外壁施釉至下腹部。口径14.5、底径5.1、高7.8厘米（图4-4-2，1；图版三一，5、6）。

（3）龙泉窑青瓷

数量极少，只有1件托盘。

03KCW-L-T0101②：5，口微侈，斜方唇，窄平沿内斜，弧腹，内底较平，圈足，墙外缘斜削一周。内壁口沿下有窄斜台，内底置涩圈，黏附垫渣；外壁有较明显的旋坯痕；底足足心旋刮不细，有跳刀状旋刮痕。细灰胎，质细腻，底部生烧，胎色偏黄。青釉发黄，内壁除涩圈外满釉，外壁半釉。口径20、底径9.8、高4.3厘米（图4-4-2，6；图版三二，1、2）。

（4）湖泗窑白瓷

共2件。类型单一，均为素面碗。

03KCW-L-T0202②：2，敞口，尖圆唇，弧壁，内平底，圈足较高，足墙陡直，墙内缘斜削一周。内壁满釉，腹、底交接处浅挖一圈；外壁有修胎痕。细白胎，坚硬致密。青白釉，略发灰，内壁满釉，外壁施釉及底，底足足心无釉。口径15.7、底径7.7、高7.4厘米（图4-4-2，2；图版三二，3、4）。

03KCW-L-T0202②：5，口微敞，尖圆唇，弧壁，内平底，圈足较高，足墙陡直。内壁满釉，腹、底交接处浅挖一圈；外壁有修胎痕。细白胎，坚硬致密。青白釉，略发灰，内壁满釉，外壁施釉及底，底足足心无釉。口径15.9、底径7.8、高7.7厘米（图版三二，5、6）。

（5）磁峰窑白瓷

仅1件。为细白瓷莲瓣纹碗。

03KCW-L-T0202②：17，侈口，圆唇，弧壁，内圜底，窝足。内壁下腹部划刻一圈凹弦，外壁划刻粗犷的莲瓣。细白胎，坚硬致密。透明釉，积釉处发青灰；内壁满釉，外壁施釉及底，底足足心无釉。口径19、底径6、高4.9厘米（图4-4-2，3；图版三三，1、2）。

（6）涂山窑白瓷

共7件。以碗为大宗，也有盏、碟。

1）化妆白瓷碗

共3件。依据形制、制作工艺等方面的不同，分三型。

A型　1件。

03KCW-L-T0101③：2，敞口，尖圆唇，斜弧腹较浅，内圜底，外圈足。内底有一圈砂粒支烧痕；外壁有多道较明显的作胎旋痕。灰白胎，细腻坚硬。先施化妆土，里满釉，外壁施半釉，釉面透明无开片。口径17.6、底径7、高5厘米（图4-4-2，4；图版三三，3）。

B型　1件。

03KCW-L-T0101③：1，敞口，圆唇，弧腹略深，内圜底，外圈足。内壁近底垫烧痕不甚明显。米黄色胎未烧透，细腻坚硬。内、外壁施多道化妆土，里满釉，外壁施釉及底，底足足

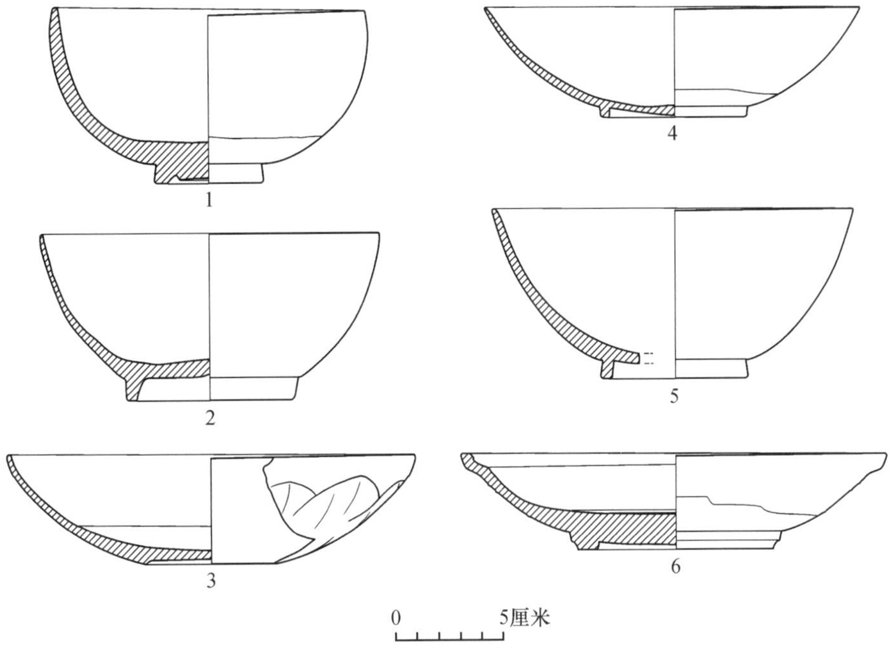

图4-4-2　2003年粮食局遗址出土洪州窑、龙泉窑、湖泗窑、磁峰窑、涂山窑瓷器
1. 洪州窑碗（03KCW-L-T0101②：1）　2. 湖泗窑碗（03KCW-L-T0202②：2）　3. 磁峰窑碗（03KCW-L-T0202②：17）
4、5. 涂山窑碗（03KCW-L-T0101③：2、03KCW-L-T0101③：1）　6. 龙泉窑托盘（03KCW-L-T0101②：5）

心无釉。口径17、底径7、高7.7厘米（图4-4-2，5；图版三三，4）。

C型　1件。

03KCW-L-T0202②：18，敞口，圆唇，弧腹略浅，内圜底，外圈足。内壁近底划刻一圈凹弦纹，凹弦纹内残存2枚支烧痕。紫金土胎，细腻坚硬。先施白色化妆土，里满釉，外壁半釉，釉色发青发黄。口径16.6、底径6.4、高4.3厘米（图4-4-3，1；图版三三，5、6）。

2）化妆白瓷盏

共3件。依据形制、制作工艺等方面的不同，分三型。

A型　1件。

03KCW-L-T0202②：4，敞口，圆唇，浅弧腹，内圜底，饼足。内底有5枚支烧痕，外壁有多道较明显的作胎旋痕。紫金土胎，细腻坚硬。先施化妆土，里满釉，外壁施半釉，釉色发青发黄。口径10.8、底径4.3、高3厘米（图4-4-3，2；图版三四，1、2）。

B型　1件。

03KCW-L-T0202②：6，敞口，圆唇，浅弧腹，内圜底，圈足，足外缘斜削一周。内壁浅挖一圈。紫金土胎，细腻坚硬。先施化妆土，里满釉，外壁半釉，釉色发青发黄。口径8.9、底径3.9、高2.9厘米（图4-4-3，3；图版三四，3、4）。

C型　1件。

03KCW-L-T0101③：22，敞口，尖圆唇，斜壁，小圈足。通体素面，碗心可见砂粒支烧痕迹。灰白胎，质细腻。先施化妆土，后上透明釉，内壁满釉，器外壁施半釉，釉色略发青灰。口径12.4、底径3.9、高4.3厘米（图4-4-3，4；图版三四，5、6）。

3）化妆白瓷碟

1件。

03KCW-L-T0101③：30，敞口，尖圆唇，弧壁，平底。通体素面，外壁有一周折棱。胎质细腻，胎色发灰。施一道极薄化妆土后施釉，内壁满釉，外壁施釉到折棱处。口径10、底径4.6、高1.4厘米（图4-4-3，5）。

（7）湖田窑青白瓷

共4件。胎釉质量较好，涵括斗笠碗、花口盘、花口杯等器类。

1）斗笠碗

1件。

03KCW-L-T0402②：1，敞口，尖圆唇，斜直壁，内平底，浅圈足。内壁口沿下满饰篦纹花，内底浅挖一圈，外壁腹、底交接处饰一圈凹弦。胎质略粗疏，色白且净。青白釉，内、外壁均满釉，外底足心无釉。口径19.1、底径6.1、高7.2厘米（图版三五，1、2）。

2）斗笠盏

1件。

03KCW-L-T0101③：19，敞口，尖圆唇，斜直壁，内平底，假圈足较小。胎质细密，色白且净。青白釉，内、外壁均满釉，外底足心无釉；釉面局部开片，口沿处泛酱褐色。口径13.8、底径3、高4.1厘米（图4-4-3，6）。

3）花口盘

1件。

03KCW-L-T0304②：3，花口外敞，尖圆唇，弧腹，平底内凹。六瓣葵口，内壁出细筋，腹、底交接处饰一圈凹弦纹；外壁沿葵口设凹弦纹。胎质细密，色白且净。青白釉，内、外壁均满釉，外底足心无釉。口径13、底径4.9、高2.7厘米（图4-4-3，7；图版三五，3、4）。

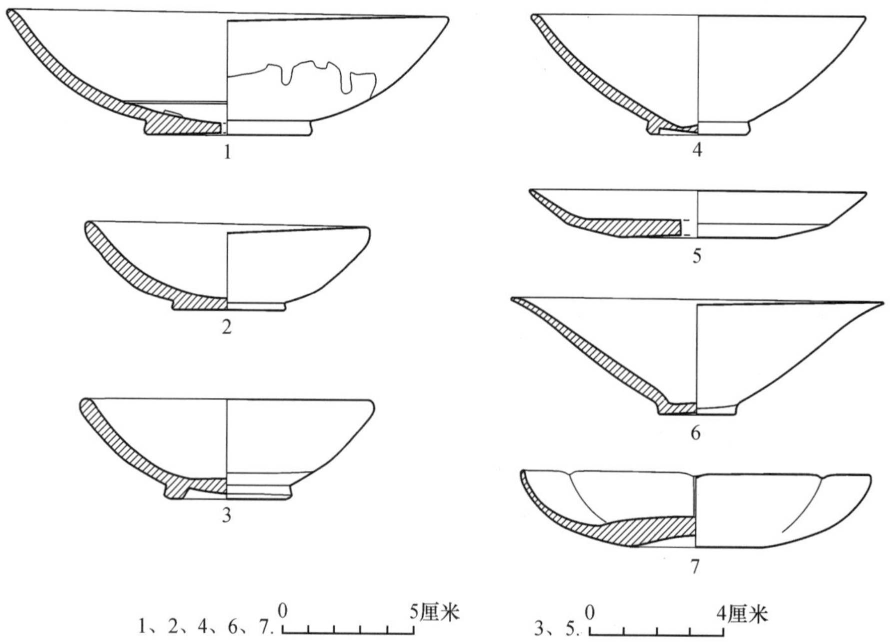

图4-4-3　2003年粮食局遗址出土涂山窑、湖田窑瓷器

1. 涂山窑碗（03KCW-L-T0202②：18）　2～4. 涂山窑盏（03KCW-L-T0202②：4、03KCW-L-T0202②：6、03KCW-L-T0101③：22）　5. 涂山窑碟（03KCW-L-T0101③：30）　6. 湖田窑盏（03KCW-L-T0101③：19）　7. 湖田窑盘（03KCW-L-T0304②：3）

4）花口杯

1件。

03KCW-L-T0202②：8，敞口，尖圆唇，沿微外翻，弧腹，高圈足。六瓣葵口，内壁出细筋；外壁沿葵口设凹弦。胎质细密，色白且净。青白釉，内、外壁均满釉，外底足心无釉。口径10.7、底径4.1、高6.3厘米（图4-4-4，1；图版三五，5、6）。

（8）川渝地区黄釉瓷器

数量不多，占比较少，类型涵括碗、盘、碟、罐等。均灰白胎，外施黄釉。胎体虽较细腻，但烧结程度都不是很高。

1）敞口碗

共2件。依据器型、底足做法等方面的不同，分二型。

A型　1件。

03KCW-L-T0101②：2，敞口，圆唇，斜弧腹，内平底，外圈足。器内腹壁隐约可见“跳刀式”菊瓣；外壁口沿下有一道不甚连续的凹弦纹，腹壁有明显的拉坯旋痕。灰白胎较细腻，火候不高。酱黄釉，色略深，内壁内底无釉，外壁半釉。口径16、底径10.6、高4.9厘米（图4-4-4，2；图版三六，1、2）。

B型　1件。

03KCW-L-T0101②：3，敞口，尖圆唇，弧腹，内圜底，外圈足。器内腹口沿下有一圈凹弦纹；外底中心有旋突。灰白胎，质地细腻，但火候不高。酱黄釉，内壁内底无釉，外壁半釉。口径16.6、底径8.4、高6厘米（图4-4-4，3；图版三六，3、4）。

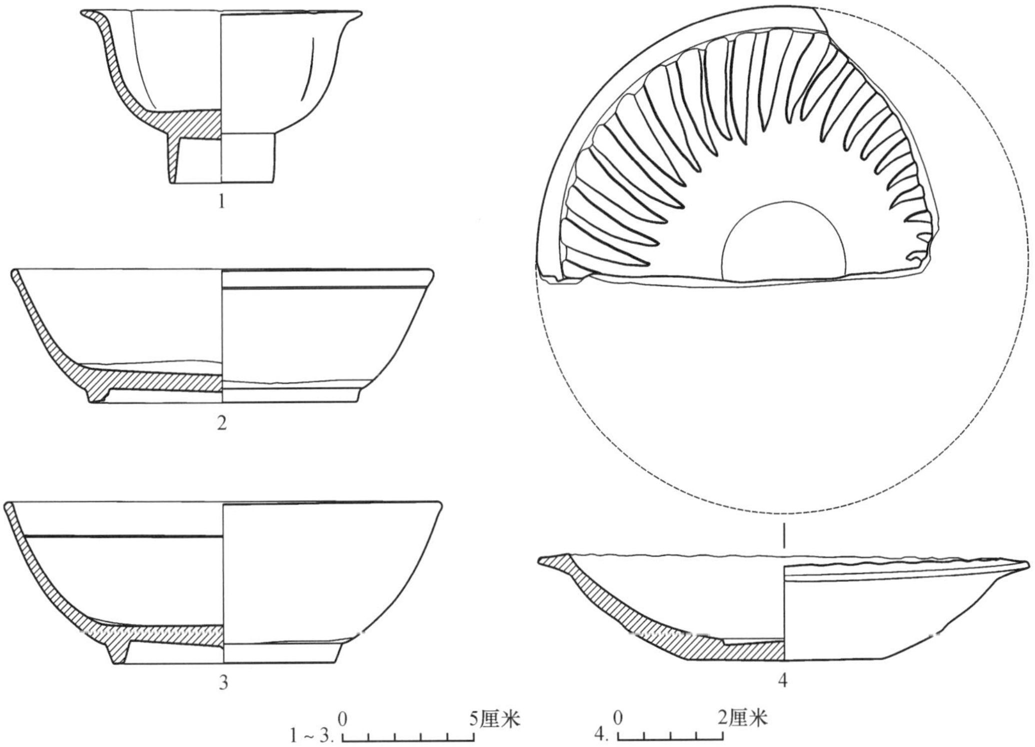

图4-4-4　2003年粮食局遗址出土湖田窑、川渝地区黄釉瓷器

1. 湖田窑杯（03KCW-L-T0202②：8）　2、3. 川渝地区黄釉碗（03KCW-L-T0101②：2、03KCW-L-T0101②：3）　4. 川渝地区黄釉碟（03KCW-L-T0101③：16）

2）敞口盘

1件。

03KCW-L-T0101②：7，由罐类器二次改制而成。敞口，圆唇，弧腹，平底，浅圈足。口沿打磨较为圆滑。灰白胎，质地细腻，火候不高，不甚坚硬。酱釉，略发黄，内壁满釉，外壁半釉，底足足心无釉。口径18.2、底径12.6、高5.4厘米（图版三六，5、6）。

3）敞口碟

共2件。依据器型、底足做法等方面的不同，分二型。

A型　1件。

03KCW-L-T0101③：16，敞口，窄平沿外斜，弧腹，平底。器内壁刻划粗犷的菊瓣，内底下挖一圈；外壁有明显拉坯旋痕。灰白胎，较细腻，但火候不高。酱黄釉，色略呈棕褐，内壁满釉，外壁半釉。口径9.4、底径3.7、高1.9厘米（图4-4-4，4；图版三七，1、2）。

B型　1件。

03KCW-L-T0202②：9，花口外敞，尖圆唇，弧腹，内圜底，饼足。器内腹近底有一圈凹弦纹；外壁有明显拉坯旋痕。灰白胎，较细腻，火候不高。酱黄釉，局部略发青，内壁满釉，外壁半釉。口径11、底径4、高3.4厘米（图4-4-5，1）。

4）单把罐

仅1件。

03KCW-L-T0202②：14，口略侈，尖圆唇，短直颈，溜肩，腹略鼓，平底微内凹。口部有压出的短流。单把。外壁颈、腹交接处有一道凸棱，腹部最大颈处有对接弦纹，近底部有明显拉坯弦纹。灰白细胎，烧结度不高。黄釉，积釉处发酱色；内壁口沿下无釉，外壁施釉近底。口径5.2、底径5.6、残高7.4厘米（图4-4-5，2；图版三七，3、4）。

（9）川渝地区酱（黑）釉瓷器

共5件。以酱（黑）釉器物为主，也包含窑变釉产品。

1）酱釉灯盏

1件。

03KCW-L-T0203②：3，口外敞，内弧腹，外上腹略直、下腹弧缓，内圜底，外平底。口沿内侧刮釉一周，外壁露胎处有明显制胎旋刮痕，底部有线切痕。紫金土胎，质较细腻，烧结度高。酱釉，釉层较薄，内壁满釉，外壁局部蘸釉。口径9.6、底径3.9、高2.8厘米（图4-4-5，3；图版三七，5、6）。

2）酱釉敛口盏

1件。

03KCW-L-T0203②：2，口微敛，圆唇，深弧腹，外腹近底内折，内底下凹略平，假圈足，足缘陡直。灰褐粗胎，颗粒感极明显。酱釉较厚，色呈深褐，光亮滋润；内壁满釉，外壁半釉，积釉处色黑发暗。口径11.1、底径3.8、高5.8厘米（图4-4-5，4；图版三八，1、2）。

3）黑釉敞口碗

共2件。依照形制的不同，可分为斗笠碗及浅腹碗。

斗笠碗　1件。

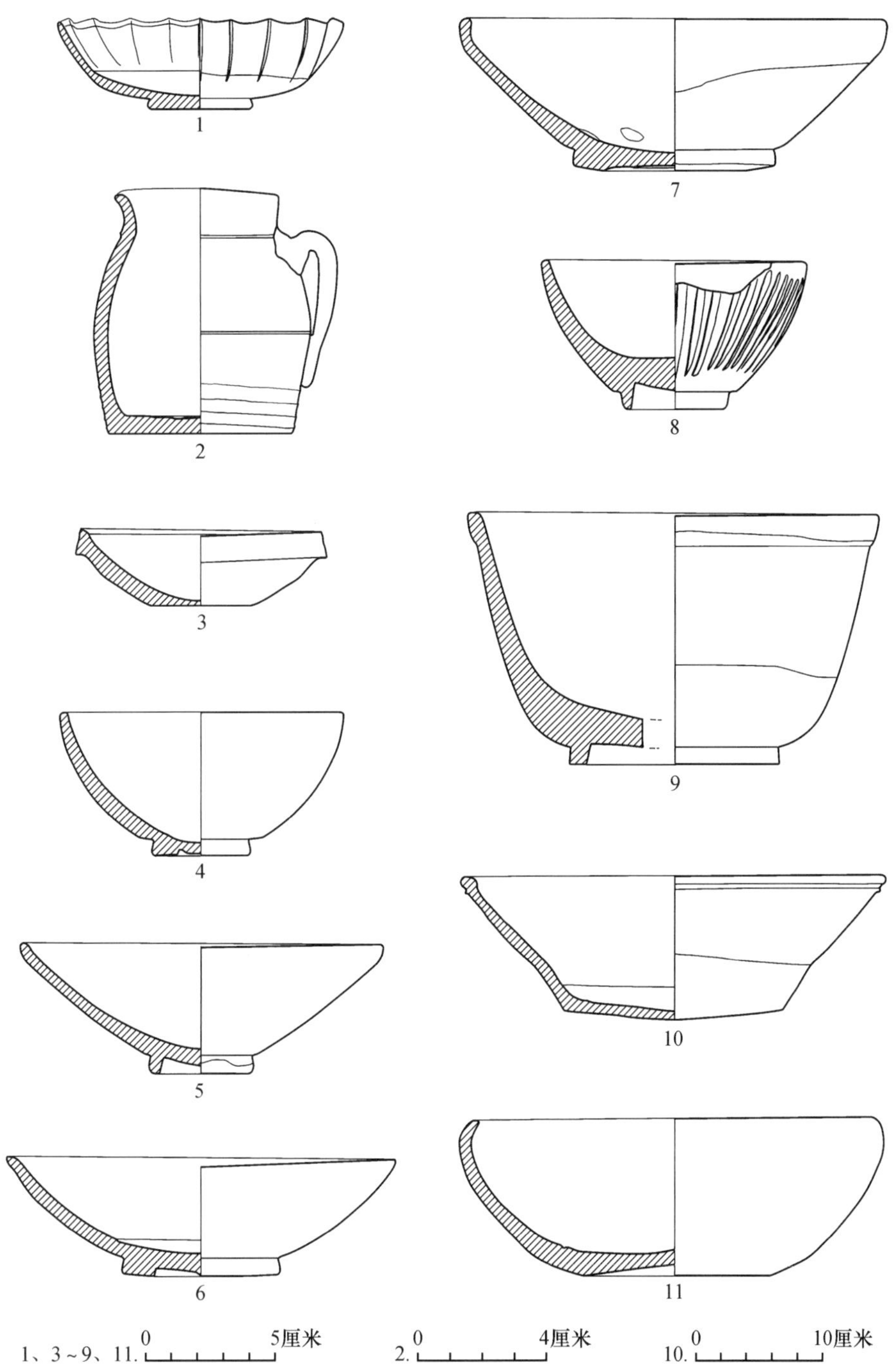

图4-4-5　2003年粮食局遗址出土川渝地区黄釉及酱（黑）釉瓷器、窑口不明瓷器、陶器

1. 川渝地区黄釉碟（03KCW-L-T0202②：9）　2. 川渝地区黄釉罐（03KCW-L-T0202②：14）　3、4. 川渝地区酱（黑）釉盏（03KCW-L-T0203②：3、03KCW-L-T0203②：2）　5～7. 川渝地区酱（黑）釉碗（03KCW-L-T0101②：4、03KCW-L-T0303②：5、03KCW-L-T0102②：4）　8. 窑口不明瓷盏（03KCW-L-T0102②：2）　9. 窑口不明瓷钵（03KCW-L-T0101②：6）　10. 陶盆（03KCW-L-T0304②：2）　11. 陶钵（03KCW-L-T0102②：1）

03KCW-L-T0101②：4，大敞口，圆唇，斜弧腹，内圜底，圈足，足墙内、外缘均斜削一周。外壁近底有明显修坯痕，外底中心有旋突。紫金土胎，较为细腻。黑釉，釉层油润；内壁满釉，外壁施釉近底。口径14、底径4、高4.8厘米（图4-4-5，5）。

浅腹碗　1件。

03KCW-L-T0303②：5，大敞口，尖圆唇，斜弧腹，内圜底，圈足，足墙内、外缘均斜削一周。内底浅挖一圈，外壁近底有明显削坯痕，外底中心有旋突。紫金土胎，较粗疏，烧结度高。黑釉，釉层油润，口沿处呈褐色；内壁满釉，外壁施釉及底，足底无釉。口径15、底径6.1、高4.3厘米（图4-4-5，6；图版三八，3、4）。

4）窑变釉敛口碗①

1件。

03KCW-L-T0102②：4，敛口，圆唇，斜直腹，玉环足。内壁素面，近内底残存4枚支烧痕（推测为6枚）；外壁有较明显的修胎弦纹；玉环足底心不经旋刮，有小平台。紫金土胎，质较细腻。窑变釉，色微发青赭，局部发蓝色，似兔毫；内壁满釉，外壁半釉，釉层厚润，局部有积釉、流釉现象。口径16.6、底径7.8、高5.8厘米（图4-4-5，7）。

（10）窑口不明瓷器

1）青釉盏

1件。

03KCW-L-T0102②：2，推测产自长江中下游。敞口，圆唇，斜弧腹，内圜底，外圈足，足外缘斜削一周。器外壁满刻粗犷的菊瓣纹，近底部黏附窑渣。细白胎，质地细腻、坚硬。青釉，滋润透亮，流动感强；内壁满釉，外壁施釉及底，底足足心无釉。口径9.9、底径3.7、高5.8厘米（图4-4-5，8；图版三八，5、6）。

2）青釉钵

1件。

03KCW-L-T0101②：6，推测产自峡江本土。假唇口外敞，圆方唇，斜直腹，内圜底，外圈足，足墙陡直。灰胎较粗，掺杂大量黑颗粒。青釉，滋润薄透；内壁满釉，外壁半釉，底足足心有釉。口径16、底径8.2、高9.5厘米（图4-4-5，9；图版三九，1、2）。

3）白瓷划花盘

1件。

03KCW-L-T0202②：3，窑口不明，可能与早期磁峰窑有关。敞口，宽沿略外斜，弧腹，圈足较高。器内壁满刻缠枝植物纹。细白胎，质地细腻、坚硬。白釉，略发黄，内壁满釉，外壁施釉及底，底足足心无釉。口径14.8、底径5.7、高5.1厘米（图4-4-6，1；图版三九，3、4）。

2. 陶器

（1）釉陶

共6件。多紫金土胎，施酱釉。以罐类为大宗，也有盆、钵等。

---

① 与本章03KCW-L-H5内03KCW-L-H5①：1、03KCW-L-H5③：48同型。

1）敞口盆

1件。

03KCW-L-T0304②：2，敞口，圆唇，深腹向下向内斜收，圜底略外凸。内壁素面，底部有叠烧粘连痕；外壁中部有一圈凹弦纹，下部也有叠烧粘连痕；外底有线切痕。紫金土胎，较细腻。酱釉，内、外壁上部近口沿处施一层极薄的釉，其余部分未施釉；流釉现象较为严重。口径33.2、底径16.8、高11厘米（图4-4-5，10；图版三九，5、6）。

2）擂钵

1件。

03KCW-L-T0102②：5，敛口，圆唇，弧腹，平底内凹。内底刻槽向心式分布，外壁下腹部有明显修抹痕。紫金土胎，质细腻，底部受热不均，呈砖红色。酱釉，色呈茶褐；内壁无釉，外壁半釉。口径15.4、底径8.7、残高6.9厘米（图版四〇，1、2）。

3）敛口钵

1件。

03KCW-L-T0102②：1，敛口，圆唇，弧腹，平底内凹。内底浅挖一圈，外壁下腹部有明显修抹痕。细灰胎，质地细腻，局部有气泡。酱釉，内壁满釉，外壁半釉。釉层大部分被水锈覆盖。口径15.6、底径7.3、高6厘米（图4-4-5，11；图版四〇，3、4）。

4）单把鼓腹罐

1件。

03KCW-L-T0201②：4，口微侈，尖圆唇，短直颈，溜肩，腹略鼓，底部残缺。口部有压出的短流。单把，已残。外壁下腹饰六道凹弦纹。黑褐粗胎，颗粒感较明显。墨绿釉，釉面多龟裂；内、外壁均半釉。口径8.2、残高12.6厘米（图版四〇，5、6）。

5）双耳鼓腹罐

1件。

03KCW-L-T0204②：1，敛口，平沿略外斜，溜肩，长鼓腹，平底微内凹。内壁有明显的修抹痕；外壁上腹置一对竖耳，有多道不甚连续的凹弦纹；外底底足有线切痕。紫金土胎，较细腻。薄釉，色呈茶绿；内壁无釉，外壁半釉。口径19.3、残高20.7厘米（图4-4-6，3；图版四一，1、2）。

6）双耳折肩罐

1件。

03KCW-L-T0202②：12，大敞口，圆唇，束颈，折肩微弧，下腹弧收，平底内凹。口沿内侧束颈处有窄胎，内壁有明显的修抹痕；外壁肩部划刻一道不连续的凹弦，置竖耳一对，耳外侧有纹饰。紫金土胎，较细腻。薄釉，色呈茶褐；内壁无釉，外壁半釉。口径14.8、底径13、残高29.5厘米（图4-4-6，4；图版四一，3、4）。

（2）红陶

仅1件。为红陶卧狮。

03KCW-L-T0304②：1，模制，中部范线修抹不甚干净。卧狮鬃毛凛冽，身形细瘦，可见肋骨。卧姿，张嘴吐舌，俯首于前爪上，长尾附于左后腿处。长约9.5、宽约5、高约2.5厘米

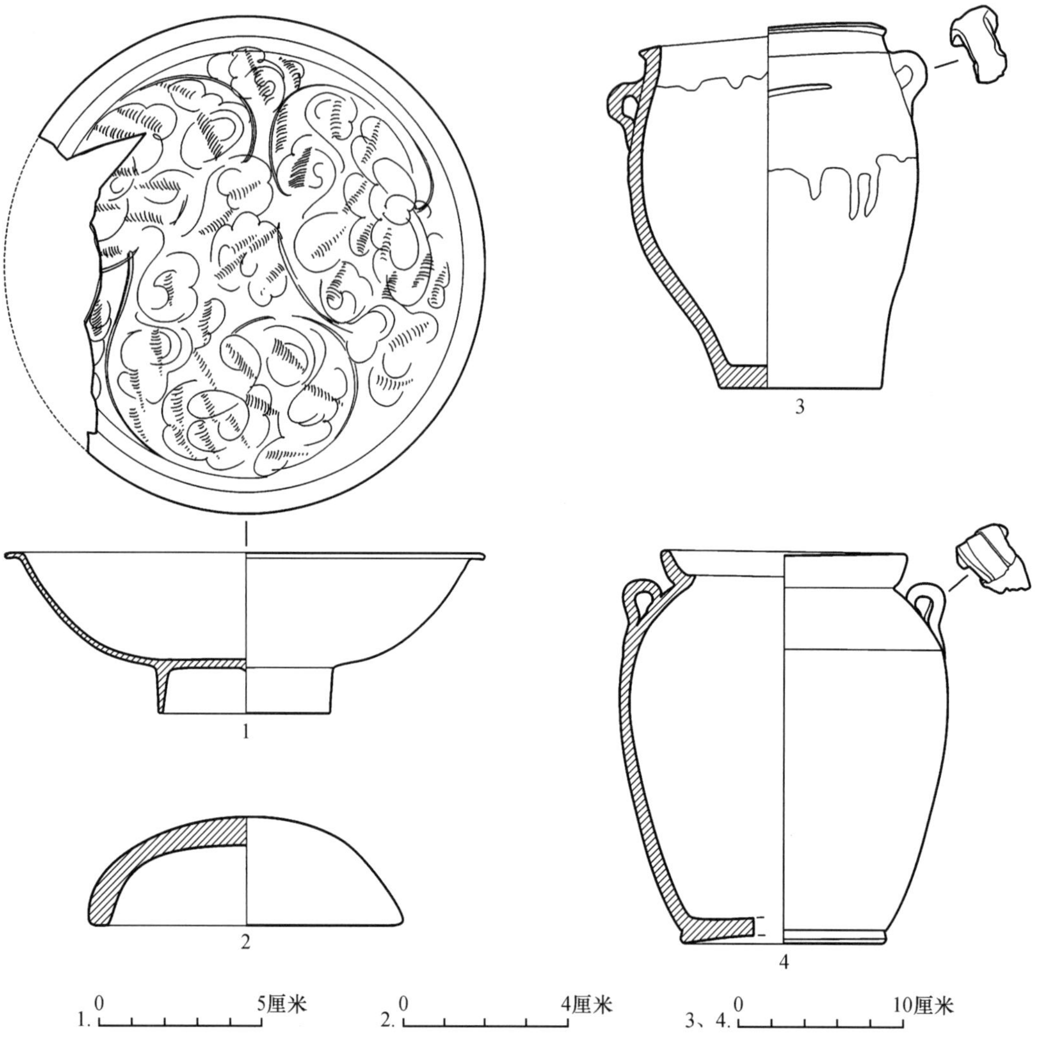

图4-4-6　2003年粮食局遗址出土窑口不明瓷器、陶器

1. 窑口不明瓷盘（03KCW-L-T0202②：3）　2. 陶器盖（03KCW-L-T0602③：3）　3、4. 陶罐（03KCW-L-T0204②：1、03KCW-L-T0202②：12）

（图4-4-7，1；图版四一，5、6）。

（3）灰陶

择要刊布3件。涵括折肩罐、器盖及汽锅等。

1）器盖

1件。

03KCW-L-T0602③：3，泥质灰陶。敞口，平唇，盖体外凸作半球状。内壁粗糙，外壁素面，经刮修打磨。口径7.7、高2.6厘米（图4-4-6，2）。

2）汽锅

1件。

03KCW-L-T0202②：10，泥质灰陶。敛口，圆唇，弧腹。器底中部置喇叭状气孔。气孔敞口，斜直壁，底部弧缓。内壁有明显拉坯痕；外壁磨光面多已脱落，有一刻划符号。口径19.4、高7.1厘米（图4-4-7，2；图版四二，1、2）。

3）折肩罐

1件。

03KCW-L-T0403②：3，泥质灰胎。敞口，圆唇，束颈，折肩，下腹弧收，平底。内壁有拉坯痕，内底拉坯旋痕经修抹；外壁磨光面脱落严重，肩部隐约可见斜粗网格纹，折棱上部有两道较宽的凹弦纹。口径11.1、腹最大径20.5、底径12.8、高11.9厘米（图4-4-7，3；图版四二，3、4）。

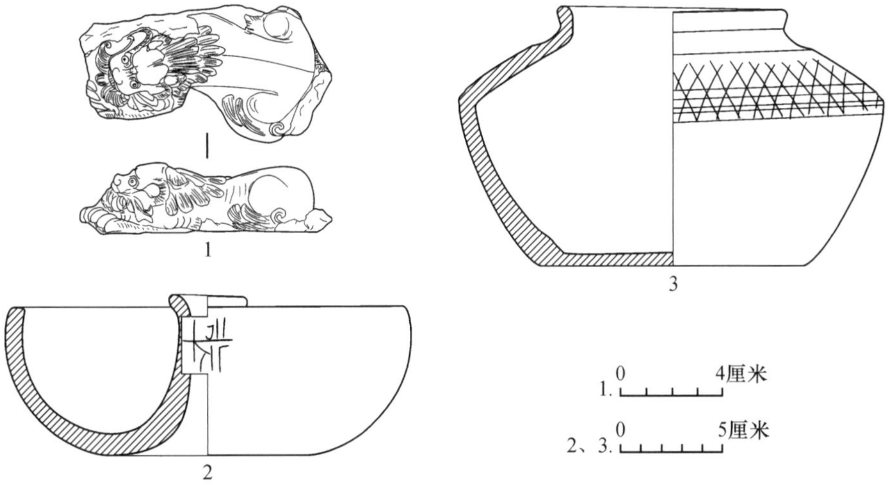

图4-4-7　2003年粮食局遗址出土陶器

1. 卧狮（03KCW-L-T0304②：1）　2. 汽锅（03KCW-L-T0202②：10）　3. 罐（03KCW-L-T0403②：3）

3. 骨器

出土数量较少，类型较单一，仅见骨锥及角料。

（1）骨锥

1件。

03KCW-L-T0205②：4，长骨质。尖部保存较好，尾部残缺。器表打磨较为圆润。残长3.7、最大径0.8厘米（图4-4-8，1）。

（2）角料

03KCW-L-T0104②：7，鹿角质。底部及顶部有锯痕，暴露其内骨松质。底部锯痕较为平整。残高8.3、最大径7.5厘米（图版四二，5）。

4. 铜器

出土数量较少，多为铜镞。另见有铜环、铜泡及铜钱等相关遗物。

（1）铜镞

数量较多，发掘区各探方内多零星出土。择要刊布3件。

03KCW-L-T0104③：7，三棱镞。镞体保存完好，截面呈三角形。镞铤较长，尾部断裂。铤部有捆束痕。镞体长2.5、宽1.2、铤长5.3厘米（图4-4-8，3；图版四三，1）。

03KCW-L-T0203③：2，三棱镞。镞体保存完好，棱面略呈菱形，锈蚀较严重。镞铤较长。镞体长3.4、宽1.1、铤长3.8厘米（图4-4-8，4；图版四三，2）。

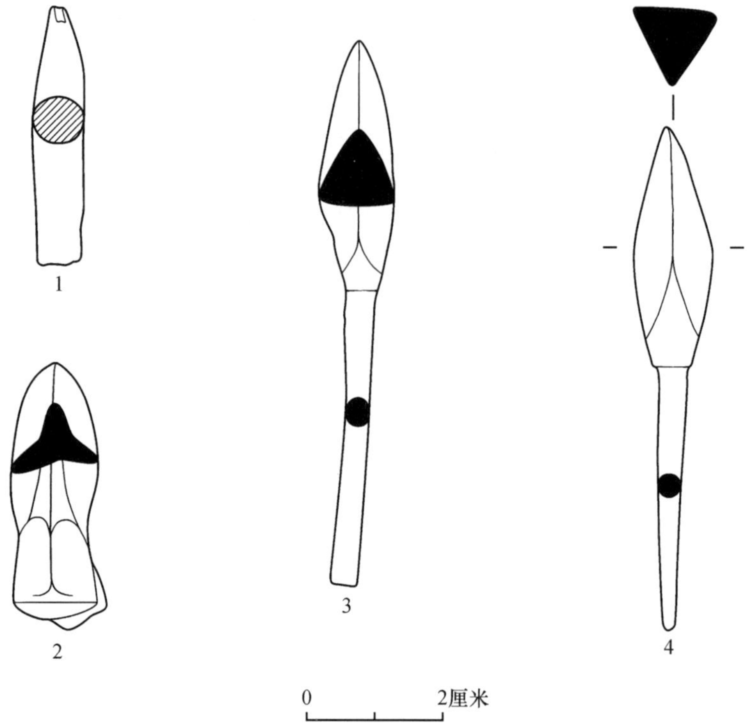

图4-4-8　2003年粮食局遗址出土骨器、铜器

1. 骨锥（03KCW-L-T0205②：4）　2～4. 铜镞（2003KCW-L-T0302③：2、03KCW-L-T0104③：7、03KCW-L-T0203③：2）

03KCW-L-T0302③：2，三棱镞。镞体保存较差，棱缘出脊。镞身锈蚀较严重，铤部无存。镞体长3.8、宽1.3厘米（图4-4-8，2；图版四三，3）。

（2）铜环

1件。

03KCW-L-T0402②：2，整体素面，环体较细，锈蚀较严重。外径6.4、内径6.1、环径0.3厘米（图4-4-9，1；图版四三，4）。

（3）铜泡

1件。

03KCW-L-T0205②：1，半球形泡体，有两个矩形小突。小突中部有孔。整体锈蚀极为严重。泡径6.6、高4.1厘米（图4-4-9，2；图版四三，5）。

（4）铜钱

锈蚀严重，字迹漫漶不清。保存较好的仅2件。半两、天禧通宝各1件。

半两　1件。

03KCW-L-T0302③：5，圆形方孔，正面隶书“半两”二字，背面光素。钱文对读。锈蚀较为严重。直径2.4、厚0.2厘米（图版四四，1、2）。

天禧通宝　1件。

03KCW-L-T0203③：1，圆形方孔，正面真书“天禧通宝”四字，背面光素。钱文旋读。锈蚀较为严重。直径2.6、厚0.2厘米（图版四四，3、4）。

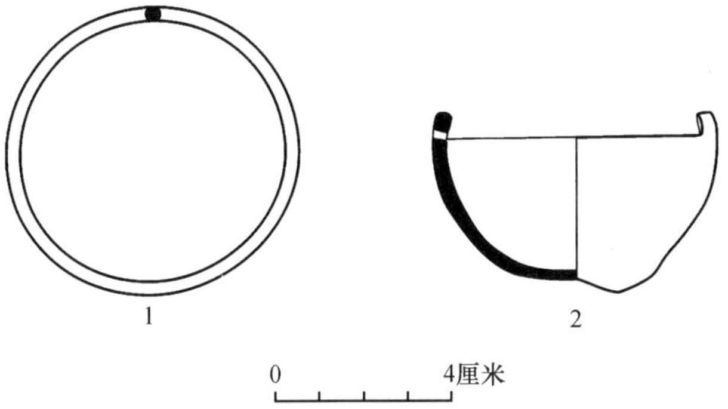

图4-4-9　2003年粮食局遗址出土铜器

1. 环（03KCW-L-T0402②：2）　2. 铜泡（03KCW-L-T0205②：1）

5. 石器

出土数量较多。以石斧为大宗，也有锛、凿、矛。

（1）斧

共6件。形制略有差异，发表3件。

03KCW-L-T0104③：1，磨制。砾石质。整体略呈铲形。顶面微上凸，有破疤；底为刃面。双面刃，一面保存较好，一面多缺疤。正、反面均向外凸起，为打磨面。侧缘面呈柳叶形。长12.9、刃宽7.1、厚3.2厘米（图4-4-10，1；图版四五，1、2）。

03KCW-L-T0104③：3，磨制。砾石质。整体略呈长铲形。顶面微凸，顶部磨平；底为刃面。双面刃，圆弧外凸。正面向外凸起，反面较平，为打磨面。侧缘面呈柳叶形，局部有较多破疤。长9.3、刃宽4.5、厚1.2厘米（图4-4-10，5；图版四五，3、4）。

03KCW-L-T0104③：6，磨制。砾石质。整体略呈长铲形。顶面微凸，顶略平，有破疤；底为刃面。双面刃，圆弧外凸。正面向外凸起，反面较平，打磨不甚彻底。侧缘面呈柳叶形。长15.6、刃宽7.5、厚2.8厘米（图4-4-10，2；图版四五，5、6）。

（2）锛

1件。

03KCW-L-T0104③：5，磨制。砾石质。平面近梯形。刃部完整，顶部有缺疤。双面刃。残长6.2、刃宽4.3、厚1.2厘米（图4-4-10，3；图版四六，1、2）。

（3）凿

1件。

03KCW-L-T0104③：4，磨制。沉积岩质。圭形。顶部完整，底部残缺。两侧磨刃对称，顶部为窄刃。残长10.3、宽3.6、厚1.1～1.5厘米（图4-4-10，6；图版四六，3、4）。

（4）矛

1件。

03KCW-L-T0403②：1，主体磨制，局部保留原始石面。沉积岩质。残存部分近柳叶形。顶部较完整，底部残缺。两侧磨刃对称，顶部形成矛尖。残长8.1、宽4.1、厚1.5厘米（图4-4-10，4；图版四六，5、6）。

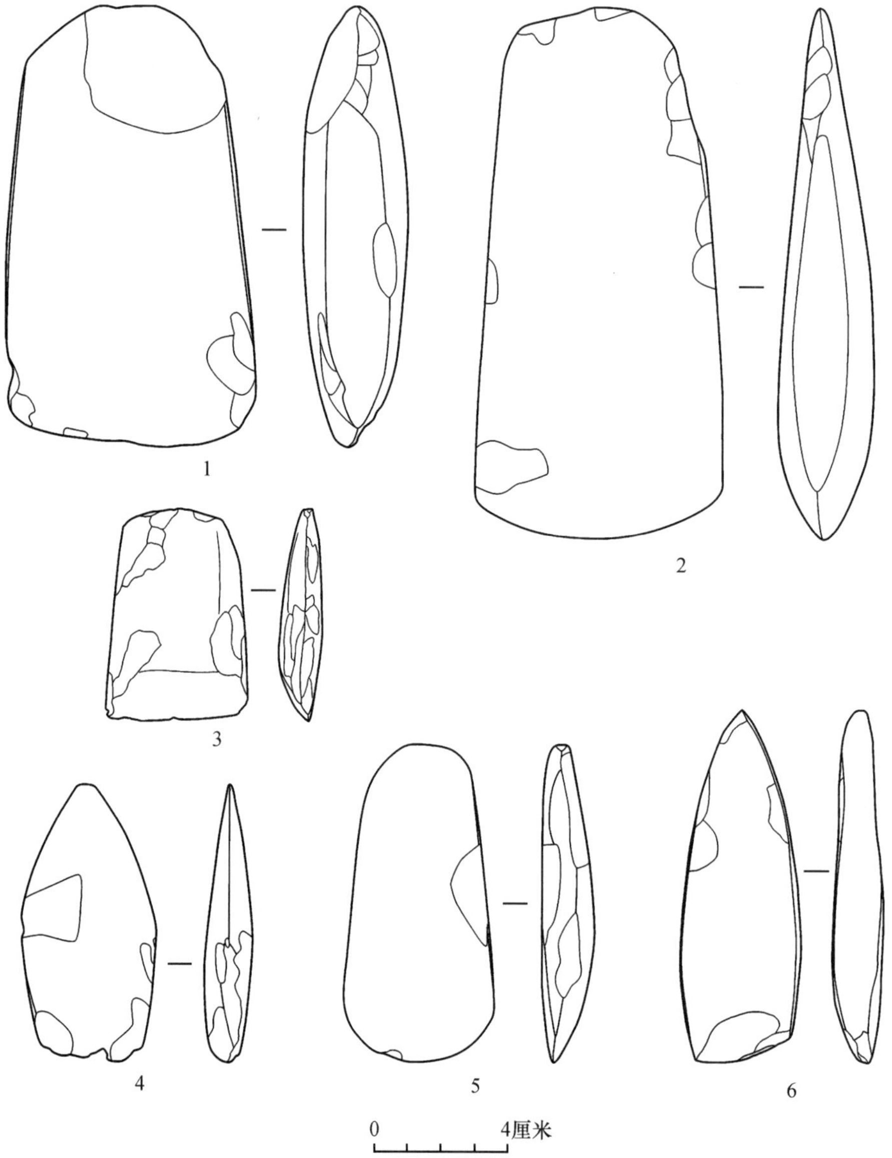

图4-4-10　2003年粮食局遗址出土石器

1、2、5. 斧（03KCW-L-T0104③：1、03KCW-L-T0104③：6、03KCW-L-T0104③：3）　3. 石锛（03KCW-L-T0104③：5）
4. 矛（03KCW-L-T0403②：1）　6. 凿（03KCW-L-T0104③：4）

（二）建筑构件

出土数量较少，主要为瓦件残块，也有石制品。

1. 瓦件

多为瓦块，类型单一，残损均较严重。

滴水

1件。

03KCW-L-T0201②：01，花卉纹滴水，较完整。泥质灰陶。滴水端面呈三角形，波浪状侧缘，垂尖底。主题纹样为一绽放花朵，两侧繁枝伸展。滴水端面与对接的板瓦瓦身呈直角对接，板瓦侧缘存有内切痕迹，半切。滴水端面长20.1、宽10.1厘米（图4-4-11，2；图版四七，1、2）。

2. 石构件

出土数量较少，发表1件。

砚台状构件

03KCW-L-T0203②：06，沉积岩质。方形，整体近双联式砚台状。正面打磨出两路长弧花瓣形纹样，一路被染作红色。纹样四周有条形界隔，尖部凿有凹槽。瓣尖高于瓣芯，有斜度。其余五面未经打磨，均有原始凿痕。总体长30.1、宽27.6、凹槽深2.9、厚8.2厘米（图4-4-11，1；图版四七，3）。

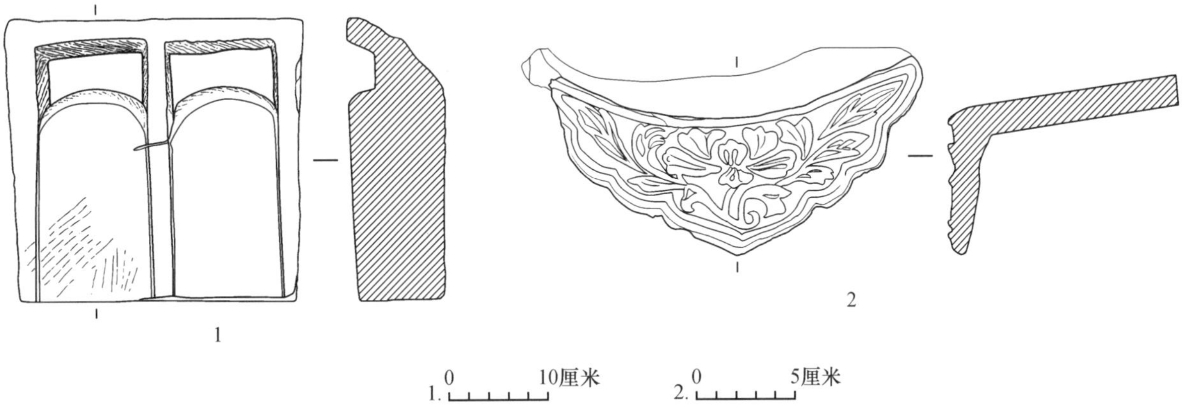

图4-4-11　2003年粮食局遗址出土建筑构件

1. 石构件（03KCW-L-T0203②：06）　2. 滴水（03KCW-L-T0201②：01）

二、窑　　址

共2处。仅03KCW-L-Y2填土内出土少量遗物。依单位择要介绍如下。

03KCW-L-Y2

1. 石器

共3件。均为沉积岩质。

三分式复合石范

03KCW-L-Y2：1，三棱镞范块。青灰色沉积岩质，外形近三分之一柱体。上顶近菱形，下底为弧形。石范外壁不经打磨，有明显凿痕；外壁中部有束状槽。合范面打磨细致，光滑平整，其中一侧有两个固范孔。浇铸口位于侧缘，与铸腔内的镞铤相接，残留铸铁块。范长13.2、范径1.9、三棱镞主体长3.6、铤长7.9厘米（图4-4-12，1；图版四八，1、2）。

03KCW-L-Y2：2，三棱镞范块。青灰色沉积岩质，外形近三分之一圆柱体。石范外壁不经打磨，有明显凿痕；外壁中部有束状槽，局部黏附铁渣。合范面打磨细致，光滑平整，其中一侧上、下部各有两个固范孔。范体上底略小于下底，上底较残，中部疑有浇铸口。铸腔残损极为严重。范长12.8、范径1.9厘米（图4-4-12，2；图版四八，3、4）。

03KCW-L-Y2：3，复合范残块。青灰色沉积岩质，外形近三分之一圆柱体。石范外弧壁未经打磨，凿痕明显。合范面打磨细致，光滑平整。中部断裂，底面平滑。残长7.4、范径1.7厘米（图版四八，5、6）。

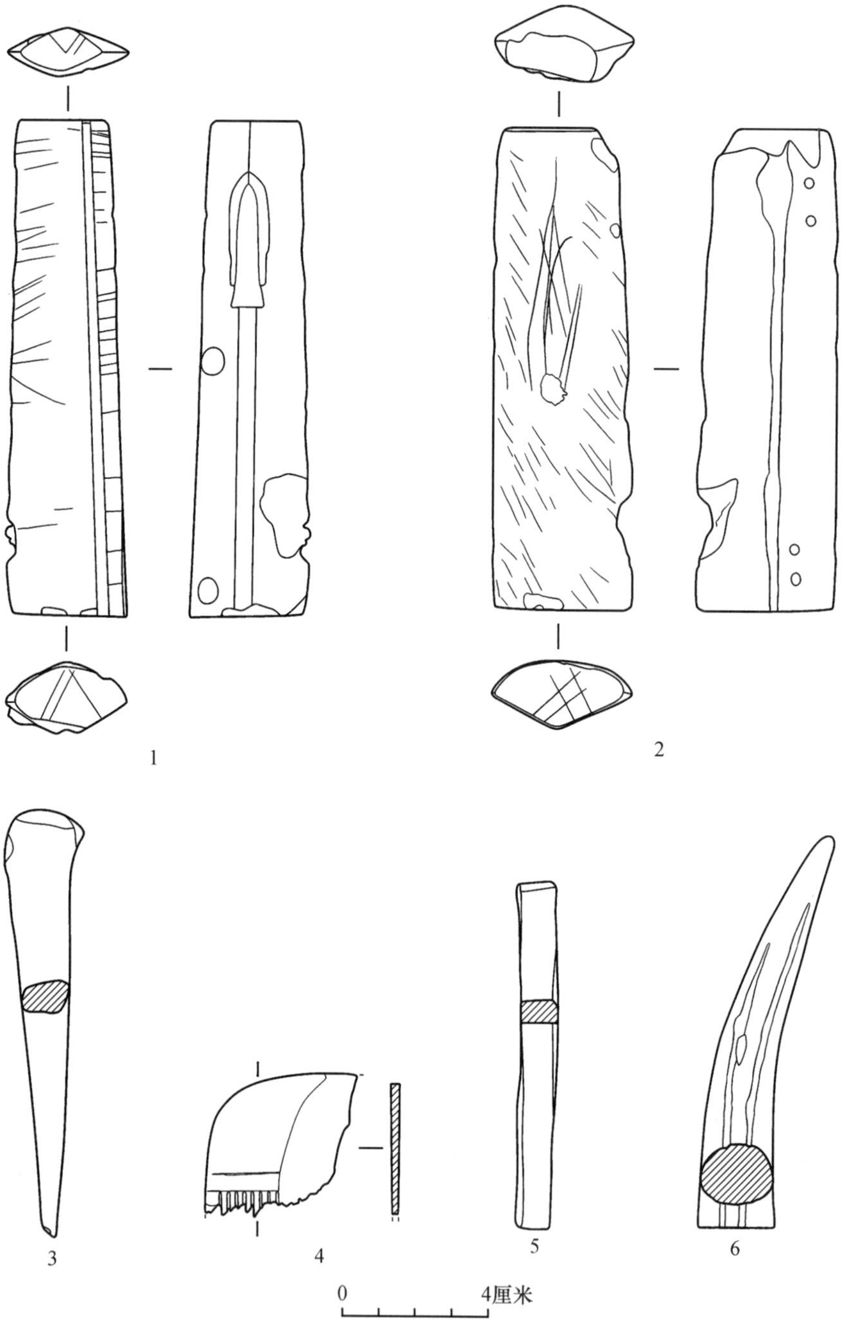

图4-4-12　2003年粮食局遗址Y2出土器物

1、2. 石范（03KCW-L-Y2：1、03KCW-L-Y2：2）　3. 骨锥（03KCW-L-Y2：11）　4. 骨梳（03KCW-L-Y2：29）　5. 角料（03KCW-L-Y2：7）　6. 角锥（03KCW-L-Y2：4）

2. 骨器

包含角器。出土数量较多，类型较丰富，可初步分为骨锥、骨梳、角料、角锥等。择要介绍6件。

（1）锥

计1件。

03KCW-L-Y2：11，长骨质，已残。尖部断裂，底部保留原始骨骺。器表局部修锉，较为圆润。残长11.4、最大径2.3厘米（图4-4-12，3；图版四九，1）。

（2）梳

仅1件。

03KCW-L-Y2：29，骨质，已残。背部高且宽，为圆拱形。梳背正面近梳齿处划刻两条平行凹弦纹。梳齿雕刻细密，下部残。梳体残长4.2、残宽3.8、厚0.4～0.5厘米（图4-4-12，4；图版四九，2）。

（3）角料

共2件。

03KCW-L-Y2：9，鹿角质。底部及顶部有锯痕，侧面有砍削痕，暴露其内骨松质。残存一处完整侧角。残高13.3、最大径2.2厘米（图版四九，3）。

03KCW-L-Y2：7，鹿角质。凹面为原始面，凸面残存骨松质。顶部、底部及两侧有锯痕。长9.2、宽1.1厘米（图4-4-12，5；图版五〇，1）。

（4）角锥

共2件。

03KCW-L-Y2：4，鹿角质。保存完整。底部有切割痕，暴露骨松质。上部经打磨，圆润光滑。角锥上部受沁显锈绿色。残高10.4、最大径2.1厘米（图4-4-12，6；图版五〇，2）。

03KCW-L-Y2：12，鹿角质。下部断裂，暴露骨松质。上部经打磨，圆润光滑。残高9、最大径1.5厘米（图版五〇，3）。

三、灰　坑

2003年，巫山古城粮食局（粮站）遗址共计发掘灰坑27例，出土不少较为重要的器物。现按发掘单位，择要介绍如下。

（一）03KCW-L-H2

出土品均为铜器。

铜器

共3件，为铜镞、铜矛。

（1）铜镞

2件。

03KCW-L-H2：1-1、03KCW-L-H2：1-2，三棱镞，锈蚀较为严重。形制大小相近。三面锥体，剖面呈三角形。三棱前聚成锋。铤部残缺。残长3.2、宽1.1厘米（图4-4-13，1、2；图版五一，1）。

（2）铜矛

1件。

03KCW-L-H2：2，矛头局部残缺，锈蚀较为严重。窄长柳叶形体，矛锋尖锐，脊部明显凸起，两侧有窄刃，设血槽。残长12.4、厚1.7厘米（图4-4-13，3；图版五一，2）。

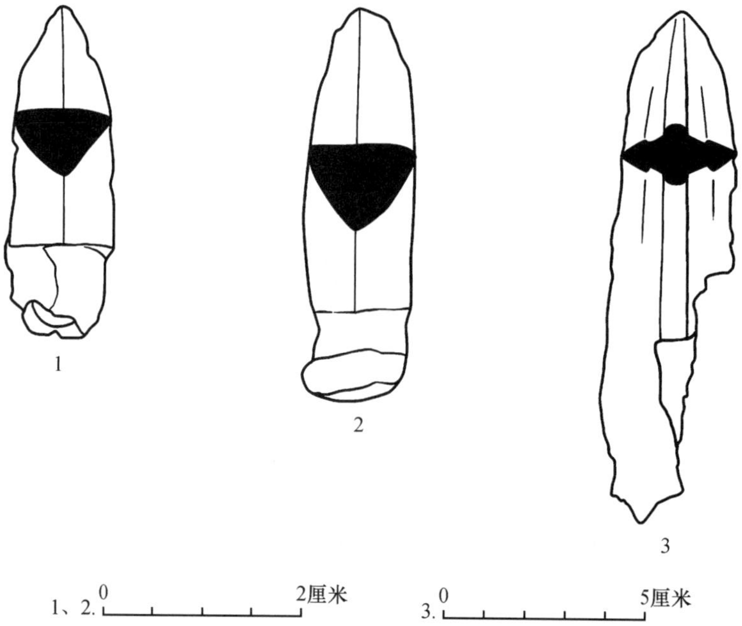

图4-4-13　2003年粮食局遗址03KCW-L-H2出土铜器

1、2. 镞（03KCW-L-H2：1-1、03KCW-L-H2：1-2）　3. 矛（03KCW-L-H2：2）

（二）03KCW-L-H5

03KCW-L-H5是2003年粮食局（粮站）遗址出土器物数量最多也是最为集中的一个单位。依据层位关系，可分为3层。大量瓷器集中出土于第3层。

1. 瓷器

器类极为丰富，有碗、盏、盏托、盘、高足杯等，以碗为大宗，分敞口、侈口、敛口等。多青瓷及酱（黑）釉器，次为青白瓷及白瓷器。青釉器以龙泉窑产品占绝对主导；酱（黑）釉瓷器的胎质多较粗疏，是川渝本地窑口的产品。

（1）越窑青瓷

仅1件。为青釉碗，是孙吴—西晋时期较典型的早期越窑产品。

弦纹碗　1件。

03KCW-L-H5③：9，敞口，圆唇，上腹略直，下腹弧收，平底。内壁黏附窑渣，腹、底交接处刮饰两圈，形成一道凸弦；外壁口沿下侧刮饰两道凹弦纹，下腹部有较明显的修坯痕。细灰胎，质地细腻，致密坚硬。内壁满施青釉，滋润、透亮；外壁半釉，露胎处作火石红。口径10.6、底径5.2、高3.2厘米（图4-4-14，1；图版五一，3、4）。

（2）龙泉窑青瓷

出土数量较多，类型较为丰富。以碗为大宗，依据装饰、烧制技术等方面的不同，可初步分为素面碗、弦纹碗、印花碗、涩圈碗四类。此外，还有盏、托、盘。

素面碗　共2件。依据内底做法的不同，分二型。

A型　1件。

03KCW-L-H5③：90，敞口，圆唇，弧壁，内平底，外圈足，足墙陡直。外底心有旋突。灰胎微粗，质地坚硬，含少量石英砂。青釉滋润光洁，内壁满釉，外壁施釉及底，外底无釉；底作火石红色。口径17.5、底径6.4、高7.2厘米（图4-4-14，2；图版五一，5、6）。

B型　1件。

03KCW-L-H5③：87，假唇口外敞，圆唇，弧壁，内平底，外圈足，足墙陡直，墙外缘斜削一周。内壁腹、底交接处设一周圆棱，外壁口沿下侧旋刮一圈凹弦纹，下腹部有较明显的修坯旋痕；外底心有旋突。灰胎较细腻，致密坚硬。青釉滋润光洁，内壁满釉，外壁施釉及底，足底不施釉，色呈砖红。口径18、底径6.2、高7.9厘米（图4-4-14，3；图版五二，1、2）。

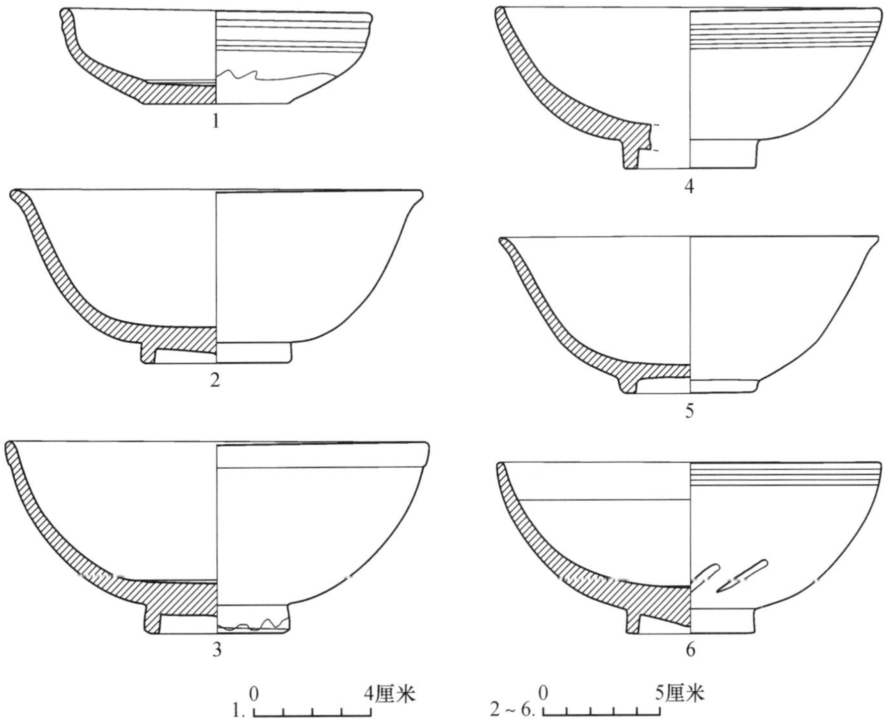

图4-4-14　2003年粮食局遗址H5出土越窑、龙泉窑瓷器

1. 越窑碗（03KCW-L-H5③：9）　2～6. 龙泉窑碗（03KCW-L-H5③：90、03KCW-L-H5③：87、03KCW-L-H5②：4、03KCW-L-H5③：30、03KCW-L-H5③：53）

弦纹碗　共9件。依据内底凹弦的直径及外壁弦纹做法的不同，分四型。

A型　仅1件。

03KCW-L-H5②：4，敞口，圆唇，弧壁，圜底，小圈足，足墙陡直。内壁口沿下侧划刻一周凹弦纹，外壁口沿下侧旋刮三圈凹弦纹，下腹部有较明显的修坯痕。灰胎较细腻，致密坚硬。内、外壁满施青釉，滋润光亮，足外底不施釉。口径16.6、底径5.6、高6.6厘米（图4-4-14，4；图版五二，3）。

B型　共1件。

03KCW-L-H5③：30，敞口，圆唇略外卷，弧腹，平底，圈足，足墙陡直，外缘斜削一周。内壁腹、底交接处划刻一圈凹弦纹，外壁近圈足处有数道同心圆。灰胎较细腻，致密坚硬。青黄釉，内壁满釉，外壁施釉及底，圈足无釉；釉面局部有针孔。口径16.3、底径5.9、高6.5厘米（图4-4-14，5；图版五二，4）。

C型　共3件。发表2件。

03KCW-L-H5③：53，侈口，圆唇，弧壁，圜底，小圈足，足墙陡直。内壁口沿下侧划刻一周断断续续的凹弦纹，内底也划刻一周凹弦纹；外壁口沿下侧旋刮四圈凹弦纹，下腹部有三道削痕。灰胎较细腻，致密坚硬。内、外壁满施青釉，滋润光亮；足外底不施釉，有旋突。口径16.5、底径5.6、高7.1厘米（图4-4-14，6；图版五二，5、6）。

03KCW-L-H5③：101，侈口，圆唇，弧壁，圜底，小圈足，足墙陡直。内底划刻一周凹弦纹，外壁口沿下侧旋刮三圈凹弦纹。灰胎较细腻，致密坚硬。内、外壁满施青釉，滋润光亮；足外底不施釉，足心有旋突。口径16.2、底径5.3、高6.2～6.7厘米（图4-4-15，1；图版五三，1、2）。

D型　共4件。发表1件。

03KCW-L-H5③：8，敞口，圆唇，弧壁，圜底，小圈足，足墙陡直。内壁口沿下侧划刻一周凹弦纹，内底划刻一周凹弦纹，外壁口沿下侧旋刮三圈凹弦纹。灰胎较细腻，致密坚硬。内、外壁满施青釉，滋润光亮；足外底不施釉，足心有旋突。口径17、底径5.4、高6.6～7.2厘米（图4-4-15，2；图版五三，3、4）。

印花碗　共9件。依据印花纹饰的不同，分为双鱼纹碗、鹿纹碗、菊纹碗、缠枝纹碗四类。

双鱼纹碗　共3件。发表1件。

03KCW-L-H5③：66，口微敞，圆唇，弧壁，内平底，外圈足，足墙陡直，外缘斜削一周。内壁腹、底交接处设一周圆棱，棱内模印两条对向太极式双鱼；外壁近底部有两圈凹弦纹；外底心有旋突。灰胎略粗，致密坚硬。青釉滋润光洁，内壁满釉，外壁施釉及底，外底无釉；底部釉面阴黄。口径19、底径6.6、高7.7厘米（图4-4-16，1；图版五三，5、6）。

鹿纹碗　仅1件。

03KCW-L-H5③：92，敞口，圆方唇，弧壁，内圜底，外圈足，足墙陡直，外缘斜削一周。内壁腹、底交接处划刻一周凹弦，凹弦纹内模印鹿纹，鹿首漫漶不清；外壁近底部有旋削痕；外底心有旋突。灰胎粗硬，断面有较多孔隙，含石英砂。青釉滋润光洁，内壁满釉，外壁施釉及底，外底无釉；底作火石红色。口径18、底径6.3、高6.9厘米（图4-4-16，2；图版

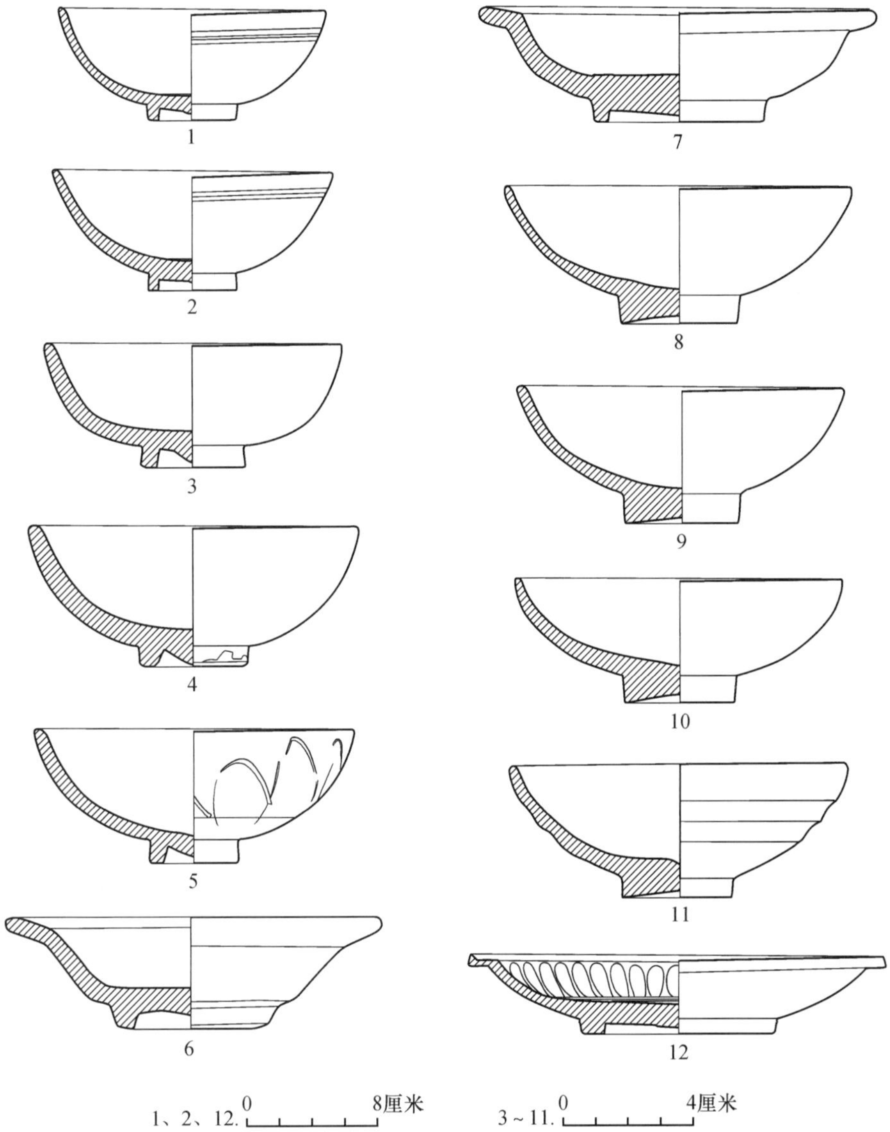

图4-4-15　2003年粮食局遗址H5出土龙泉窑、涂山窑、湖田窑瓷器

1、2. 龙泉窑碗（03KCW-L-H5③：101、03KCW-L-H5③：8）　3～5. 龙泉窑盏（03KCW-L-H5③：95、03KCW-L-H5③：88、03KCW-L-H5③：33）　6、7. 龙泉窑盏托（03KCW-L-H5③：40、2003KCW-L-H5③：83）　8～10. 涂山窑盏（03KCW-L-H5③：89、03KCW-L-H5③：100、03KCW-L-H5③：86）　11. 湖田窑盏（03KCW-L-H5③：77）　12. 龙泉窑盘（03KCW-L-H5③：15）

五四，1、2）。

菊纹碗　仅1件。

03KCW-L-H5③：85，敞口，尖圆唇，弧壁，内平底，外圈足，足墙陡直，外缘斜削一周。内壁腹、底交接处划刻一周凹弦，凹弦纹内模印菊纹；外壁口沿下饰五道凹弦纹，近底部有旋削痕；外底心有旋突。灰胎较细，致密坚硬。青釉滋润光洁，内壁满釉，外壁施釉及底，外底无釉；底作火石红色。口径19、底7.2、高7.6厘米（图4-4-16，4；图版五四，3、4）。

缠枝纹碗　共4件。均为敞口碗，发表1件。

03KCW-L-H5③：26，敞口，圆唇，弧壁，内平底，外圈足，足墙陡直，外缘斜削一周。内壁腹、底交接处划刻一周凹弦纹，凹弦纹内模印缠枝花；外壁近底部有拉坯旋痕；外底心有旋突。细灰胎，致密坚硬。青釉滋润光洁，内壁满釉，外壁施釉及底，外底无釉；底作火石红色。口径16、底径6.2、高约6.7厘米（图4-4-16，3；图版五四，5、6）。

涩圈碗　共2件。均侈口，按照模印纹样的不同，分二型。

A型　1件。

03KCW-L-H5③：18，侈口，尖唇，弧壁，内平底，圈足，足墙陡直。内壁剔刻缠枝花，粗野狂放，内底置宽大涩圈，底心黏附垫砂；外壁口沿下划刻两周凹弦纹；外底中部有内凹小台。胎色发灰，胎质较粗，有明显黑颗粒。青釉，内部除涩圈外满釉，外壁施釉近底，底足无釉。口径18.8、底径8.6、高6.9～7.2厘米（图4-4-16，5；图版五五，1、2）。

B型　1件。

03KCW-L-H5③：72，侈口，尖圆唇，弧壁，内圜底，圈足，足墙陡直，侧缘局部经过旋削。内壁模印缠枝花，粗野狂放，内底置宽大的涩圈，底心黏附有垫砂；外壁剔刻粗犷的菊瓣；外底中部有内凹小台。胎色发灰，胎质较粗，有明显黑颗粒。青釉，内部除涩圈外满釉，外壁施釉近底，底足无釉。口径18.8、底径9.1、高7.2厘米（图4-4-16，6；图版五五，3、4）。

素面盏　共4件。依据器腹深度的不同，分二型。

A型　2件。发表1件。

03KCW-L-H5③：95，敞口，圆唇，弧壁，内圜底，小圈足，足墙陡直，侧缘局部经过旋削。整器素面，外底中部有旋突。胎色发灰，胎质细腻，致密坚硬。青釉，内满釉，外壁施釉近底，底足无釉，胎釉交接处局部作火石红。口径9、底径3.2、高3.7厘米（图4-4-15，3；图版五五，5、6）。

B型　2件。发表1件。

03KCW-L-H5③：88，侈口，圆唇，弧壁，内圜底，小圈足，足墙陡直，侧缘斜削一周。整器素面，外底中部有旋突。胎色白，胎质细腻，致密坚硬。粉青釉，内满釉，外壁施釉近底，底足无釉；釉面局部有开片。口径10、底径3.3、高4.2厘米（图4-4-15，4；图版五六，1、2）。

莲瓣纹盏　仅1件。

03KCW-L-H5③：33，侈口，圆唇微方，弧壁，内圜底，小圈足，足墙陡直。内壁素面，外壁中下部先划刻一周定位弦纹，再饰粗犷的窄瓣莲；外底中部有旋突。胎色灰白，胎质细腻，致密坚硬。青釉，内满釉，外壁施釉及底，底足无釉，胎釉交接处局部作火石红。口径9.7、底径2.7、高4厘米（图4-4-15，5；图版五六，3、4）。

盏托　共2件。

03KCW-L-H5③：40，敞口，平沿较宽，弧腹，圈足。细灰胎，质地细腻。青黄釉，滋润透亮；器内底无釉，外壁施釉近底，底足无釉；釉面大部分有开片。口径11.4、底径4.6、高3.3厘米（图4-4-15，6；图版五六，5、6）。

03KCW-L-H5③：83，敞口，圆唇，宽平沿微内斜，内弧壁，外折腹，内平底，圈足，足墙陡直。内壁腹、底交接处划刻一周凹弦纹，外壁下腹部有较明显的削痕，底足中心有旋刮痕。细灰胎，质细腻，致密坚硬。青釉，内底无釉，外壁施釉及底，底足无釉，胎釉交接处作火石红。口径12.1、底径5.2、高3.3厘米（图4-4-15，7；图版五七，1、2）。

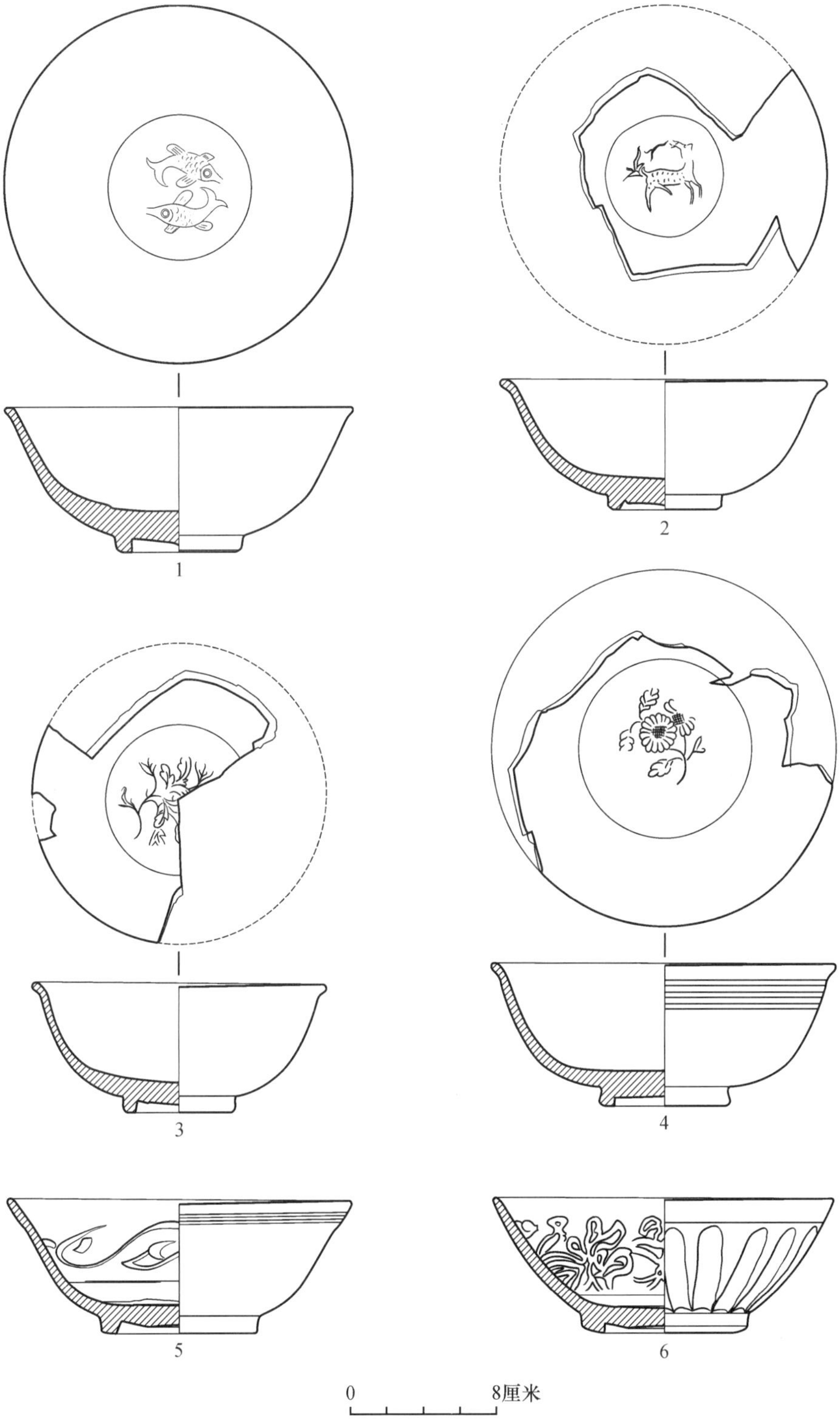

图4-4-16　2003年粮食局遗址H5出土龙泉窑瓷碗

1. 03KCW-L-H5③：66　2. 03KCW-L-H5③：92　3. 03KCW-L-H5③：26　4. 03KCW-L-H5③：85　5. 03KCW-L-H5③：18　6. 03KCW-L-H5③：72

菊瓣纹盘　仅1件。

03KCW-L-H5③：15，敞口，圆方唇，宽平沿微内斜，浅弧腹，圈足，足墙陡直。内腹壁划刻菊瓣纹，内底旋刮涩圈，底心微下凹，黏附较多垫砂；外底底心有小平台。灰胎略粗，夹杂较多小黑点。清釉，釉色发灰、泛黄，釉层厚而不匀，积釉现象较严重。口径25.6、底径11.9、高4.5厘米（图4-4-15，12；图版五七，3、4）。

（3）涂山窑白瓷

共3件。均为敞口素面盏。依据釉层浊度及颜色的不同，介绍如下。

透明釉盏　1件。

03KCW-L-H5③：89，敞口，尖圆唇，弧壁，内圜底，外饼足略内凹。外壁下部有旋修痕。灰白细胎，致密坚硬。施透明釉，局部吃烟，釉色略发灰；内壁满釉，外壁施釉及底，圈足无釉。口径10.6、底径3.5、高4.1厘米（图4-4-15，8；图版五七，5、6）。

乳浊釉盏　1件。

03KCW-L-H5③：100，口微敞，圆唇，弧壁，内圜底，外饼足略内凹。灰白细胎，致密坚硬。施乳浊釉，釉层较厚，色略发灰白；内壁满釉，外壁施釉及底，圈足无釉；釉面局部有开片。口径10、底径3.5、高4厘米（图4-4-15，9；图版五八，1、2）。

白釉盏　1件。

03KCW-L-H5③：86，口微敞，圆唇，弧壁，内圜底，外饼足略内凹。内底黏附窑渣。灰白细胎，致密坚硬。施乳白釉，匀净温润；内壁满釉，外壁施釉近底，圈足无釉。口径10、底径3.4、高3.7厘米（图4-4-15，10；图版五八，3、4）。

（4）湖田窑青白瓷

共3件。出土数量较少，仅盏、盅两种。

素面盏　2件。择要介绍1件。

03KCW-L-H5③：77，敞口，弧壁，内圜底，假圈足微内凹。白胎较细，致密坚实。青白釉，器表有细密开片。内壁满釉，外壁施釉近底，假圈足无釉。口径10.4、底径3.2、高4厘米（图4-4-15，11；图版五八，5、6）。

素面盅　仅1件。

03KCW-L-H5③：82，芒口近直，平唇，直壁，下腹弧收，内平底微凸，外浅饼足内凹。胎色洁白，胎质细腻。青白釉滋润光洁，内壁满釉，外壁施釉近底，底足无釉。口径6.9、底径4.3、高3.2厘米（图4-4-17，1；图版五九，1、2）。

（5）川渝地区酱（黑）釉瓷

出土数量最多，占比最大，但类型较为单一，仅碗、盏、高足杯等几种。包含窑变釉，一部分可能来自涂山窑，也有一些产品可能来自其他相关窑口。

酱（黑）釉盏　共5件。依据器型、口沿等方面的不同，可分为敛口盏、内束口盏、内双腹盏。

酱釉敛口盏　1件。

03KCW-L-H5③：59，口微敛，尖圆唇，弧壁，内圜底，饼形底，略呈圈足。内壁有黄褐色斑点。粗灰胎，夹杂大量石英砂，颗粒极为明显。酱釉，内壁满釉，外壁半釉。口径11、底径3.3、高4.6厘米（图4-4-17，2；图版五九，3、4）。

黑釉内束口盏　2件。

03KCW-L-H5③：5，口微敞，圆唇，壁略弧，内圜底，外饼足，足缘陡直，外心略内凹。内壁口沿下修刮出一圈凸棱作内束。黑褐粗胎，胎体颗粒极明显。黑釉较厚，光亮滋润，有酱赭色油滴斑；内壁满釉，外壁施釉近底，流动感极明显。口径11.6、底径4.8、高4.5厘米（图4-4-17，3；图版五九，5、6）。

03KCW-L-H5③：7，口微敞，圆方唇，深弧腹，内圜底，假圈足，足缘陡直。内壁口沿下修刮出一圈凸棱作内束。黑褐粗胎，胎体颗粒极明显。黑釉较厚，光亮滋润；内壁满釉，外壁施釉近底，流动感极明显。口径12.3、底径5.2、高4.9厘米（图4-4-17，4；图版六〇，1、2）。

黑釉内双腹盏　2件。

03KCW-L-H5①：2，敛口，尖唇，内双腹下接小平底，外饼足微内凹。灰黑胎质较粗糙，夹杂石英砂。黑釉，口沿、内壁上下腹棱及胎釉交接处发赭色；内壁满釉，外壁半釉，釉色厚亮滋润，局部有流釉及积釉现象。口径10、底径3.6、高5厘米（图4-4-17，5；图版六〇，3、4）。

03KCW-L-H5③：56，敛口，尖唇，内双腹下接小平底，外饼足微内凹。灰胎较细，烧结较好。黑釉，口沿、内壁上下腹棱及胎釉交接处发赭色；内壁满釉，外壁半釉，釉色厚亮滋润，局部有积釉现象。口径10.8、底径3.7、高4厘米（图4-4-17，6；图版六〇，5、6）。

酱（黑）釉侈口碗　共1件。

03KCW-L-H5③：74，口微侈，圆唇，弧腹，内圜底，圈足。内壁近底有叠烧痕，外壁近底有明显修坯痕，外底中心有旋突。紫金土胎，较为细腻。釉色酱中泛黑，釉层油润；两次蘸釉，内壁面有蘸釉锐角；内壁下腹以下无釉，外壁半釉。口径16、底径6.5、高5.6厘米（图4-4-17，7；图版六一，1、2）。

黑釉敛口碗　仅1件。

03KCW-L-H5③：27，敛口，圆唇，斜直腹，内圜底，玉环足。内壁素面，近内底残存4枚支烧痕（推测为5枚）；外壁有较明显的修胎弦纹；玉环足外缘内倾，有斜度。紫金土胎，质较粗糙，掺杂极为明显的颗粒。黑釉，釉色不匀，局部色浅发酱色；内壁满釉，外壁半釉，釉层厚润，局部有积釉现象。口径17.4、底径7.7、高5.5厘米（图4-4-17，8；图版六一，3、4）。

酱釉敛口碗　共22件。

依据支烧点数量的不同，可分为两个大类。

第一类　共8件。内底为5个支烧点，即A型碗。依据尺寸的不同，可分为二亚型。这种尺寸上的差异可能与器物叠烧时所处的位置有关。

Aa型碗　共4件。发表2件。

03KCW-L-H5③：38，敛口，尖圆唇，斜直腹，内圜底，玉环足。内壁素面，近内底有5枚支烧痕；外壁有较明显的修胎弦纹；玉环足底心旋刮不细，有同心圈；足外缘内倾，有斜度。紫金土胎，较为细腻。酱釉，主调呈茶褐色，局部有蓝点；内壁满釉，外壁半釉，釉层厚

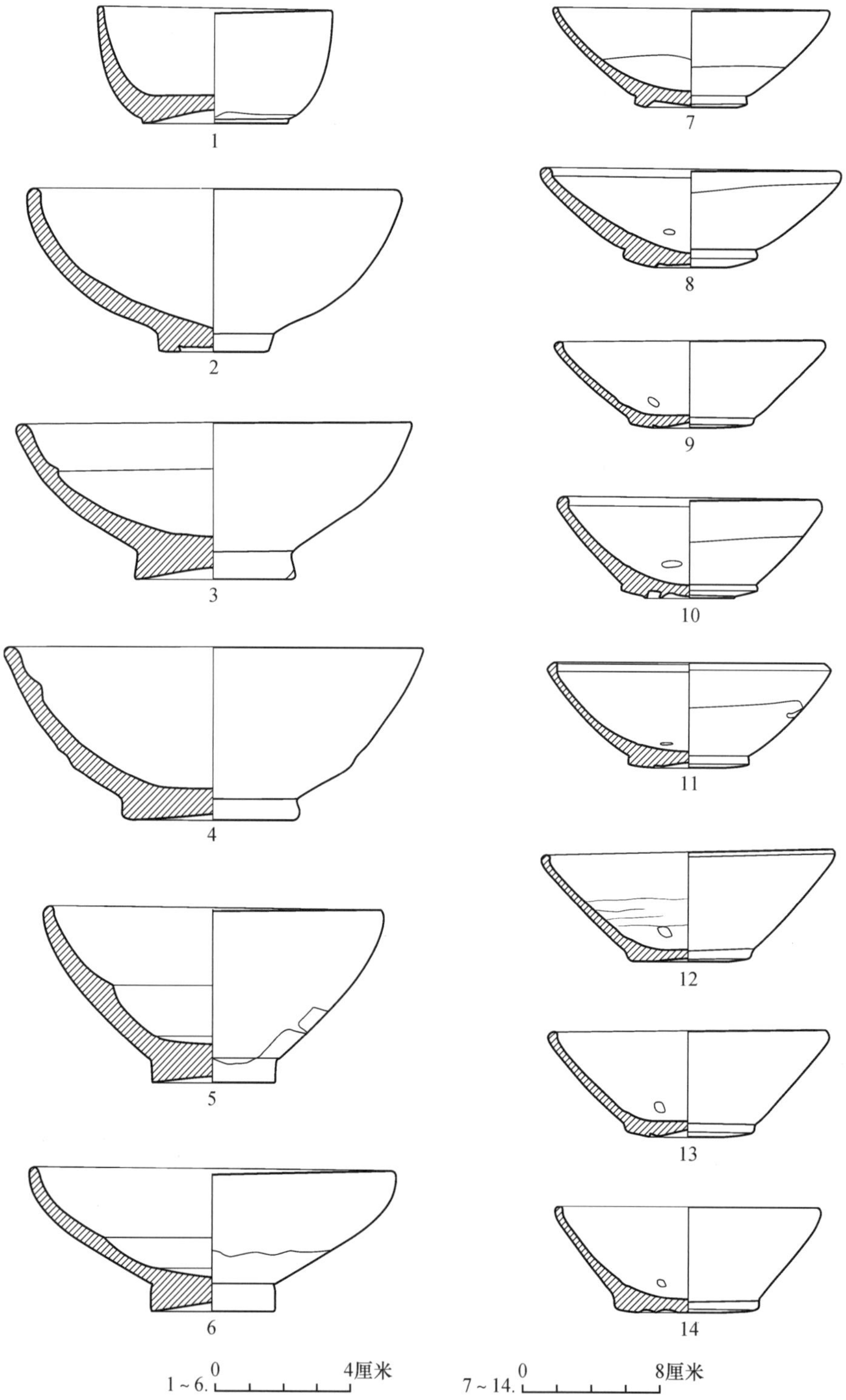

图4-4-17　2003年粮食局遗址H5出土湖田窑、川渝地区酱（黑）釉瓷器

1. 湖田窑盅（03KCW-L-H5③：82）　2～6. 川渝地区酱（黑）釉盏（03KCW-L-H5③：59、03KCW-L-H5③：5、03KCW-L-H5③：7、03KCW-L-H5①：2、03KCW-L-H5③：56）　7～14. 川渝地区酱（黑）釉碗（03KCW-L-H5③：74、03KCW-L-H5③：27、03KCW-L-H5③：38、03KCW-L-H5③：54、03KCW-L-H5③：34、03KCW-L-H5③：57、03KCW-L-H5③：37-1、03KCW-L-H5③：39）

润，局部有积釉现象。口径15.7、底径7.9、高5厘米（图4-4-17，9；图版六一，5、6）。

03KCW-L-H5③：64，敛口，圆唇，斜直腹，内圜底，玉环足。内壁素面，近内底有5枚支烧痕；外壁有较明显的修胎弦纹；玉环足底心旋刮不细，有同心圈；足外缘内倾，有斜度。紫金土胎，较为细腻。酱釉，主调呈茶绿色；内壁满釉，外壁半釉，釉层厚润，局部有积釉现象。口径15.5、底径7.2、高5.7厘米（图版六二，1、2）。

Ab型碗　共4件。发表1件。

03KCW-L-H5③：54，敛口，圆唇，斜直腹，内圜底，玉环足。内壁素面，近内底有5枚支烧痕；外壁有较明显的修胎弦纹；玉环足底心旋刮不细，有同心圈及旋突；足外缘内倾，有斜度。紫金土胎，较为细腻。酱釉，主调呈茶绿色；内壁满釉，外壁半釉，釉层厚润，局部有积釉现象。口径15.3、底径7.9、高5.6厘米（图4-4-17，10；图版六二，3、4）。

第二类　共14件。为B型碗，内底有6个支烧点。依据尺寸的不同，分为四亚型。

Ba型碗　共3件。发表2件。

03KCW-L-H5③：34，敛口，斜方唇，斜直腹，内圜底，玉环足。内壁素面，近内底有6枚支烧痕；外壁有较明显的修胎弦纹；玉环足底心旋刮不细，局部内凹；足外缘内倾，有斜度。紫金土胎，较细腻。酱釉，主调呈茶褐色，局部泛蓝；内壁满釉，外壁半釉，局部有流釉现象。口径16.4、底径7、高5.9厘米（图4-4-17，11；图版六二，5、6）。

03KCW-L-H5③：57，敛口，斜方唇，斜直腹，内圜底，假圈足。内壁素面，近内底有6枚支烧痕；外壁有较明显的修胎弦纹；足外缘内倾，有斜度；足底不经旋挖，只有一圈凹弦纹。紫金土胎，较细腻。酱釉，主调呈茶褐色，局部泛蓝；内壁满釉，外壁半釉，局部有流釉现象。口径17、底径7.1、高6.4厘米（图4-4-17，12；图版六三，1、2）。

Bb型碗　共2件。发表1件。

03KCW-L-H5③：35，敛口，圆唇，斜直腹，内圜底，玉环足。内壁素面，近内底有6枚支烧痕；外壁有较明显的修胎弦纹；玉环足足底有6枚支烧痕；底心旋刮不细，有同心圈及旋突；足外缘内倾，有斜度。紫金土胎，较细腻。酱釉，主调呈茶褐；内壁满釉，外壁半釉，釉层厚润，局部有积釉现象。口径15.1、底径8.4、高6.2厘米（图版六三，3、4）。

Bc型碗　共8件。发表3件。

03KCW-L-H5③：37-1，敛口，圆唇微尖，斜直腹，内圜底，玉环足。内壁素面，近内底有6枚支烧痕；外壁有较明显的修胎弦纹；玉环足挖足较浅，足心有旋涡纹；足外缘内倾，有斜度。紫金土胎，较细腻。酱釉，主调呈茶褐色；内壁满釉，外壁施釉近底。口径16.3、底径7.3、高6.1厘米（图4-4-17，13；图版六三，5、6）。

03KCW-L-H5③：39，敛口，圆唇，斜直腹，内圜底，玉环足。内壁素面，近内底有6枚支烧痕；外壁有较明显的修胎弦纹；玉环足底心旋刮不细，有同心圈及旋突；足外缘内倾，有斜度。紫金土胎，较细腻，底部生烧作砖红色。酱釉，色呈茶叶末；内壁满釉，外壁半釉，釉层厚润，局部有积釉现象。口径15.4、高6、底8.8厘米（图4-4-17，14；图版六四，1、2）。

03KCW-L-H5③：44，敛口，圆唇，斜直腹，内圜底，玉环足。内壁素面，近内底有6枚支烧痕；外壁有较明显的修胎弦纹；玉环足底心旋刮不细，有同心圈及旋突；足外缘内倾，有斜度。紫金土胎，较细腻。酱釉，主调呈茶褐色；内壁满釉，外壁半釉，釉层厚润，局部有积釉现象。口径15、底径8.2、高5.6厘米（图版六四，3、4）。

Bd型碗　仅1件。

03KCW-L-H5③：47，敛口，圆唇，斜直腹，内圜底，玉环足。内壁素面，近内底残存3枚支烧痕（复原为6枚）；外壁有较明显的修胎弦纹；玉环足底心旋刮不细，有同心圈；足外缘内倾，有斜度。紫金土胎，较细腻，生烧作砖红色。酱釉，主调呈茶褐色，局部有蓝点；内壁满釉，外壁半釉，釉层厚润，局部有积釉现象。口径15.2、底径6.6、高5.1厘米（图版六四，5、6）。

窑变釉敛口碗　共13件。

依据支烧点数量的不同，可分为三个大类。

第一类　共6件。内底为4枚支烧点，即A型碗。

A型碗　发表1件。

03KCW-L-H5③：61，敛口，圆唇，斜直腹，内圜底，玉环足。内壁素面，近内底有4枚支烧痕；外壁有较明显的修胎弦纹；玉环足外缘内倾，有斜度；底心不经旋刮，有小平台。紫金土胎，细腻密实。窑变釉，色发青蓝；内壁满釉，外壁半釉，釉层厚润，局部有积釉现象。口径16、底径8.2、高5.9厘米（图4-4-18，1；图版六五，1、2）。

第二类　共4件。内底为5枚支烧点，为B型。

B型碗　依据尺寸的不同，可分为三亚型。

Ba型碗　1件。

03KCW-L-H5①：63，敛口，圆唇，斜直腹，内圜底，玉环足。内壁素面，近内底残存5枚支烧痕；外壁有较明显的修胎弦纹；玉环足底心旋刮不细，有同心圈。紫金土胎，质较细腻。窑变釉，色微发青，局部发蓝；内壁满釉，外壁半釉，釉层厚润，局部有积釉现象。口径18.6、底径8.2、高7.8厘米（图版六五，3、4）。

Bb型碗　共2件。

03KCW-L-H5①：43，敛口，圆唇，斜直腹，内圜底，玉环足。内壁素面，近内底残存5枚支烧痕；外壁有较明显的修胎弦纹；玉环足底心旋刮不细，有小平台。紫金土胎，质较细腻。窑变釉，色微发白，局部发蓝；内壁满釉，外壁半釉，釉层厚润，局部有积釉现象。口径16.7、底径7.4、高6.2厘米（图版六五，5、6）。

03KCW-L-H5①：55，敛口，圆唇，斜直腹，内圜底，玉环足。内壁素面，近内底残存5枚支烧痕；外壁有较明显的修胎弦纹；玉环足底有6枚支烧痕；足外缘内倾，有斜度；底心旋刮不细，隐隐有小平台。紫金土胎，质较细腻。窑变釉，色发蓝，局部发白；内壁满釉，外壁半釉，釉层厚润，局部有积釉现象。口径16.8、底径8.2、高6厘米（图4-4-18，4；图版六六，1、2）。

Bc型碗　仅1件。

03KCW-L-H5①：46，敛口，圆唇，斜直腹，内圜底，玉环足。内壁素面，近内底残存5枚支烧痕；外壁有较明显的修胎弦纹；玉环足极浅，底心几乎不旋刮；足外缘内倾，有斜度。紫金土胎，质较细腻。窑变釉，色微发茶褐，局部发蓝；内壁满釉，外壁半釉，釉层厚润，局部有积釉现象。口径16.6、底径6.9、高5.9厘米（图版六六，3、4）。

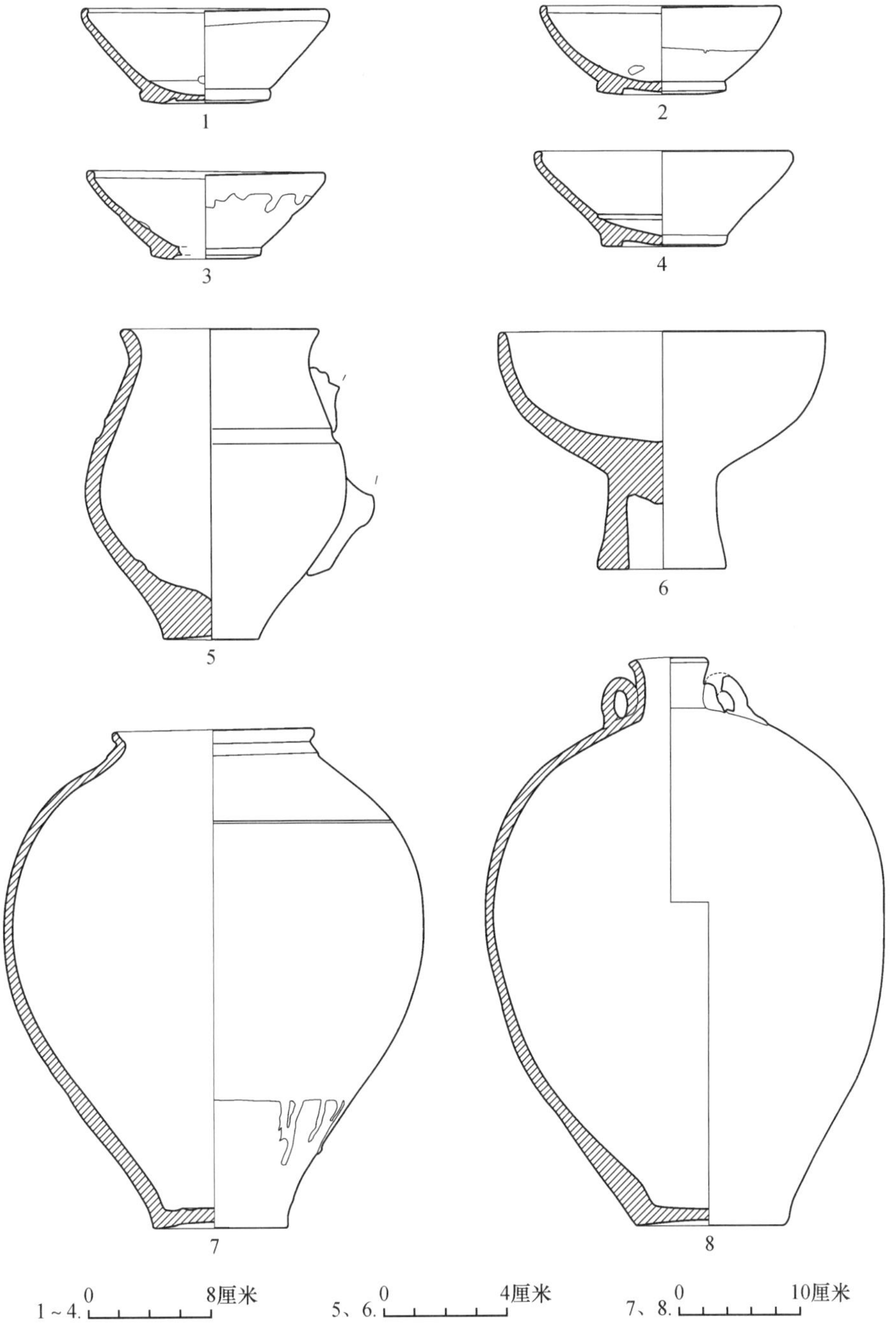

图4-4-18　2003年粮食局遗址H5出土川渝地区酱（黑）釉瓷器、陶器
1～4. 川渝地区酱（黑）釉碗（03KCW-L-H5③：61、03KCW-L-H5③：48、03KCW-L-H5①：1、03KCW-L-H5①：55）
5、7、8. 陶罐（03KCW-L-H5③：78、03KCW-L-H5③：107、03KCW-L-H5③：106）　6. 川渝地区酱（黑）釉杯（03KCW-L-H5③：6）

第三类　共3件。即C型，内底为6枚支烧点。

C型碗　发表2件。

03KCW-L-H5①：1，敛口，圆唇，斜直腹，玉环足。内壁素面，近内底残存3枚支烧痕（推测为6枚）；外壁有较明显的修胎弦纹；玉环足底心不经旋刮，有小平台。紫金土胎，质较细腻，生烧作砖红色。窑变釉，色微发青赭，局部发蓝色，似兔毫；内壁满釉，外壁半釉，釉层厚润，局部有积釉现象。口径15.4、底径7、高5.4厘米（图4-4-18，3）。

03KCW-L-H5③：48，敛口，圆唇，斜直腹，内圜底，玉环足。内壁素面，近内底残存5枚支烧痕（推测为6枚）；外壁有较明显的修胎弦纹；玉环足上有6枚支烧痕，底心不经旋刮，有小平台；足外缘内倾，有斜度。紫金土胎，质较细腻。窑变釉，色发青蓝；内壁满釉，外壁半釉，釉层厚润，局部有积釉现象。口径15.6、底径8.3、高5.6厘米（图4-4-18，2；图版六六，5、6）。

酱釉高足杯　仅1件。

03KCW-L-H5③：6，直口外敞，圆唇，弧腹，柄较矮，柄足略外撇。酱釉，除柄足底部一小部分外通体施釉。口径10.6、底径4.2、高7.5厘米（图4-4-18，6；图版六七，1、2）。

2. 陶器

数量相对较少，占比不是很大。以釉陶器为大宗，罐类器占主导，另见有韩瓶、擂钵。

（1）罐

共11件。按照形制、工艺等方面的不同，分为鼓腹罐、小口鼓腹罐、单把鼓腹罐、单把双耳鼓腹罐四大类。

鼓腹罐　计1件。

03KCW-L-H5③：107，敞口，束颈，弧肩，鼓腹，小平底微内凹。内壁上腹部有陶垫压痕，外壁上腹部饰凹弦纹。灰胎，较细腻，火候不高。酱绿釉，内壁无釉，外壁半釉，露胎处作火石红。口径16、底径10.9、高39.5厘米（图4-4-18，7；图版六七，3、4）。

小口鼓腹罐　共1件。

03KCW-L-H5③：106，小口外敞，圆方唇，束颈，颈两侧竖置双耳。弧肩，鼓腹，小平底微内凹。外壁颈、腹交接处有环状凸纹。紫金土胎，较细腻。酱绿釉，内壁无釉，外壁半釉，缩釉现象较为严重。口径6.4、底径12.4、高44.8厘米（图4-4-18，8；图版六八，1、2）。

单把鼓腹罐　共7件。依照规格、形态等方面的不同，分三型。

A型　1件。

03KCW-L-H5③：78，侈口，圆唇，短颈微束，溜肩，圆鼓腹，内底下凹，外小平底。口部有压出的短流。单把，已残。上部颈、腹交接处有一道凹弦纹；下腹有指捺痕。黑褐粗胎，颗粒感较明显。墨绿釉，釉面多麻点；内、外壁均半釉。口径6.4、底径3.1、高10厘米（图4-4-18，5；图版六八，3、4）。

B型　1件。

03KCW-L-H5③：58，侈口，圆唇，短颈微束，溜肩，圆鼓腹，内底下凹，外小平底。口部有压出的短流。单把。上部颈、腹交接处有一道凹弦纹；下腹局部变形。黑褐粗胎，颗粒感较明显。酱釉，局部釉面发黑；内壁满釉，外壁半釉。口径7.3、底径4、高10.2厘米（图4-4-19，2；图版六九，1、2）。

C型　共5件。发表1件。

03KCW-L-H5③：13，侈口，窄平沿外斜，短束颈，溜肩，长鼓腹，平底。口部有压出的短流。单把。内底中心微上突，外壁下腹有旋胎痕。黑褐粗胎，颗粒极为明显。酱釉，局部有釉疤；内、外壁均半釉。口径7.9、底径8.4、高19.2厘米（图4-4-19，3；图版六九，3、4）。

单把双耳鼓腹罐　共2件。依据形制的不同，分二型。

A型　1件。

03KCW-L-H5③：29，双唇口外侈，上口大于下口。上口窄平沿外斜，压出短流。斜颈，溜肩，长鼓腹，平底。竖耳，单把，把体外侧中部内凹。内腹部有明显旋胎痕，内底中心微上突；外壁颈、腹交接处有一周界缘弦纹，下腹有明显旋胎痕。砖红胎，较细腻。酱釉，内壁无釉，外壁半釉。口径12.8、底径8.1、高20.4厘米（图4-4-19，1；图版七〇，1、2）。

B型　1件。

03KCW-L-H5③：80，敞口，窄平沿外斜，短束颈，溜肩，长鼓腹，平底。口部有压出的短流。横耳，单把，把体外侧中部内凹。内腹部有明显旋胎痕，内底中心微上突；外壁上腹有一周弦纹，叠压于横耳下。黑褐粗胎，颗粒极为明显。酱釉，色近茶褐；内、外壁均半釉。口径9.1、底径8.8、高23.4厘米（图4-4-19，4；图版七〇，3、4）。

图4-4-19　2003年粮食局遗址H5出土陶器

1～4. 罐（03KCW-L-H5③：29、03KCW-L-H5③：58、03KCW-L-H5③：13、03KCW-L-H5③：80）

5. 韩瓶（03KCW-L-H5③：104）

（2）韩瓶

共2件。发表1件。

03KCW-L-H5③：104，双唇口外侈，上口小于下口，上、下口间微束。束颈，弧肩，斜直腹，下部弧收，小平底。小口，双竖耳，外壁局部有窑疤，下腹部有两圈较宽的凹痕。紫金土胎，质地较细腻。内、外壁均施一层薄薄的茶褐色釉。口径5.8、底径6、高33.2厘米（图4-4-19，5；图版七一，1、2）。

（3）擂钵

仅1件。

03KCW-L-H5③：67，侈口，方唇略内斜，沿略宽。口部有短流，向外突出。颈微内束，器腹斜弧内收，颈、腹交接处有形似凸棱状区隔。平底。器内壁划刻向心式竖向刻槽；器外壁下腹部有明显旋刮弦纹；外底有线切痕。胎质较粗，发红褐色。酱黑釉极薄，内壁满釉，外壁施半釉；外壁流釉现象较为明显。口径22.5、底径9、高13厘米（图4-4-20；图版七一，3、4）。

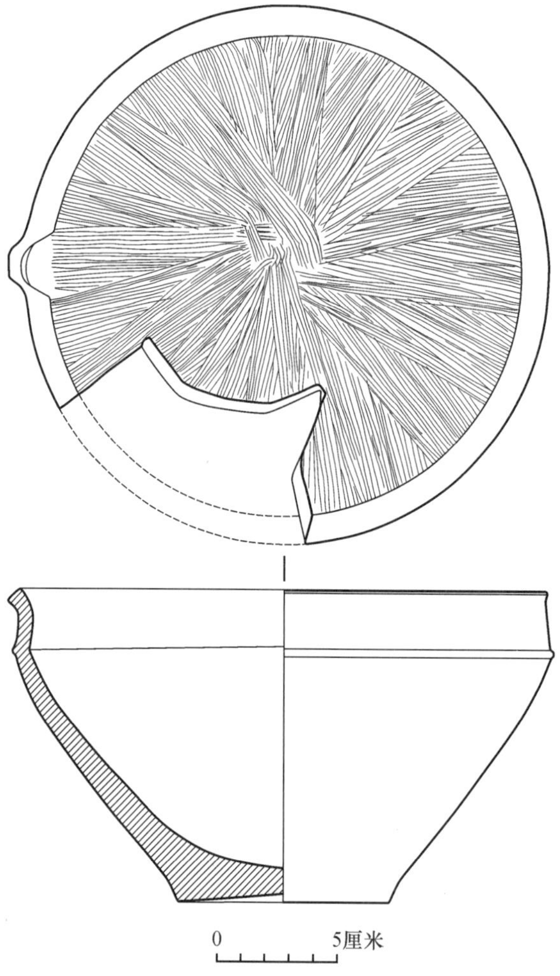

图4-4-20　2003年粮食局遗址H5出土陶擂钵（03KCW-L-H5③：67）

3. 骨器

数量较少，类型不甚丰富。主要为骨针、骨锥、角锥。

（1）骨针

1件。

03KCW-L-H5③：2，长骨质。锥尖保存较好，尾部残缺。器表有刮削痕。残长3.9、最大径0.4厘米（图4-4-21，2；图版七二，1）。

（2）骨锥

1件。

03KCW-L-H5③：14，长骨质。锥尖保存较好，尾部残缺。器表打磨较为圆润。残长5.3、最大径0.7厘米（图4-4-21，1；图版七二，2）。

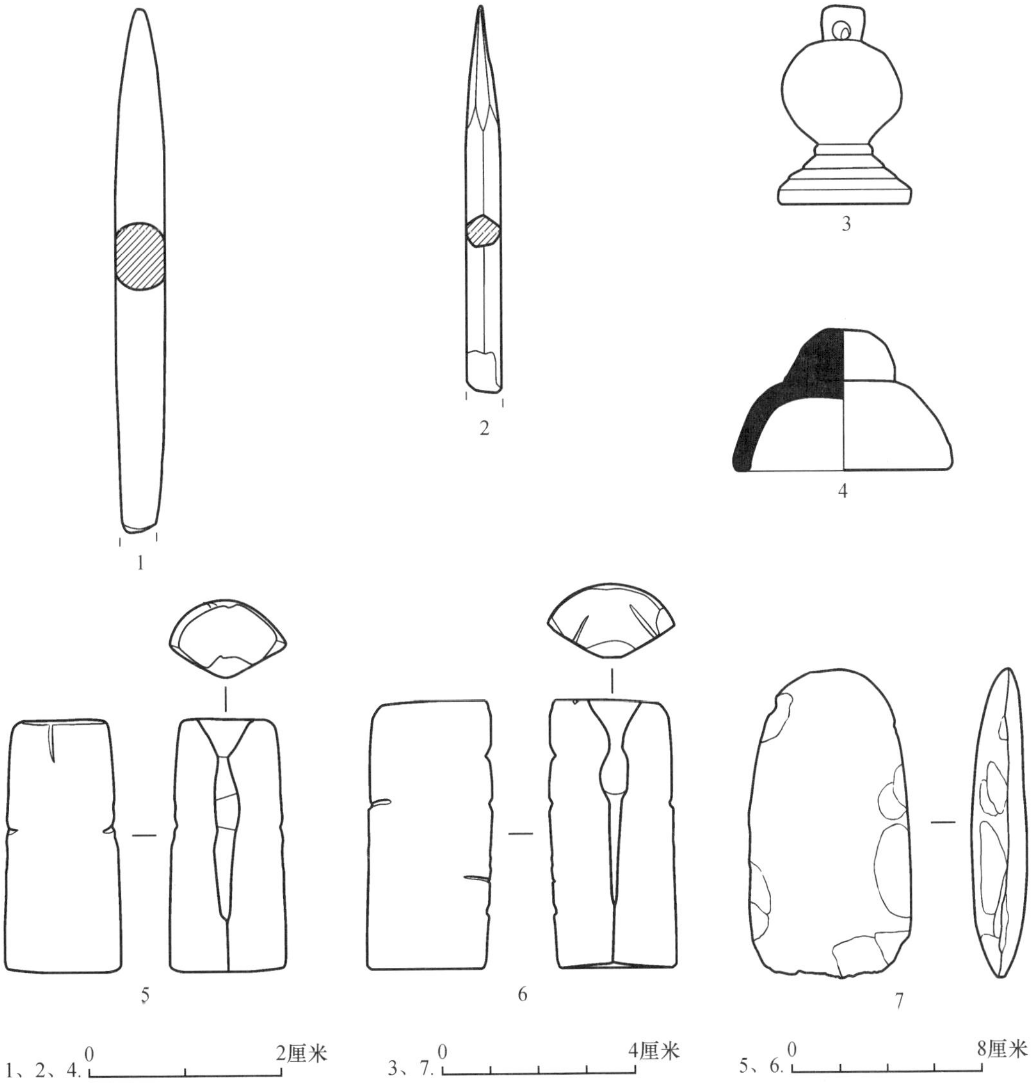

图4-4-21　2003年粮食局遗址H5出土骨器及铜器、H14出土石器

1. 骨锥（03KCW-L-H5③：14）　2. 骨针（03KCW-L-H5③：2）　3. 铜杈（03KCW-L-H5③：4-1）　4. 铜泡（03KCW-L-H5③：4-2）　5、6. 石范（03KCW-L-H14：1、03KCW-L-H14：2）　7. 石斧（03KCW-L-H14：5）

（3）角锥

03KCW-L-H5③：11，鹿角质。上部经打磨，圆润光滑；下部断面有切割痕迹。残高10.1、最大径1.9厘米（图版七二，3）。

4. 铜器

共2件。铜杈、铜泡各1件。

（1）铜杈

1件。

03KCW-L-H5③：4-1，上部设孔，近扁平梯形；中部外鼓，近圆球形；下部形似喇叭状。腹径2.6、底径2.8、高4厘米（图4-4-21，3；图版七二，4右）。

（2）铜泡

1件。

03KCW-L-H5③：4-2，上部扁平，近拱形；下部为半球形泡体。泡径2.3、高1.4厘米（图4-4-21，4；图版七二，4左）。

（三）03KCW-L-H14

出土的遗物不是很丰富，主要为石器。

石器

发表4件。石质复合范2件，磨石及小石斧各1件。

（1）石范

2件。均为三分式复合石范，砂岩质。

03KCW-L-H14：1，三棱镞范块。红褐色砂岩质，外形近三分之一圆柱体。石范外弧壁打磨不甚光滑，有削刮痕及捆束凹痕。范体上底略小于下底，上底中部设浇铸口，与镞头相接。铸腔残损严重，浇铸口口缘受火，有明显烤痕。范长10.2、范径2.7厘米（图4-4-21，5；图版七三，1、2）。

03KCW-L-H14：2，三棱镞范块。红褐色砂岩质，外形近三分之一圆柱体。石范外弧壁打磨不甚光滑，有削刮痕及两处捆束凹痕。范体上底略小于下底，上底中部设浇铸口，与镞头相接。浇口两侧各有一道合范凹痕。铸腔残损严重，浇铸口口缘受火，有明显烤痕。范长10.8、范径2.8厘米（图4-4-21，6；图版七三，3、4）。

（2）磨石

1件。

03KCW-L-H14：3，青灰色砂岩质，平面近梯形。上底面与立面较平滑，下底面与侧面较粗糙。侧面有两处较明显的打磨凹痕。长11.8、宽5.9、厚2.5厘米（图版七四，1、2）。

（3）石斧

1件。

03KCW-L-H14：5，主体磨制，局部打制。砾石质。整体略呈铲形，顶部向上微凸。一面以自然石皮为主，另一面为打磨面。两面侧缘均有明显的打击痕。双面刃，刃部打制后进行打磨，有较多缺疤。长6.22、刃宽3.4、厚1.7厘米（图4-4-21，7；图版七四，3、4）。

（四）03KCW-L-H15

出土的器物数量较多，类型较为丰富。涵括瓷器、陶器、骨器、铜钱。

1. 瓷器

以酱（黑）釉碗为大宗，分敞口、侈口、敛口三类。也有黑釉高足杯、青白瓷盅等其他器类。

（1）湖田窑青白瓷

仅1件，为直口盅。

03KCW-L-H15：7，芒口较直，平唇，直壁，下腹弧收，内平底，外浅饼足。胎色洁白，胎质细腻。青白釉滋润光洁，内壁满釉，外壁施釉近底，底足无釉。口径7.1、底径4.8、高2.8厘米（图4-4-22，1；图版七五，1、2）。

（2）川渝地区酱（黑）釉器

共7件。数量最多，占比最大，器形涵括碗、盏、杯。

黑釉敞口深腹碗　1件。

03KCW-L-H15：4，口微敞，圆方唇，弧腹，内圜底，外圈足，足墙陡直。内壁素面，内底有小泥突，外壁近底部有较为明显的旋刮痕。胎质粗糙，发灰褐，夹杂较多黑颗粒。黑釉，局部发酱赭色；内壁满釉，外壁半釉。口径18、底径7、高6厘米（图4-4-22，2；图版七五，3、4）。

酱（黑）釉侈口碗　3件。

03KCW-L-H15：5，口微侈，圆唇，弧腹，内圜底，外圈足，足墙陡直。内壁素面，外壁近底部有旋刮痕。紫金土胎，质较粗糙，夹杂较多颗粒。酱釉，口沿及胎釉交接处呈深赭色；内壁满釉，外壁半釉。口径16.6、底径5.6、高5.4厘米（图4-4-22，3；图版七五，5、6）。

03KCW-L-H15：8，侈口，圆唇，弧腹，内圜底，外圈足，足墙陡直。内壁素面，外壁近底部有旋刮痕。紫金土胎，质较粗糙，夹杂较多颗粒。酱釉，色呈赭红色；内壁满釉，外壁半釉。口径17.2、底径6.2、高6厘米（图4-4-22，4；图版七六，1、2）。

03KCW-L-H15：9，口微侈，圆唇微尖，弧腹，内圜底，外圈足，足墙陡直。内壁素面，外壁近底部有旋刮痕。灰胎，质粗糙，夹杂较多颗粒。黑釉，局部发酱赭色；内壁满釉，外壁半釉。口径16.6、底径6.6、高5.3厘米（图4-4-22，7；图版七六，3、4）。

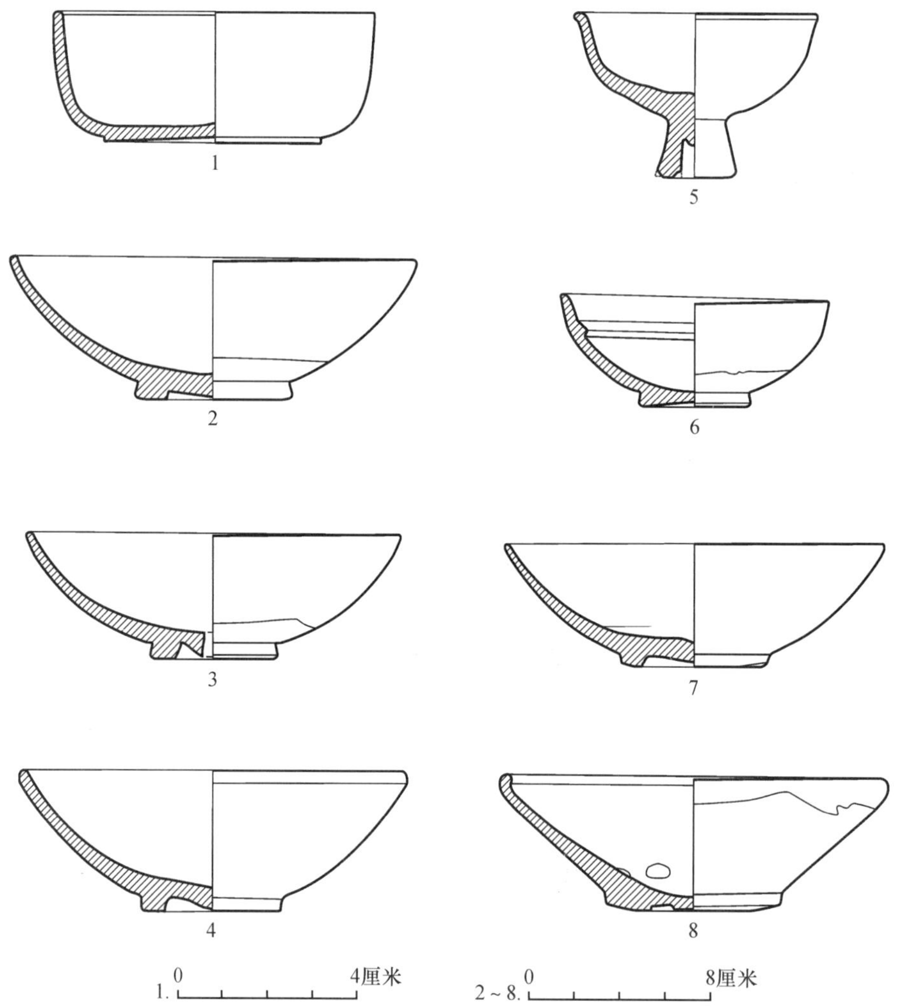

图4-4-22　2003年粮食局遗址H15出土瓷器

1. 湖田窑盅（03KCW-L-H15：7）　2～4、7、8. 川渝地区酱（黑）釉碗（03KCW-L-H15：4、03KCW-L-H15：5、03KCW-L-H15：8、03KCW-L-H15：9、03KCW-L-H15：6）　5. 川渝地区酱（黑）釉杯（03KCW-L-H15：2）　6. 川渝地区酱（黑）釉盏（03KCW-L-H15：13）

窑变釉敛口碗[①]　1件。

03KCW-L-H15：6，敛口，圆唇，斜直腹，内平底，外玉环足。内壁素面，近内底残存2枚支烧痕（推测共4枚）；外壁旋刮痕较为明显。紫金土胎，质较细腻，局部生烧作砖红色。窑变釉，色发蓝白；内壁满釉，外壁半釉，釉层厚润，局部有积釉现象。口径17、底径8、高5.7厘米（图4-4-22，8）。

黑釉内束口盏[②]　1件。

03KCW-L-H15：13，敞口，圆唇，壁略弧，内圜底，外饼足足缘陡直，外心略内凹。内壁口沿下修刮出一圈凸棱作内束。黑褐粗胎，胎体颗粒极明显。黑釉较厚，光亮滋润，有酱赭色油滴斑；内壁满釉，外壁施釉近底，流动感极明显。口径11.7、底径4.8、高约4.6厘米（图

① 与本章03KCW-L-H5内03KCW-L-H5③：61同型。

② 与本章03KCW-L-H5内03KCW-L-H5③：5、03KCW-L-H5③：7同型。

4-4-22，6；图版七六，5、6）。

黑釉高足杯　1件。

03KCW-L-H15：2，口微敞，尖唇略外卷，直壁，下腹弧，柄较矮。灰胎较细腻。黑釉，器表起泡，有数个小凸窝。除柄底一小部分外通体施釉。口径10.6、底径3.5、高7厘米（图4-4-22，5；图版七七，1、2）。

2. 陶器

数量较少，类型单一，仅见釉陶一种。

擂钵　1件。

03KCW-L-H15：1，侈口，斜方唇，平沿，唇外侧斜削一周。单流，向外突出。颈微内束，器腹斜弧内收，颈、腹交接处有形似凸棱状区隔。平底。器内壁划刻出整齐的向心式竖向刻槽，局部黏附有窑渣块；器外壁下腹部有明显旋刮弦纹；外底有线切痕。胎质较粗，发红褐。酱黑釉，器内壁口沿施釉，外壁施半釉，局部缩釉，流釉现象较为明显。口径22.4、底径9、高12.6厘米（图版七七，3、4）。

3. 骨器

均为器料，发表1件。

骨料　1件。

03KCW-L-H15：12，整体呈半环形，系长骨切割而成。除内芯骨髓腔壁外，其余壁面均有切割或刮削痕。残长3.7、残宽1.8、厚1.2厘米（图版七七，5）。

4. 铜钱

仅1件。为北宋徽宗钱。

宣和通宝　1件。

03KCW-L-H15：11，折二。圆形方孔，中阔缘、正郭。正面真书“宣和通宝”，背面光素。钱文对读。绿锈，锈蚀较为严重。直径3、厚0.2厘米（图版七七，6）。

（五）03KCW-L-H18

出土的遗物主要为石器。

石器

只有1件，为石斧。

03KCW-L-H18：1，砾石质。主体磨制，上部残缺，仅存下半部。残存部分一面保存较好，另一面有较多残损疤。侧壁窄面斜直，至底部合为刃缘。双面刃，向外弧凸。残长7.1、刃宽6.7、残厚1.7厘米（图4-4-23，1；图版七八，1、2）。

四、灰　沟

巫山古城粮食局（粮站）遗址所见灰沟数量较少，仅2例。灰沟内出土遗物以石器为主。现按遗迹单位进行介绍。

（一）03KCW-L-G1

03KCW-L-G1内出土的遗物数量较少，主要为石器。只有1件，为砍砸器。

砍砸器　1件。

03KCW-L-G1：1，青灰色砾石质，整体近似卵石。保留大量原始石皮，侧缘有打磨痕。两端频繁使用，一端局部破裂，砸痕明显。长14.6、宽7、厚4.1厘米（图4-4-23，2；图版七八，3、4）。

（二）03KCW-L-G2

G2与G1相似，出土遗物主要也为石器。以复合石范残块居多，发表1件。

石范　1件。

03KCW-L-G2：1，三棱镞范块，共两块，属复合范。均青灰色沉积岩质，外形近三分之一圆柱体。石范外弧壁未经打磨，凿痕明显。合范面打磨细致，光滑平整，设固范孔。顶面及底面有合范凹痕。范块侧缘中部偏上设浇铸口，与镞体相接。浇铸口口缘受火，有明显烤痕。其中，03KCW-L-G2：1-1范长12.3、范径1.6厘米，03KCW-L-G2：1-2范长12、范径1.7厘米，固范孔直径0.5、三棱镞主体长2.8、铤长7.3厘米（图4-4-23，3；图版七八，5、6）。

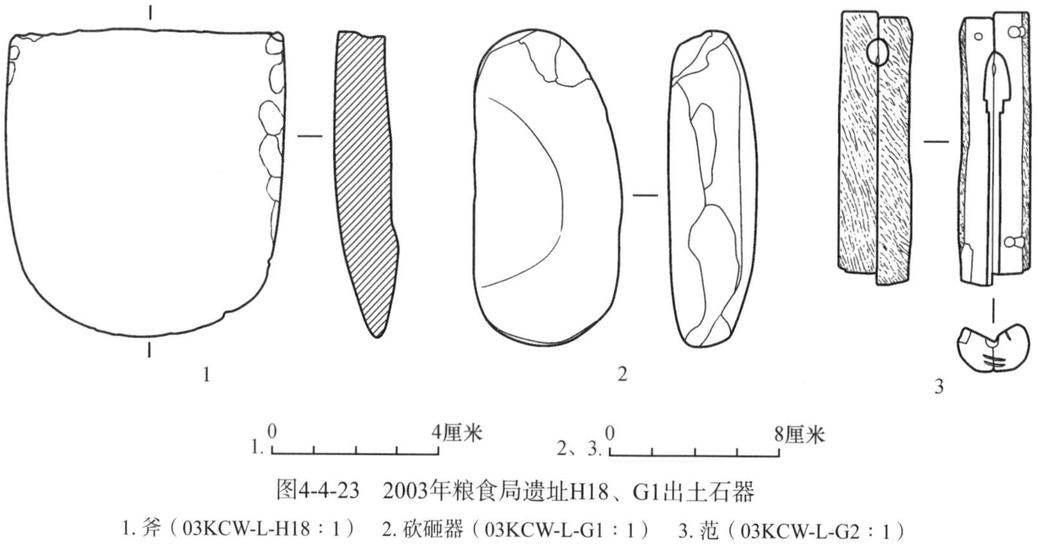

图4-4-23　2003年粮食局遗址H18、G1出土石器

1. 斧（03KCW-L-H18：1）　2. 砍砸器（03KCW-L-G1：1）　3. 范（03KCW-L-G2：1）

第五章　结　　语

巫山古城遗址地处长江三峡腹心，是长江中游地区管辖、沟通东西水路交通的重要节点。该城址的发掘，对于认识峡江东部地区历史时期城址的布局沿革及相关遗存背后所反映的区域政治、经济、文化交流等，具有重要的学术意义。

第一节　巫山古城的时代沿革

1994年，中国社会科学院考古研究所长江三峡工作队第二发掘组对巫山古城遗址进行勘察，初步了解了该城城垣的基本概况。1997～1998年，工作队两次试掘古城北垣，并从考古学上确认该城或系太康元年（280年）司马炎所迁之“巫县故城”。2003年，考古队另发掘巫山古城南门及南垣等，获得了一批重要的原始材料。这些资料或能为巫山古城遗址的研究提供一些助益。

一、巫山古城城垣的形制与时代

城垣是中国古代城市建设过程中重要的线性要素。依据1997～1998年的调查资料，巫山古城现存城圈范围较原巫山县城略小。墙体依山而建，整体平面略呈圆角长方形，局部因山势微有变更（北墙西段较为曲折、东北角城墙向外鼓出）。城垣东西长约580、南北宽约470米，总面积约27万平方米。垣墙外侧多见包石，南墙残长约700、存高约5米；东墙存高与南墙相近，残长约600米。

古城北部及南部偏东段城垣经考古发掘（表5-1-1）。北垣在北门坡及原巫山师范区域内保存最好，1994年初次调查时，总宽约18、局部残高约2米，是较典型的平地式墙垣。是年，中国社会科学院考古研究所三峡工作队第二发掘组对原巫山师范区域所见北墙进行试掘。试掘显示，该段墙垣以中心灰褐夯陶片为早，约处周、汉之际；两侧黄褐夯出土遗物时代较晚，但至迟不会晚于隋唐以后。

为明确城垣的始建年代，1997～1998年，工作队在发掘北门坡墓地的同时，复对北门坡及原巫山师范所见城墙进行揭露。通过解剖，再行比对出土遗物及汉魏洛阳城城垣的夯筑技法，发掘组首次确认北垣中心灰褐夯当不晚于魏晋，与太康元年（280年）西晋平吴后，司马炎所迁巫城关联甚密。至于其始建能否早至东汉，并无详确的考古学证据①。

2003年，中国社会科学院考古研究所平江门发掘组发掘并解剖了古城南门以东城垣。该段城垣是山城特有的护坡式墙垣，宽度不详。依据层位关系及出土遗物等，大致分三期。

Ⅰ期城墙起建于生土层，主要由墙底基础及主体墙身两部分构成，外壁无包石。各层虽未发现明显夯窝，但墙体堆积基本呈水平状。所用土料不甚精细，与北门坡一带98WCT2内城墙情况相近，夹有较多料姜石。曾有学者怀疑汉晋巫县故城位置偏北，但至迟隋唐时期，Ⅰ期南墙或已与北门坡附近墙垣构成共用城圈②。

Ⅱ期城墙起建于第3层，第3层内出土陶瓷器直指其始建应不早于13世纪中晚期。本期城墙外壁不设包石，也由墙底垫土及主体墙身两部分构成。因受宋蒙对峙阶段“城门贵多不贵少”这一营造理念的影响，城垣可能置设六门③（图版七九）。与Ⅰ期墙垣相比，本期垫土制作较细致，顶部铺置石块进行取平；主体墙身采用细腻致密的红褐黏土进行夯筑，各层底部也特意铺置一定厚度的红石粉粒作为骨料。这些构筑技法与合川钓鱼城南宋晚期墙垣极为相近，体现出浓重的防御色彩④。

Ⅲ期城墙在Ⅱ期城墙的基础上进行了增改。城垣共四门，以南垣为例，外壁（南侧）包石，底缘设散水，制作规整、规划有序。尤其外壁面包石的技法，与防洪护堤的做法极为相近。结合清中期以来《巫山县志》所述长江水汛的频仍无常，古城南垣也由此体现出浓浓的防洪、防汛因素⑤。

表5-1-1　1994～2003年巫山古城遗址城墙发掘点统计简表

年份	发掘位置	遗迹概况	推测时期
1994	北垣西北段（原巫山师范学校内）	由芯部及南、北两侧共三块夯土组成	芯部夯土不早于汉代，两侧夯土不晚于隋唐时期
1997	北垣西段（97WCT1）	夯土版筑，第6层夯土内出土口沿似魏晋风格	不早于魏晋时期
1998	西垣北端（98WCT2）	城墙开口于魏晋文化层下	不晚于魏晋时期
2000	北垣西段（北门坡Ⅰ、Ⅲ、Ⅳ区）	夯土版筑，夯层明显，夯层内出土魏晋时期陶片	不早于魏晋时期
2003	南垣东段（平江门东侧墙体）	城墙分为Ⅰ、Ⅱ、Ⅲ三期	Ⅰ期城墙不晚于隋唐时期；Ⅱ期城墙不早于宋元时期；Ⅲ期城墙属明清时期

---

① 唐荣：《巫山发现国内最古老城墙》，《中华建筑报·城市周刊》2000年12月5日第9版。

② （后晋）刘昫等：《旧唐书》卷三十九，中华书局，1975年，第1555、1556页；贺世伟：《六朝时期三峡地区的城》，《“早期中国的文化交流与互动——以长江三峡库区为中心”学术研讨会论文集》，科学出版社，2012年。部分学者认为的位置偏北的汉晋巫县故城，极可能是《旧唐书·地理志》：“汉巫县……旧治巫子城”所载之子城。

③ （宋）陈规：《守城录》卷二《守城机要》，《中国兵书集成（第7卷）》，解放军出版社，1992年，第146页；奉节县县志编纂委员会办公室：《正德夔州府志》（天一阁藏明代方志选刊），中华书局，2009年。

④ 蔡亚林：《重庆合川钓鱼城城防设施的考古学观察》，《四川文物》2018年第5期。

⑤ （清）李友梁等：《巫山县志》，国家图书馆藏光绪十九年刻本。

综上所述，就1994年、1997～1998年及2003年北门坡、原巫山师范和平江门（南门）地点所见城墙遗存的情况看，古城虽屡遭兵燹，但其城圈似更侧重于“古今叠压、增补改建”而非“另起炉灶、异地重修”。同时，南城垣的多次改补，除城内人口多聚于南部外，也当与峡江军防、交通航运乃至水汛防洪等休戚相关。可以说，自城垣建成以来，巫山古城即控扼峡口，在本区发挥了较为重要的作用。

二、平江门H2、H3及相关问题

依据相关文献及考古资料，南垣平江门（南门）是巫山古城的主城门，门址外（南）侧有通往长江码头的古石阶路。平江门与古城Ⅲ期墙垣大致同期，门址向北内凹，两侧城垣前伸，与合川钓鱼城西门“八字挡墙”稍稍相近，在城池防御中应起着重要作用（图版七九，2）[①]。

2003年，平江门门道东侧墙体的发掘显示叠压于Ⅲ期墙垣下的Ⅱ期及Ⅰ期城墙在T0101东北部也向北内凹。T0102、T0202虽因晚期水渠的存在而未进行解剖，但据Ⅲ期城墙所见门址（平江门）的形制，这种向北内凹的趋势不由让人高度怀疑Ⅱ期乃至Ⅰ期城垣的城门原或位于T0102北部至T0202南部附近。

值得重点关注的是，T0102西北部第3层下开口的H2、Ⅲ期城墙下开口的H1，就其各自的包含物、层位关系及与Ⅰ期、Ⅱ期墙垣所涉门址可能的位置而言，颇显特殊。

结合目前的考古资料，先秦时期，无论是较早阶段石峁遗址外城东门址的人首殉坑[②]、垣曲商城西门外的磔人遗迹[③]，还是稍晚阶段雍城西墙南起第二门外所见祭祀坑[④]等，均显示城门磔牲是一种较流行的祭祀礼仪[⑤]。隋唐以降，长城以北地区渤海上京城宫城正南门门道南中部地面下所见动物骨骼[⑥]、辽上京宫城南门门道下的祭祀坑[⑦]等，也可隐约窥见中古以来当地城门祭祀行为中的相关礼俗[⑧]。巫山古城平江门遗址所见含兽骨或动物头骨的H2、H1，若能凿实与Ⅰ期及Ⅱ期墙垣所涉门址的关系，不仅填补了魏晋至隋唐时期郡县级城址城门祭仪的相关空白，亦能对宋元时期峡江一带地方城址城门祭礼的研究提供一定的参照。

---

① 袁东山、蔡亚林：《重庆合川钓鱼城南一字城遗址》，《中国文物报》2012年2月10日第4版。

② 孙周勇、邵晶、邸楠：《石峁遗址的考古发现与研究综述》，《中原文物》2020年第1期。

③ 中国国家博物馆田野考古研究中心、山西省考古研究所、垣曲县博物馆：《垣曲商城（二）——1988～2003年度考古发掘报告》，科学出版社，2014年，第235、271、272页。

④ 雍城考古队：《陕西凤翔县大辛村遗址发掘简报》，《考古与文物》1985年第1期；梁云：《对鸾亭山祭祀遗址的初步认识》，《中国历史文物》2005年第5期。

⑤ 童琦：《城门磔人——垣曲商城遗址研究之二》，《文物季刊》1997年第1期。

⑥ 赵虹光：《渤海上京城考古》，科学出版社，2012年，第87、96、227页。

⑦ 中国社会科学院考古研究所内蒙古第二工作队、内蒙古文物考古研究所：《内蒙古巴林左旗辽上京遗址的考古新发现》，《考古》2017年第1期；中国社会科学院考古研究所内蒙古第二工作队、内蒙古文物考古研究所：《内蒙古巴林左旗辽上京宫城南门遗址发掘简报》，《考古》2019年第5期。

⑧ 岳天懿：《渤海都城城门与城墙研究》，《北方文物》2020年第5期。

第二节　北门坡墓地的相关认识

巫山古城北门坡遗址所见遗存以墓葬为主。发掘区内共计墓葬11座，能判断年代的有东汉墓4座、宋元墓2座、明清墓4座。T508M5内仅余骨架，时代不详。

发掘区所见墓葬的数量虽不多，但分布比较集中，说明当时的墓葬有着较为固定的分布区。不幸的是，因盗掘活动十分严重，有的墓葬在地面就可观察到明显的盗洞。T211M1东部盗洞内出土了盗墓贼丢弃的1998年款啤酒瓶。更有甚者，原墓室的墓砖被完全扰乱，乃至无法判断墓室结构。

尽管如此，距地表比较深的或规模比较小的墓葬尚未被盗或没有完全被盗。本次发掘也是从这些墓中得到了意想不到的收获。例如，T506M6内出土人俑、动物俑及镇墓兽等多达16件。这些陶俑多成双成对，均模制而成。其制作较精致，为汉代制陶、制俑技术的研究提供了宝贵的资料。同时，也出土了一批陶器、少部分铜器等。

另就本区墓葬遗存的情况看，汉代时，巫山古城一带的文化已非常发达。古城内或古城外的大部分地带都有汉墓分布。就墓葬形制而言，普遍流行砖室墓。与此同时，宋元以及明清时期的墓葬也有一定的出土量。本年度发掘区内所见墓葬形制以土坑木棺墓为主，结构虽较简单，随葬品也较少，但巫山古城周边地区尚未发现较大规模的宋元及明清墓群，因此，这批资料也具有一定的参考价值。

第三节　巫山古城出土陶瓷器的讨论

作为手工业产品的最终消费端，城市遗址内所见陶瓷器的出土背景及其基本形态的分析，能为相关堆积单位乃至遗址时代的判定提供重要的参考。结合遗址周边出土材料及关联窑址的资料开展综合研究，亦能从侧面反映出遗址所在地某个历史时期的社会生活及商品往来情况，并最终为当地历史、经济、文化等方面的研究提供一些助益。

一、出土陶瓷器的窑口与时代特征

巫山古城遗址出土陶瓷器的窑口较为复杂，主要涉及早期越窑、洪州窑、龙泉窑、湖泗窑、湖田窑以及川渝当地的磁峰窑（也有学者称彭县窑）、涂山窑等。由瓷种看，青瓷、白瓷、青白瓷、酱（黑）釉器、青花瓷等均有所发现。依据平江门（南门）、粮食局（粮站）这两处遗址内出土陶瓷器的基本特征，或可简略归纳如下。

早期越窑产品的时代集中于孙吴—西晋时期[①]。这类产品出土数量少，品类极单一，仅瓷

① 章金焕：《瓷之源——上虞越窑》，浙江大学出版社，2007年。

碗一种。瓷碗规格略有区别，纹饰多凹弦纹。其口部近直，有的微外敞。上腹直，下腹弧收，底平或微内凹。均灰胎，较细腻，青釉滋润细腻，局部有细微开片，内满釉，外半釉，露胎处受火作橘红色。

洪州窑产品的时代分为孙吴—西晋、南北朝两个时期[①]。孙吴—西晋时期亦见瓷碗一种。它们的整体器形与城内出土的早期越窑相似，但口沿多刮釉一周，或与对口套烧工艺相关。其外壁口沿下侧多饰凹弦纹或滚轮印纹。细灰胎，质地细腻，但烧结度低于早期越窑一等。青釉微发黄，内壁底心多无釉，外壁半釉。南北朝时期，洪州窑产品目前仅深腹碗一种。圆唇，深弧腹，内平底，饼状足。内底中心压印小圈；外底中部有小平台。其胎色发灰白，烧结度不是很高。青釉泛黄，内壁满釉，外壁施釉至下腹部。

古城出土的湖田窑胎釉质量均较好，涵括碗、盘、杯等多种器类。大致可分为早晚两期[②]。早期偏属北宋晚期，如花口盘，六出式，白胎细腻，釉层滋润光洁。晚期多斗笠碗，大敞口，饼足，其风格近于南宋后期至元代前期，即13世纪早中期至14世纪初[③]。

武汉湖泗窑的产品出土数量极少，类型单一，当不早于南宋晚期[④]。素面碗多弧壁，内平底，高圈足。细白胎，坚硬致密，但质量稍逊于湖田窑。青白釉略发灰，不施加化妆土。

浙江龙泉窑的民窑产品出土数量极多，类型也较丰富[⑤]。尤其碗类，依据装饰及烧制技术等方面的不同，可分为素面碗、弦纹碗、印花碗、涩圈碗四大类。此外，还见有盏、托、盘等其他相关器类。就这组产品而言，无论器形、工艺等，均与《龙泉东区窑址发掘报告》所涉“三期六段、三期七段”遗存相近，或属元代中晚期，部分器皿的使用时限或下延至明代早中期。

川渝当地磁峰窑的产品也占有一定的出土量[⑥]。就巫山古城的出土情况看，以瓷碗为大

---

① 权奎山：《说陶论瓷——权奎山陶瓷考古论文集》，文物出版社，2014年；北京大学中国考古学研究中心、江西省文物考古研究院、江西省丰城市博物馆：《丰城洪州窑》，文物出版社，2018年；周兴华：《峡江地区汉六朝墓葬出土瓷器研究》，浙江大学硕士学位论文，2023年。

② 江西省文物考古研究所、景德镇民窑博物馆：《景德镇湖田窑址——1988～1999年考古发掘报告》，文物出版社，2007年。

③ 刘辉：《三峡库区宋代墓葬出土瓷器研究》，《江汉考古》2019年第3期。

④ 雷兴军、姚晶华：《湖泗窑址调查综述》，《武汉文博》1996年第1期；湖北省文物考古研究所：《武昌青山瓷窑遗址发掘简报》，《江汉考古》1991年第4期；武汉市博物馆、武汉市江夏区博物馆、武汉大学考古学系：《湖北省武汉市江夏区浮山窑址发掘简报》，《江汉考古》1998年第3期；武汉市博物馆、武汉市江夏区博物馆、武汉大学考古学系：《湖北武汉江夏王麻窑址1988～1996年的发掘》，《考古学报》2000年第1期；武汉市文物考古研究所、武汉市江夏区博物馆：《武汉市江夏区陈家垅窑址发掘简报》，《江汉考古》2001年第2期；祁金刚：《江夏湖泗古代瓷窑综述》，《江汉考古》2007年第2期。

⑤ 浙江省文物考古研究所：《龙泉东区窑址发掘报告》，文物出版社，2005年。

⑥ 四川省文物管理委员会、彭县文化馆：《四川彭县磁峰窑址调查记》，《考古》1983年第1期；陈丽琼、魏达议、丁祖春：《四川彭县磁峰窑调查与试掘的收获》，《中国古代窑址调查发掘报告集》，文物出版社，1984年；成都市文物考古研究所、彭州市博物馆：《2000年磁峰窑发掘报告》，《成都考古发现（2000）》，科学出版社，2002年；黄晓枫：《磁峰窑与四川盆地宋代白瓷生产》，《恬静白瓷——故宫博物院定窑瓷器学术研讨会论文集》，紫禁城出版社，2013年。

宗，弧壁，内圜底，窝足。其器壁常饰凹弦纹，也见有粗犷的划刻纹。细白胎，坚硬致密，透明釉，积釉处发青灰。综合而言，这组产品的时代多集中于南宋晚期，部分器皿或已沿用至元代。

酱（黑）釉瓷器及窑变釉产品多为重庆涂山窑产品①。这些器皿的胎体与紫金土类似，颇具特色。盏类产品中，内束口的形制极为流行，其时代应进入元代早中期。碗类产品几乎全为叠烧器，泥点支烧技法极为普遍，支点数也由四至六枚不等。另需说明的是，城内涂山窑器组也包含一部分化妆白瓷。这些白瓷的器形涵括碗、盘、碟等，其胎体略粗，化妆土也较薄，釉色发青、发灰，有的甚至同暗色青瓷较为相近。但无论酱（黑）釉器还是白瓷器，涂山窑器物组整体的文化面貌均显示其时代约属南宋晚期至元代中晚期，部分碗、罐的年代或可下延至明清时期。

至于明清时期缸胎日用粗瓷及清中晚期民窑青花瓷等，与本区其他同期遗址大同小异，兹不赘述。

二、出土陶瓷器所反映的历史现象

目前，就平江门（南门）遗址及粮食局（粮站）遗址出土陶瓷器的情况来看，晚期城圈东南部一带所出土的器物，其时代多集中于六朝、宋元、明清三个时期。这里主要对六朝及宋元这两个时期进行简要的分析。

纠查史料，建安十四年（209年），孙权表刘备为荆州牧，辖江南四郡，巫县隶之。建安二十四年（219年），陆逊别取宜都，关羽败亡。嗣后，巫县入吴，孙权划巫、秭归入固陵郡。国仇家恨，加之地处交通要冲，巫地遂成为蜀汉、孙吴两国交伐争夺的核心地段。蜀汉章武元年（221年），刘备遣吴班、冯习等破孙权属将李异等于巫县。是年，孙权复取巫地，调兵驻守，作江隘门户。因此，巫山古城遗址出土的这组早期越窑与洪州窑产品，无疑是三国两晋时期，巫县作为战线前沿交伐要地的重要见证。

宋元时期，尤其南宋中期以来，蜀地与湖广人口密集，商品经济发达，交流也日益密切。作为长江航运交通要道上的重要枢纽及补给点，巫山古城也顺势迎来了自身的发展高峰。此时，长江上游地区川渝一带的磁峰窑、涂山窑，长江中游地区两湖一带的湖泗窑，长江下游地区江西北部湖田窑乃至浙江南部龙泉窑等产品的集中出现，应是宋元航运交通发展的必然。嗣后，在南宋、元朝长达半个世纪的对峙期里，作为川渝山城防御沿线重要的节点性城址，巫山古城不仅起着重要的隘口攻防功能，也当仁不让地成为湖广援输川渝的军力、物资转运站。从一定程度上说，长达半个世纪的对峙拉锯，已然将巫山古城推向了当时政治、军事的最前沿。

① 重庆市文物考古所：《重庆涂山窑》，科学出版社，2006年；王洪领、蔡亚林：《重庆涂山窑的发现、研究及相关问题的探讨》，《重庆师范大学学报（社会科学版）》2019年第6期。

附　　录

附录一　西晋巫县故城遗址

一、引　　言

中国社会科学院考古研究所三峡考古队于1994年春来到巫山县开展考古勘查。并结合历史文献材料，了解该县历史建置沿革和相关的史料线索。据史籍得知，该县古为巫载国邑，战国时期系楚国西陲门户，县境属巫郡地。秦昭襄王三十年（前277年）置黔中郡，巫县以县隶属秦国。后改属南郡，以巫名县。经西汉、东汉、三国时代，吴与蜀国都曾管辖过该地。吴孙休永安三年（260年），分宜都郡置建平郡，治巫城。西晋泰始五年（269年），分巫、秭归置建始、泰昌二县，同时以巫、北井、泰昌、建始四县置建平都尉（治在巫城）。太康元年（280年），仍名建平郡（治巫城）。巫县由大昌移至江岸，与郡合一，在此之前，巫县城应设在今大昌镇。而江岸巫城系郡治所在。东晋划建始县置南陵县。北周时期，避文帝宇文泰讳，改泰昌为建昌，又改为大昌。武帝天和元年（566年），分县境之西，置江阴县。隋朝开皇三年（583年），置建平郡，巫县直隶信州（今奉节县）。巫县加山字，巫山县名自此时始称。大昌县仍置，北井早已并入大昌县，江阴、南陵县均废。自隋初时起，只保留了大昌与巫山县。唐时曾设夔州都督府，巫山县隶属夔州都督府。宋时建为大宁监，大昌县改属大宁监。嘉定八年（1215年）复还大昌县。元明时期，大昌与巫山县并存。清初，大昌县因钱粮无几，县民稀少，故于康熙九年（1670年）并入巫山县，隶属夔州府。

从材料上分析，现今巫山县辖区范围曾经设置过四座县城，即大昌、巫山、南陵、江阴。其中大昌与巫山两城，历史长久，曾做过郡治，其经济、地理位置均较重要，在巫山县历史长河中，必然占据一定地位。从巫县初建后改称泰昌、大昌，继之又南迁至长江岸边，隋统一后，只设巫山与大昌两县，直至明清时大昌县逐步衰落，而巫山县繁荣发达，表明了经济重心的南移与长江航运的发展变化。伴随时代前进，这些变化影响着该地区的经济发展。本文考查的是西晋和隋代巫山县的故城遗址，其他三城不在本文研究之列。

二、从文献记载看巫县故城

《水经注》卷三十四江水篇记载："江水又东径巫县故城南。"注："县故楚之巫郡也，秦省郡立县，以隶南郡。吴孙休分为建平郡，治巫城，城缘山为墉，周十二里一百一十步。东西北三面皆带傍深谷，南临大江，故夔国也。"另在巫溪水条中又注云："溪水又南，屈径巫县东，县之东北三百步，有圣泉，谓之孔子泉。其水飞清石穴，洁并高泉，下注溪水。溪水又南入于大江。"从今巫山城地理形势考察，确实符合前文所引条件。如"南临大江"，准确无误；如"缘山为墉"，除南城垣外，其他面城垣皆依山势建成；如"三面皆带傍深谷"，今城东为大宁河，亦即郦书所称之巫溪水，城西有深沟，城北依山势走向筑成北垣，皆为有利地形。再看圣泉，迄今尚存，位县城东北隅圣泉村中，其水势头不减，仍在缓缓喷流。

宋陆游《入蜀记》曰："二十四日，早，抵巫山。县在峡中，亦壮县也……"再从考古发掘出土的一方南宋淳熙十六年（1189年）墓志看："藏（葬）于县之北原黑龙泉之西，地名赵家坪。"该宋墓位于今县城北，当地人称"乱葬坟"的土岗上，土岗东侧临深沟，沟内尚有一股泉水，可供附近村民饮用，此泉水当即宋时黑龙泉。宋人"葬于县之北原"，由此可证宋代时的巫山县即今之巫山县地也。

三、巫山县城保存现状

近年由于建设新房较多较快，使得旧城面目全非，现今尚存的南城门，也已面目改观，西城门、东城门基本无存。但城墙遗迹尚可找寻，南、东、西面均可看到条石镶砌包边的城墙遗迹。城内尚保留明清样式的大型建筑几处（如县政府院内保存有大殿基址）。从现存古城遗迹来看，早于明代的文物遗存难以寻找。

四、考古勘查主要收获

靠近江岸的不大范围内，密布房舍建筑物，历代毁坏重建，破坏严重；远离江边的半山坡上，房舍较少。人的活动亦不如江边范围频繁。巫城"缘山为墉"，北城垣建在半山坡，晚期破坏相对较轻，早期的遗迹或许尚有保留。调查中，我们注意到在北门口附近迄今尚存的城墙是夯土筑成的，内、外未用条石镶砌，或许曾经用过石条镶砌，遭破坏已被拆掉，也未可知。但是，很长一段未发现丝毫镶石痕迹。夯土墙垣裸露今地表以上，大概这一部分是没有用条石砌筑。

在暴露地表以上高达2米的夯土墙处，我们选择一处剖面进行试掘。了解到的情况如下：

城墙是用版筑法夯打的土墙，根据夯土质色与夯层厚度，明显看出是分三块筑成的。城墙中间部分的夯土呈灰褐色，土质较杂且较松软，内含红烧土碎块、炭灰与细绳纹陶片，虽经夯打但其土质并不十分紧密，硬度亦稍差。夯层厚6～8厘米，见有圆形夯窝，直径约3厘米。此块夯土残存高度1.5米。上部宽5米，下部宽5.3米。城墙内侧与外侧的两块夯土，与中间部分不同，夯土呈黄褐色，质较细密且坚硬，夯土内含碎小陶片、瓦片。夯层厚7～10厘米，城墙内侧（即南面）的夯土保存较好，高达2.1米，上部宽2.4米，下部宽2.7米。城墙外侧（即北面）的夯土保存较差，贴近墙体内侧处高1.2米，外边缘处只有5厘米，底部宽约10米。

三块夯土叠成一体，城墙宽度（即厚度）为18米，高度保存最好处为2.1米。从夯土的质色与夯层的厚度不同等现象推测，三块夯土修建有早晚差别，但是否有时代上的早晚不同，由于发掘资料尚不充分，只能留待之后继续勘查时再做定论。从城墙的土质结构与夯筑技术观察，所用方法类似中原地区汉代城郭的建筑技术方法，如河南洛阳的汉魏故城与河南县城的城墙夯土，其相近程度所差无几。用夯土建筑城池、宫殿地基的技术，商代就已广泛应用，到了汉魏时代更是普遍使用。从夯土内容文化遗物特征看，其时代大概在周、汉之际，尤以中心部位灰褐色夯土内包含陶片时代为早；而两侧的黄褐色夯土内含遗物时间略晚，但至迟不会晚于隋唐以后。

北城垣巫山师范学校附近一段，从地理形势看，当是全城地势最高之处，考古钻探发现贴城内侧建有一处夯土基址，其长已达55米，墙体向内加宽部分为8.5米。这块夯土的土色与土质，与墙体两侧的夯土一样，推测可能是军事防御建筑的基础。

五、结　语

此次配合三峡水库淹没区工程考古勘查，任务重、时间紧、经费少，许多考古工作只是大体了解概况，掌握线索，为今后十年考古规划提供参考资料。

关于巫县故城的工作，只是刚刚开始，资料、论据尚不足以完全确指今巫山县城即是西晋太康元年（280年）由大昌迁移这里的巫县故城。现有资料只是提出了线索，我们认为如能继续工作，定能理出个头绪。

最后要说明的是，由于手头没有较详细的今巫山县城地形图，无法标识旧有街道、衙署、寺庙，致使无从考察巫县故城的平面布局。只能依据一万分之一地图，标画“巫县故城平面示意图”。从该城圈位置估算，城东西长约650米，南北宽约550米，面积约为36万平方米。

执笔：杜玉生

附录二　巫山古城遗址的勘探与发掘

中国社会科学院考古研究所长江三峡工作队
巫山县文物管理所

重庆市巫山县城南临长江，东临大宁河，地理形势十分险要。巫山古城址位于今县城的西北部。据我队近年来对该遗址的调查勘探和发掘情况显示，古城遗址的分布范围比现在的县城略小，城墙依山而建，南接长江北岸的陡峭台地，东侧为瓦岗槽谷，西侧为黑龙潭谷，北面是山顶。城址整体位于山的南坡上，平面略呈圆角长方形，只是个别地方因山势的需要而改变形状，其东西长580、南北宽470米，面积为272 600平方米。全城共有四个城门，南墙偏东段现存一座完好的石砌券顶城门，即城的南门，从此处通往江边有一条古代的石阶路。北墙西端一带被居民称作“北门口”，这儿还可见到城门被拆后遗下的石础，应是城的北门。东门位于东墙中段，西门位于西墙南端，被居民分别叫作东门和西门，但已不见任何门的遗迹。古城的街道布局已被现在的县城取代，昔日的面貌所存无几，仅在县政府、县委和县武装部的大院内，可见到清朝的石砌台基和柱础石等，这些地方可能曾是过去的官衙。1994年春季，我队在调查古城时，发现北墙中段的内侧附有一高大的夯土台基，城墙和夯土台基保存较好，夯土台基长40余米，宽200余米①。墙体宽约12、残高2.8米，据此可基本了解城墙夯筑的原貌。城墙和台基的夯土质量很好，夯层厚8厘米左右，内含物皆是汉代以前的遗物。据当地老人回忆，中华人民共和国成立前，这里的城墙夯土台基均为青石包边，台基上建有碉堡，为守护县城的军队驻地。中华人民共和国成立后，该地也曾作为部队营地，1964年后，驻军撤离，包边的青石被农民私拆运走。由此推测，夯土台基可能是与古代军事设施有关的遗迹。1997年10～11月，夯土台基已被新城建设夷为平地。

1997年12月至1998年1月，我队对巫山古城做了进一步的钻探和发掘工作。钻探目的主要是了解城墙的走向及城墙外部地层堆积情况。通过有重点地对现有城墙断缺处的调查钻探，基本证实了古城墙的形状与当地文物部门所测城址图相一致，并纠正了某些地方，如城的东北角城墙应向外鼓出。此外，在城西北角墙外的一块菜地里，重点勘探约4000平方米，了解到城墙墙基的宽度及地层堆积的基本情况后，在北墙西段（北门坡）开探沟一条（97WCT1），探沟与城墙基本垂直，长20、宽2米，由于城墙内侧紧贴民房，探沟只跨了少量城墙，而大部分为墙外的山坡。1998年3～4月，我队对巫山古城再次进行探掘，在西墙北端开15米×15米大探方一个（98CWT2），也因城墙内侧有民房，探方不能全部包括城墙及墙基，但这次揭示的城墙较上次的略多。

本文只报道97WCT1 和98WCT2 的发掘资料。

---

① 原稿叙述或有删漏，为保持原真性，此处不作删改。

一、地层堆积

97WCTI和98WCT2的地层堆积情况基本一致，但最早的第3层不见于98WCT2，因此，现以97WCT1南壁剖面为例，将地层情况介绍如下（图一）。

第1层：耕土。青灰色，质松软。厚0.2～0.4米。出近代砖、瓦和东周陶片。

第2A层：扰土。灰褐色，质松软，含大量料姜石块。厚1.1米。出有少量近代砖、瓦、瓷片及大量的魏晋板瓦、筒瓦，出土两枚铜钱，因锈蚀过重，铭文难辨。

第2C层：扰土。为大量的乱夯土块及少量疏松的灰褐土。厚0.15～0.9米。出有极少明清时期的青花瓷和瓷片。

第3层：魏晋文化层。黄褐色，质硬密，含较多的料姜石粒和白色薄层淤积物。厚0.95米。出有商周时期的夹砂绳纹陶片、带绳纹的鬲腿及魏晋时期的板瓦、筒瓦等。

第3层下为城墙墙基夯土层和生土，生土淡黄色，质硬密，含少量料姜石粒。

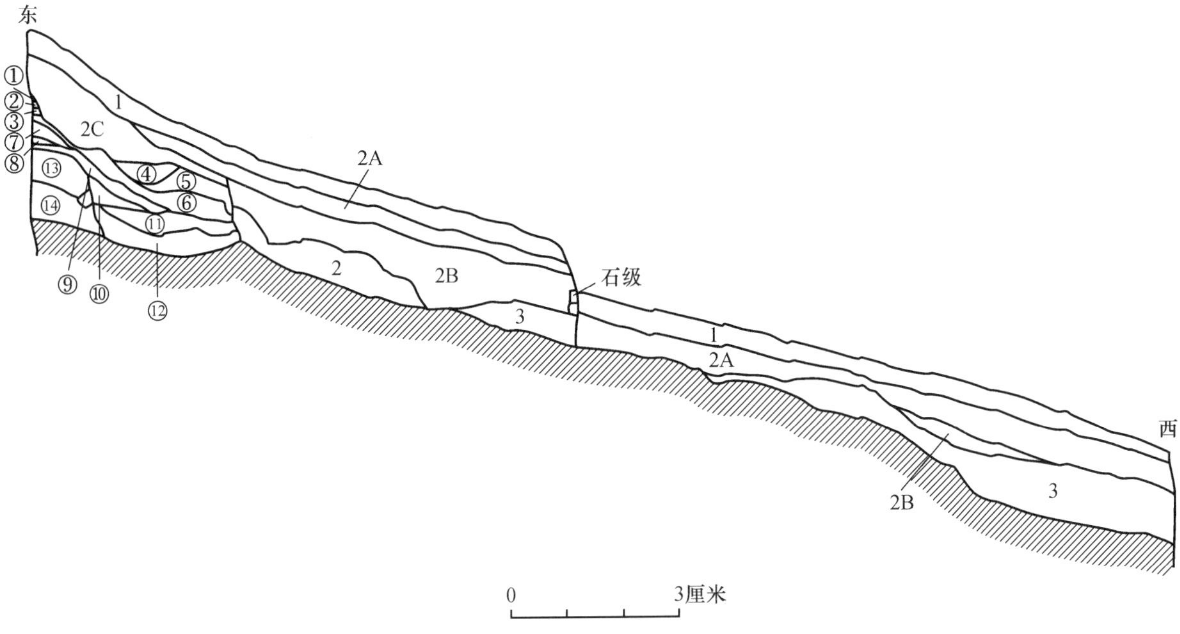

图一　97WCT1南壁剖面图
1～3. 地层　①～⑭. 城墙

二、遗　　迹

有夯土城墙和墓葬两种。

（一）夯土城墙

97WCT1　解剖的城墙及其墙基夯土共分14层，上部的夯层较薄，多数厚0.08～0.3米的浅槽，浅槽中部保留未挖掉的生土台，台上夯筑1.1～1.3米的墙基基芯，在与基芯平齐时，再在上面平行逐层夯土。从暴露于地面的城墙夯土可观察到，夯土成段衔接，每段长约1米，应属版筑。夯土颜色有黄、黄褐和青灰三种，多交错使用，基芯为淡黄色生土，不如外部的夯层坚硬、致密。夯土中出土遗物甚少，其中第6、9、10层出有红陶片，绝不见更晚的遗物。

98WCT2　情况（与97WCT1）略有不同，由于此处的生土为原生山体，城墙墙基未挖槽，而是以细黄褐土直接铺在坎坷不平的料姜石山体上，稍作夯打。夯土不如97WCT1发现的硬密，也不见分层现象，在此处发现的墙基中，有的地方为成片的料姜石碎块，似以此来充当夯土，这种现象在暴露的城墙墙体上也可见到。98WCT2还发现在城墙外侧散布有许多条形石块，有的石块整齐地垒在城墙夯土底部的外边上，应是未动过的城墙包边石，而城墙较高处的包边石则散乱地坍塌在墙外约5米的范围内，这些包边石形状多不规整，据说形状规整的石块都被当地人挪用了。

（二）墓葬

主要见于城墙外部98WCT2内，耕土层下即露出现代墓多座，墓坑深度已所剩无几，有的连人骨也不全，其中有两座现代墓打破城墙墙基夯土。较早的墓是一座清代墓，编号为M1，位于探方中部偏西。这些发现说明了在近代，此处曾是一个沿袭多年的墓地。

M1　开口于第2B层下，墓底距地表深1.2米，其开口应被第2B层打破。墓坑为长方形土坑竖穴，方向20°，人骨保存良好，仰身直肢。墓圹的四周发现许多“T”形棺钉，人骨下有黑色板灰，应是葬具的遗迹。在墓主颌下的胸前，随葬一枚石质穿孔料珠。

三、遗　　物

由于第3层以上皆为扰土，出土的大量遗物与城墙时代的断定无关，在此不作赘述。下面仅介绍第3层、部分夯土及M1出土的遗物。它们的种类有陶板瓦、筒瓦、砖、罐和石料珠等。

板瓦　1件。97WCT1③：1，泥质黄褐陶。颈部和一侧残断。外表中部横饰三组平行人字纹，其上下为平行纵向绳纹，内表印有麻布纹。残长38.4、宽16厘米（图二，1）。

筒瓦　2件。97WCT1③：2，泥质黄陶。半环状，颈部残，外表通体饰平行纵向绳纹，中部和上部各间一条菱形格纹和一条凹弦纹，内壁印有麻布纹。残长38.4、残宽16厘米（图二，2）。97WCT1③：3，泥质黄陶。半环状，弧度较大，下部残，方圆唇，束颈，颈部素面，以下饰平行纵绳纹，内表印有麻布纹。残长17.2、口宽9、身宽11.6厘米（图二，3）。

砖　1件。97WCT1③：4，泥质灰陶。长方形，残剩一半。一面较平，素面，另一面印有菱格纹，纹饰四周留有一窄圈素面的边沿。残长9、宽12、厚2厘米（图二，4）。

罐口残片　1件。97WCT1夯⑥：1，夹砂黄褐陶。卷沿，圆唇，斜肩，肩以下残见小方格印纹（图三）。

石料珠　1件。98WCT2M1：1，圆形，白色，打磨细腻，微有光泽。中穿一小圆形，孔壁外旋出一圈螺旋纹。直径1、孔径0.2厘米。

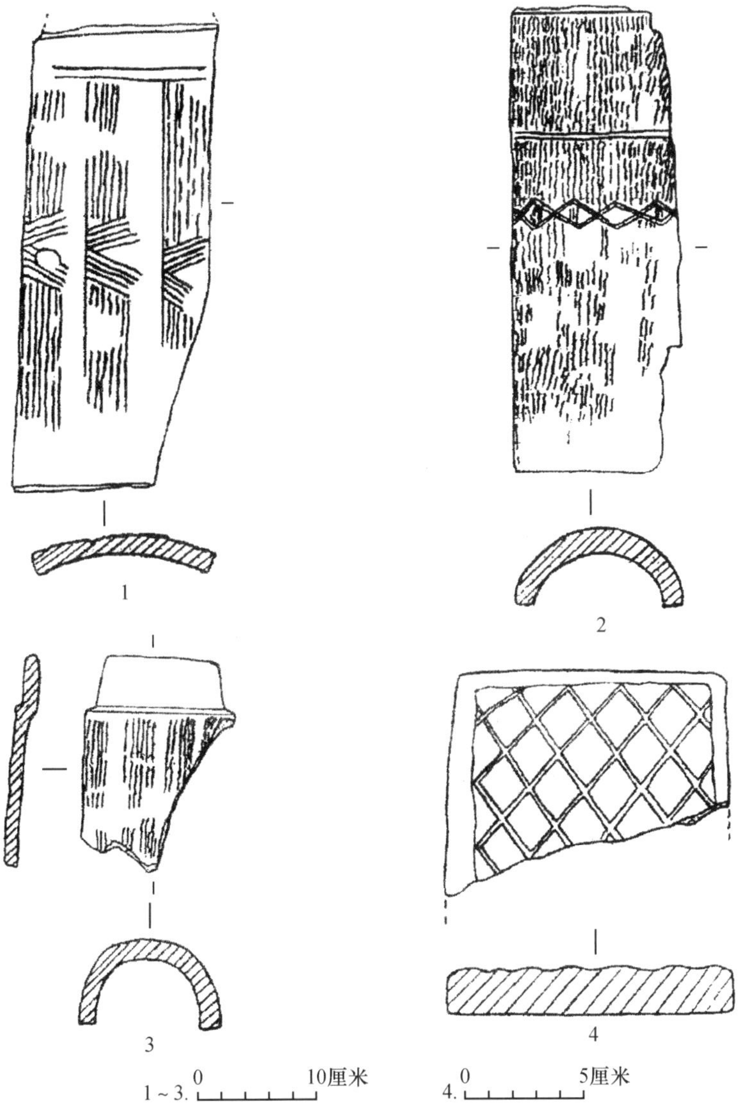

图二　第3文化层出土遗物

1. 板瓦（97WCT1③：1）　2、3. 筒瓦（97WCT1③：2、97WCT1③：3）　4. 砖（97WCT1③：4）

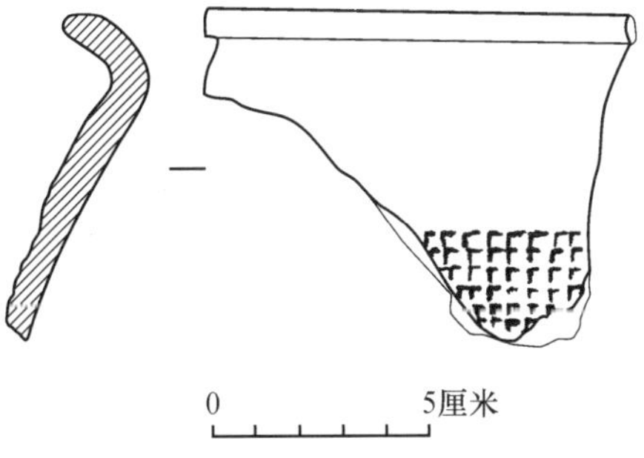

图三　城墙夯土出土陶罐（97WCT1夯⑥：1）

四、结　语

两次发掘的主要目的是断定城墙的始建年代，在这方面，我们的目的已基本达到。同时，通过发掘，我们对城墙的结构也有了大致的了解。

（一）城墙年代的推断

由于发掘面积有限，尤其借以断定城墙时代的第3文化层的城墙夯土中的所出遗物甚少，给我们推断城墙的始建年代带来一定困难。第3文化层是我们目前发现的直接叠压于城墙夯土的最早文化层，其中所出的板瓦、筒瓦外饰纵向绳纹，内印麻布纹，砖的表面印有菱格纹。第6层夯土中出的罐口残片为夹砂黄褐陶，肩以下饰小方格印纹。这些遗物特征皆似魏晋时期的风格。城墙基槽挖置的方法，即中心部位留置生土台的做法在汉魏洛阳故城十分常见，这也大致反映了城墙的时代特征。北魏时期郦道元著的《水经注》和清朝顾祖禹著的《读史方舆纪要》均提到，西晋太康元年（280年），巫山县城由大昌盆地迁到长江岸边，这一历史记载也说明巫山古城的始建年代应在魏晋时期，与我们的考古发现相吻合。

（二）城墙构筑情况

魏晋时期，初建的夯土城墙很不规范，因为依山而建，墙体走向不规则。从夯土中也可看出其用料粗糙，未经细加工，夯土中夹有较多的料姜石粒和河卵石，有的地方甚至整层都是料姜石块，反映了山地土壤稀少，人们取土时需到江滩，甚至挖掘山体上的料姜石，这样的城墙肯定不会像发达地区的城墙那样高大雄伟。也许正是基于此，明清时期的地方统治者用石块对城墙加宽、加高，这是历史发展的必然。

执笔：黄卫东

下　编

大昌蓝家寨遗址

第一章 概 述

第一节 地理环境与历史沿革

大昌蓝家寨遗址与石园子墓地位于原重庆市巫山县大昌镇兴隆村东南大宁河左岸的一级台地上，隶属兴隆村13组，南距巫山县城约60千米（图1-1-1、图1-1-2）。

蓝家寨因清代蓝姓家族聚居于此而得名，村寨又俗称蓝家寨子。20世纪90年代调查发掘蓝家寨遗址时，有十多户村民还在此居住。蓝家寨遗址地势相对平坦，略显北高南低，面积近万

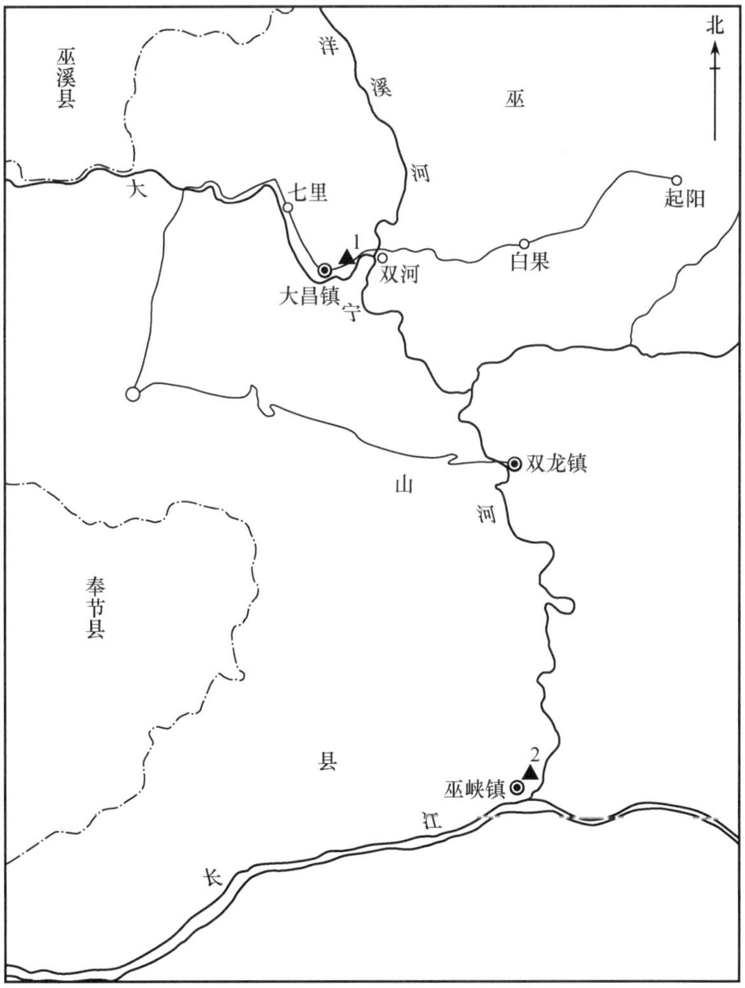

图1-1-1 蓝家寨遗址和石园子墓地位置示意图

1. 蓝家寨遗址和石园子墓地 2. 巫山古城遗址

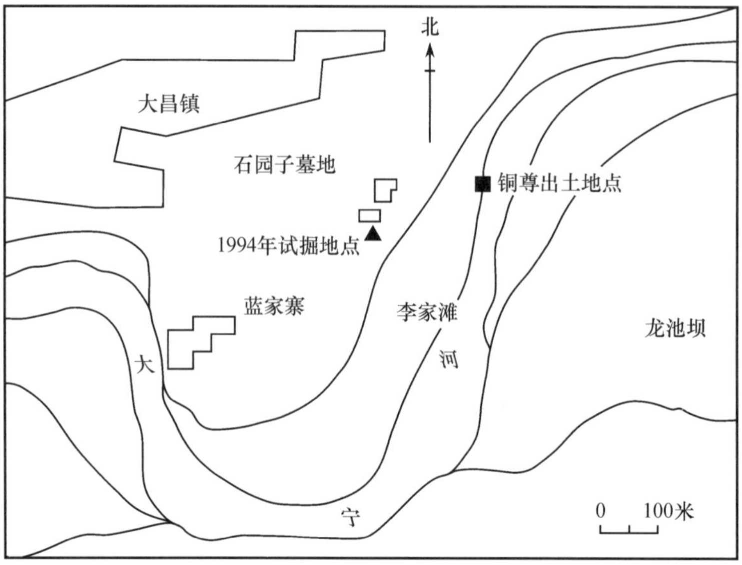

图1-1-2　蓝家寨遗址和石园子墓地位置示意图

平方米。遗址主要被大片种植水稻的农田覆盖，只有零星几户农家宅基叠压于遗址上。遗址西距明清时期大昌古城约200米，北眺白云冠山，东、南临大宁河，隔大宁河与大昌镇辖属的龙池坝相对。遗址地理坐标为东经109°48′20″，北纬31°15′50″，海拔132～152米。

石园子墓地位于蓝家寨遗址西北部，墓地西北和北部紧邻兴隆村民居和兴隆中学，面积3000平方米左右。发掘前地表主体为菜地，地势较为平坦，东南部和南部为民居和现代坟地，东部有一水塘，水塘略北曾为现代窑址（图版八〇）。

蓝家寨遗址和石园子墓地紧邻大昌镇，所处的长江支流大宁河中游地区，有着悠久的历史沿革，是古代巴楚文化交汇之地。

西周至春秋前期，大宁河中游处庸国、夔国势力之下。公元前7世纪，楚先后灭夔、庸，收其地入楚[①]。战国时期，大宁河中游属楚之巫郡[②]。秦汉时期，属南郡巫县[③]。

三国西晋时期，此地作为兵家交会的要冲之地，建置归属改易频繁，蜀汉时为北井县地，先后隶宜都、固陵郡；后纳入东吴境内，先后属吴固陵郡、宜都郡、建平郡。西晋夺取此地

① 《左传·僖公二十六年》："秋，楚成得臣、斗宜申率师灭夔，以夔子归。"（阮元校刻：《十三经注疏》，《春秋左传正义》卷十六，中华书局，2009年，第3954页）。本编征引古籍句读略有改动者，不再另注；《史记》卷四十《楚世家》："（楚成王三十九年）灭夔，夔不祀祝融、鬻熊故也。"（中华书局，2014年，第2049页）；《左传·文公十六年》："秦人、巴人从楚师。群蛮从楚子盟。遂灭庸。"（阮元校刻《十三经注疏》，《春秋左传正义》卷二十，中华书局，2009年，第4035页）。

② 《战国策》卷十四《楚策一·十七·苏秦为赵合从章》："楚地西有黔中、巫郡。"（何建章注释本，中华书局，1990年，第508页）；《史记》卷四十《楚世家》："（楚怀王三十年）秦因留楚王，要以割巫、黔中之郡。"（中华书局，2014年，第2082页）；《史记》卷五《秦本纪》："（秦昭襄王）三十年，蜀守若伐楚，取巫郡及江南为黔中郡。"（中华书局，2014年，第268页）。

③ 《汉书》卷二十八《地理志上》："南郡，秦置，高帝元年更为临江郡，五年复故。景帝二年复为临江，中二年复故。莽曰南顺。属荆州……县十八：……巫，夷水东至夷道入江，过郡二，行五百四十里。有盐官。"（中华书局，1962年，第1566页）。

后，先后隶巴东郡、建平都尉、建平郡，并分置泰昌县，形成泰昌、北井二县北、南并立的区划。

建安十三年（208年）曹操分南郡枝江以西立临江郡，建安十五年刘备改为宜都郡①。建安二十一年，刘备将辖于宜都郡的巫、北井二县划入复立的固陵郡，此时大宁河中游地区当属北井县境②。建安二十四年孙权夺荆州后，巫、北井一带成为吴地，属吴固陵郡③。章武元年至二年夷陵之战时期，刘备曾再次短暂占据巫地，北井此时当隶于蜀巴东郡④。刘备败退后北井复为吴地，隶宜都郡。

永安三年（260年），吴从宜都郡分建平郡，巫、北井地属后者⑤。泰始四年（268年），晋袭取吴之巫城⑥。巫城及其北的北井县是年可能辖于晋巴东郡，翌年改隶晋建平都尉⑦。晋咸宁元年（275年），改都尉为郡，此时晋建平郡下除巫、北井二县外，又领泰昌、建始二县⑧。大昌置县的明确记载发端于此，此时大宁河中游地区北井、泰昌二县并立。太康元年（280年），西晋平吴，晋建平郡与吴建平郡合并，郡治巫县，泰昌、北井县为郡下辖八县之二。东晋与南朝仍因袭二县建置⑨。

---

① 《宋书》卷三十七《州郡志三·荆州》：“习凿齿云，魏武平荆州，分南郡枝江以西为临江郡，建安十五年，刘备改为宜都。”（中华书局，2019年，第1217页）。

② 《华阳国志》卷一《巴志·巴东郡》：“建安二十一年，以朐忍、鱼复、汉丰、羊渠及宜都之巫、北井六县为固陵郡。”（任乃强校注本，上海古籍出版社，1987年，第33页）。

③ 《三国志》卷五十五《吴书十·潘璋传》：“权即分宜都巫、秭归二县为固陵郡。”（中华书局，1982年，第1300页）；《续汉书·郡国志四》刘昭注引《魏氏春秋》：“建安二十四年，吴分巫、秭归为固陵郡。二十五年，分南郡之巫、秭归、夷陵、临沮并房陵、上庸、西城七县为新城郡。”（中华书局，1965年，第3485页）。

④ 《华阳国志》卷一《巴志·巴东郡》：“章武元年，朐忍徐虑、鱼复蹇机，以失巴名，上表自讼。先主听复为巴东。”（任乃强校注本，上海古籍出版社，1987年，第34页）。

⑤ 《三国志》卷四十八《吴书三·三嗣主传第三·孙休》：“（永安三年三月，260年）分宜都置建平郡。”（中华书局，1982年，第1159页）。

⑥ 《三国志》卷四十一《蜀书十一·霍弋列传》裴注引《襄阳记》：“（泰始四年，268年）（罗）宪还，袭取吴之巫城，因上伐吴之策。”（中华书局，1982年，第1009页）。

⑦ 《宋书》卷三十七《州郡志三·荆州》：“北井令，晋《太康地志》有。先属巴东，晋武帝泰始五年（269年）度建平。”（中华书局，2019年，第1221页）。

⑧ 《宋书》卷三十七《州郡志三·荆州》：“建平太守，吴孙休永安三年，分宜都立，领信陵、兴山、秭归、沙渠四县。晋又有建平都尉，领巫、北井、泰昌、建始四县。晋武帝咸宁元年，改都尉为郡，于是吴、晋各有建平郡。太康元年吴平，并合。五年，省建始县，后复立……领县七：……泰昌令，晋《太康地志》有。”（中华书局，2019年，第1221页）；《晋书》卷十五《地理志下·荆州》：“建平郡，吴、晋各有建平郡，太康元年合。其下统巫、北井、秦昌、信陵、兴山、建始、秭归、沙渠八县。”（中华书局，1974年，第456页）；《水经注》卷三十四《江水》：“江水又东，巫溪水注之，溪水导源梁州晋兴郡之宣汉县东，又南径建平郡泰昌县南，又径北井县西，东转历其县北，水南有盐井，井在县北，故县名北井，建平一郡之所资也。”（陈桥驿校证本，中华书局，2007年，第789页）。

⑨ 《南齐书》卷十五《州郡志下·巴州》：“建平郡，巫、秭归、北井、秦昌、沙渠、新乡。”（中华书局，2019年，第310页）。

北周时期为避文帝宇文泰名讳，改泰昌县为建昌县。后一度依建昌县置永昌郡，依北井县置始宁郡，二郡寻废。建昌县仍隶建平郡，原北井县亦废入建昌。北周末至隋开皇初，建昌县又改名大昌。隋时，大昌隶巴东郡。唐五代时期属夔州①。

北宋开宝六年，在大昌县西北六十里处的盐泉置大宁监（今巫溪县地）。端拱初，大昌县由夔州改隶大宁监，后徙于凤山之侧。南宋嘉定八年（1215年），徙大昌县治于水口监②。元至元年间省大昌县入大宁州③。

明初洪武年间复置大昌县④。弘治年间筑土城，正德年间筑成砖石城门，嘉靖、崇祯年间各有增修。后为李自成部下、“夔东十三家”中的袁宗第占据。清军攻克此地后，康熙九年（1670年），大昌撤县，划并入巫山县。嘉庆九年平定白莲教之乱后，因地当要隘，仍筑土

---

① 《隋书》卷二十九《地理志上·巴东郡》：“大昌，后周置永昌郡，寻废，又废北井县入焉。”（中华书局，2019年，第920页）；《旧唐书》卷三十九《地理志二·山南东道·夔州》：“大昌，晋分巫、秭归县置建昌县，又改为大昌。隋不改。”（中华书局，1975年，第1556页）；《舆地纪胜》卷一百八十一《大宁监》条引《元和郡县志》：“隋开皇元年，改曰大昌县。”（四川大学出版社，2005年，第5262页）；《舆地广记》卷三十三《夔州路·大宁监》：“大昌县，本泰昌，晋太康初分秭归置，属建平郡。宋、齐因之。后周避文帝名，改曰建昌，而立永昌郡。寻废，又改县曰大昌。隋属巴东郡，唐属夔州。”（四川大学出版社，2003年，第1031页）；《舆地纪胜》卷一百八十一《大宁监·大昌县》条引《图经》：“后周于县东置永昌郡，又以北井县置始宁郡。后废始宁入永昌，寻废永昌，悉以归县。”（四川大学出版社，2005年，第5263页）；《新定九域志·古迹》卷八《大宁监》：“始宁郡，后周置，天和二年废入永昌郡。”（中华书局，1984年，第684页）。

② 《太平寰宇记》卷一百四十八《山南东道七·夔州》：“大昌县，东北六十四里，依旧四乡。”同卷“大宁监”条：“大宁监，本夔州大昌县前镇煎盐之所也，在县西六十九里溪南山岭峭壁之中，有盐泉涌出，土人以竹引泉，置镬煮盐。皇朝开宝六年置监，以收课利。”（中华书局，2007年，第2877页）；《舆地纪胜》卷一百八十一《大宁监·大昌县》条引《国朝会要》：“开宝六年，以夔州□□□盐泉所置监。”“端拱二年，自夔州来隶大宁监。”（四川大学出版社，2005年，第5263页）；《元丰九域志》卷八《夔州路》：“端拱二年以大昌县隶大宁监。”同卷“大宁监”条：“开宝六年以夔州大昌县盐泉所置监。治大昌县……县一。端拱元年以夔州大昌县隶监。”（中华书局，1984年，第364、373、374页）；《舆地广记》卷三十三《夔州路·大宁监》：“大昌县……皇朝以县之盐泉所置大宁监，端拱元年来属，为监治焉。”（四川大学出版社，2003年，第1031页）；《宋会要辑稿·方域一二·市镇》：“大宁监大昌县大昌镇，嘉祐六年废。”（上海古籍出版社，2014年，第9526页）；《舆地纪胜》卷一百八十一《大宁监·大昌县》条引《图经·叙县门》：“县旧在南十五里，后徙于凤山之侧。嘉定八年，知监张彧请复还大昌于旧县云。”（四川大学出版社，2005年，第5263页）；《宋史》卷八十九《地理志五·夔州路》：“大宁监，同下州。开宝六年，以夔州大昌县盐泉所建为监……县一：大昌。中下。端拱元年，自夔州来隶。旧在监南六十里，嘉定八年，徙治水口监。”（中华书局，1985年，第2229页）。

③ 《元史》卷六十《地理志三·夔路》：“大宁州，下。旧大昌县。宋置监。元至元二十年，升为州，并大昌县入焉。”（中华书局，1976年，第1444页）。

④ 正德《夔州府志》卷一《沿革》：“大昌县……元并入大宁州。皇明仍旧县改今属，编户二里。”《大明一统志》卷七十《四川布政司·夔州府》：“大昌县……元并入大宁州。本朝仍置县，改今属。编户二里。”（巴蜀书社，2017年，第3113页）；《明史》卷四十三《地理志四·四川》：“夔州府……洪武四年为府。九年四月降为州，属重庆府。十年五月直隶布政司。十三年十一月复为府……大昌，（夔州）府东。洪武十三年十一月置。”（中华书局，1974年，第1029、1030页）；光绪《巫山县志》卷二《沿革表》：“洪武四年复置，后省。永乐初又置，属夔州府。”（国家图书馆藏光绪十九年刻本）。

堡。由于频繁水患，虽有修葺，直至光绪年间土堡仍“城半倾圮”[①]（图1-1-3、图1-1-4）。

光绪末，大昌为巫山县下辖三区之一，置十五堡。

民国三十年，为巫山全县三区中的二区治所。

1949年10月，中华人民共和国成立。12月，巫山县解放，在旧行政区划基础上进行政区调整。至1951年，巫山全县辖五区一镇，大昌镇为第二区驻地。1952年全县划为九区一镇，1955年将第八区、第七区先后划入二区，仍名大昌区。1958年，设大昌人民公社。1984年乡、村建

图1-1-3　光绪《巫山县志》载《大昌城池图》

---

① 正德《夔州府志》卷二《城郭》：“大昌县，古无城池。弘治二年，始筑土城。正德七年，知府吴行、知县董忠甃砌砖石门三座，东曰朝阳，西曰永丰，南曰通济。周围二里许，计二百九十九丈。”（上海古籍书店，1961年，影印天一阁藏明正德刻本）；雍正《巫山县志》记《大昌县城池》：“明正德初年知县董忠包石，周二百丈，门三：朝阳、永丰、通济。崇祯八年，知县陈靖之修浚御寇。明末袁宗第窃据，废为平地。今裁并巫山县。”（国家图书馆藏民国十九年抄本）；光绪《巫山县志》卷四《城池志》：“大昌城，明成化十七年，知县魏琎修。（宏）[弘]治三年通判戴琚、正德二年知县董忠陆续增修为门三，曰朝阳、永丰、通济。嘉靖二十六年，知县吴大章重修。崇祯八年，知县陈靖之增高其城深，浚其池以御寇。明末袁宗第窃据为寇，寇平，城遂废。国初，设大昌县，筑土城。康熙九年，裁大昌县，归并巫山县。嘉庆九年，平定白莲教匪。参赞德楞泰以地当要隘，会同经略额勒登保、总督勒保奏设守备营伍，署县张椿请项，修筑土堡三百丈，以资捍卫。设东南二城门，西北两炮台。道光元年，被水冲塌数十丈，门楼炮台陆续倒塌。四年，知县杨佩芝捐廉，补修完固。现在历年水淹，城半倾圮。”（国家图书馆藏光绪十九年刻本）。

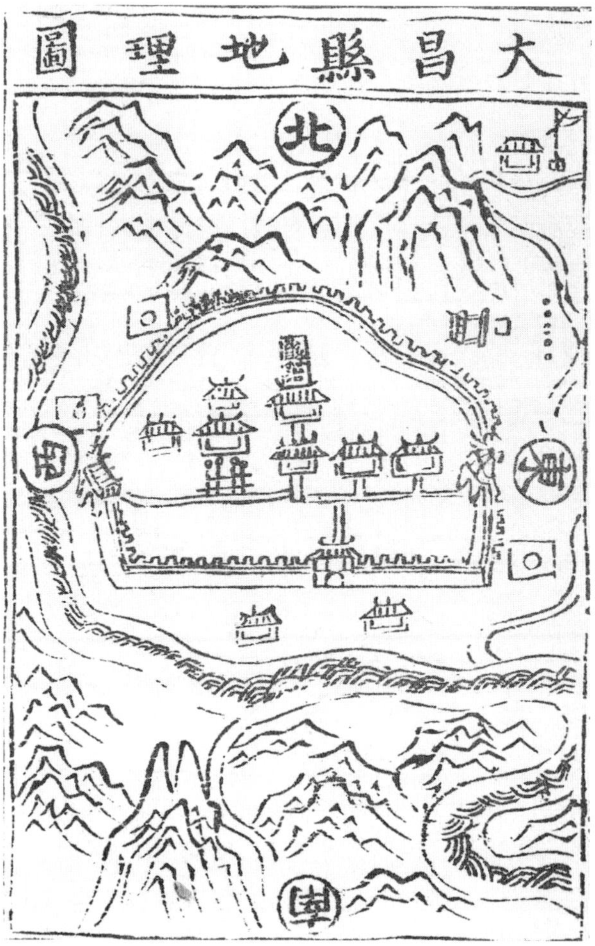

图1-1-4　正德《夔州府志》载《大昌县地理图》

制恢复，复置大昌镇①。

2000年，大昌古镇被列入第一批重庆市文物保护单位。由于处在三峡库区淹没水位之下，搬迁至原址东约8千米处的大昌新镇西包岭处，新址建设工程于2005年开工，2008年通过验收②。

大昌古镇所处的大昌盆地一带，文物发现和考古工作主要始自20世纪80年代。1980年，在蓝家寨以东的东坝李家滩，当地百姓在岸边水中曾发现1件商代青铜尊③。另据调查记录，石园子墓地东部水塘略北的现代窑址处，早年亦曾发现1件青铜剑。

1985年，四川省文物管理委员会、四川省文物考古研究所、巫山县文化馆等对大宁河沿岸遗址的调查中，于大宁河沿岸发现遗址14处。除下游的琵琶洲遗址外，其中位于大宁河中游沿

① 光绪以降沿革参见四川省巫山县志编纂委员会：《巫山县志》，四川人民出版社，1991年。

② 重庆市文物局、重庆市移民局：《巫山大昌古镇》，文物出版社，2013年。

③ 四川省文物管理委员会、四川省文物考古研究所、巫山县文化馆：《巫山境内长江、大宁河流域古遗址调查简报》，《四川考古报告集》，文物出版社，1998年，第1～10页；苏荣誉：《巫山李家滩出土大口折肩青铜尊探微——兼据同类尊的风格和关键工艺探讨其年代和扩散》，《南方民族考古（第十四辑）》，科学出版社，2017年，第131～187页。

线的地点有13处，包括处于大昌镇辖地的10处遗址，以及双龙镇一带的3处遗址点[①]。

1994年，中国社会科学院考古研究所长江三峡工作队在大宁河流域的调查中，在大昌镇周边确认遗址点8处，包括涂家坝、殷家坝、洋溪河、东坝、蓝家寨、林家码头、张家湾、双堰塘遗址等。其中，蓝家寨遗址东邻的大昌东坝遗址[②]，两者之间直线距离不到500米，后者又与商代青铜尊出水地点距离甚近（图1-1-2）。

三峡库区大规模抢救性考古发掘期间，除蓝家寨遗址和石园子墓地外，在双堰塘遗址[③]、涂家坝遗址[④]、大昌古城[⑤]等地点均开展了一系列发掘工作，为了解大宁河中游地区的物质文化面貌提供了重要材料。

第二节　考古工作概况

蓝家寨遗址发现于1994年。1994年3月12日，中国社会科学院考古研究所长江三峡工作队第五发掘组叶茂林、王仁湘在调查中首次发现蓝家寨遗址，初步框定遗址面积约3000平方米。同年4月，对遗址进行试掘，发掘面积510平方米。

1999～2000年，湖南省益阳市文物工作队，对蓝家寨遗址进行了三次较大规模的发掘。1999年3月12日至4月10日进行第一次发掘，共布设5米×5米探方23个（99WLT1～99WLT23），发掘面积560平方米[⑥]。2000年4月2日至5月12日进行第二次发掘，于1999年发掘区的东部和北部，共布设5米×5米探方41个（2000WLT24～2000WLT64），发掘面积1000平方米[⑦]。2000年12月12日至2001年1月8日对该遗址开展第三次发掘。发掘地点分南、东、北三区，共布设5米×5米

① 四川省文物管理委员会、四川省文物考古研究所、巫山县文化馆：《巫山境内长江、大宁河流域古遗址调查简报》，《四川考古报告集》，文物出版社，1998年，第1～10页。

② 四川省巫山县志编纂委员会：《巫山县志》，四川人民出版社，1991年，第548页。

③ 中国社会科学院考古研究所长江三峡工作队、巫山县文物管理所：《巫山双堰塘遗址发掘报告》，《重庆库区考古报告集·1997卷》，科学出版社，2001年，第31～64页；中国社会科学院考古研究所长江三峡工作队、巫山县文物管理所：《巫山双堰塘遗址发掘报告》，《重庆库区考古报告集·1998卷》，科学出版社，2003年，第58～102页；中国社会科学院考古研究所长江三峡工作队、巫山县文物管理所：《巫山双堰塘遗址发掘报告》，《重庆库区考古报告集·1999卷》，科学出版社，2006年，第80～144页。

④ 中山大学人类学系、重庆市文物局、巫山县文物管理所：《巫山涂家坝遗址发掘报告》，《重庆库区考古报告集·2000卷·上》，科学出版社，2007年，第206～254页。

⑤ 中山大学人类学系、巫山博物馆：《巫山大昌古城遗址》，科学出版社，2024年。

⑥ 重庆市博物馆、湖南益阳市文物工作队、重庆巫山县文物管理所：《巫山蓝家寨遗址发掘报告》，《重庆库区考古报告集·1998卷》，科学出版社，2003年，第103～118页。

⑦ 重庆市文化局、重庆市博物馆、湖南省益阳市文物考古队等：《巫山蓝家寨遗址发掘报告》，《重庆库区考古报告集·1999卷》，科学出版社，2006年，第1～25页。

探方24个（2000WLT68～2000WLT91），2米×10米探沟3条，发掘面积635平方米[①]。上述三次大规模的发掘工作积累了一大批该地区东周时期房址、窑址、灰坑等遗迹材料和遗物标本，初步确认了蓝家寨遗址以楚文化为主、巴文化为辅的文化构成，并认识到遗址面积当远大于1994年预估的范围。特别是在第三次发掘的北区，第一次确认了东周时期墓葬区的位置。

根据三峡工程库区文物保护规划组的安排，2001～2002年，中国社会科学院考古研究所三峡考古队蓝家寨发掘组（以考古研究所内蒙古工作队为主）在前述工作基础上，继续对遗址展开抢救性考古发掘。

2001年10～11月，对2000年确认的蓝家寨遗址北部墓葬区（后命名为石园子墓地）进行了全面发掘，揭露面积近2000平方米（连同2000年已发掘部分）。同时，对蓝家寨遗址东部边缘靠近大宁河岸处进行了小规模试掘，试掘面积250平方米。

2002年9月24日至11月28日，蓝家寨考古发掘组又对蓝家寨遗址中心区进行大规模发掘。共布设5米×5米探方80个，实际发掘面积2000余平方米。

三峡水库蓄水后，遗址被淹没。2012年6月，在水位下降至海拔145米时，重庆市文化遗产研究院、重庆师范大学等单位对遗址暴露部分进行了一些考古工作[②]。

本报告公布的是中国社会科学院考古研究所负责调查和发掘的蓝家寨遗址和石园子墓地1994年、2001年、2002年共三个年度的发掘材料（图1-2-1）。

1994年试掘工作由中国社会科学院考古研究所史前考古研究室王仁湘研究员、叶茂林副研究员主持。2001～2002年，根据时任中国社会科学院考古研究所边疆民族与宗教考古研究室主任王仁湘研究员安排，由内蒙古工作队队长董新林副研究员带队负责主持蓝家寨遗址和石园子墓地的考古发掘工作。参加2001年发掘的人员有古方（中国社会科学院考古研究所原副研究员），以及内蒙古工作队于忠昌、巴特尔、张林，河北工作队韩庆林、韩麦林、韩光存、韩树军、陈连同，内蒙古敖汉旗博物馆刘海文、邵小光、张天祥等。我所贾笑冰助理研究员曾协助进行高空摄影等。董新林带领本队人员完成了室内整理和考古发掘报告初稿的编写。参加2002年发掘的人员有本所李春林、于忠昌、智建荣、巴特尔、张林，辽宁省锦州市博物馆吴鹏，内蒙古敖汉旗博物馆刘海文、钱旭、邵晓红等。董新林带领本所人员完成室内整理，由李春林、董新林完成考古发掘报告初稿的编写。所雇民工主要是大昌镇兴隆村村民。

虽然蓝家寨遗址和石园子墓地考古发掘结束后，发掘者就完成了年度的考古发掘报告的撰

---

① 重庆市文物考古所、湖南益阳市文物考古队、重庆市文物局等：《巫山蓝家寨遗址发掘报告》，《重庆库区考古报告集·2000卷·上》，科学出版社，2007年，第1～24页。

② 李智涛：《2012WLH1动物遗骸的发掘与初步认识》，重庆师范大学硕士学位论文，2013年；郑利平、武仙竹、金普军等：《重庆巫山大昌蓝家寨遗址石灰墓灰浆成分分析》，《重庆师范大学学报（自然科学版）》2014年第1期；武仙竹、邹后曦、黄秒斌：《巫山蓝家寨遗址发现食虫目和翼手目动物》，《重庆师范大学学报（自然科学版）》2014年第1期；刘芳、常云平、张硕：《巫山蓝家寨遗址发现的金丝猴骨骼标本》，《重庆师范大学学报（自然科学版）》2014年第1期；武仙竹、邹后曦、黄秒斌：《巫山蓝家寨遗址家畜的动物骨骼》，《人类学学报》2015年第3期；武仙竹、邹后曦、滕明金：《巫山蓝家寨遗址啮齿目动物研究报告》，《边疆考古研究（第17辑）》，科学出版社，2015年，第351～358页。

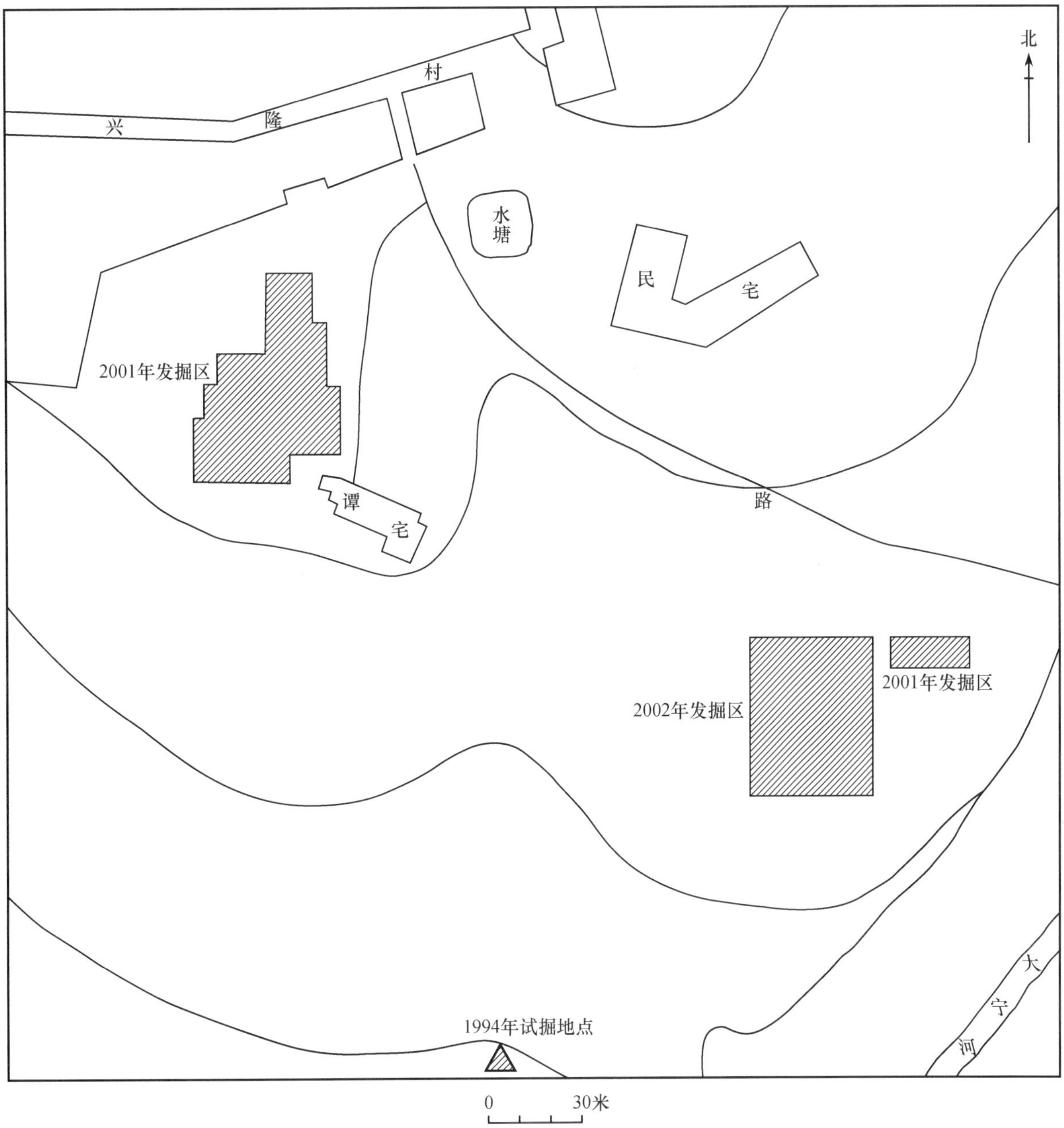

图1-2-1　蓝家寨遗址和石园子墓地发掘区位置示意图

写，但是因为主客观原因，资料迟迟未能发表。2021年12月开始，根据中国社会科学院考古研究所所领导安排，中国社会科学院考古研究所内蒙古第二工作队负责整理本所发掘的巫山古城的考古发掘报告。因为资料不足，所以征求所领导同意后，拟将蓝家寨遗址和石园子墓地发掘资料一并整理发表。2022年1月，重新开始收集蓝家寨遗址三个年度的考古原始资料和考古发掘报告底稿。因为主客观原因，线图和图版资料出现缺失的情况，所以董新林和汪盈安排李春林、岳天懿、陈泽宇、王岩、王亚琪等就原始发掘记录进行校对和补充，并赴重庆中国三峡博物馆、巫山博物馆核对实物和原始档案。

本编考古发掘报告由叶茂林主笔第二章初稿，李春林主笔第四章和第六章第一节初稿，其余部分由董新林和岳天懿主笔完成，董新林和汪盈对本编全部内容进行核校统稿。线图清绘主要由中国社会科学院考古研究所内蒙古第二工作队王岩、王亚琪完成，张晓强、陈小云、皮鹏飞、兰晓旭等参加了部分扫描、清绘工作。

既往发表资料与本报告相悖之处，均以本报告为准。

第二章　蓝家寨遗址1994年发掘资料

1994年3月，中国社会科学院考古研究所三峡考古队为配合三峡建设工程和实施三峡库区文物保护规划，对大宁河流域进行了一系列文物考古调查、钻探与发掘工作。其中，在大昌盆地的考古工作中首次发现了蓝家寨遗址，并对遗址的分布范围、文化性质和年代等问题作了初步的认定。其后在4月中旬，对遗址实施了选点发掘，布设10米×10米探方4个，编号94CWLT101～94CWLT104。加上扩方，揭露面积共达510平方米（图2-0-1；图版八一，1），获取了一批东周时期的文化遗物。

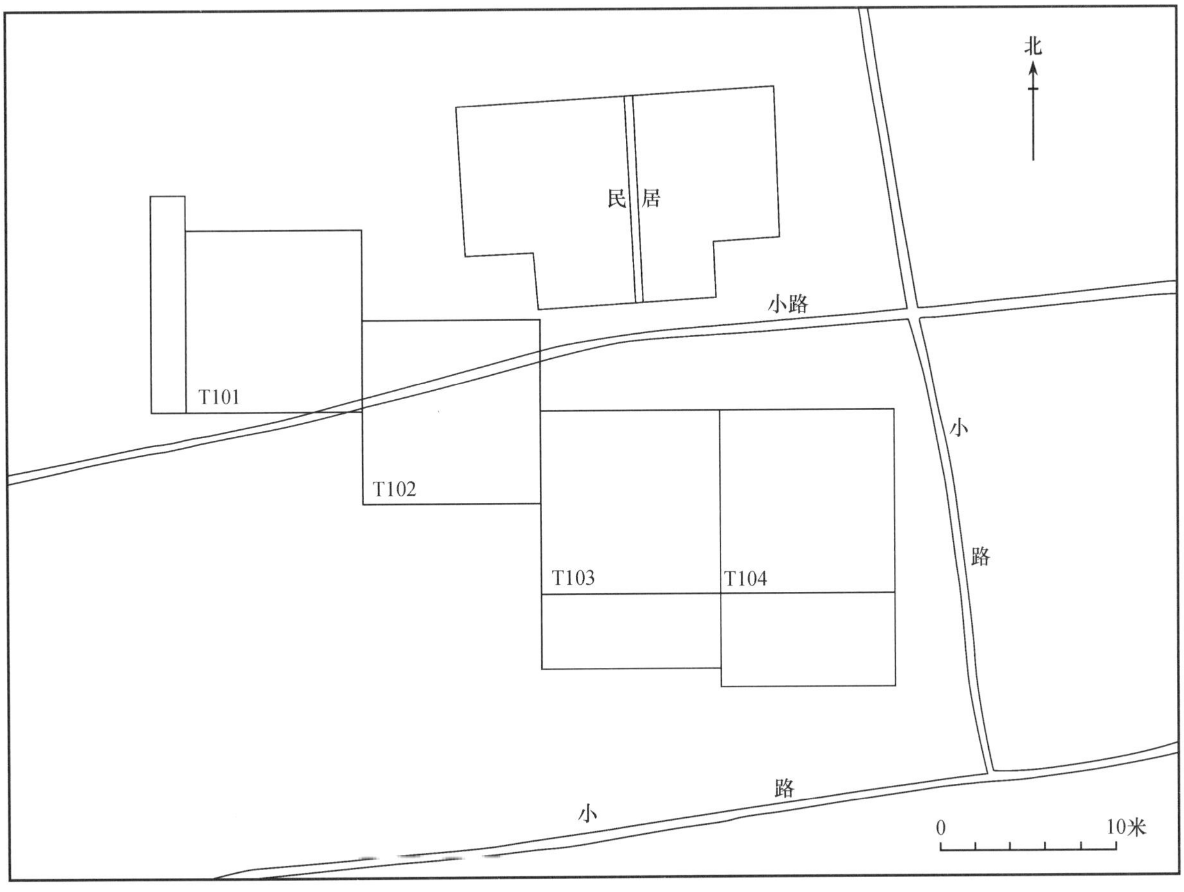

图2-0-1　蓝家寨遗址1994年探方分布图

第一节　文化堆积和典型层位

蓝家寨遗址的地层堆积较为简单，仅见两层。以94CWLT101为例（图2-1-1）。

第1层：耕土层。灰黄色亚黏土，质稍松软。厚约0.3米。内含少许陶片、汉代榆荚钱及其他遗物。

第2层：东周文化层。灰黑色亚黏土，质稍松软。厚0～0.3米。内含大量陶片、石块和少量残铁器、残铜器以及石器等。

此层之下是较为纯净的褐斑黄土，内无任何文化遗物，可视作该遗址的生土层。

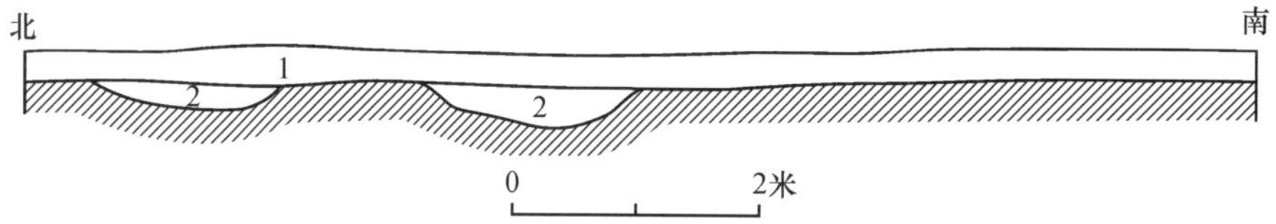

图2-1-1　蓝家寨遗址94CWLT101东壁剖面图

第二节　东周时期遗存

在蓝家寨东周文化层的清理中，未发现任何遗迹现象，但出土了较多的遗物。出土遗物包括铜器、陶器、石器、铁器等。

一、铜　　器

共4件。均青铜质。有镞、剑柄、剑首和其他残片等。

镞　1件。

94CWLT104②：1，三棱翼，圆锥形，尾端有銎，锋及翼刃稍残，刃缘打磨锋利，可复原。銎中残存炭化胶结物，外观似锈蚀的铁质。残长3.6、翼长2.7、翼宽0.3、脊径0.7～0.8厘米，銎径不详（图2-2-1，1）。

剑柄　1件。

94CWLT103②：10-1，系巴蜀式柳叶形剑柄部残段，两端皆为断痕，截面呈菱形，有脊，有单面钻孔痕迹，边缘有使用痕迹。残长3、宽1.5～1.8、脊厚0.5、孔径约0.5厘米（图2-2-1，3）。

剑首　1件。

94CWLT103②：9，残件，圆片形，呈凹圈状，一面弧。直径3.7、中部残孔直径1.7、厚0.2厘米（图2-2-1，2）。

另见一锈蚀成块的条状残片，器形不明。

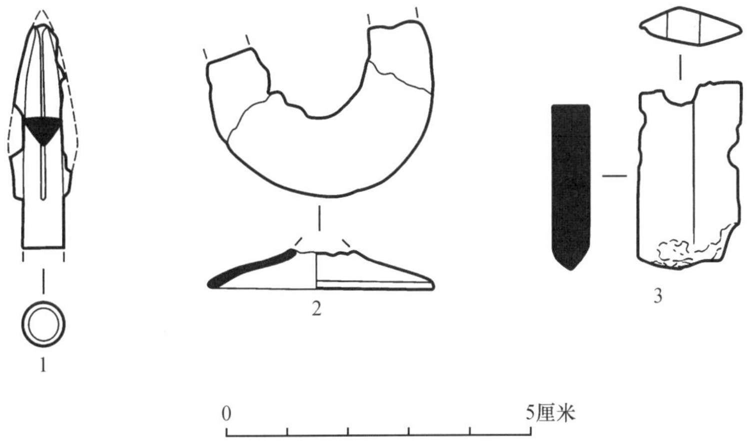

图2-2-1　蓝家寨遗址1994年出土铜器

1. 镞（94CWLT104②：1）　2. 剑首（94CWLT103②：9）　3. 剑柄（94CWLT103②：10-1）

二、陶　　器

均为残片，出土数量最多。按质地可分泥质陶和夹砂陶两大类，其中泥质陶居多，占总数的60%以上。依陶色又可细分出泥质红褐或灰胎的黑皮陶、泥质灰陶、泥质黄褐陶等。夹砂陶稍少，并可区分出夹细砂和夹粗砂两类，夹细砂者在数量上又略占多数，依陶色则可细分出夹砂灰黑陶、夹砂灰褐陶两类。陶器纹饰以绳纹为主，间有少量的方格纹、凹弦纹和瓦棱纹（图2-2-2）。陶器以手制为主，轮制罕见，火候普遍较高。可辨器形有鬲、豆、罐、甗、瓮、盂、罍、盆、缸、簋、壶、器盖、碗、盘、觚形器、甑。

鬲　共51件。均为残片，分口沿和足根两类。前者32件，后者19件。

口沿　共32件，发表14件。据口部形态可分三型。

图2-2-2　蓝家寨遗址1994年出土陶片纹饰拓本

1～4. 绳纹（94CWLT101②、94CWLT101②、94CWLT101②、94CWLT103②）　5. 瓦棱纹（94CWLT104②）

6、7. 凹弦纹（94CWLT103②）　8. 方格纹（94CWLT101②）

A型　3件。圆唇，小折沿。分二式。

Ⅰ式：2件。圆唇，小沿平折，束颈，微鼓腹。

94CWLT103②：10-2，夹细砂红陶，灰色陶衣。沿口上直微侈而下敛，直溜肩。饰凸弦纹间粗绳纹。口径38.5、残高6.5、胎厚0.5厘米（图2-2-3，9）。

94CWLT103②：6，夹细砂灰陶，表呈黄灰色。平沿略弧曲，敛口，小折肩。饰粗绳纹。口径32、残高5、胎厚0.8厘米（图2-2-3，1）。

Ⅱ式：1件。

94CWLT101②：117，夹细砂灰陶，表黄灰色。圆唇，小沿，领稍宽斜折，沿口上侈下敛，溜肩，腹微鼓。素面。口径32、残高6.2、胎厚0.5厘米（图2-2-3，2）。

B型　6件。方唇，小折沿。分三式。

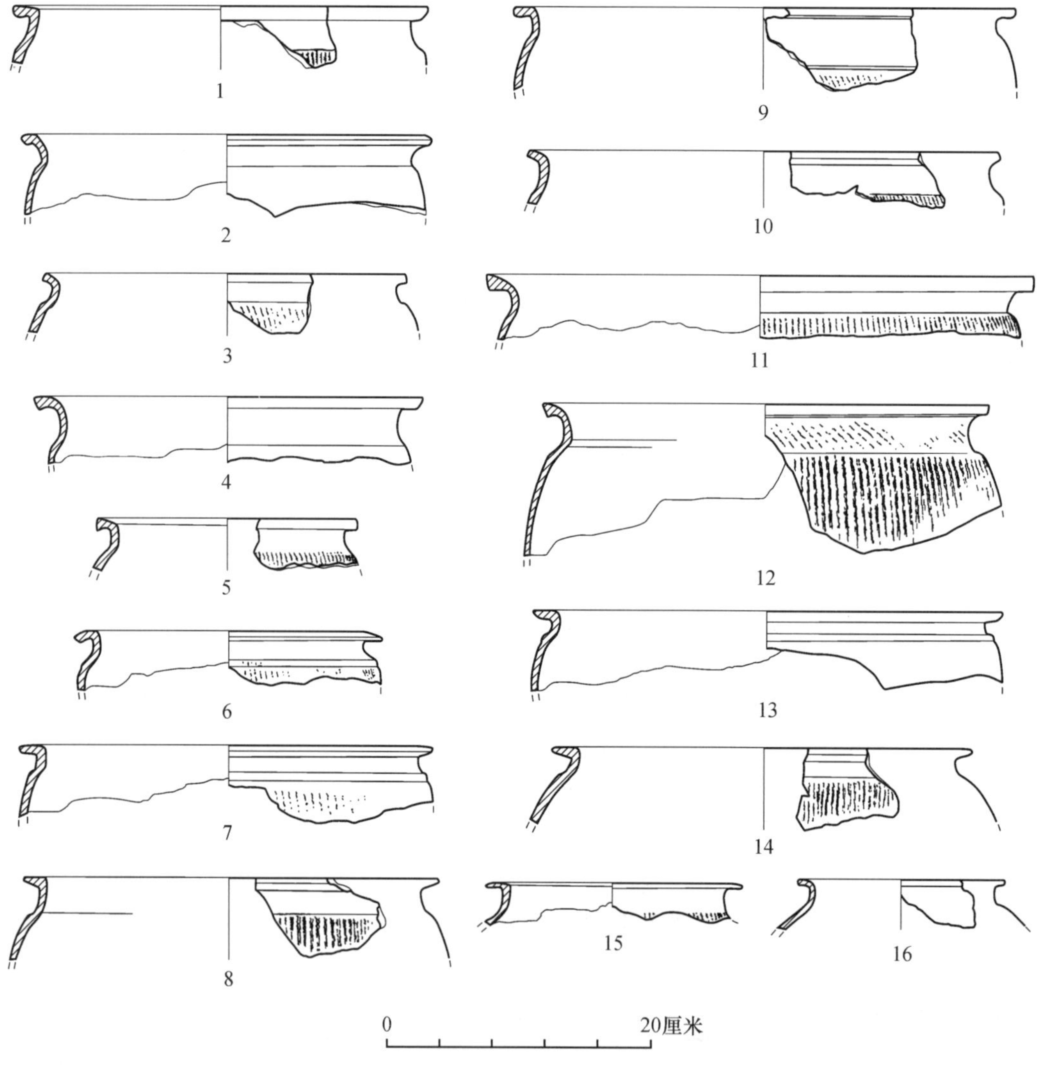

图2-2-3　蓝家寨遗址1994年出土陶鬲、陶罐、陶罍

1、9. A型Ⅰ式鬲口沿（94CWLT103②：6、94CWLT103②：10-2）　2. A型Ⅱ式鬲口沿（94CWLT101②：117）　3. B型Ⅱ式鬲口沿（94CWLT103②：69）　4、5、11、12. B型Ⅲ式鬲口沿（94CWLT101②：160、94CWLT101②：7、94CWLT101②：163、94CWLT101②：260）　6. C型Ⅰ式鬲口沿（94CWLT102②：71）　7、13. C型Ⅱ式鬲口沿（94CWLT103②：103、94CWLT104②：113）　8、14. C型Ⅲ式鬲口沿（94CWLT104②：76、94CWLT103②：75）　10. B型Ⅰ式鬲口沿（94CWLT103②：80）　15. B型Ⅳ式罐（94CWLT103②：94）　16. 罍（94CWLT101②：61）

Ⅰ式：1件。

94CWLT103②：80，夹细砂褐陶。方唇，小折沿，矮直领，沿领口上侈下敛，小折肩。饰绳纹。口径36、残高4.5、胎厚0.6厘米（图2-2-3，10）。

Ⅱ式：1件。

94CWLT103②：69，粗砂红陶，红褐相间，色不匀。方唇，小折沿，矮斜领，沿领口上侈下敛，小折肩。饰绳纹。口径28、残高4.5、胎厚0.8～1厘米（图2-2-3，3）。

Ⅲ式：4件。尖角方唇，折沿，矮直领，沿领口上侈下敛。

94CWLT101②：7，夹细砂红陶。溜肩。饰绳纹。口径20、残高5、胎厚0.5厘米（图2-2-3，5）。

94CWLT101②：160，夹细砂灰胎黑衣陶。小沿卷折，微折肩。素面。口径30、残高4.5、胎厚0.7厘米（图2-2-3，4）。

94CWLT101②：163，夹细砂黄灰胎黑衣陶。折沿略宽，溜肩。饰绳纹。口径42、残高4.7、胎厚0.5厘米（图2-2-3，11）。

94CWLT101②：260，夹细砂黄灰胎黑衣陶。领稍高，肩微折。饰绳纹。口径34、残高11、胎厚0.5厘米（图2-2-3，12）。

C型　5件。尖唇，平折沿，口上直下敛。

Ⅰ式：1件。

94CWLT102②：71，夹细砂黄褐陶。尖圆唇，卷沿下垂，上口微侈，微折肩。饰绳纹。口径24、残高4、胎厚0.6厘米（图2-2-3，6）。

Ⅱ式：2件。夹细砂黄灰陶，微折肩。

94CWLT103②：103，尖唇稍圆。饰绳纹。口径32、残高6、胎厚0.5厘米（图2-2-3，7）。

94CWLT104②：113，素面。口径36、残高6、胎厚0.5厘米（图2-2-3，13）。

Ⅲ式：2件。夹细砂灰陶，三角形平折沿。饰绳纹。

94CWLT103②：75，尖圆唇。口径32、残高6、胎厚0.4厘米（图2-2-3，14）。

94CWLT104②：76，口径32、残高6、胎厚0.6厘米（图2-2-3，8）。

足根片　共19件，发表15件。可分五式。

Ⅰ式：2件。夹砂红陶，锥形足，外表粗糙，素面，手制。

94CWLT103②：237，残高6.2、足根直径2.7厘米（图2-2-4，1）。

94CWLT103②：235，足下端呈扁窄椭圆形，足尖残。残高4.3、足径1～2.5厘米（图2-2-4，2）。

Ⅱ式：5件。夹砂红陶，圆柱形直足根略内收，绳纹。

94CWLT104②：228，夹粗砂。残高5.5、足径3.5厘米（图2-2-4，6）。

94CWLT101②：231，夹粗砂。残高5、足径3厘米（图2-2-4，7）。

94CWLT104②：225，足柱横剖面略呈圆角方形。残高7、足径2.5～3.5厘米（图2-2-4，3）。

94CWLT103②：240，夹粗砂。足根底内收度较大。残高19.5、足径2.4～5厘米（图2-2-4，5）。

94CWLT103②：221，夹细砂。足柱横剖面略呈圆角方形。残高9.5、足径2.8～5厘米（图2-2-4，4）。

Ⅲ式：3件。圆柱形斜直足根，足立度较垂直，绳纹。

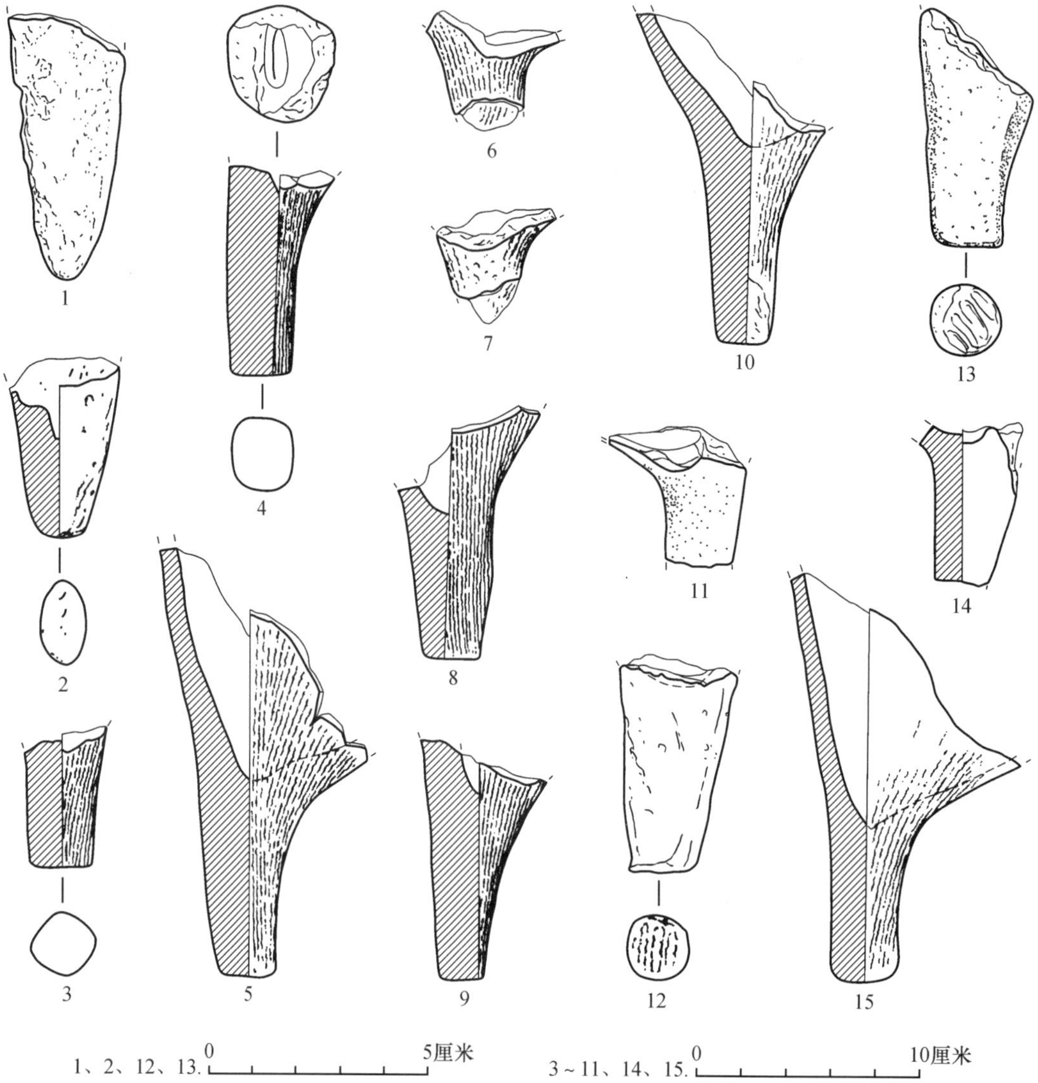

图2-2-4　蓝家寨遗址1994年出土陶鬲足

1、2. Ⅰ式（94CWLT103②：237、94CWLT103②：235）　3～7. Ⅱ式（94CWLT104②：225、94CWLT103②：221、94CWLT103②：240、94CWLT104②：228、94CWLT101②：231）　8～10. Ⅲ式（94CWLT101②：224、94CWLT104①：227、94CWLT104②：239）　11～14. Ⅳ式（94CWLT103②：226、94CWLT104②：232、94CWLT101②：234、94CWLT101②：229）　15. Ⅴ式（94CWLT103②：238）

94CWLT101②：224，夹细砂红褐陶。残高12、足径2.5～5厘米（图2-2-4，8）。

94CWLT104①：227，夹砂灰胎红陶。残高11、足径2～5.5厘米（图2-2-4，9）。

94CWLT104②：239，夹粗砂黄灰胎红陶。残高15、足径2.5～5厘米（图2-2-4，10）。

Ⅳ式：4件。圆柱形外撇足根，素面。

94CWLT101②：234，夹砂红陶。残高5.5、足径1.6～2.8厘米（图2-2-4，13）。

94CWLT104②：232，夹粗砂黄陶。残高5、足径1.5～3.5厘米（图2-2-4，12）。

94CWLT101②：229，夹粗砂灰黑胎红陶。残高7.5、足径2～5厘米（图2-2-4，14）。

94CWLT103②：226，夹细砂灰陶。残高6.5、足径2.5～4.5厘米（图2-2-4，11）。

Ⅴ式：1件。

94CWLT103②：238，夹粗砂灰陶。大袋足，小蹄形足根。饰绳纹。残高18、足径3～4厘米（图2-2-4，15）。

豆　共45件。残片为主，可复原者5件。发表31件。

复原器　共5件。可分二型。

A型　4件。高柄把。分二式。

Ⅰ式：3件。侈口，弧壁浅盘，细高柄把，喇叭状圈足，素面。

94CWLT101②：1，泥质褐胎灰陶。尖唇。口径16～16.5、通高17、足底径6.8、胎厚0.5～0.6厘米（图2-2-5，3）。

94CWLT102②：2-1，泥质褐胎灰陶。圆唇，口沿歪斜。口径12～13、通高15、足底径7.2、胎厚0.4～0.8厘米（图2-2-5，2）。

94CWLT103②：2，泥质红陶。圆唇。口径15.2、通高14、足底径8.5、胎厚0.5～1厘米（图2-2-5，1）。

Ⅱ式：1件。

94CWLT102②：1，泥质灰陶。尖唇，弧壁浅盘，细高柄把，柄表不平略起波折，喇叭形

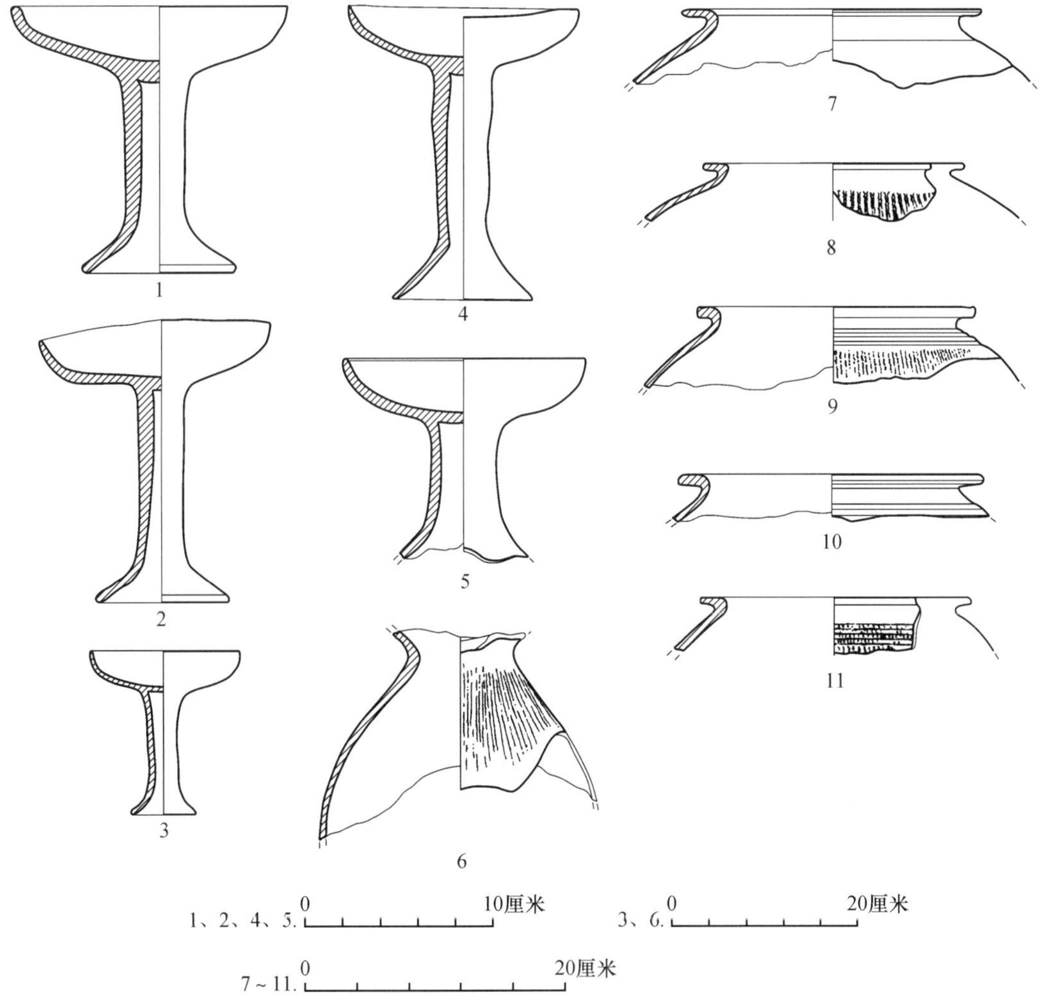

图2-2-5　蓝家寨遗址1994年出土陶豆、陶甗、陶瓮

1～3. A型Ⅰ式豆（94CWLT103②：2、94CWLT102②：2-1、94CWLT101②：1）　4. A型Ⅱ式豆（94CWLT102②：1）　5. B型豆（94CWLT103②：204）　6. 甗（94CWLT104②：269）　7～11. 瓮（94CWLT103②：141、94CWLT103②：34、94CWLT102②：139、94CWLT101②：98、94CWLT104②：36）

圈足。素面。口径12～13、通高15、足底径7.5、胎厚0.4～0.9厘米（图2-2-5，4）。

B型　1件。矮粗柄把。

94CWLT103②：204，泥质褐胎红陶。圆唇，弧壁浅盘，喇叭形圈足。素面。足底残缺。口径12.5、残高10.5、胎厚0.6厘米（图2-2-5，5）。

盘口沿片　共11件。侈口，弧壁，敞腹。可分三式。

Ⅰ式：5件。大侈口，斜弧壁，圜底，素面。

94CWLT103②：150，泥质红陶。尖圆唇，大浅盘。口径14、残高2.5、胎厚0.4厘米（图2-2-6，1）。

94CWLT101②：174，夹砂红陶。圆唇，小盘，腹较深。口径12、残高3、胎厚0.5～0.8厘米（图2-2-6，2）。

94CWLT101②：218，泥质红陶。圆唇，小盘，深腹。口径13、残高4、胎厚0.5厘米（图2-2-6，3）。

94CWLT102②：171，泥质黄陶。圆尖唇，小盘，腹较深。口径12、残高3、胎厚0.5厘米（图2-2-6，4）。

94CWLT101②：165，泥质红陶。方圆唇，较大浅盘。口径14、残高2、胎厚0.6厘米（图2-2-6，5）。

Ⅱ式：2件。侈口大盘，腹壁略曲折起棱，腹稍深，斜圜底，素面。

94CWLT103②：175，泥质红陶。圆唇。口径16、残高3.5、胎厚0.3～0.5厘米（图2-2-6，6）。

94CWLT101②：180，夹细砂褐灰胎灰陶。尖唇。口径16、残高4.5、胎厚0.6厘米（图2-2-6，7）。

Ⅲ式：4件。侈口大盘，弧壁，盘底略平，素面。

94CWLT103②：220，泥质灰陶。尖唇，浅腹，薄胎。口径13、残高2、胎厚0.2厘米（图2-2-6，8）。

94CWLT104②：164，泥质灰陶。圆唇，侈口稍直，腹壁略直，口径20、残高3、胎厚0.4厘米（图2-2-6，9）。

94CWLT102②：156，泥质红陶，黑褐胎。方圆唇，大口，浅腹，内底较宽平。口径18、残高2、胎厚0.7厘米（图2-2-6，11）。

94CWLT101②：159，夹细砂黑褐陶。圆唇，直口微侈，直壁深腹，内底较平缓。口径16、残高4.5、胎厚0.4厘米（图2-2-6，10）。

柄把片　共10件。皆残，均为长细管状。分高柄和矮把两种，矮把占多数，高柄较少。分三型。

A型　2件。圆管状高直柄，柄表略起波折，喇叭形圈足，素面。

94CWLT101②：199，泥质黑衣陶，红褐胎。圈足底沿内收。残高10、足底径7.5、胎厚0.4～0.6厘米（图2-2-6，13）。

94CWLT101②：200，泥质黄褐陶。圈足底沿略内收。残高14、足底径8、胎厚0.5厘米（图2-2-6，12）。

B型　7件。圆管状直柄稍矮。

94CWLT103②：201，夹细砂黑衣陶，灰胎。柄表略起波折，喇叭状圈足，足底沿上翘下

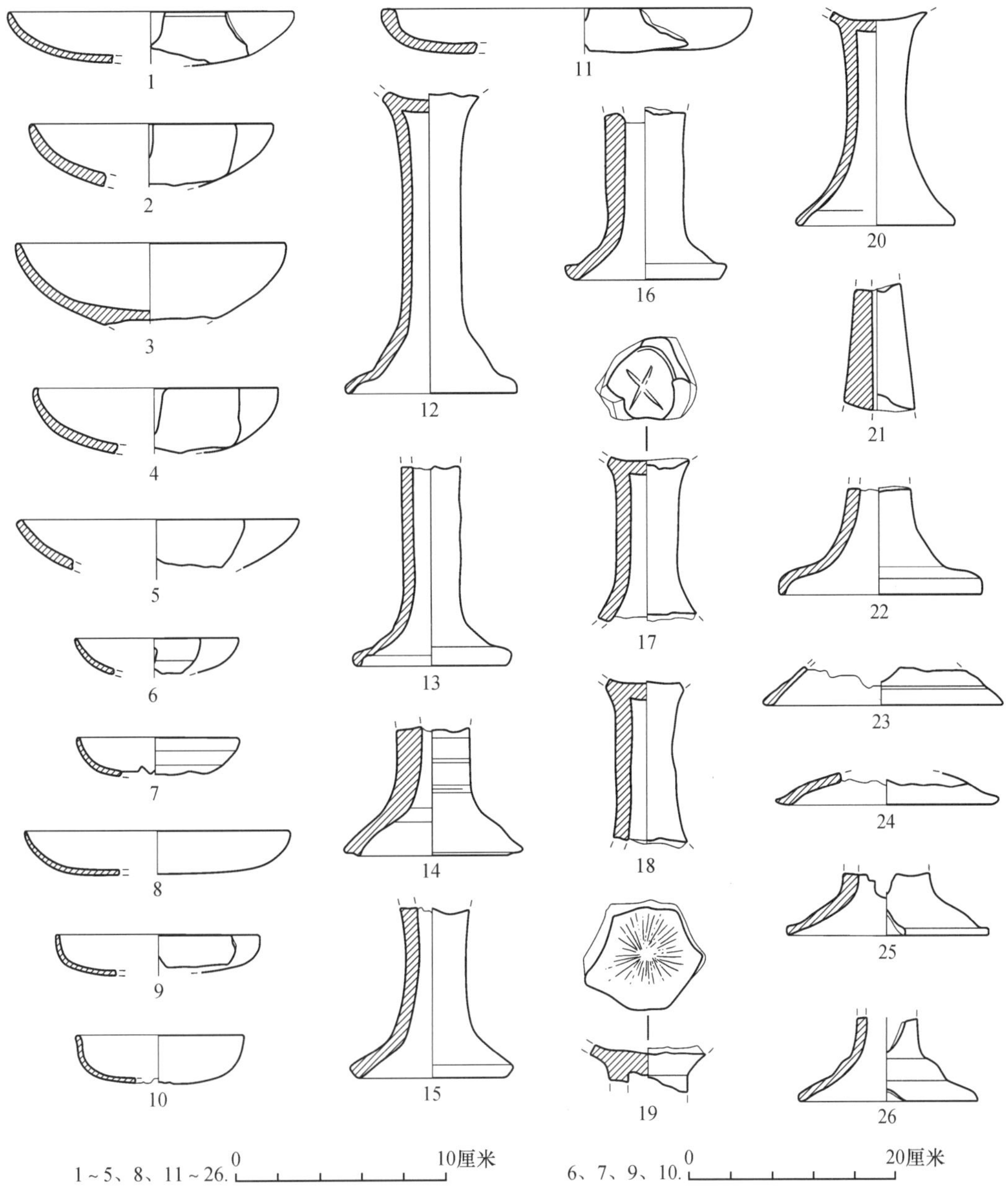

图2-2-6　蓝家寨遗址1994年出土陶豆

1～5. Ⅰ式豆盘（94CWLT103②：150、94CWLT101②：174、94CWLT101②：218、94CWLT102②：171、94CWLT101②：165）
6、7. Ⅱ式豆盘（94CWLT103②：175、94CWLT101②：180）　8～11. Ⅲ式豆盘（94CWLT103②：220、94CWLT104②：164、94CWLT101②：159、94CWLT102②：156）　12、13. A型豆柄（94CWLT101②：200、94CWLT101②：199）
14～20. B型豆柄（94CWLT103②：208、94CWLT104②：203、94CWLT103②：201、94CWLT103②：212、94CWLT103②：217、94CWLT101②：216、94CWLT104②：202）　21. C型豆柄（94CWLT101②：211）
22～26. 圈足（94CWLT104②：205、94CWLT103②：154、94CWLT101②：198、94CWLT103②：195、94CWLT102②：194）

内收。素面。残高8、足底径7.8、胎厚0.5～1厘米（图2-2-6，16）。

94CWLT104②：203，夹粗砂褐胎黑衣陶。柄腰略内收，喇叭状圈足，足底沿内收。素面。残高8、足底径7.8、胎厚0.6～0.8厘米（图2-2-6，15）。

94CWLT103②：212，泥质黑衣陶，灰黄胎。矮直柄，上下皆残。素面。上端面残留“×”形刻划符号，系烧成之后再施加的刻划，划痕较粗深。残高7.5、柄径3、胎厚0.6～0.8

厘米（图2-2-6，17）。

94CWLT103②：217，泥质红陶。柄把部残段，柄表起波折。素面。残高8、柄径2.8～3.2、胎厚0.7～0.8厘米（图2-2-6，18）。

94CWLT104②：202，夹细砂灰陶。中高柄，柄腰略内收，喇叭形圈足。素面。残高9.8、足底径8、胎厚0.3～0.7厘米（图2-2-6，20）。

94CWLT103②：208，泥质红陶，灰褐胎。上部残，喇叭形圈足，子母口状足底沿，厚胎。柄上有细旋纹。残高5.5、足底径9、胎厚0.6～1.2厘米（图2-2-6，14）。

94CWLT101②：216，泥质黑衣陶，红胎。残存柄与盘底部。盘面上残留射线状暗纹。柄径3.5、残高2.5、胎厚0.6～1厘米（图2-2-6，19）。

C型　1件。

94CWLT101②：211，泥质褐胎黑衣陶。残柄把中段，上细下粗，中孔甚细，近似实心。素面。残高6、柄径2.7～3.5、胎厚0.8～1.4厘米（图2-2-6，21）。

圈足片　5件。喇叭状。

94CWLT103②：195，泥质红陶。曲壁，足底沿外撇。素面。足底径10、胎厚0.3～0.8厘米（图2-2-6，25）。

94CWLT101②：198，夹细砂褐黄陶。足沿外撇。素面。足底径11、胎厚0.4厘米（图2-2-6，24）。

94CWLT102②：194，泥质灰胎红陶。曲壁。足底径9、胎厚0.4厘米（图2-2-6，26）。

94CWLT104②：205，泥质灰陶。曲壁。素面。残高5.4、足底径9.5、胎厚0.4～0.7厘米（图2-2-6，22）。

94CWLT103②：154，泥质黑衣陶，灰胎。曲壁。饰凹弦纹。足底径12、胎厚0.2～0.4厘米（图2-2-6，23）。

罐　发表25件。分四型。

A型　6件。宽折沿，束颈。分四式。

Ⅰ式：2件。圆唇，沿颈口上侈下敛，素面。

94CWLT101②：125，夹粗砂红陶。口径28、残高4、胎厚1.3厘米（图2-2-7，1）。

94CWLT101②：188，夹粗砂灰黑陶，外黑内红。口径24、残高3.6、胎厚0.7～0.8厘米（图2-2-7，2）。

Ⅱ式：2件。宽直沿稍外折，沿颈口上侈下敛。

94CWLT101②：57，夹粗砂红陶。灰褐胎，方圆唇。饰绳纹。口径21、残高4、胎厚0.5厘米（图2-2-7，3）。

94CWLT104②：186，夹粗砂黑褐陶。素面。口径14、残高3.2、胎厚0.8厘米（图2-2-7，4）。

Ⅲ式：1件。

94CWLT104②：185，夹粗砂红褐陶。方唇，折沿，束颈，沿颈口上侈下敛。素面。口径16、残高2.8、胎厚0.6厘米（图2-2-7，5）。

Ⅳ式：1件。

94CWLT101②：70，夹粗砂红陶。圆唇，宽折沿，束颈，沿颈口上侈下敛。饰绳纹。口

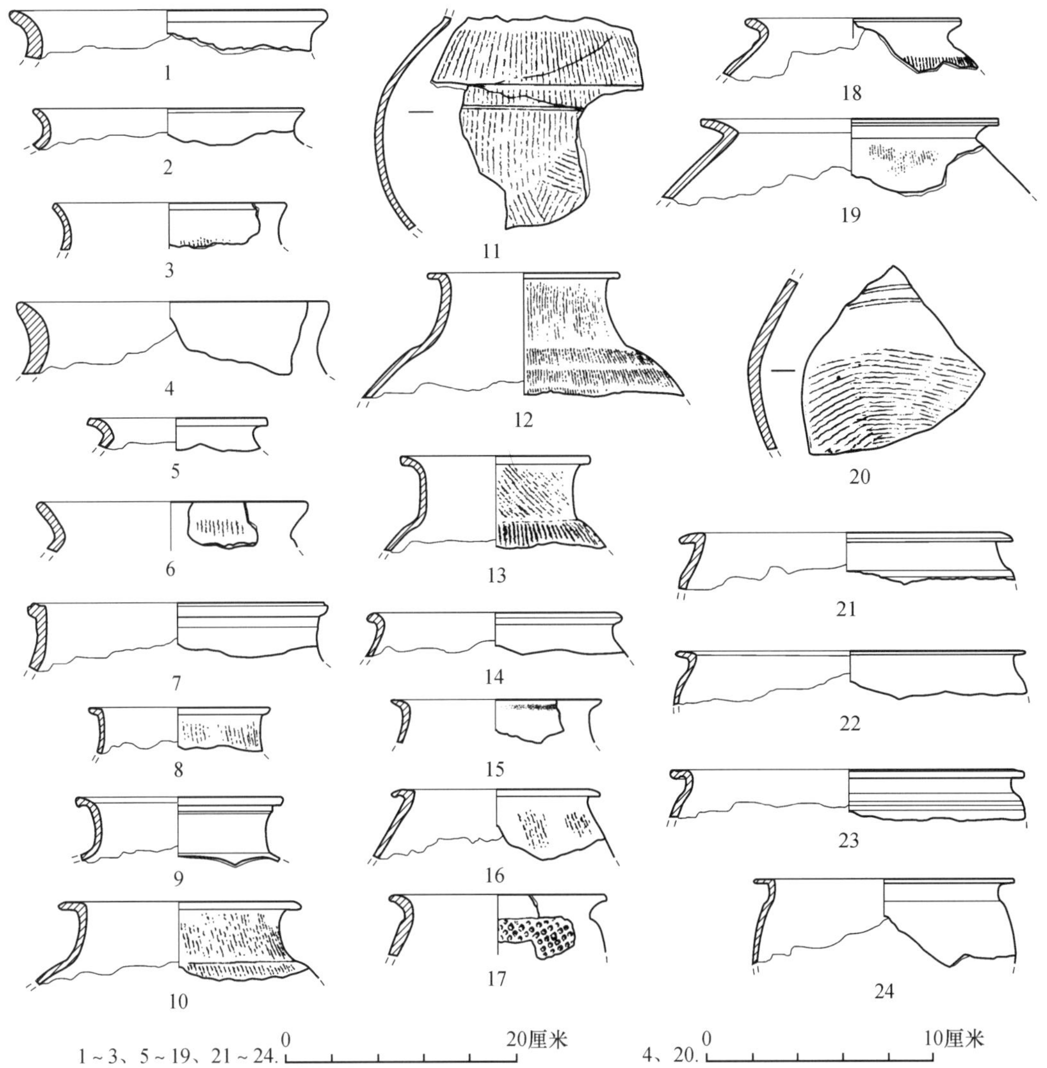

图2-2-7　蓝家寨遗址1994年出土陶罐

1、2. A型Ⅰ式（94CWLT101②：125、94CWLT101②：188）　3、4. A型Ⅱ式（94CWLT101②：57、94CWLT104②：186）　5. A型Ⅲ式（94CWLT104②：185）　6. A型Ⅳ式（94CWLT101②：70）　7. B型Ⅰ式（94CWLT103②：155）　8. B型Ⅱ式（94CWLT103②：110）　9. B型Ⅲ式（94CWLT104②：4）　10、11. B型Ⅳ式（94CWLT102②：102、94CWLT104②：268）　12、13. B型Ⅴ式（94CWLT101②：145、94CWLT101②：146）　14. C型Ⅰ式（94CWLT101②：129）　15. C型Ⅱ式（94CWLT103②：134）　16. C型Ⅲ式（94CWLT103②：99）　17. C型Ⅳ式（94CWLT101②：63）　18. C型Ⅴ式（94CWLT103②：166）　19. C型Ⅵ式（94CWLT103②：104）　20～23. D型Ⅰ式（94CWLT104②：266、94CWLT104②：88、94CWLT104②：109、94CWLT103②：21）　24. D型Ⅱ式（94CWLT103②：86）

径24、残高4、胎厚0.8～1厘米（图2-2-7，6）。

B型　8件。直口，高直领，溜肩，圆鼓腹。分五式。

Ⅰ式：1件。

94CWLT103②：155，泥质黑衣陶，褐胎。唇沿圆卷，沿面有凹槽，高直领，直口。口径27、残高5.3、胎厚0.8～1.2厘米（图2-2-7，7）。

Ⅱ式：1件。

94CWLT103②：110，夹细砂灰陶。圆唇，小折沿，高直领，直口。饰绳纹。口径16、残高4、胎厚0.4～0.6厘米（图2-2-7，8）。

Ⅲ式：1件。

94CWLT104②：4，泥质红陶，灰胎。方唇带下垂尖角，卷折沿，高领，沿领口上侈下直。素面。口径18、残高6、胎厚0.6厘米（图2-2-7，9）。

Ⅳ式：3件。宽沿平折，折领口内敛，高直领，圆鼓腹，绳纹。

94CWLT102②：102，泥质褐陶。圆唇。口径21、残高7、胎厚0.4～0.8厘米（图2-2-7，10）。

94CWLT104②：268，泥质黄陶。腹部残片，球形腹。饰粗绳纹间凹弦纹。残高约18、胎厚0.6～0.8厘米（图2-2-7，11）。

94CWLT103②：94，夹粗砂灰陶。尖圆唇，领稍矮。口径20、残高3、胎厚0.5厘米（图2-2-3，15）。

Ⅴ式：2件。折沿，小口，高直领，广肩圆溜，绳纹。

94CWLT101②：146，泥质褐陶。方唇，沿领口上侈下直。口径16.7、残高8、胎厚0.6厘米（图2-2-7，13）。

94CWLT101②：145，泥质黑衣陶，红褐胎。圆唇，折沿平展，沿领口上直下敛。绳纹间凹弦纹。口径17、胎厚0.4～0.8厘米（图2-2-7，12）。

C型　6件。矮小折沿，束颈。分六式。

Ⅰ式：1件。

94CWLT101②：129，夹细砂黄陶。圆唇，卷折小沿，沿颈口上侈下敛。素面。口径22、残高3.8、胎厚0.4～0.8厘米（图2-2-7，14）。

Ⅱ式：1件。

94CWLT103②：134，泥质灰陶。尖唇，小沿，沿颈口上侈下敛，无肩，腹壁较直。饰绳纹。口径20、残高4、胎厚0.4～0.6厘米（图2-2-7，15）。

Ⅲ式：1件。

94CWLT103②：99，泥质黄褐陶。圆唇，垂尖小折沿，敛口，无肩，鼓腹。饰绳纹。口径18、残高6、胎厚0.4～0.6厘米（图2-2-7，16）。

Ⅳ式：1件。

94CWLT101②：63，夹粗砂红陶。圆唇，折沿，沿口上侈下敛，小肩，微鼓腹。饰方格纹。口径19、残高6、胎厚0.8～1厘米（图2-2-7，17）。

Ⅴ式：1件。

94CWLT103②：166，夹粗砂灰陶。圆唇，折沿，束颈，沿颈口上侈下敛，圆广肩。饰绳纹。口径19、残高4.8、胎厚0.5～0.8厘米（图2-2-7，18）。

Ⅵ式：1件。

94CWLT103②：104，泥质黑衣陶，红胎。方唇，宽折沿，束颈，沿颈口上侈下敛，圆广肩。饰绳纹。口径26、残高6.4、胎厚0.7～0.8厘米（图2-2-7，19）。

D型　5件。大敛口，折沿，束颈，小肩，大腹。分二式。

Ⅰ式：4件。窄小折沿，敛口，圆鼓腹。

94CWLT103②：21，泥质红陶，灰胎。圆唇，沿面凹槽，沿口微侈。饰瓦棱纹。口径32、残高4.4、胎厚0.4～0.8厘米（图2-2-7，23）。

94CWLT104②：266，泥质灰陶。下腹残片，弧曲壁，鼓腹。饰凹弦纹间绳纹。残高8、胎厚0.5～0.7厘米（图2-2-7，20）。

94CWLT104②：88，夹细砂灰陶。圆唇，折沿下垂。饰瓦棱纹。口径30、残高4.8、胎厚0.6厘米（图2-2-7，21）。

94CWLT104②：109，泥质灰陶。圆尖唇，平折沿，素面。口径32、残高4.4、胎厚0.4～0.6厘米（图2-2-7，22）。

Ⅱ式：1件。

94CWLT103②：86，泥质灰陶。方唇，宽平折沿，沿颈口上直下敛，腹直微鼓，素面。口径23、残高8、胎厚0.3～0.5厘米（图2-2-7，24）。

甗　1件。

94CWLT104②：269，夹砂黑褐陶。腰腹部残片，细腰，深腹。饰绳纹。腰径11.2、最大残径28、残高22、胎厚0.8～1.2厘米（图2-2-5，6）。

瓮　5件。平折沿，敛口，束颈，广肩，大鼓腹。

94CWLT101②：98，泥质黄陶。圆唇，沿面起凹槽。饰凸弦纹。口径24、残高4、胎厚0.5～0.8厘米（图2-2-5，10）。

94CWLT104②：36，夹细砂灰陶。方唇。饰绳纹间凹弦纹。口径22、残高4.4、胎厚0.4～0.9厘米（图2-2-5，11）。

94CWLT103②：141，泥质灰陶。圆尖唇，宽平折沿。残见绳纹痕迹。口径24、残高6.4、胎厚0.5～0.8厘米（图2-2-5，7）。

94CWLT103②：34，夹细砂灰陶。圆唇，平折沿。饰粗绳纹。口径21、残高4.4、胎厚0.6厘米（图2-2-5，8）。

94CWLT102②：139，夹细砂灰陶。唇部残缺，平折沿。饰瓦棱纹间粗绳纹。口径22、残高6、胎厚0.5～0.8厘米（图2-2-5，9）。

盂　7件。器体较小，折沿，大口，矮或中高直领，小折肩。

94CWLT102②：112，泥质灰陶。圆唇，垂尖卷折沿，沿领口上直下敛。素面。口径17、残高6、胎厚0.4厘米（图2-2-8，1）。

94CWLT104②：74，夹细砂黄陶。方唇，平折沿，大口，粗领，沿领口上侈下直。饰绳纹。口径16、残高4.4、胎厚0.4～0.6厘米（图2-2-8，2）。

94CWLT103②：47，泥质褐陶。圆唇，小沿微折，矮直领，沿领口上侈下直，腹壁较直。饰粗绳纹。口径17、残高5.2、胎厚0.6厘米（图2-2-8，3）。

94CWLT104②：25-1，泥质褐陶。方唇，小沿平折，沿领口上侈下直。饰瓦棱纹。口径18、残高5.2、胎厚0.6～0.8厘米（图2-2-8，4）。

94CWLT103②：32，夹细砂黄陶。尖唇，小折沿，沿领口上侈下直。口径23、残高4.4、胎厚0.6～0.8厘米（图2-2-8，5）。

94CWLT103②：85，夹细砂灰黑陶，褐胎。圆卷唇沿，敛口，矮领，方折肩，直腹。素面。口径17、残高4、胎厚0.6～0.8厘米（图2-2-8，7）。

94CWLT103②：133，夹细砂黑衣陶，褐胎。尖圆唇，小折沿，沿领口上直下敛。素面。

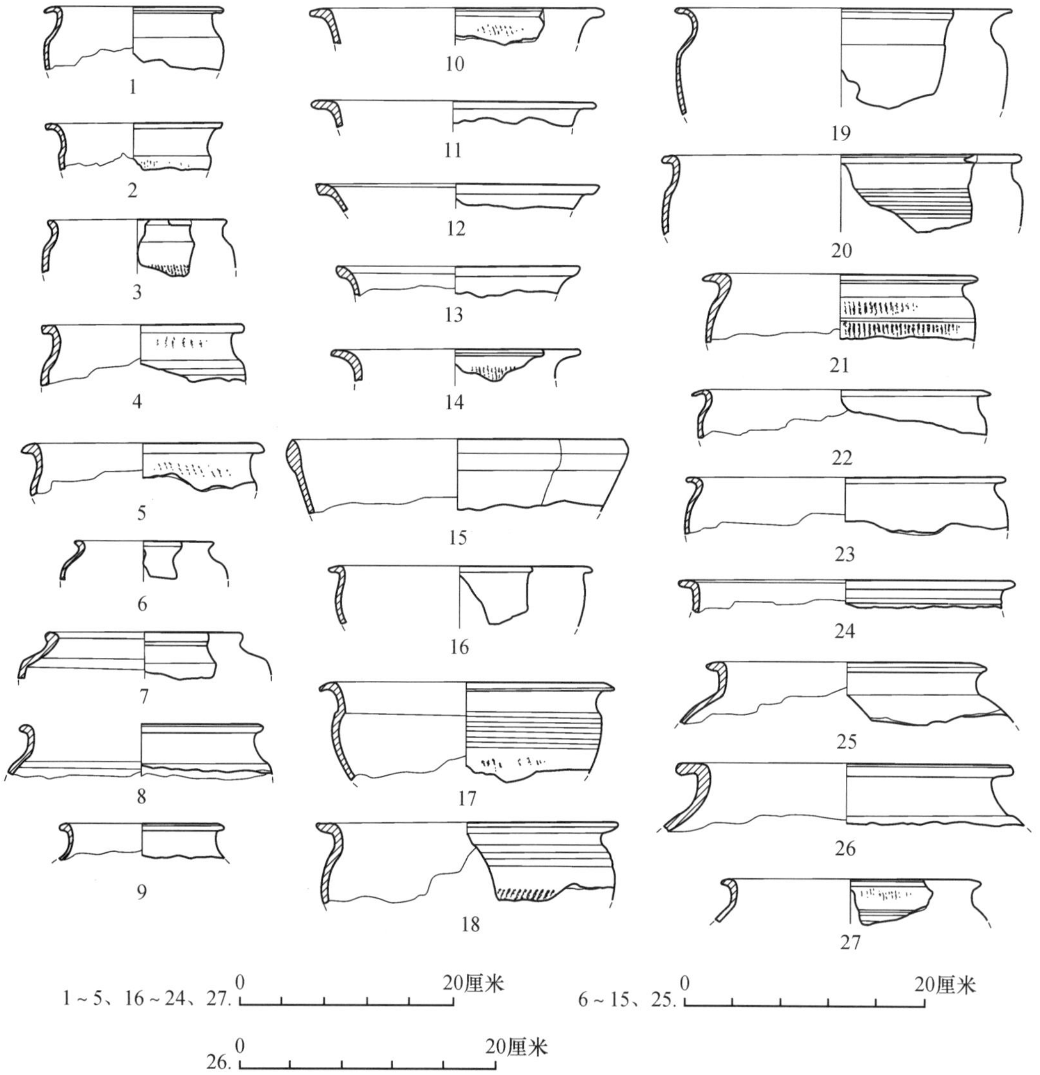

图2-2-8　蓝家寨遗址1994年出土陶盂、陶罍、陶盆、陶缸

1～7. 盂（94CWLT102②：112、94CWLT104②：74、94CWLT103②：47、94CWLT104②：25-1、94CWLT103②：32、94CWLT103②：133、94CWLT103②：85）　8、9、25～27. 罍（94CWLT101②：24、94CWLT104②：25-2、94CWLT104①：114、94CWLT103②：153、94CWLT103②：15-1）　10～14. Ⅰ式盆（94CWLT103②：16、94CWLT101②：31、94CWLT103②：33、94CWLT101②：27、94CWLT101②：66）　15. Ⅱ式盆（94CWLT101②：100）　16～23. Ⅲ式盆（94CWLT102②：89、94CWLT103②：38、94CWLT102②：39、94CWLT102②：119、94CWLT103②：173、94CWLT103②：37、94CWLT103②：28、94CWLT103②：115）　24. 缸（94CWLT102②：136）

口径12、残高2.9、胎厚0.4厘米（图2-2-8，6）。

罍　共6件。口沿残片。小折沿，直领，广肩。

94CWLT101②：61，夹细砂红陶。方唇，沿口侈，领口直，圆肩。素面。口径16、残高4、胎厚0.4厘米（图2-2-3，16）。

94CWLT103②：153，泥质褐胎黑衣陶。圆唇，折沿平展，矮斜领，领口上直微侈下敛，广肩略折。素面。口沿径26.4、领径23.2、残高4.8、胎厚0.5厘米（图2-2-8，26）。

94CWLT104②：25-2，泥质褐陶。圆唇，卷沿，直领稍高，广肩。素面。口径20、领径17.6、残高3.6、胎厚0.3～0.6厘米（图2-2-8，9）。

94CWLT101②：24，泥质褐陶。圆唇，小沿平折，直口，直领，折肩。素面。口径20.8、领径23.6、残高4.5、胎厚0.6厘米（图2-2-8，8）。

94CWLT103②：15-1，泥质红陶。圆尖唇，小折沿，直口，直领，圆广肩。饰凸弦纹。口径25、领径22.8、残高4.4、胎厚0.6厘米（图2-2-8，27）。

94CWLT104①：114，夹细砂灰陶，尖唇，小折沿，直口，直领，圆广肩。口径24、领径22、残高5.2、胎厚0.6～0.8厘米（图2-2-8，25）。

盆　共16件。均口沿残片。大口，大盘深腹，斜直内收腹壁或直壁微鼓。分三式。

Ⅰ式：5件。小折沿，大侈口，斜直腹壁内收。

94CWLT101②：27，泥质红陶。圆唇，折沿较小。素面。口径约20、残高2.4、胎厚0.4～0.8厘米（图2-2-8，13）。

94CWLT101②：66，泥质红陶。方唇，折沿稍宽。饰绳纹。口径21、残高2.8、胎厚0.6～0.8厘米（图2-2-8，14）。

94CWLT103②：16，夹细砂红陶。尖圆唇，平折沿，沿面有凹槽。饰绳纹。口径25、残高3.2、胎厚0.6～0.8厘米（图2-2-8，10）。

94CWLT101②：31，圆唇，平折沿较宽。素面。口径23.5、残高2、胎厚0.5～0.8厘米（图2-2-8，11）。

94CWLT103②：33，泥质红陶。方唇，折沿，腹壁较斜。素面。口径24、残高2、胎厚0.4～0.8厘米（图2-2-8，12）。

Ⅱ式：3件，刊布1件。

94CWLT101②：100，泥质褐陶。圆卷唇，斜直沿，大侈口，斜直腹壁内收。素面。口径28、残高6、胎厚0.5～1.2厘米（图2-2-8，15）。

Ⅲ式：8件。大口，折沿，沿口上直下敛，束颈，小肩，上腹微鼓或直，弧壁，下腹内收，深腹。

94CWLT102②：89，泥质灰陶。尖圆唇，小折沿。素面。口径25、残高5.6、胎厚0.4厘米（图2-2-8，16）。

94CWLT103②：37，泥质黄陶。尖圆唇，平折沿，腹直微鼓。饰粗绳纹间凹弦纹。口径26、残高6、胎厚0.6～1.2厘米（图2-2-8，21）。

94CWLT103②：173，夹细砂红褐陶。圆唇略方，小折沿，沿面有凹槽，直口，直腹微鼓。饰凸弦纹。口径32、残高7.2、胎厚0.5～0.6厘米（图2-2-8，20）。

94CWLT102②：39，泥质灰胎黄褐陶。尖唇，平折沿稍宽，沿口上侈下敛，溜肩，鼓腹。饰瓦棱纹间绳纹。口径28.5、残高8、胎厚0.4～0.7厘米（图2-2-8，18）。

94CWLT103②：115，泥质灰陶。圆唇，小折沿，沿口上直下敛，溜肩，直腹微鼓。素面。口径30、残高5.6、胎厚0.4～0.6厘米（图2-2-8，23）。

94CWLT103②：38，夹细砂灰胎黄陶。方唇，小折沿下垂，侈口，斜领，微鼓腹。饰凸弦纹间绳纹。口径28、残高9、胎厚0.4～0.6厘米（图2-2-8，17）。

94CWLT102②：119，夹砂灰陶。圆唇，卷折沿稍宽，直领，沿口上侈中直下敛，斜直腹壁，薄胎。素面。口径31、残高9.1、胎厚0.3～0.4厘米（图2-2-8，19）。

94CWLT103②：28，夹细砂红陶。圆唇，折沿下垂稍宽，沿口上侈下直，薄胎。素面。口径约28、残高4.5、胎厚0.2～0.4厘米（图2-2-8，22）。

缸　1件。

94CWLT102②：136，泥质黑衣陶，红褐胎。圆唇，平折沿，沿面起波折，大直口，直腹壁。饰瓦棱纹。口径31、残高2.4、胎厚0.6厘米（图2-2-8，24）。

簋　共17件。分口沿和圈足残片。

口沿片　9件。子母口沿。分四式。

Ⅰ式：2件。泥质红褐胎黑衣陶。平折肩高阶式子母口，内收式斜直沿领，敛口，腹壁较直，凹弦纹。

94CWLT101②：183，尖圆唇。口径22、残高4.5、胎厚0.3～0.5厘米（图2-2-9，1）。

94CWLT101②：245，圆唇。口径20、残高4.5、胎厚0.3～0.7厘米（图2-2-9，2）。

Ⅱ式：3件。平折肩矮阶式子母口，内收式斜直矮沿领，敛口，腹壁弧收，凹弦纹。

94CWLT101②：169，泥质黑衣陶，红褐胎。尖唇。口径18、残高6.5、胎厚0.3厘米（图2-2-9，3）。

94CWLT101②：157，夹细砂灰陶。圆唇。口径15.7、残高5、胎厚0.6厘米（图2-2-9，11）。

94CWLT101②：151，泥质褐陶。残口径17.1、残高5、胎厚0.6厘米（图2-2-9，12）。

Ⅲ式：2件。耸折肩矮阶式子母口，内收式斜直矮沿领，圆唇，敛口，腹壁弧收。凹弦纹。

94CWLT103②：158，泥质灰陶，褐胎。口径15.7、残高3.3、胎厚0.6～0.8厘米（图2-2-9，13）。

94CWLT103②：152，泥质褐陶。口径22.3、残高2.9、胎厚0.4～0.8厘米（图2-2-9，14）。

Ⅳ式：2件，刊布1件。圆折肩矮阶式子母口，直矮沿领。

94CWLT101②：161，夹细砂灰陶。圆唇，直口，直腹，薄胎。素面。口径12、残高3、胎厚0.2～0.4厘米（图2-2-9，15）。

圈足片　8件。覆豆盘式圈足。分二式。

Ⅰ式：5件，刊布3件。

94CWLT104②：92，夹细砂黄陶。弧壁。饰凹弦纹。足底径12、残高3.8、胎厚0.3～0.6厘米（图2-2-9，20）。

94CWLT101②：189，夹细砂黄灰陶。素面。足底径12、残高3.5、胎厚0.4～0.7厘米（图2-2-9，19）。

94CWLT103②：193，泥质红褐陶。素面。足底径16、残高3.5、胎厚0.4～0.8厘米（图2-2-9，18）。

Ⅱ式：3件，刊布1件。边壁较直。

94CWLT102②：179，泥质黄陶，灰胎。素面。足底径15.4、残高3.5、胎厚0.6厘米（图2-2-9，21）。

壶　4件。均为口沿片。小折沿，小盘状口，高直领，素面。

94CWLT103②：122，泥质灰陶。方唇。口径15、残高4.4、胎厚0.3～0.7厘米（图2-2-9，6）。

94CWLT101②：3，泥质红陶，灰胎。垂角方唇，侈口。口径11、残高2.4、胎厚0.4～0.6

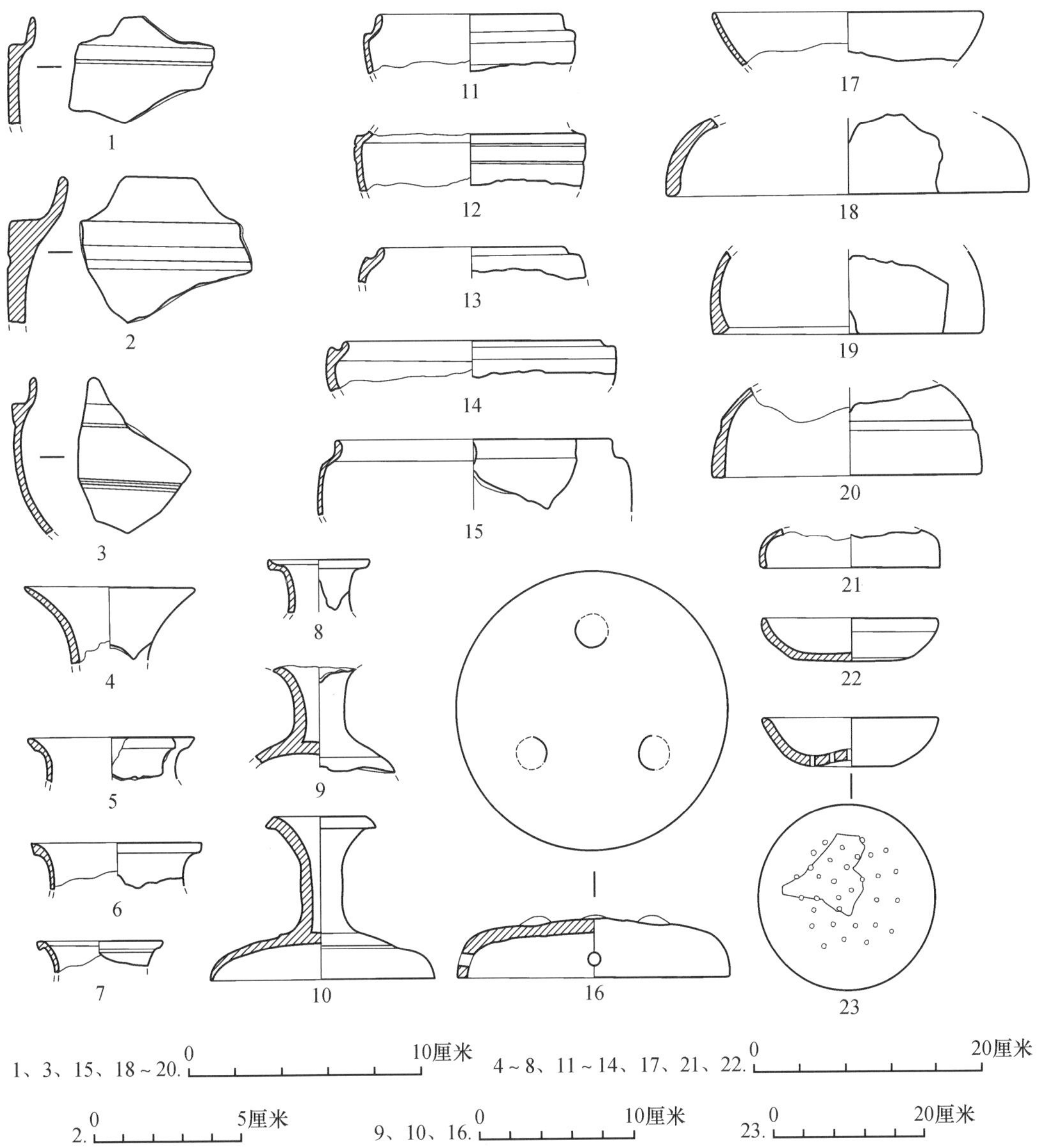

图2-2-9　蓝家寨遗址1994年出土陶簋、陶觚形器、陶壶、陶器盖、陶碗、陶盘、陶甑

1、2. Ⅰ式簋口沿（94CWLT101②：183、94CWLT101②：245）　3、11、12. Ⅱ式簋口沿（94CWLT101②：169、94CWLT101②：157、94CWLT101②：151）　4. 觚形器（94CWLT103②：116）　5～8. 壶（94CWLT101②：58、94CWLT103②：122、94CWLT101②：3、94CWLT104②：62）　9. B型Ⅱ式器盖（94CWLT101②：215）　10. B型Ⅰ式器盖（94CWLT102②：3）　13、14. Ⅲ式簋口沿（94CWLT103②：158、94CWLT103②：152）　15. Ⅳ式簋口沿（94CWLT101②：161）　16. A型器盖（94CWLT101②：42）　17. 碗（94CWLT103②：143）　18～20. Ⅰ式簋圈足（94CWLT103②：193、94CWLT101②：189、94CWLT104②：92）　21. Ⅱ式簋圈足（94CWLT102②：179）　22.盘（94CWLT103②：15-2）　23. 甑（94CWLT104②：267）

厘米（图2-2-9，7）。

94CWLT104②：62，泥质褐陶。尖唇，敞盘口，高直领。口径9、残高4.7、胎厚0.6厘米（图2-2-9，8）。

94CWLT101②：58，夹粗砂灰胎红衣陶。尖圆唇，折沿，侈口，直领。口径15、残高3.6、胎厚0.3～0.6厘米（图2-2-9，5）。

器盖　共7件。分二型。

A型　2件，刊布1件。无纽，覆盘形盖，底边周壁有穿孔。

94CWLT101②：42，泥质灰陶。盖面较宽平，且等距饰有乳突状泥钉3个，底边亦等距镂穿4个小圆孔。素面。盖通高4、底边径18、乳突径2、乳突残高约0.6、底边穿孔径0.6、胎厚0.6～0.7厘米（图2-2-9，16）。

B型　5件。管状纽，覆豆形盖，素面。分二式。

Ⅰ式：2件，刊布1件。高纽。

94CWLT102②：3，泥质褐陶。喇叭形纽，浅覆盘形盖，盖面弧曲。通高11、底边径15、纽顶径7、纽中径3、纽高7.4、胎厚0.4～1厘米（图2-2-9，10）。

Ⅱ式：3件，刊布1件。矮纽。

94CWLT101②：215，泥质褐陶。上下均残，器形接近Ⅰ式。残高7、残径9.1、纽中径3.4、纽残高4.8、胎厚0.5～1厘米（图2-2-9，9）。

碗　1件。口沿残片。

94CWLT103②：143，夹细砂灰陶。尖唇，大侈口，弧壁，敞腹，薄胎。素面。口径24、残高4.8、胎厚0.4厘米（图2-2-9，17）。

盘　1件。

94CWLT103②：15-2，泥质褐陶。尖圆唇，侈口，敞腹浅盘，曲壁，大平底。素面。口径15.8、高4、底径10、胎厚0.4～0.8厘米（图2-2-9，22）。

觚形器　1件。口沿残片。

94CWLT103②：116，泥质灰陶。圆尖唇，喇叭口，细腰，素面。口径14.9、残高6.8、胎厚0.4～0.8厘米（图2-2-9，4）。

甑　共7件，刊布1件。均为甑箅残片。弧壁，平底或凹底，圆箅孔或长条形箅孔。

94CWLT104②：267，泥质灰陶。弧壁，凹底，由外向内壁穿圆孔。素面。残径23.1、残高6、孔径0.7、胎厚0.7厘米（图2-2-9，23）。

三、石　　器

共发现2件。

球　1件。

94CWLT101②：2，灰褐色粗砂岩。器表较粗，略呈风化侵蚀之状，呈椭圆形球状，利用天然球状砾石稍加打琢而成。长径5.5、短径5厘米（图2-2-10，6）。

凿　1件。

94CWLT103②：1，灰白色板岩，石质较细。加工较精，通体磨光；长条形薄体，弧顶，直刃，刃部因长期使用出现凹缺。长8.3、宽2～2.5、厚0.8厘米（图2-2-10，1）。

四、铁　　器

共20件。都是农具或手工工具，主要器形有锸、镢、钺、削、刀及不明器形的残件。遗物皆锈蚀严重。据初步观察，此批铁器多为铸造，个别如片状的小工具则可能是锻造。

锸　7件，刊布1件。铸造，均残。平面呈“凹”字形，弧刃，两端尖凸，两侧边较平直，纵剖面呈楔形，三边呈凹槽状。

94CWLT102②：2-2，保存稍好。残长6、刃残宽9.7、壁厚0.4、残体厚0.4～1.5厘米（图2-2-10，7）。

镬　4件，刊布3件。铸造，保存较好。长方形楔状，上端空心为长方形銎。

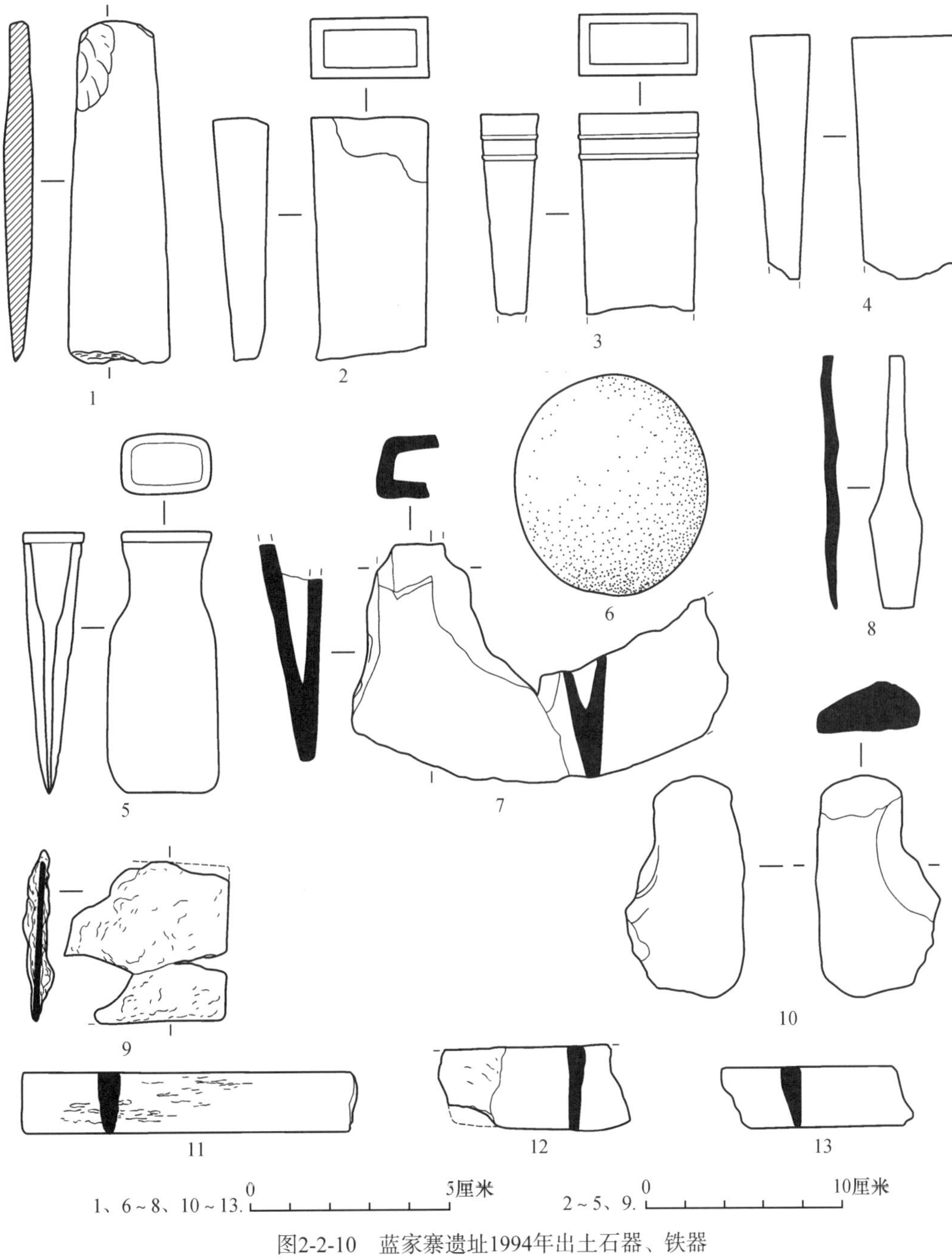

图2-2-10　蓝家寨遗址1994年出土石器、铁器

1. 石凿（94CWLT103②：1）　2～4. 铁镬（94CWLT103②：5、94CWLT104①：4、94CWLT103②：3）

5. 铁钺（94CWLT103②：4）　6. 石球（94CWLT101②：2）　7. 铁锸（94CWLT102②：2-2）

8. 铁端刃器（94CWLT104①：8）　9. 铁刀（94CWLT103②：11）　10. 铁残器（94CWLT104②：10）

11～13. 铁削（94CWLT104②：6、94CWLT103②：13、94CWLT104②：3）

94CWLT104①：4，上端略宽，刃部已残，形态较规则，外壁有二道凸弦纹。残长10、宽5.5～6、厚1.5～3、壁厚0.5厘米（图2-2-10，3）。

94CWLT103②：3，形态与前者相同，但上端无凸弦纹。残长12、宽5.5～6、厚1.5～3厘米（图2-2-10，4）。

94CWLT103②：5，一面平直，另一面至刃端略微弧收，在刃端两侧稍加宽。残长12、宽5.5～6、厚1.5～3、壁厚0.6厘米（图2-2-10，2）。

钺　1件。

94CWLT103②：4，保存较完整，铸造。巴蜀烟荷包式钺，体略窄长，两面呈弧，器中空，上端为銎，銎口呈圆角长方形，有方篆一周，銎颈部两侧收缩，侧刃缘较锋利。通长13、刃宽5.5、銎宽4.5、厚3.1、銎壁厚0.5厘米（图2-2-10，5）。

削　3件。均仅存条形残段，似为锻造。

94CWLT104②：6，较平直，一侧略薄。残长8.4、宽1.5～1.6、厚0.3～0.5厘米（图2-2-10，11）。

94CWLT104②：3，残段较短，体较薄。残长4.8、宽1.4～1.5、厚0.2～0.4厘米（图2-2-10，13）。

94CWLT103②：13，体薄略宽，残长4.9、宽2、厚0.1～0.3厘米（图2-2-10，12）。

刀　2件，刊布1件。锻造，甚残，片极薄，形制难辨。

94CWLT103②：11，残长8.5、残宽8厘米（图2-2-10，9）。

端刃器　1件。

94CWLT104①：8，片状柄端，较细平刃。残长6.2、刃宽0.9、最宽1.3、厚0.2～0.4、柄宽0.4～0.5厘米（图2-2-10，8）。

残器　2件，刊布1件。残甚，器形不详，铸造。

94CWLT104②：10，体较厚，边略薄，体中部似有圆形开口孔。残长5.5、残宽2.1～3.2、厚0.5～1.3、孔径2～3厘米（图2-2-10，10）。

第三章　蓝家寨遗址2001年发掘资料

2001年，中国社会科学院考古研究所三峡考古队蓝家寨遗址发掘组对蓝家寨遗址靠近大宁河的边缘部分进行试掘，布设南北两排共计10个5米×5米探方，第一排自东而西依次编号为01CWLT01～01CWLT05，第二排自东而西编号为01CWLT11～01CWLT15（图3-0-1）。试掘面积250平方米，目的是了解文化堆积情况，为来年的工作进行准备（图版八一，2）。

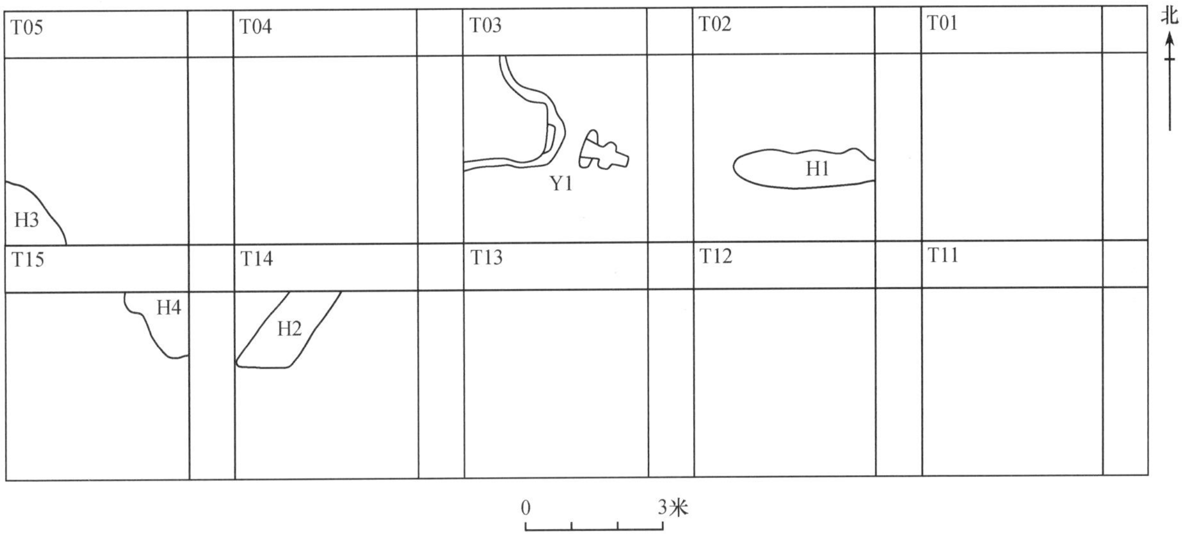

图3-0-1　蓝家寨遗址2001年探方分布图

第一节　文化堆积和典型层位

蓝家寨遗址文化堆积厚薄不一。所发掘部分文化层基本对应。以01CWLT14北壁剖面为例介绍如下（图3-1-1）。

第1层：耕土。黄褐色土，土质疏松。厚0.07～0.15米。

第2层：文化层。黄色土，土质较硬。厚0.1～0.15米。出土青花瓷片和素面陶片等。

第3层：文化层。浅灰褐色土，土质黏硬，夹杂黑花土。厚0.25～0.45米。出土绳纹鬲足、罐口沿、素面豆等陶片。H2开口于此层下。

以下为生土。

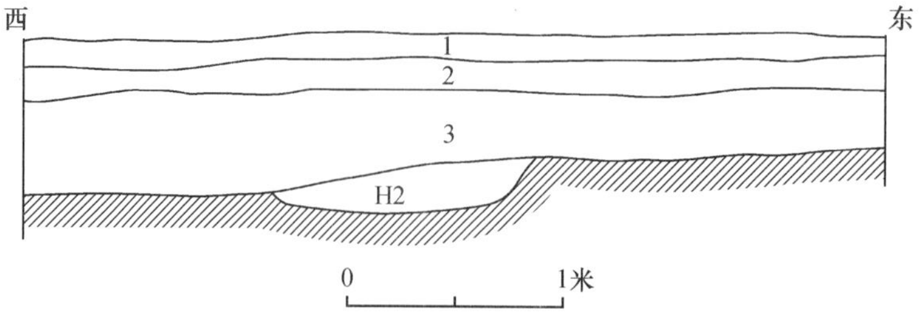

图3-1-1　蓝家寨遗址01CWLT14北壁剖面图

第二节　东周时期遗存

一、遗　　迹

东周时期遗迹有窑址和灰坑两种。

1. 窑址

1座。

01CWLY1　位于01CWLT03中部，开口于第3层下（图3-2-1；图版八二，1）。窑室位于东部，平面形状不存，仅存窑室下部的火膛，斜坡状，略呈“土”字形。火膛长1.5、最宽0.7、深0.66米。窑火膛门外为窑前工作面，呈坑状，坑内为灰褐土堆积，包含大量绳纹陶片和红烧土，当为烧窑的废弃堆积。火膛门宽0.54、高0.4米。

2. 灰坑

01CWLH1　位于01CWLT02东壁偏南，开口于第2层下（图3-2-2；图版八二，2）。平面呈长条形，弧壁，圜底。坑长3.1、宽0.85、深0.35米。坑内为黄褐土堆积。

01CWLH2　位于01CWLT14北壁偏西，开口于第3层下（图3-2-3）。平面呈长条形，弧壁，圜底。残长1.6、宽1.2、深0.3米。坑内为灰黄褐土堆积。

01CWLH3　位于01CWLT05西南角，开口于第3层下（图3-2-4）。平面呈圆形，弧壁，平底。残长1.5、深0.4米。坑内为黑土堆积。

01CWLH4　位于01CWLT15东北角，开口于第3层下（图3-2-5；图版八三，1）。平面呈不规则形，弧壁，底部不规则。残长1.4、宽1.4、深0.35米。坑内为灰黄褐土堆积。

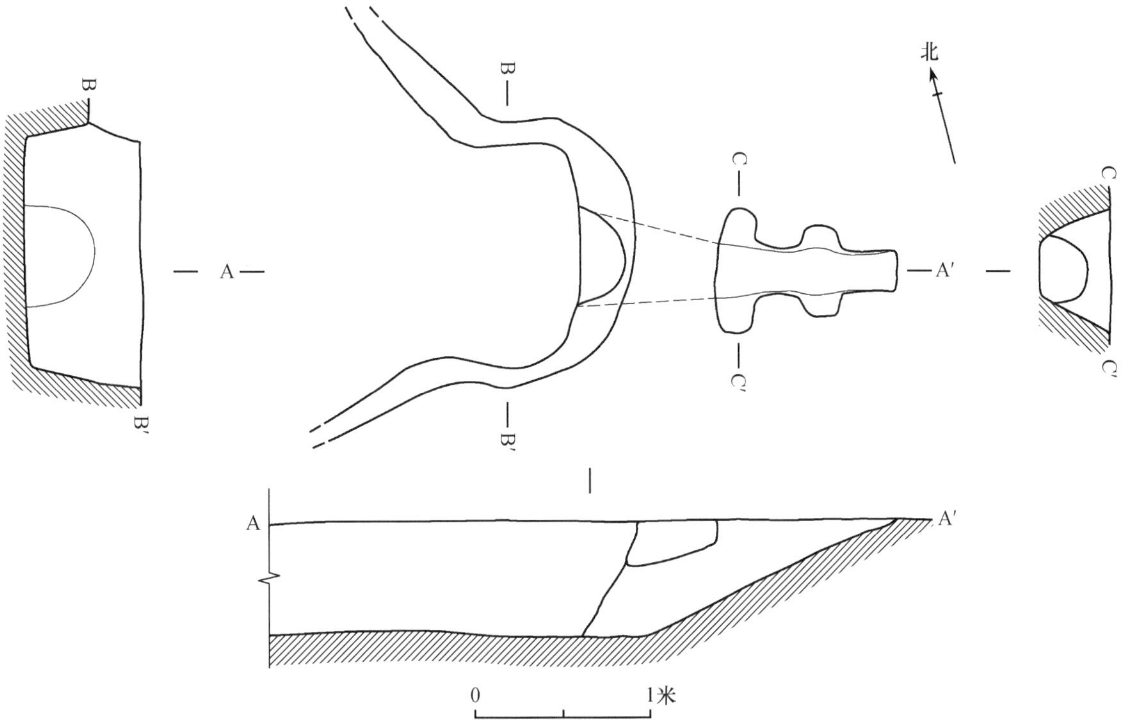

图3-2-1　蓝家寨遗址01CWLY1平、剖面图

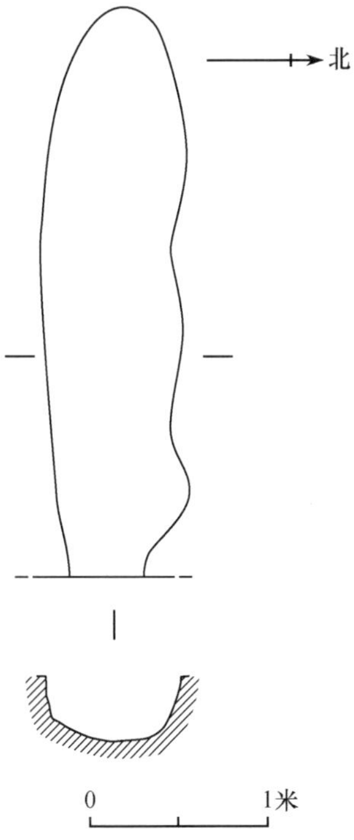

图3 2 2　蓝家寨遗址01CWLH1平、剖面图

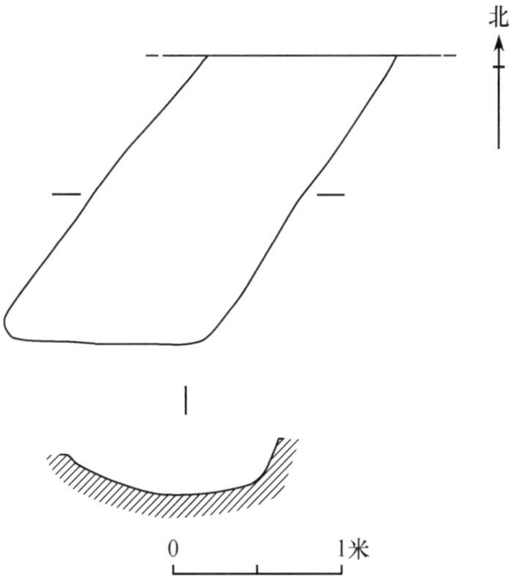

图3-2-3　蓝家寨遗址01CWLH2平、剖面图

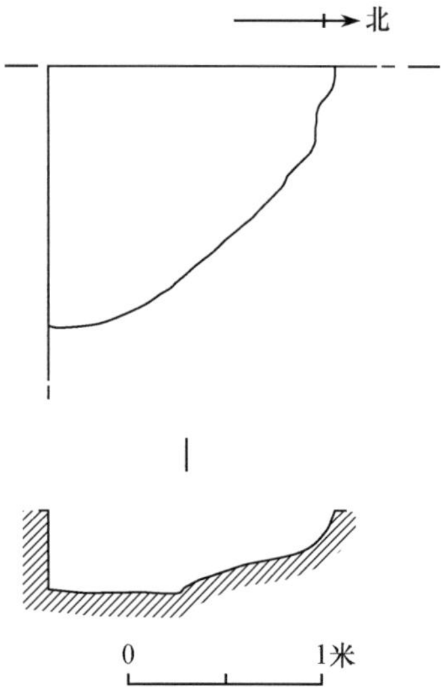

图3-2-4　蓝家寨遗址01CWLH3平、剖面图

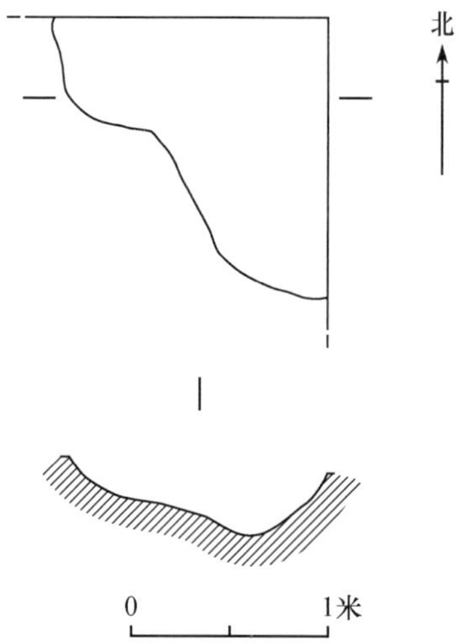

图3-2-5　蓝家寨遗址01CWLH4平、剖面图

二、遗　　物

所出遗物有陶器和铁器，其中陶片较多。

1. 陶器

陶器以泥质陶为主，夹砂陶次之，陶色以灰色为多，灰褐色次之，还有红褐陶、红陶、黑陶等。主要是手制，有些经过慢轮修整，多较粗糙，器物较为粗重，素面器多，纹饰以绳纹为主，也见方格纹、弦纹，鬲足较高，多通体有绳纹（表3-2-1）。器类较为简单，有鬲、豆、高领罐、罐、子母口罐、瓮等。

表3-2-1　蓝家寨遗址2001年东周时期遗存陶系纹饰统计表

质地	夹砂			泥质					总计	百分比/%
纹饰	红褐	灰褐	灰	灰	灰褐	红褐	红	黑		
绳纹	399	253	78	1078	756	612	78	86	3340	78.53
方格纹	9								9	0.21
弦纹						3			3	0.07
素面	120	5	28	207	444	46	15	36	901	21.19
总计	528	258	106	1285	1200	661	93	122	4253	100
百分比/%	12.41	6.07	2.49	30.21	28.22	15.54	2.19	2.87	100	

鬲口　11件，发表5件。

01CWLH2∶4，夹砂红褐陶。方唇，卷沿，下残。颈部磨光。以下饰有绳纹。残长10.5厘米（图3-2-6，1）。

01CWLH3∶3，泥质灰褐陶。方唇，平沿上有三周凹弦纹，束颈，下残。颈部以下饰有规整绳纹。残长7.2厘米（图3-2-6，2）。

图3-2-6　蓝家寨遗址2001年出土东周时期陶器

1～5. 鬲口（01CWLH2：4、01CWLH3：3、01CWLT15③：5、01CWLH4：2、01CWLH3：2）　6～9. 鬲足（01CWLH3：1、01CWLT14③：4、01CWLY1：1、01CWLH1：1）　10～12. 豆盘（01CWLT04③：2、01CWLT14③：2、01CWLT14③：3）　13、14. 豆柄（01CWLT05③：5、01CWLT03③：2）　15～17. 豆座（01CWLT04③：8、01CWLH4：4、01CWLT04③：9）　18～20. 高领罐（01CWLT03③：3、01CWLT03③：6、01CWLT15③：2）

01CWLT15③：5，夹砂红褐陶。素面，方唇，突缘，平折沿，平沿上有二周凹弦纹，下残。残长8.3厘米（图3-2-6，3）。

01CWLH4：2，夹砂灰褐陶。方唇，平折沿，平沿上有二周凹弦纹，束颈，弧腹，下残。颈部下饰有绳纹。残长12厘米（图3-2-6，4）。

01CWLH3：2，夹细砂灰褐陶。方唇，平折沿，平沿上有二周凹弦纹，弧腹，下残。颈部以下饰有规整绳纹。残长13厘米（图3-2-6，5）。

鬲足　6件，发表4件。

01CWLH3：1，夹砂灰褐陶。高实足根，圆平底。通饰绳纹。残高19.2厘米（图3-2-6，6）。

01CWLT14③：4，夹砂红褐陶，部分泛黑。高实足根，圆平底。饰有绳纹。残高8.8厘米（图3-2-6，7）。

01CWLY1：1，夹砂红褐陶。高实足根，圆平足。饰有绳纹。残高12厘米（图3-2-6，8）。

01CWLH1：1，夹砂灰褐陶。素面，圆柱形实足根。残高5.6厘米（图3-2-6，9）。

豆　16件。分为盘、柄、座三类。

豆盘　4件，发表3件。

01CWLT04③：2，泥质灰褐陶。粗糙，不规整，圆唇，弧壁，内底略凸，管状柄，下残。口径11.8、残高6.2厘米（图3-2-6，10）。

01CWLT14③：2，泥质灰褐陶。圆唇，弧壁，内圜底略凸，管状柄，下残。口径13.2、残高3.8厘米（图3-2-6，11）。

01CWLT14③：3，泥质红褐陶。圆唇，弧壁，内圜底，管状柄，喇叭口座残。口径11.8、残高7.4厘米（图3-2-6，12）。

豆柄　5件，发表2件。

01CWLT05③：5，泥质红褐陶。上残，管状柄，喇叭座略残。座上有二周弦纹。残高7厘米（图3-2-6，13）。

01CWLT03③：2，泥质灰褐陶。上残，管状柄，喇叭座。座上有数周凹弦纹。残高6.4厘米（图3-2-6，14）。

豆座　7件，发表3件。

01CWLT04③：8，夹砂红褐陶。上盘残，凹底，管状柄，喇叭口座。底径6.4、残高8.6厘米（图3-2-6，15）。

01CWLH4：4，泥质灰褐陶。上残，盘平底，柱状柄，喇叭口座。底径7、残高10厘米（图3-2-6，16）。

01CWLT04③：9，泥质红褐陶。上残，管状柄，喇叭口座。底径6.6、残高7.2厘米（图3-2-6，17）。

高领罐　5件，发表3件。

01CWLT03③：3，夹砂红褐陶。方唇，凹折沿，矮领，下残。素面。残长9厘米（图3-2-6，18）。

01CWLT03③：6，泥质红褐陶。方唇，卷沿，高领，下残。领部绳纹被抹平，以下饰有绳纹。残长9.2厘米（图3-2-6，19）。

01CWLT15③：2，泥质灰褐陶。方唇，侈口，卷沿，高领，下残。领部绳纹抹平，以下饰有绳纹。残长11.8厘米（图3-2-6，20）。

罐　13件，发表6件。

01CWLT14③：1，夹砂灰褐陶。方唇，侈口，束颈，鼓腹，底残。口径28、残高28厘米（图3-2-7，1）。

01CWLH4：3，泥质灰陶。圆唇，平沿，鼓腹，下残。颈以下有三周凹弦纹，弦纹以下饰有绳纹。残长11厘米（图3-2-7，2）。

01CWLT04③：6，泥质红陶。方唇，平沿，束颈，下残。颈以下饰有绳纹。残长9.4厘米（图3-2-7，3）。

01CWLT15③：1，夹细砂灰褐陶。尖唇，凸平沿，折沿，弧腹，下残。肩以下饰有绳纹。残高10厘米（图3-2-7，4）。

01CWLT04③：3，泥质灰陶。方唇，侈口，卷领，下残。领以下饰有绳纹。残长15.5厘米（图3-2-7，5）。

01CWLH1：2，泥质红褐陶。素面。上部残，平底略内收。底径9、残高4.2厘米（图3-2-7，6）。

子母口罐　1件。

01CWLY1：4，泥质红褐陶。尖唇，子母口，下残。口沿下部有二周凹弦纹。残长11.8厘米（图3-2-7，9）。

瓮　1件。

01CWLT04③：1，泥质红褐陶，厚胎。方唇，直口，直壁，下残。周身饰有绳纹。残高13.4厘米（图3-2-7，8）。

方格纹陶片　2件，发表1件。

01CWLT14③：7，泥质红褐陶。方格纹较规整。残长7.9厘米（图3-2-7，7）。

2. 铁器

4件。

锸　1件。

01CWLT03③：9，直刃，正锋，后部残，中空。宽9.4、残高9.8厘米（图3-2-7，11）。

锛　2件。

01CWLT05③：1，平面略呈长方形，平直刃，正锋，尾部呈长方形，中空。长13.6、宽5.4、厚3厘米（图3-2-7，14）。

01CWLT05③：2，舌形刃，正锋，尾部残。宽6、残长6、厚3厘米（图3-2-7，10）。

铁器　1件。

01CWLT05③：3，不规则形，刃在上部，正锋，扁体，柄截面呈四方体。残长10.4、宽9.8厘米（图3-2-7，12）。

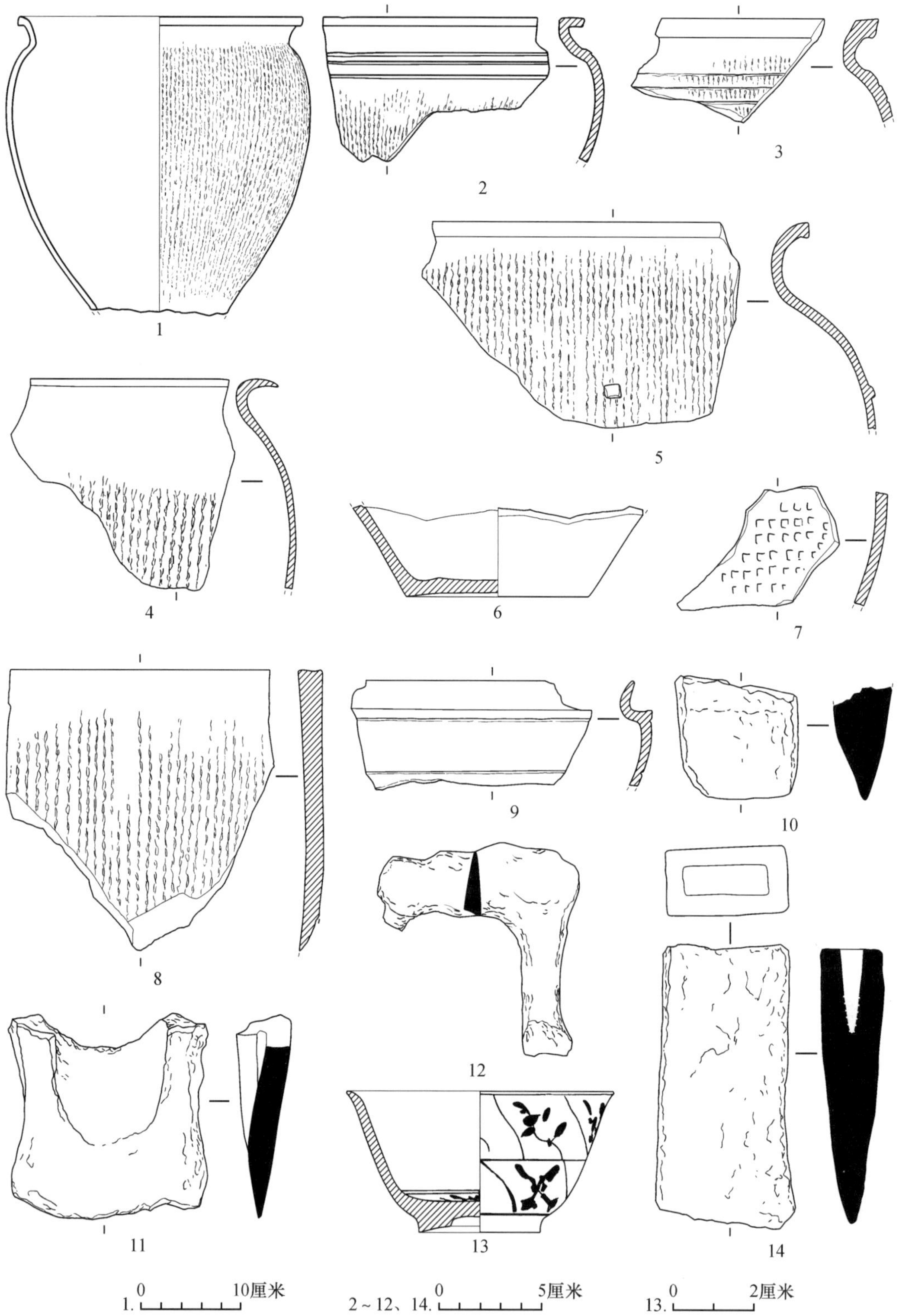

图3-2-7　蓝家寨遗址2001年出土东周时期陶器、铁器及清代瓷器

1～6. 陶罐（01CWLT14③：1、01CWLH4：3、01CWLT04③：6、01CWLT15③：1、01CWLT04③：3、01CWLH1：2）
7. 方格纹陶片（01CWLT14③：7）　8. 陶瓮（01CWLT04③：1）　9. 陶子母口罐（01CWLY1：4）
10、14. 铁锛（01CWLT05③：2、01CWLT05③：1）　11. 铁锸（01CWLT03③：9）　12. 铁器（01CWLT05③：3）
13. 瓷盅（01CWLT03①：1）

第三节　清代文化遗存

在此次试掘中未发现清代遗迹现象。出土的遗物也不多，以瓷片为主，极少见可复原器。瓷片几乎都是粗瓷，制作粗糙，青花瓷为主，纹饰均为采用青花工艺的印制花草图案，花纹较为随意，当为民间生活器皿。另有缸胎酱釉器等。器类有碗、盘、盅等。此外，还发现4枚铜钱。

1. 瓷器

仅复原瓷盅2件。

01CWLT03①：1，尖圆唇，敞口，圜底，圈足。外壁饰花草纹，内底在二周弦纹内印花草纹。口径6.5、底径3、高3.4厘米（图3-2-7，13）。

01CWLT05②：11，口径6.3、底径3.1、高3.5厘米（图版九二）。

2. 铜钱

共4枚。

01CWLT12②：1～01CWLT12②：3、01CWLT13②：1，均不识品款。

第四章　蓝家寨遗址2002年发掘资料

2002年，在上一年度试掘的基础上，中国社会科学院考古研究所三峡考古队蓝家寨遗址发掘组在蓝家寨遗址中心地带集中布设5米×5米探方，编号为02CWLT01～02CWLT98（图4-0-1）。连同扩方面积，实际发掘面积2000余平方米。

蓝家寨遗址本年度发掘区内文化层堆积较厚，所发现的遗迹和遗物十分丰富，种类繁多。从层位关系和包含物分析，以东周时期遗存为主，另有一些魏晋隋唐和明清时期遗存。尤其以东周时期的陶器残片出土量最大。遗迹包括灰坑76座、灰沟4条、窑址1座、干栏式房址1座、铺石池址1处。遗物有陶器、瓷器、石器、铜器、铁器、铜钱等。

第一节　文化堆积和典型层位

自地表到生土大致可分五个文化层。以02CWLT85北壁为例（图4-1-1）：

第1层：耕土层。黑褐色土，疏松。厚0.1～0.2米。

第2层：黄褐色土，较黏硬。厚0.07～0.15米。内含较多明、清时期的青花瓷、酱釉瓷片及少量泥质陶片。为明清文化层。

第3层：自上而下又可分3A、3B两层。第3A层为浅灰色土，略松软。厚0～0.1米，往东壁渐趋缺失。第3B层为灰褐色土，较坚硬。厚0.07～0.2米。内含陶片及瓷片等。为明清文化层。

第4层：灰色土，黏硬。厚0.05～0.13米。内含少量东周时期陶残片，为东周时期形成的文化层。

第5层：黄褐色土，较黏硬。厚0.05～0.2米。内含大量东周时期的陶器残片。为东周时期文化层。H71开口于此层下。

第5层下为黄色生土。

第二节　遗　　迹

根据层位关系和出土遗物可知，第4、5层下开口遗迹年代为东周时期；第1、2层及3A层下开口的遗迹为明清时期；第3B层下开口的遗迹单位，年代可能介于东周至明清之间。以下分述（另见表4-2-1）。

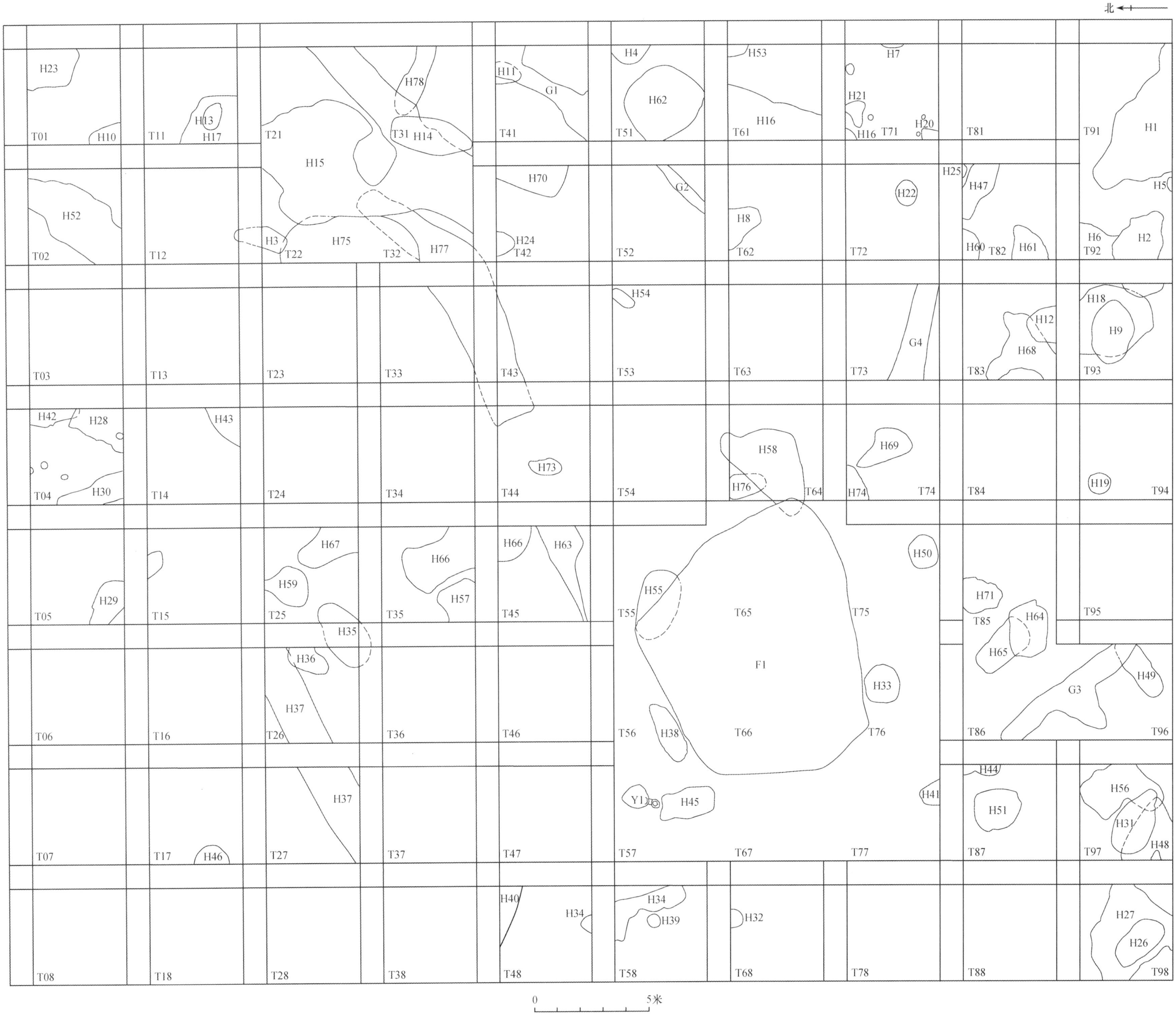

图4-0-1　蓝家寨遗址2002年探方分布图

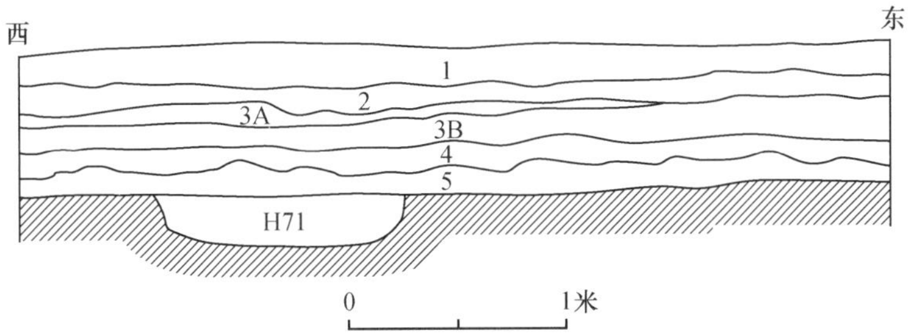

图4-1-1　蓝家寨遗址02CWLT85北壁剖面图

表4-2-1　蓝家寨遗址2002年灰沟、灰坑统计表

单位号	位置	开口层位	形状与结构	大小尺寸
02CWLG1	T41中部	1层下	不规则形，弧壁，平底	长4.6、口径0.5～1.6、深0.04～0.12米
02CWLG2	T52东南角	4层下	长条形，斜弧壁，平底	长2.88、口径0.48、深0.4米
02CWLG3	T86西南角	3B层下	“八”字形，斜弧壁，平底	长6.8、口径2.8、深0.4米
02CWLG4	T73南部	4层下	长条形，斜弧壁，平底	长4、口径0.9～1.56、深0.44米
02CWLH1	T91南部	2层下	不规则形，弧壁，平底	口径5.66、深0.35米
02CWLH2	T92西壁偏南	2层下	不规则形，弧壁，平底	口径3.6、深0.32米
02CWLH3	T22北壁偏西	1层下	不规则形，弧壁，平底	口径2.44、深0.29米
02CWLH4	T51东北角	2层下	半圆形，弧壁，平底	口径0.9、深0.33米
02CWLH5	T92南壁偏东	2层下	半圆形，弧壁，平底	口径0.5、深0.1米
02CWLH6	T92西北角	3B层下	不规则形，弧壁，圜底	口径1.7、深0.32米
02CWLH7	T71东壁中部	2层下	椭圆形，弧壁，圜底	口径0.8、深0.2米
02CWLH8	T62北壁偏西	3B层下	不规则形，弧壁，平底	口径1.7、深0.35米
02CWLH9	T93中部	3B层下	椭圆形，弧壁，平底	口径2.6、深0.34米
02CWLH10	T01西南角	3B层下	圆角长方形，弧壁，平底	口径1.3、深0.34米
02CWLH11	T41北壁偏东	3B层下	不规则形，斜弧壁，平底	口径1.1、深0.17米
02CWLH12	T83南壁偏东	3B层下	椭圆形，弧壁，平底	口径1.5、深0.2米
02CWLH13	T11西南部	3B层下	椭圆形，斜弧壁，平底	口径1.5、深0.3米
02CWLH14	T31西北角	3B层下	椭圆形，弧壁，圜底	口径3.38、深0.3米
02CWLH15	铺石池址，详见正文			
02CWLH16	T61西部	3B层下	不规则形，弧壁，平底	口径5.5、深0.4米
02CWLH17	T11西南角	3B层下	不规则形，弧壁，平底	口径2.34、深0.4米
02CWLH18	T93北部	4层下	不规则形，弧壁，圜底	口径3.45、深0.35米
02CWLH19	T94西北部	4层下	圆形，弧壁，圜底	口径1、深0.26米
02CWLH20	T71西南角	3A层下	长条形，弧壁，圜底	口径0.7、深0.22米
02CWLH21	T71北壁偏西	3B层下	不规则形，弧壁，圜底	口径1.12、深0.22米
02CWLH22	T72东南部	3B层下	椭圆形，弧壁，圜底	口径1.02、深0.24米
02CWLH23	T01东北角	4层下	不规则形，弧壁，圜底	口径2.4、深0.23米
02CWLH24	T42北壁偏西	3B层下	半圆形，弧壁，平底	口径0.98、深0.23米
02CWLH25	T82东北角	3B层下	半圆形，弧壁，圜底	口径0.43、深0.35米
02CWLH26	T98西南部	3B层下	椭圆形，弧壁，平底	口径2.4、深0.2米

续表

单位号	位置	开口层位	形状与结构	大小尺寸
02CWLH27	T98中部	3B层下	不规则形，弧壁，底不平	口径4、深0.51米
02CWLH28	T04东南角	3B层下	不规则形，弧壁，平底	口径2.4、深0.25米
02CWLH29	T05西南角	3B层下	不规则形，弧壁，平底	口径4.2、深0.16米
02CWLH30	T04西南角	3A层下	长条形，弧壁，平底	口径2.8、深0.3米
02CWLH31	T97中部	3B层下	不规则形，弧壁，圜底	口径3、深0.55米
02CWLH32	T68北壁偏东	2层下	不规则形，弧壁，平底	口径0.8、深0.44米
02CWLH33	T76中部偏北	3B层下	圆形，弧壁，圜底	口径1.6、深0.68米
02CWLH34	T58东北角	3B层下	不规则形，斜弧壁，底不平	口径4.2、深0.53米
02CWLH35	T25西南角	3B层下	椭圆形，弧壁，平底	口径3.13、深0.16米
02CWLH36	T26东壁偏北	3B层下	不规则形，弧壁，圜底	口径1.65、深0.24米
02CWLH37	T26北部	3B层下	长条形，弧壁，圜底	口径8.6、深0.65米
02CWLH38	T56西壁偏南	3B层下	长条形，斜直壁，平底	口径0.95～2.65、深0.24米
02CWLH39	T58中部偏东	3B层下	圆形，弧壁，平底	口径0.6、深0.14米
02CWLH40	T48东北角	1层下	椭圆形，弧壁，平底	口径2.5、深0.26米
02CWLH41	T77南壁偏东	3B层下	椭圆形，弧壁，平底	口径1.1、深0.16米
02CWLH42	T04东北角	3B层下	长条形，弧壁，平底	口径2、深0.28米
02CWLH43	T14东南角	3B层下	椭圆形，弧壁，平底	口径1.64、深0.18米
02CWLH44	T87东北角	3B层下	不规则形，弧壁，平底	口径1.6、深0.2米
02CWLH45	T57南壁偏东	3B层下	不规则形，弧壁，圜底	口径2.3、深0.4米
02CWLH46	T17西壁偏南	3B层下	半圆形，斜弧壁，平底	口径1.5、深0.5米
02CWLH47	T82东北角	3B层下	长条形，弧壁，平底	口径2.25米、深0.2米
02CWLH48	T97西南角	4层下	不规则形，弧壁，圜底	口径2.2、深0.57米
02CWLH49	T96东壁中部	4层下	长条形，斜直壁，平底	口径3、深0.6米
02CWLH50	T75东南部	4层下	椭圆形，弧壁，圜底	口径1.4、深0.38米
02CWLH51	T87中部	3B层下	不规则圆形，弧壁，平底	口径1.9、深0.1米
02CWLH52	T02中部	4层下	长条形，斜弧壁呈二级台状，圜底	口径4、深0.42米
02CWLH53	T61东北角	3B层下	椭圆形，斜弧壁，圜底	口径0.84、深0.52米
02CWLH54	T53北壁偏东	5层下	椭圆形，斜弧壁，圜底	口径1.1、深0.3～0.4米
02CWLH55	T55西壁中部	4层下	椭圆形，弧壁，圜底	口径1.86～3、深0.2米
02CWLH56	T97东部	4层下	不规则形，弧壁，平底	口径3.6、深0.45米
02CWLH57	T35西南角	3B层下	不规则形，弧壁，圜底	口径1.92、深0.31米
02CWLH58	T64中部	4层下	不规则形，弧壁，平底	口径3.3、深0.4～0.6米
02CWLH59	T25北壁偏西	3B层下	不规则形，斜弧壁，圜底	口径2、深0.28米
02CWLH60	T82西北角	3B层下	半圆形，斜弧壁，平底	口径1.32、深0.2米
02CWLH61	T82西壁偏南	4层下	不规则形，弧壁，平底	口径1.9、深0.35米
02CWLH62	T51中部	4层下	椭圆形，斜弧壁，平底	口径3.24、深0.25米
02CWLH63	T45南部	3B层下	不规则形，弧壁，平底	口径4、深0.43米
02CWLH64	T86东壁偏南	4层下	不规则形，弧壁，平底	口径2.2、深0.26米
02CWLH65	T86东壁中部	4层下	圆角长方形，弧壁，平底	口径2.5、深0.5米

续表

单位号	位置	开口层位	形状与结构	大小尺寸
02CWLH66	T35东南角	3B层下	不规则形，弧壁，圜底	口径5.74、深0.68米
02CWLH67	T25东南角	3B层下	不规则形，弧壁，圜底	口径2.95、深0.38米
02CWLH68	T83西南角	4层下	不规则形，斜弧壁，平底	口径3.1、深0.34米
02CWLH69	T74中部	4层下	不规则形，弧壁，圜底	口径2.64、深0.22米
02CWLH70	T42东北角	4层下	圆角方形，斜直壁，平底中部下凹	口径3.1、深0.26米
02CWLH71	T85北壁偏西	5层下	不规则形，弧壁，平底	口径1.68、深0.3米
02CWLH72	T44东北角，销号，归入H77			
02CWLH73	T44中部	5层下	椭圆形，弧壁，平底	口径1.36、深0.4米
02CWLH74	T74西北角	5层下	椭圆形，弧壁，平底	口径1.9、深0.3米
02CWLH75	T22西南角	4层下	椭圆形，斜弧壁，平底	口径6.04、深0.35米
02CWLH76	T64北壁偏西	5层下	不规则形，弧壁，平底	口径1.66、深0.3米
02CWLH77	T32西部	5层下	长条形，弧壁，底不平	口径11.7、深0.4米
02CWLH78	T31东壁中部	5层下	长条形，弧壁，平底	口径3、深0.24米

一、第5层下开口遗迹

灰坑

开口于第5层下的有7座，分别是02CWLH54、02CWLH71、02CWLH73、02CWLH74、02CWLH76、02CWLH77、02CWLH78。

02CWLH54　位于02CWLT53北壁偏东，开口于第5层下（图4-2-1）。平面椭圆形，斜弧壁，圜底。口径1.1、深0.3～0.4米。坑内填灰黑色土，出土陶片等。

02CWLH71　位于02CWLT85北壁偏西，开口于第5层下（图4-2-2）。平面不规则，弧壁，平底。口径1.68、深0.3米。坑内填黑灰色土，出土陶片中可辨器形有豆、鬲、罐等。

02CWLH73　位于02CWLT44中部，开口于第5层下（图4-2-3）。平面椭圆形，弧壁，平底。口径1.36、深0.4米。坑内填灰黄色土，出土陶片中可辨认出2件鬲残块。

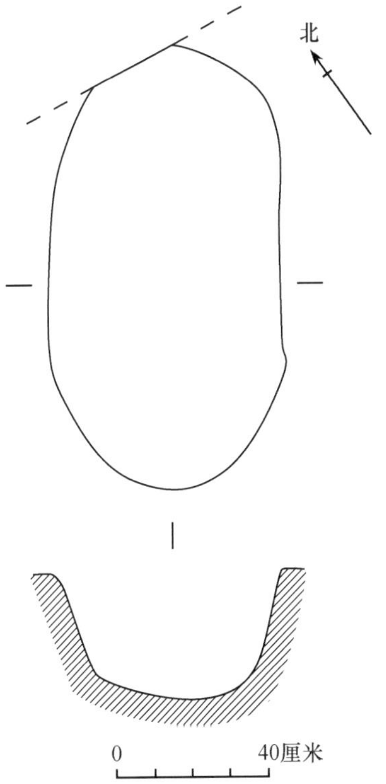

图4-2-1　蓝家寨遗址02CWLH54平、剖面图

02CWLH77　位于02CWLT32西部，开口于第5层下（图4-2-4）。平面长条形，弧壁，底不平。长径11.7、短径2.5、深0.4米。坑内填黑灰色土，夹杂较多木炭块，出土陶片中可辨豆、鬲足、罐等。

02CWLH78　位于02CWLT31东壁中部，开口于第5层下（图4-2-5）。平面长条形，弧壁，平底。长径3、短径1、深0.24米。坑内填黑灰色土，出土陶片中可辨鬲足等。

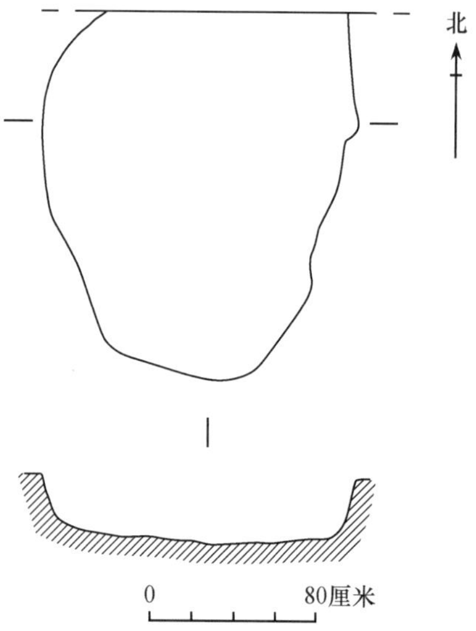

图4-2-2　蓝家寨遗址02CWLH71平、剖面图

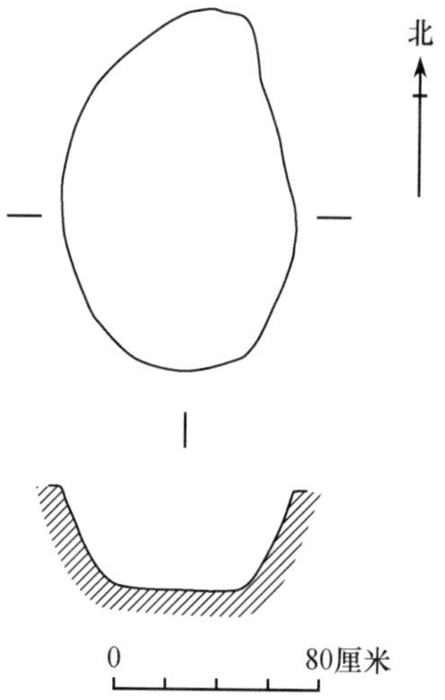

图4-2-3　蓝家寨遗址02CWLH73平、剖面图

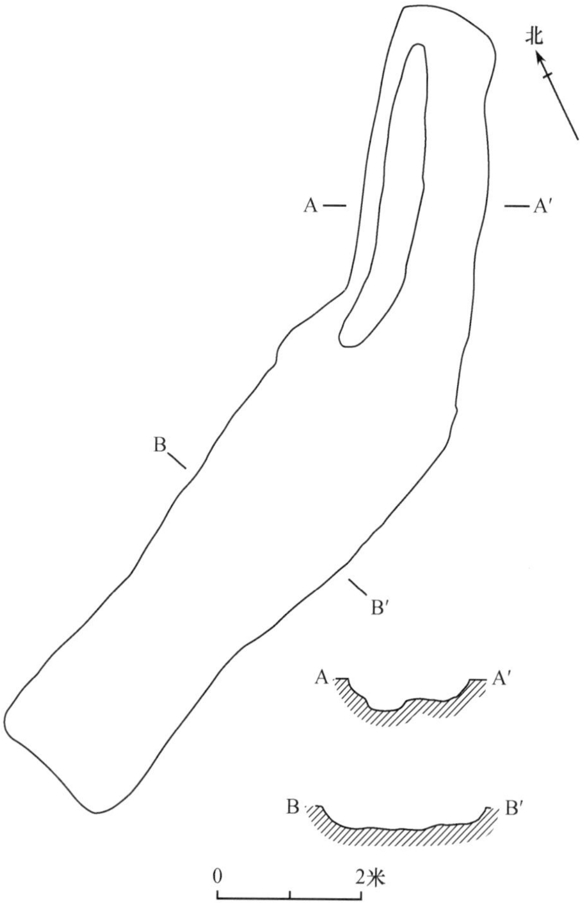

图4-2-4　蓝家寨遗址02CWLH77平、剖面图

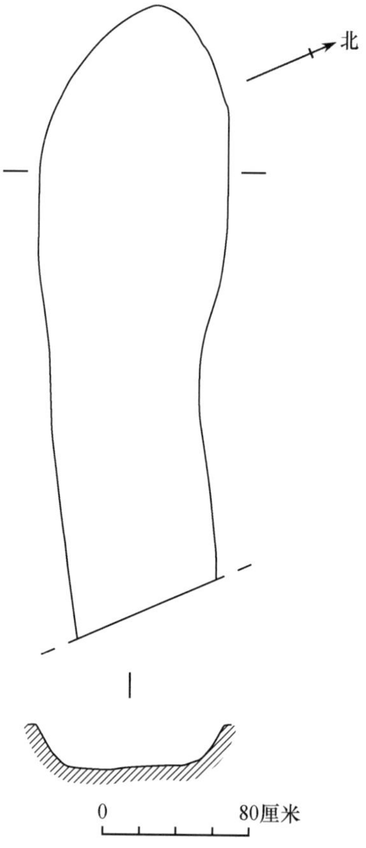

图4-2-5　蓝家寨遗址02CWLH78平、剖面图

二、第4层下开口遗迹

1. 房址

1座。

02CWLF1　位于发掘区西南，开口于第4层下（图4-2-6）。残存地面垫土和柱洞。

02CWLF1的地面垫土残存范围呈不规则四边形，明显高于周围同期活动面0.15～0.4米。残存垫土东西约12、南北约11米，系在略显西高东低的缓坡状生土面上，以泥红色和灰褐色两种土混合相拌直接填垫后略加平整而筑成。垫土分上、下两层，上层较薄，下层略厚。垫土没有明显的夯打迹象，内含些许灰、红色细碎陶片。垫土以东2.2米，生土形成一不规则边缘，与垫土东界之间尚存一打破生土的小浅坑。

垫土上残存柱洞35个。洞内木质已朽，填土松软，呈深灰色。直径0.15～0.25、深0.15～0.3米（表4-2-2）。解剖显示，洞内底端皆垫有一层厚约0.05米的坚硬衬土，内含较粗的砂粒，个别底部垫有小石块，表明柱基是经过特别处理的。

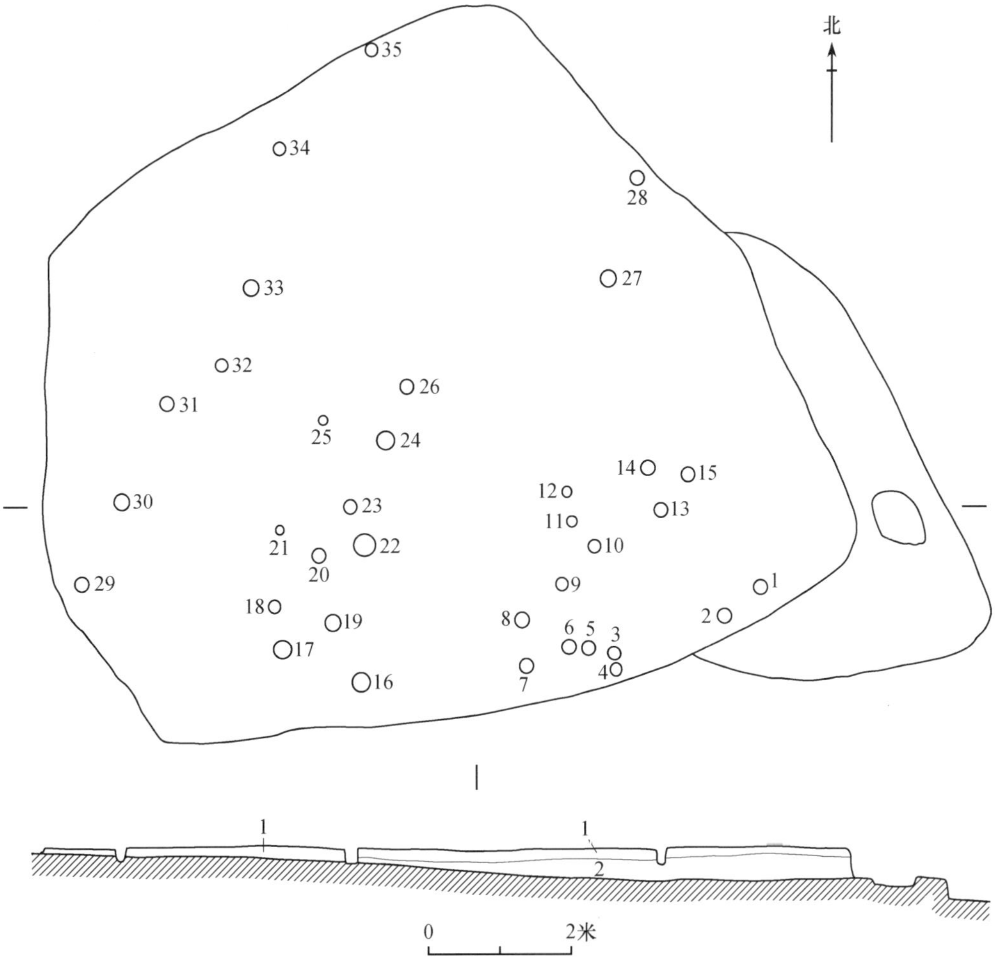

图4-2-6　蓝家寨遗址02CWLF1平、剖面图

表4-2-2　蓝家寨遗址02CWLF1残存柱洞规格一览表

组别	柱洞编号	直径/米	深度/米
东南	1	0.2	0.19
	2	0.2	0.21
	3	0.18	0.27
	4	0.18	0.21
	5	0.2	0.26
	6	0.2	0.25
	7	0.2	0.3
	8	0.2	0.28
	9	0.18	0.2
	10	0.18	0.2
	11	0.15	0.19
	12	0.15	0.16
	13	0.2	0.2
	14	0.2	0.18
	15	0.2	0.2
中间	16	0.25	0.16
	17	0.25	0.22
	18	0.18	0.2
	19	0.23	0.18
	20	0.2	0.16
	21	0.13	0.15
	22	0.3	0.2
	23	0.2	0.18
	24	0.25	0.18
	25	0.13	0.16
	26	0.2	0.18
	27	0.23	0.2
	28	0.2	0.2
	29	0.2	0.17
	30	0.23	0.17
西北	31	0.2	0.16
	32	0.18	0.17
	33	0.22	0.2
	34	0.18	0.15
	35	0.18	0.2

从布局结构和相互距离远近来看，柱洞纵向可分为三排组。每排组皆呈西南—东北向排列。东南一排组柱洞面阔4米，中间一排组柱洞面阔约8米，西北一排组柱洞面阔约8.5米。各排柱洞之间的间距在3米左右。东南一排组柱洞中，1、2号位置尤偏。柱洞大小错落，疏密有致。从功能观察，大者可能是承重的关键柱穴，小者为辅助柱位。

从遗迹的结构和布局形制看，推测02CWLF1是一处东南—西北方向的干栏式建筑。

2. 灰坑

开口于第4层下的灰坑共18座，分别是02CWLH18、02CWLH19、02CWLH23、02CWLH48、02CWLH49、02CWLH50、02CWLH52、02CWLH55、02CWLH56、02CWLH58、02CWLH61、02CWLH62、02CWLH64、02CWLH65、02CWLH68、02CWLH69、02CWLH70、02CWLH75。

02CWLH18　位于02CWLT93北部，开口于第4层下（图4-2-7）。平面呈不规则形，弧壁，圜底。口径3.45、深0.35米。坑底有三块河卵石。坑内填灰褐色土，出土陶片中可辨器形有豆、罐、瓮、盆、球等。另出有磨光石器1件。

02CWLH19　位于02CWLT94西北部，开口于第4层下（图4-2-8）。平面呈圆形，弧壁，圜底。口径1、底径0.8、深0.26米。坑内填灰褐色土，出土陶片中可辨认器形有罐等。

02CWLH49　位于02CWLT96东壁中部，开口于第4层下（图4-2-9）。平面长条形，斜直壁，平底。口径3、深0.6米。坑内填土上层呈黄褐色，无包含物；下层呈灰黑色，出土陶片、铁锸、铁斧和磨制石器等。

02CWLH50　位于02CWLT75东南部，开口于第4层下（图4-2-10）。平面椭圆形，弧壁，圜底。口径1.4、深0.38米。坑内填深灰色土，包含烧土块、炭灰，出土陶片等。

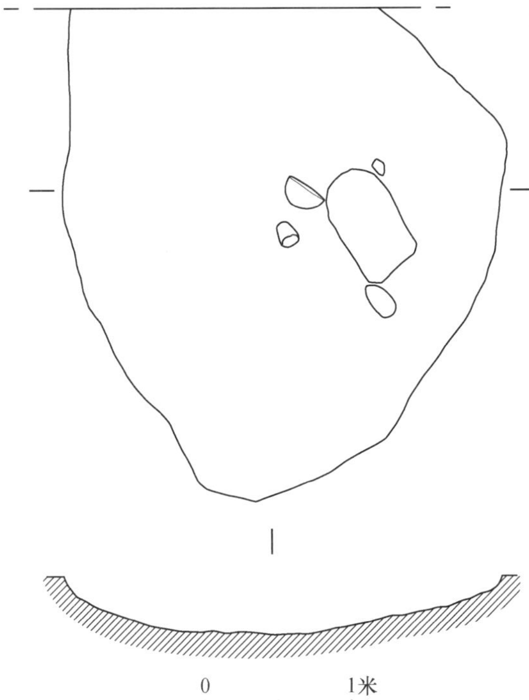

图4-2-7　蓝家寨遗址02CWLH18平、剖面图

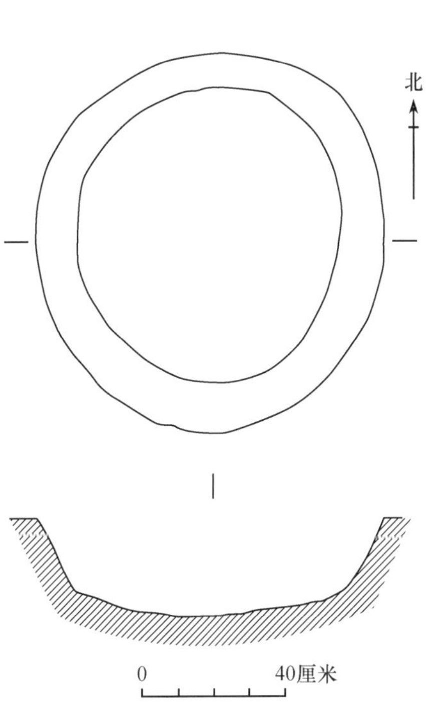

图4-2-8　蓝家寨遗址02CWLH19平、剖面图

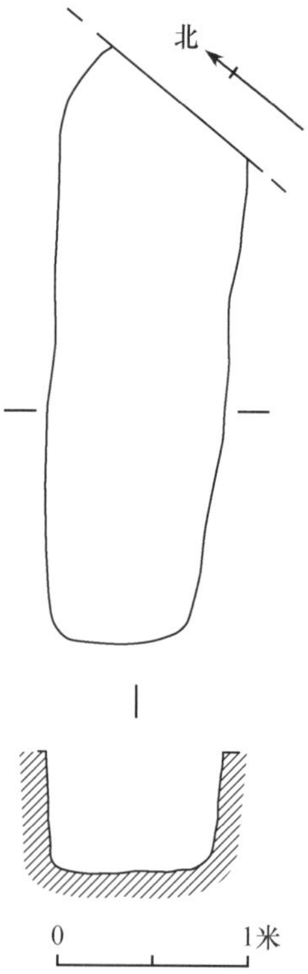

图4-2-9　蓝家寨遗址02CWLH49平、剖面图

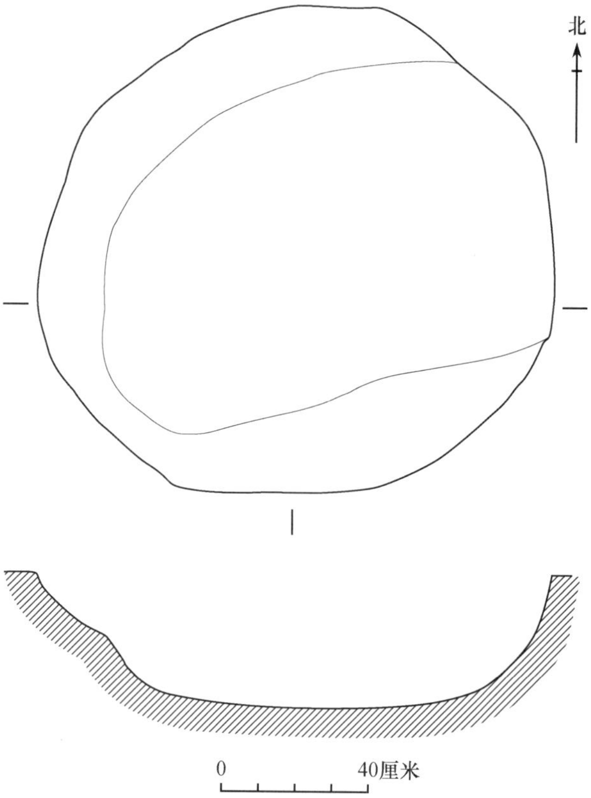

图4-2-10　蓝家寨遗址02CWLH50平、剖面图

02CWLH55　位于02CWLT55西壁中部，开口于第4层下，被F1打破。平面椭圆形，弧壁，圜底。口径1.86～3、深0.2米。坑内填灰黑色土，包含炭块，出土陶片中可辨器形有豆、罐等。

02CWLH58　位于02CWLT64中部，开口于第4层下（图4-2-11）。平面不规则形，弧壁，平底。口径3.3、深0.4～0.6米。坑内填灰褐色土，出土陶片较多。

02CWLH62　位于02CWLT51中部，开口于第4层下（图4-2-12）。平面椭圆形，斜弧壁，平底。口径3.24、深0.25米。坑内填黑灰色土，出土陶片中可辨认器形有豆等。

02CWLH64　位于02CWLT86东壁偏南，开口于第4层下（图4-2-13）。平面不规则形，弧壁，平底。口径2.2、深0.26米。坑内填灰黑色土，出土陶片中可辨认器形有罐、豆等。另出土有2件铁器。

02CWLH69　位于02CWLT74中部，开口于第4层下（图4-2-14）。平面不规则形，弧壁，圜底。口径2.64、深0.22米。坑内填黑褐色土，含石块、炭灰等，出土陶片中可辨器形有鬲等。另出土石范2件和铁锸1件。

02CWLH70　位于02CWLT42东北角，开口于第4层下（图4-2-15）。平面圆角方形，斜直壁，平底中部下凹。口径3.1、深0.26米。坑内填灰黑色土，出土陶片等。

02CWLH75　位于02CWLT22西南角，开口于第4层下（图4-2-16）。平面椭圆形，斜弧壁，平底。口径6.04、深0.35米。坑内填黄褐色土，含炭块。在坑底北部分布有东南、西北走向的河卵石。出土陶片中可辨器形有豆等。

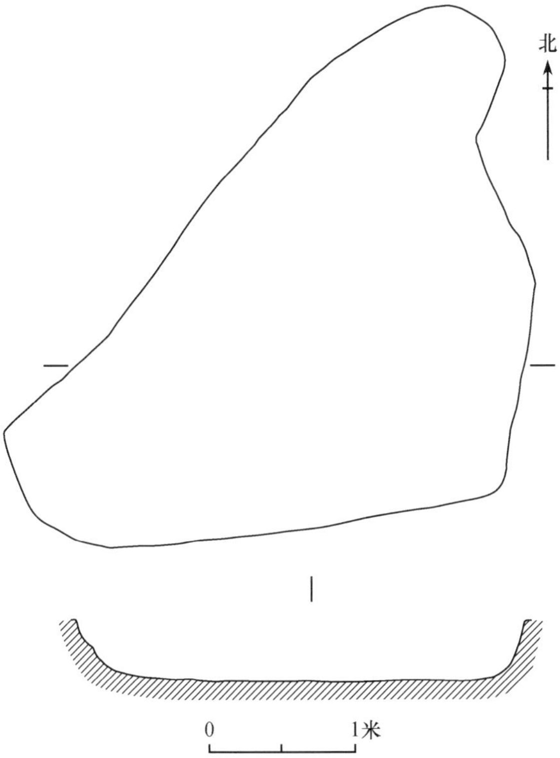

图4-2-11　蓝家寨遗址02CWLH58平、剖面图

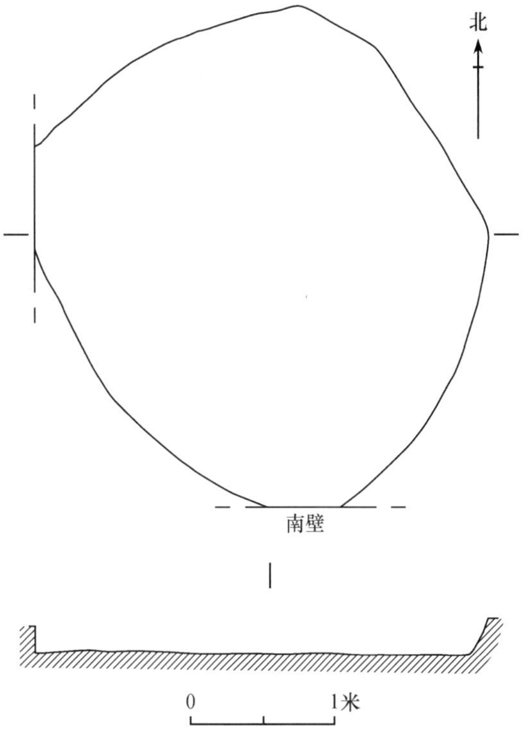

图4-2-12　蓝家寨遗址02CWLH62平、剖面图

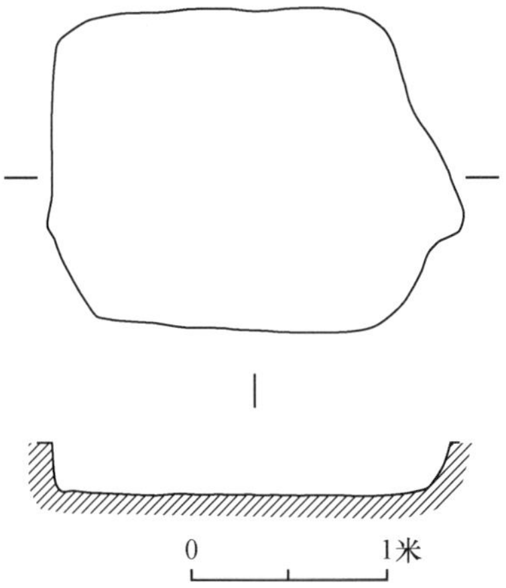

图4-2-13　蓝家寨遗址02CWLH64平、剖面图

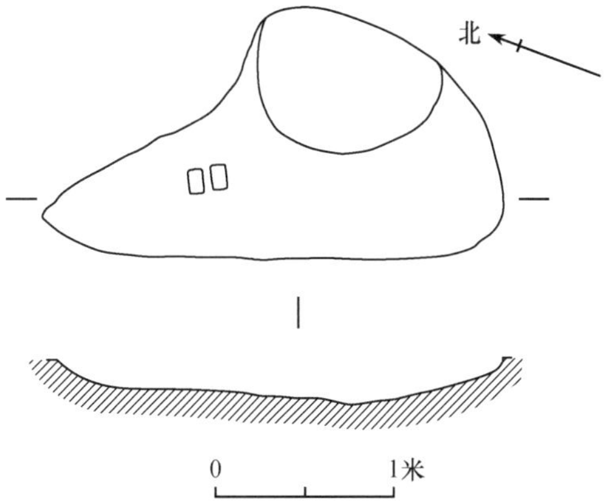

图4-2-14　蓝家寨遗址02CWLH69平、剖面图

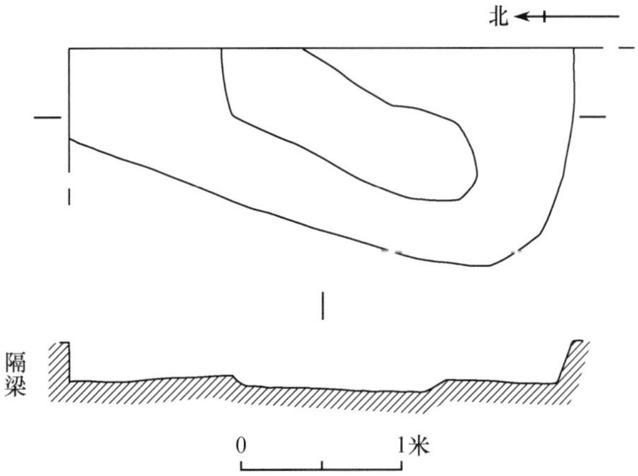

图4-2-15　蓝家寨遗址02CWLH70平、剖面图

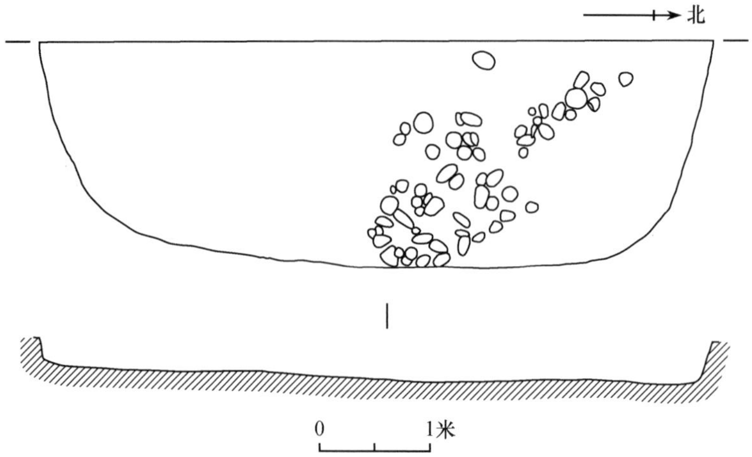

图4-2-16　蓝家寨遗址02CWLH75平、剖面图

3. 灰沟

2条。02CWLG2和02CWLG4。

02CWLG4　位于02CWLT73南部，开口于第4层下（图4-2-17）。平面长条形，斜弧壁，平底。长4、口径0.9～1.56、深0.44米。填青黄色土，含石块，出土陶片等。

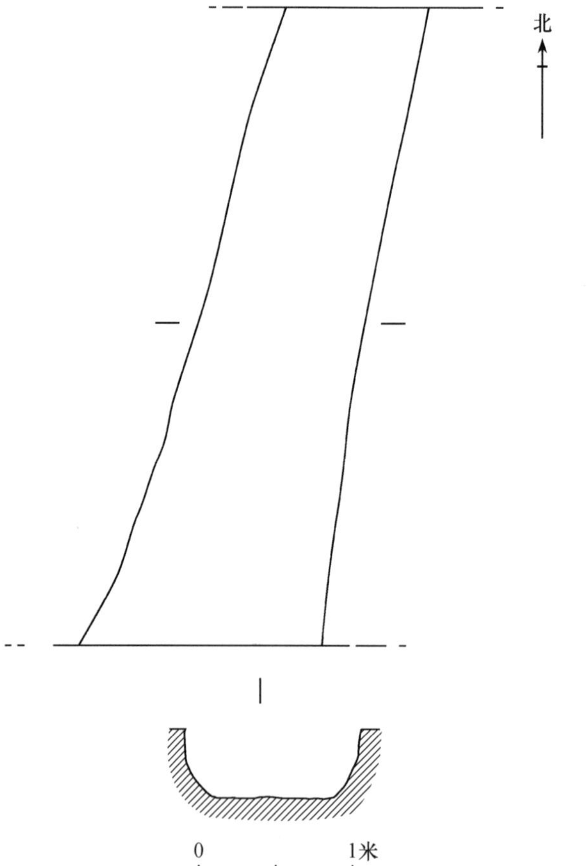

图4-2-17　蓝家寨遗址02CWLG4平、剖面图

三、第3B层下开口遗迹

1. 铺石池址

1处。

02CWLH15　位于发掘区东北，开口于第3B层下（图4-2-18）。平面形状不规则，主体部分南北呈长方形，北部较宽，南北最长处9米余，东西最宽处约5米。池壁呈和缓的坡状，池底较平，最深处距岸顶约0.5米。中部自东北岸有一道宽0.2、高0.4米的窄土梁伸入，形成一拳头状半岛。拳头状岛体近似方形，边长约1.9米。岛顶高出池底0.3～0.4米。岛体以东，池址岔出一东北向水道，宽约1.7、深约0.4米，可能为引水渠。

池底和岛上皆铺砌有大量白色的卵石，卵石错落有致，大小不一，最大者有（0.9×0.44×0.35）立方米，小者似禽卵。从形状和质地看，卵石多是采自大宁河岸边，就近取材。

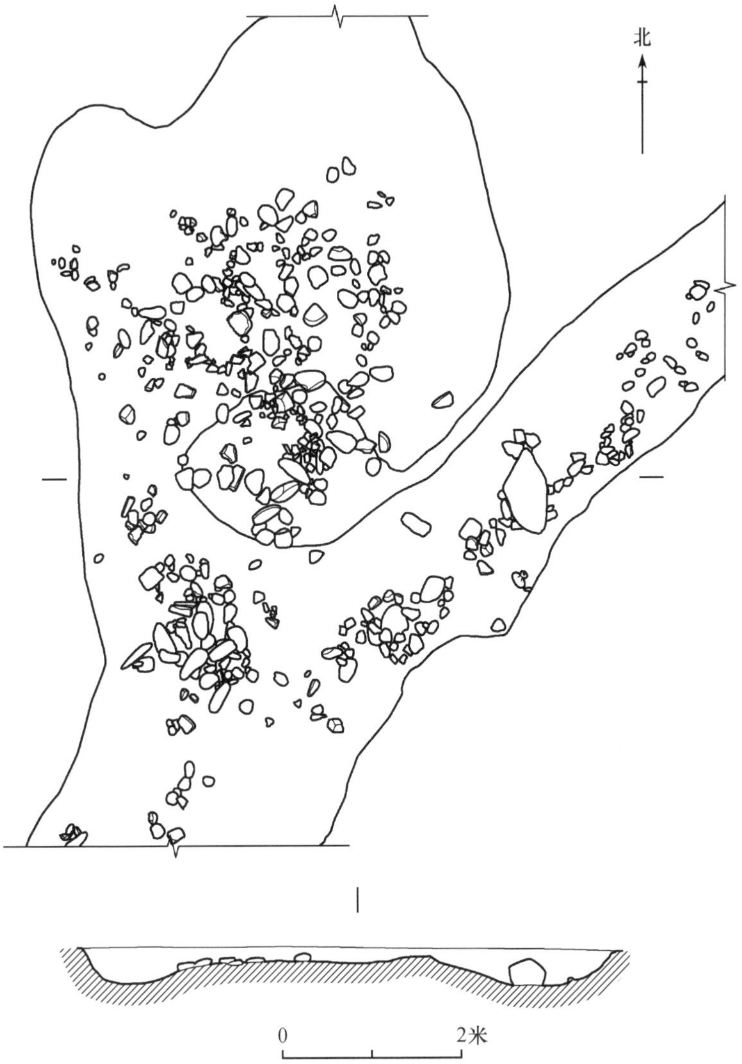

图4-2-18　蓝家寨遗址02CWLH15平、剖面图

池内堆积土松软，土色呈灰褐色，伴出较多的陶片、瓷片，以及饰绳纹砖和绳纹板瓦。陶片中可辨器形有豆、罐等。瓷器以泛绿的青釉碗和罐为主，有开片，釉易剥落，内底可见烧造时留下的支钉残痕。推测该铺石池址为魏晋时期遗存。

2. 窑址

1座。

02CWLY1　位于发掘区西南，02CWLT57北部。开口于第3B层下，打破生土（图4-2-19）。受晚期破坏影响，仅残存火膛、火门和火道三部分。火膛位于火道东北，平面为椭圆形，南高北低略呈缓坡状，南北长1.1、东西长1米。

火门位于火膛南面，形状为圆拱形，宽0.31、高0.18米。火道形状大致为长筒形，长0.4、宽0.22～0.29米。

窑内出土少量陶片，以夹砂红褐陶为主，多为素面，少数饰细绳纹，另有零星夹砂红陶、夹砂灰陶片。可辨器形有罐、鬲足等。

依据形制特点及其遗址内、外出土的黑、红色烧土块、陶器残片，可推知该窑是一座用于烧制陶器用品的小型窑。

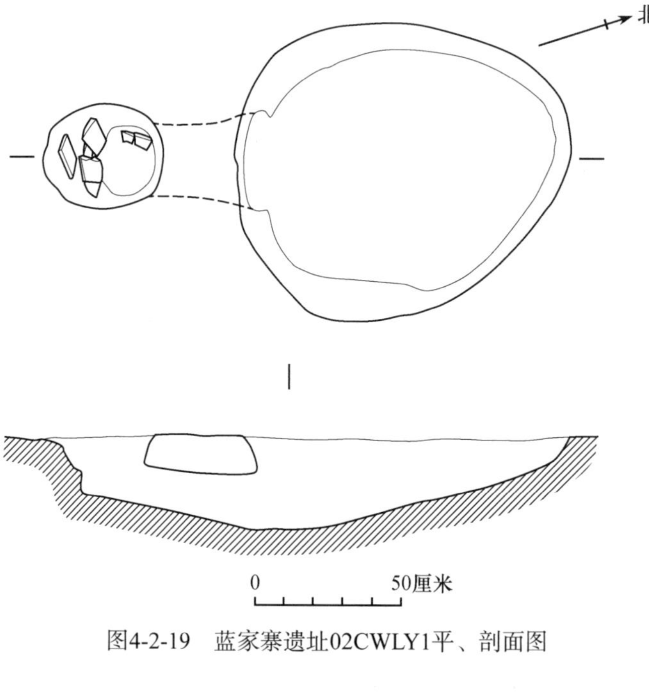

图4-2-19　蓝家寨遗址02CWLY1平、剖面图

3. 灰坑

41座。包括02CWLH6、02CWLH8～02CWLH14、02CWLH16、02CWLH17、02CWLH21、02CWLH22、02CWLH24～02CWLH29、02CWLH31、02CWLH33～02CWLH39、02CWLH41～02CWLH47、02CWLH51、02CWLH53、02CWLH57、02CWLH59、02CWLH60、02CWLH63、02CWLH66、02CWLH67。开口多为椭圆形，其余不甚规则。填土中多包含东周时期的陶器碎片和一些魏晋时期青釉陶瓷片。

02CWLH9　位于02CWLT93中部，开口于第3B层下（图4-2-20）。坑口平面呈椭圆形，弧壁，平底。口径2.6、深0.34米。坑内填土为灰黑色，出土陶片中可辨器形有罐、豆等。

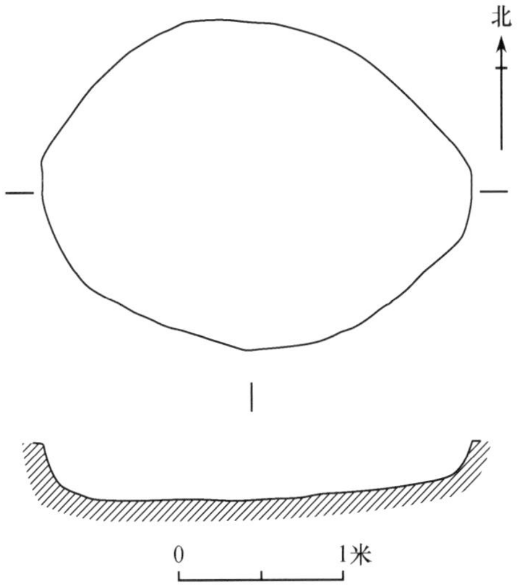

图4-2-20　蓝家寨遗址02CWLH9平、剖面图

02CWLH12　位于02CWLT83南壁偏东，开口于第3B层下（图4-2-21）。平面椭圆形，弧壁，平底。口径1.5、深0.2米。坑内填灰褐色土，出土陶片等。

02CWLH13　位于02CWLT11西南部，开口于第3B层下（图4-2-22）。平面椭圆形，斜弧壁，平底。口径1.5、深0.3米。坑内填红褐色土，出土陶片、瓷片、石器等。

02CWLH27　位于02CWLT98中部，开口于第3B层下（图4-2-23）。平面呈不规则形，弧壁，底不平。坑口径4、深0.51米。坑底散见有直径为0.16～0.28、深0.34～0.42米的五个柱洞，其用途有待研究。坑内填灰褐色土。坑底出有四个陶豆把。出土陶片中可辨器形有豆、罐等。

02CWLH33　位于02CWLT76中部偏北，开口于第3B层下（图4-2-24）。平面呈圆形，弧壁，圜底。口径1.6、深0.68米。坑内填土呈灰色。上层土色较浅，含有石块，出土陶片、砖块等。下层土色较深。灰坑开口与底部各有一层石块堆积。

02CWLH66　位于02CWLT35东南角，开口于第3B层下。平面呈不规则形，弧壁，圜底。口径5.74、深0.68米。坑内填灰褐色土，含少量炭块、石块等。出土陶片中可辨认器形有鬲等。

4. 灰沟

1条。

02CWLG3　位于02CWLT86西南角，开口于第3B层下（图4-2-25）。平面呈“八”字形，斜弧壁，平底。长6.8、口径2.8、深0.4米。填土为灰褐色，出土陶片中可辨认器形有豆、罐、盆等。

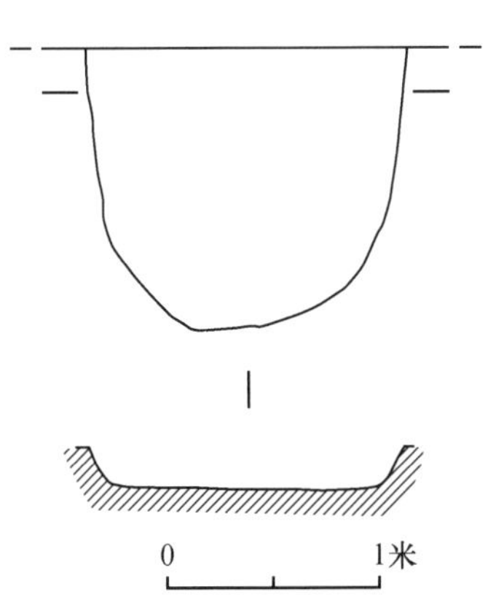

图4-2-21　蓝家寨遗址02CWLH12平、剖面图

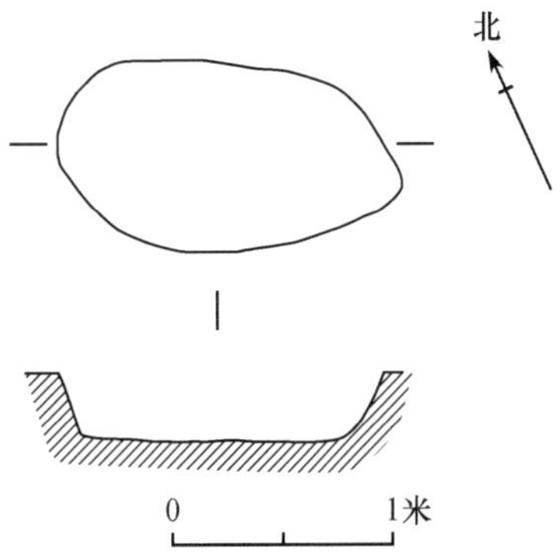

图4-2-22　蓝家寨遗址02CWLH13平、剖面图

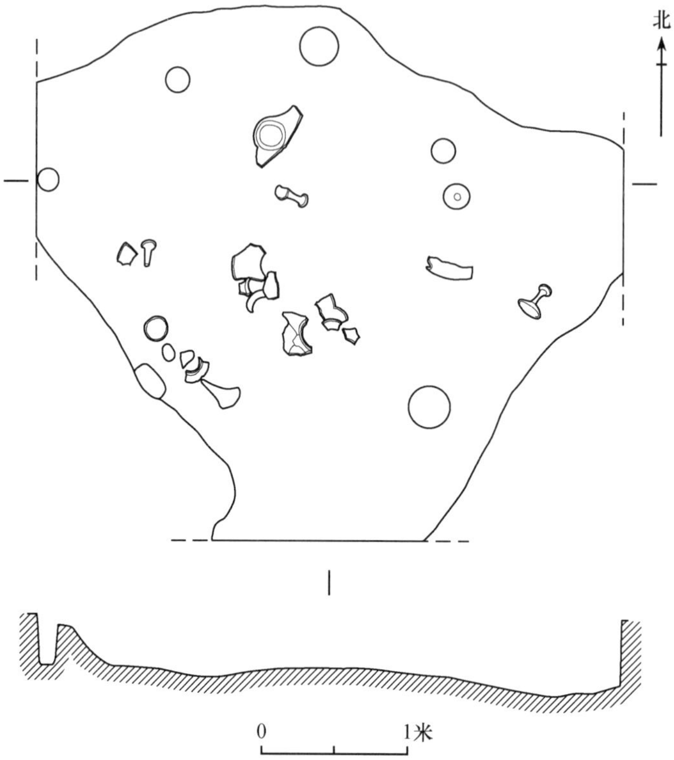

图4-2-23　蓝家寨遗址02CWLH27平、剖面图

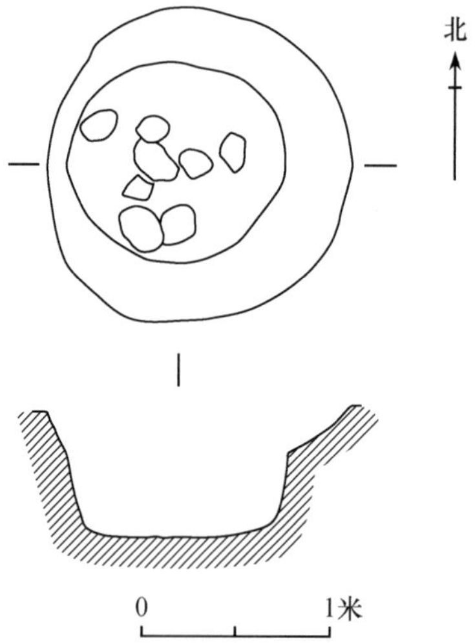

图4-2-24　蓝家寨遗址02CWLH33平、剖面图

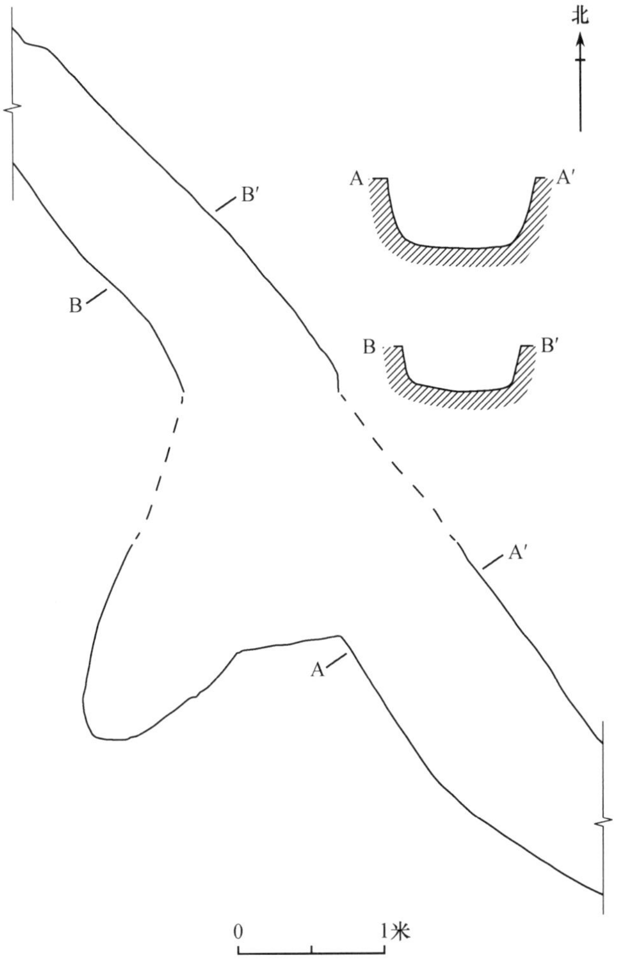

图4-2-25　蓝家寨遗址02CWLG3平、剖面图

四、第3A层下开口遗迹

开口于第3A层下的遗迹有02CWLH20、02CWLH30，共2座灰坑。

02CWLH30　位于02CWLT04西南角，开口于第3A层下（图4-2-26）。平面长条形，弧壁，平底。口径2.8、深0.3米。坑内填灰褐色土，出土陶片较少。

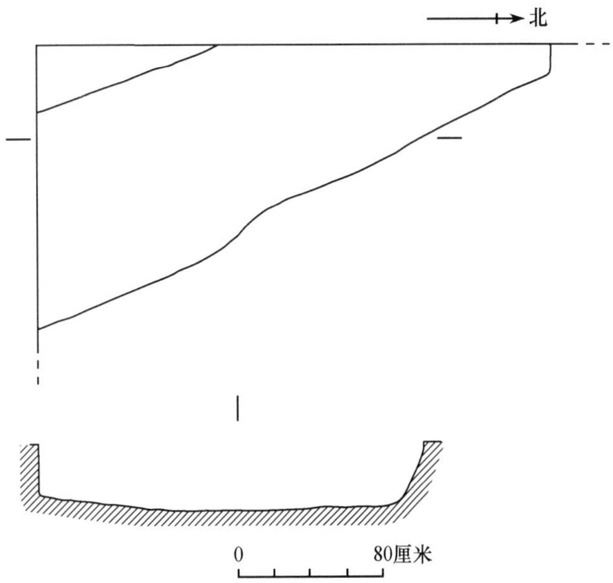

图4-2-26　蓝家寨遗址02CWLH30平、剖面图

五、第2层下开口遗迹

开口于第2层下的遗迹有02CWLH1、02CWLH2、02CWLH4、02CWLH5、02CWLH7、02CWLH32，共6座灰坑。

02CWLH4　位于02CWLT51东北角，开口于第2层下。平面呈半圆形，弧壁，平底。口径0.9、深0.33米。坑内填红褐色土。出土十余片青花瓷片和2片黑釉瓷片，可辨认器形有杯、盘等。另出有少量陶片。

六、第1层下开口遗迹

开口于第1层下的遗迹有02CWLH3和02CWLH40，共2座灰坑，以及一条灰沟02CWLG1。

02CWLH3　位于02CWLT22北壁偏西，开口于第1层下。平面呈不规则形，弧壁，平底。口径2.44、深0.29米。填灰色土，含木炭渣屑。出土3片瓷片，可辨瓷碗1件。另出有少量陶片，可辨器形有罐、豆等。

第三节　遗　　物

一、东周时期遗物

1. 铜器

共9件。

勺形器　1件。

02CWLT83④：1，由柄、器身和流三部分构成，器身腹壁有三个小穿孔，制作规整。通长7.6、勺宽2.3、深2厘米（图4-3-1，1）。

刀　2件。

02CWLH26：1，残长10.6、宽1.5厘米（图4-3-1，2；图版九三，1）。

02CWLH26：2，残，背面有四道弧棱纹，表面光素。长8、宽5.4、厚0.3厘米（图4-3-1，3）。

镞　5件。根据锋部和铤部特点可分三式。

Ⅰ式：1件。镞锋部为三棱锥体，铤部为短圆柱体。

02CWLT76④：1，长8.5厘米（图4-3-1，4；图版九三，2）。

Ⅱ式：2件。镞锋部为四棱锥体，铤部为竹节状圆柱体。

02CWLT67③B：1，长4.5厘米（图4-3-1，5）。

02CWLH6：1，残长3.4厘米（图4-3-1，6；图版九三，3）。

Ⅲ式：2件。镞锋部呈圆锥体，且于体外凸出三道尖棘状刃，铤部为中空圆柱体。

02CWLH26：4，残。长3.7、宽1厘米（图4-3-1，7）。

02CWLT93④：4，残。长5.5厘米（图4-3-1，8）。

棒　1件。

02CWLT44②：2，残。圆柱体。长9.4、直径0.5厘米（图4-3-1，9）。

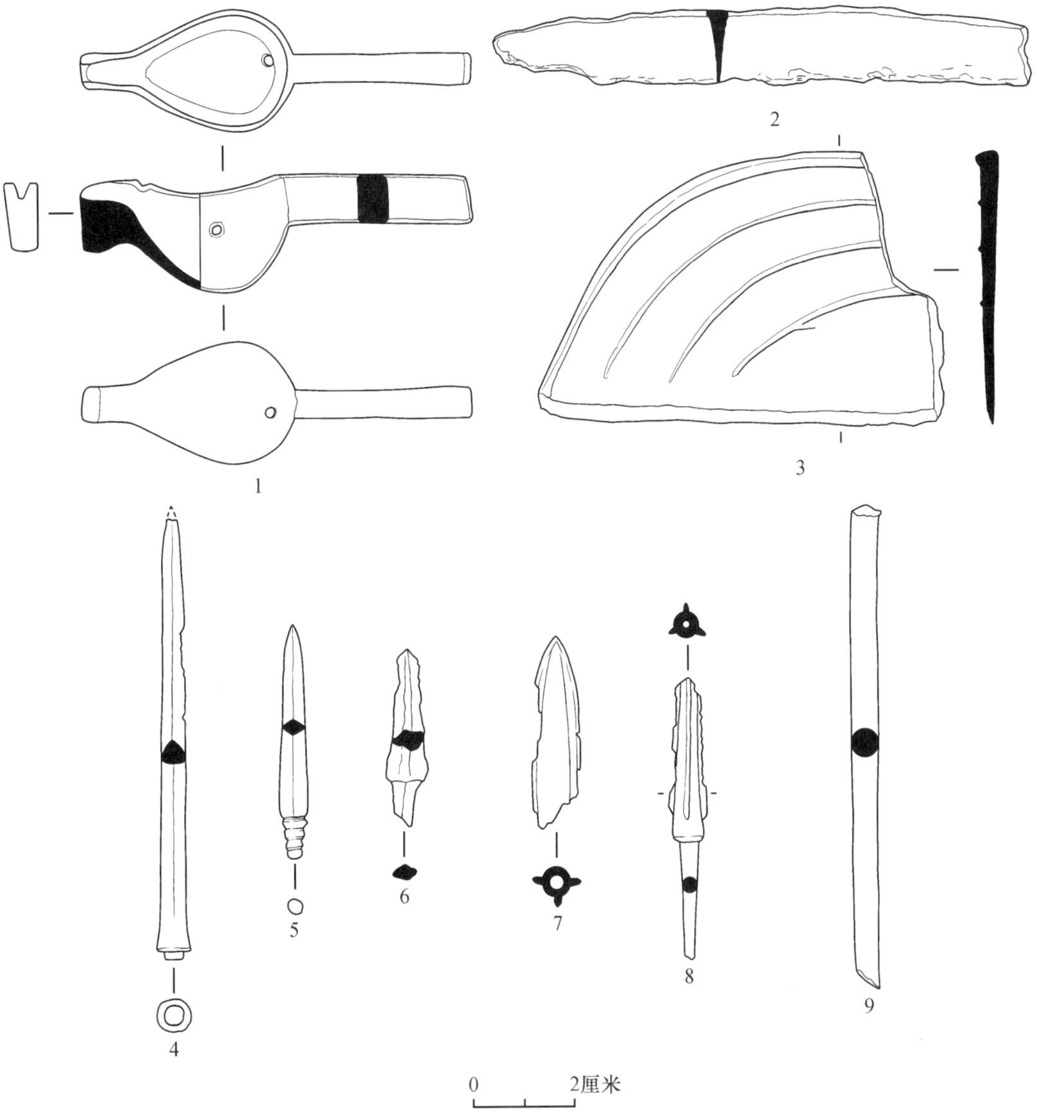

图4-3-1　蓝家寨遗址2002年出土东周时期铜器

1. 勺形器（02CWLT83④：1）　2、3. 刀（02CWLH26：1、02CWLH26：2）　4. Ⅰ式镞（02CWLT76④：1）
5、6. Ⅱ式镞（02CWLT67③B：1、02CWLH6：1）　7、8. Ⅲ式镞（02CWLH26：4、02CWLT93④：4）
9. 棒（02CWLT44②：2）

2. 陶器

出土量最多，多残，可复原者少。陶器按质地可分为夹砂陶和泥质陶，前者略多。陶色以灰（褐）陶为绝对大宗，其次为红褐陶，亦有少量红陶和黑陶。器表多为素面或饰绳纹，包括弦断绳纹、粗竖绳纹和交错绳纹三种（图4-3-2）。另外有少量的弦纹、戳印纹等，约占5%。器类有鬲、豆、壶、甗、纺轮、盆、盒、罐等。根据残片观察和对完整者进行统计，其中鬲约有42件、豆22件、壶4件、盒1件、罐1件。

鬲　多为口、腹和足部残片，可复原仅1件。根据足部的形制差异可分为二式。

Ⅰ式：实心柱状足。

02CWLH27：2，夹砂灰陶。平折沿，束颈，鼓肩深腹，裆较高。体表遍施绳纹，肩部刻

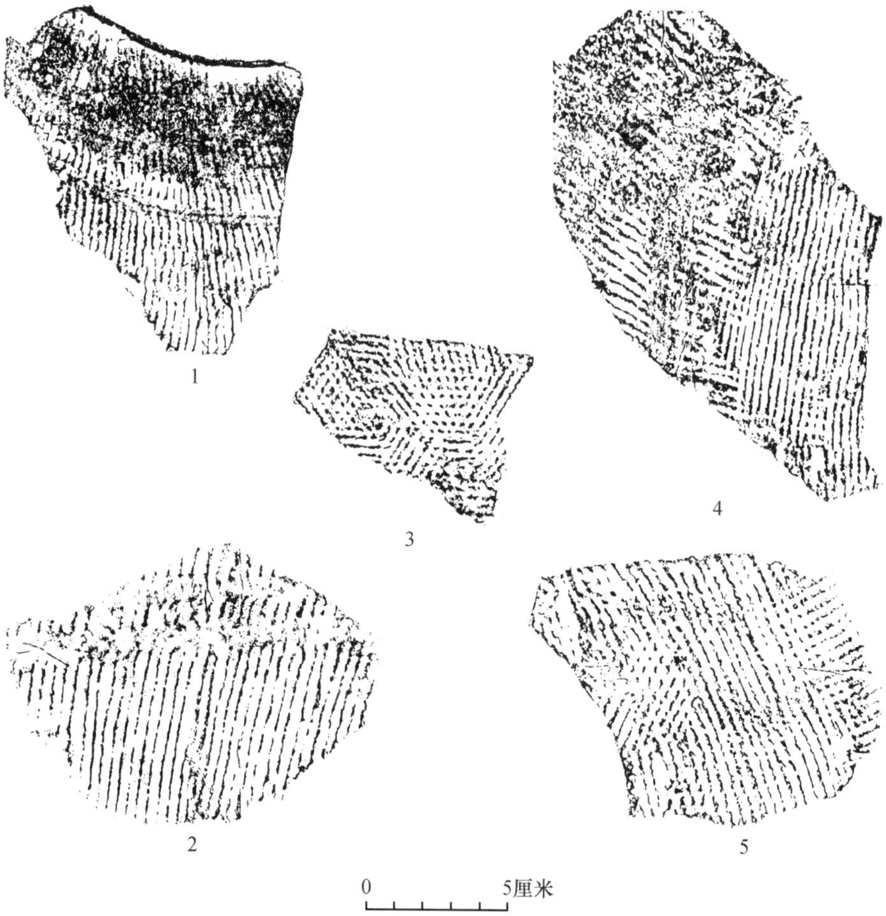

图4-3-2　蓝家寨遗址2002年出土东周时期陶器纹饰拓片

1. 弦断细绳纹（02CWLH27：16）　2. 粗竖绳纹（02CWLH48：5）

3～5. 交错绳纹（02CWLH27：24、02CWLH27：17、02CWLT54⑤：6）

两道弦纹。口径29.8、腹径35.2、通高34.4厘米（图4-3-3，1；图版九四，1）。

02CWLH48：2，仅残余一足，从足腹交界处观察，高裆圆柱足，残高14.8、足径2.6厘米。

Ⅱ式：足较肥，似袋状，腹腔深入足部。皆残，无一可复原。

02CWLH63：2，夹砂灰褐陶。施细绳纹。残高14厘米（图4-3-3，2）。

豆　数量较多，完整者仅2件。皆泥质灰陶，质地细腻，素面。根据柄部特点可分为三式。

Ⅰ式：高柄呈竹节形，喇叭形豆座。

02CWLH48：3，口径12.8、残高12.6厘米（图4-3-3，4）。

02CWLH27：8，底径7.6、残高11.8厘米（图4-3-3，3）。

Ⅱ式：高柄喇叭形豆座。

02CWLH27：11，敞口，曲腹。口径12.8、底径7.6、高14.8厘米（图4-3-3，5）。

Ⅲ式：柄较矮短。

02CWLH31：1，口径11.2、底径6.6、高9.6厘米（图4-3-3，6）。

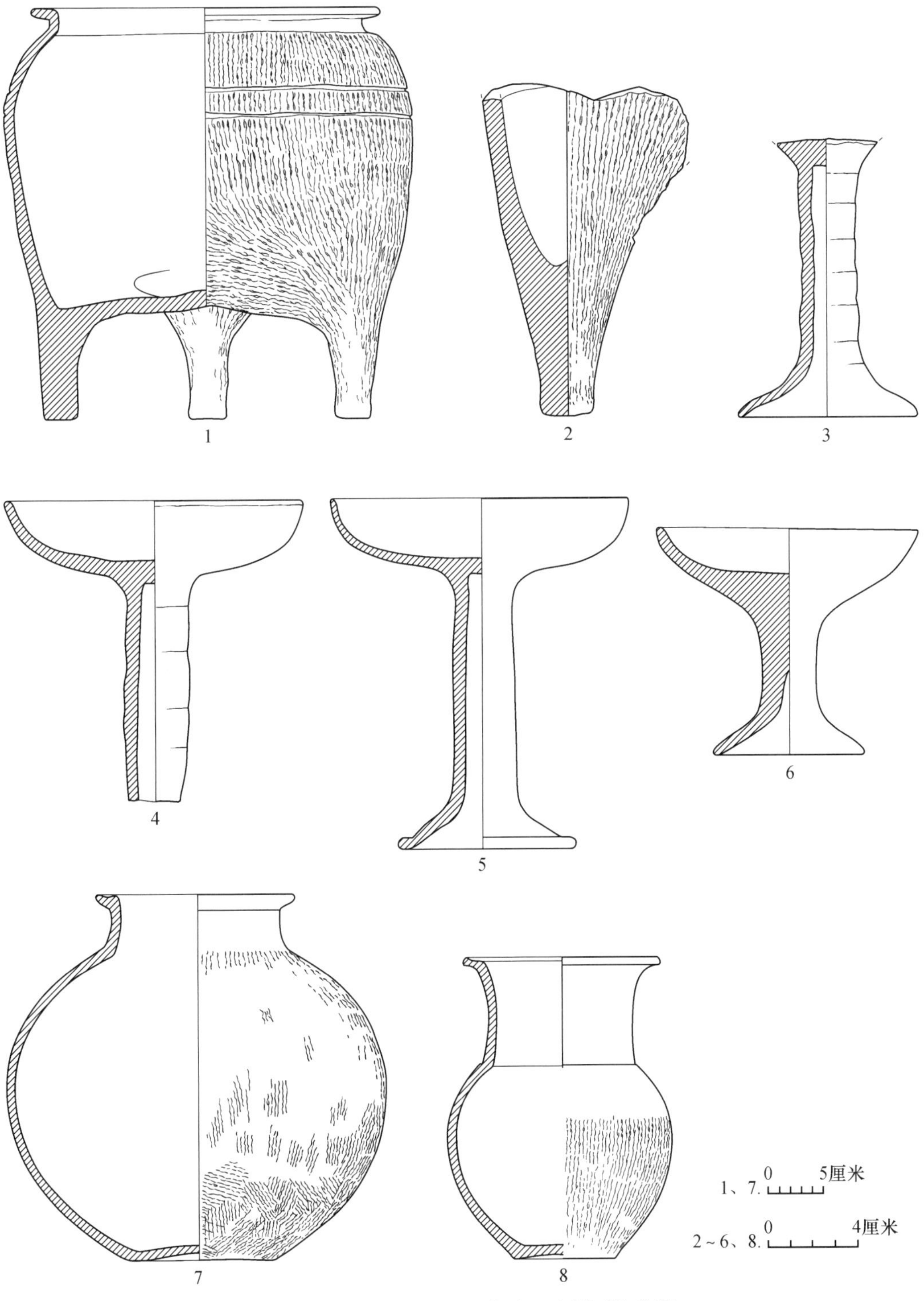

图4-3-3　蓝家寨遗址2002年出土东周时期陶器

1. Ⅰ式鬲（02CWLH27：2）　2. Ⅱ式鬲（02CWLH63：2）　3、4. Ⅰ式豆（02CWLH27：8、02CWLH48：3）
5. Ⅱ式豆（02CWLH27：11）　6. Ⅲ式豆（02CWLH31：1）　7. Ⅰ式壶（02CWLH57：2）　8. Ⅱ式壶（02CWLH74：1）

壶　可复原2件。皆为夹砂灰陶，分为二式。

Ⅰ式：02CWLH57：2，敞口，鼓腹，平底微内凹。颈以下饰细绳纹。口径16.8、底径12.4、高31.2厘米（图4-3-3，7）。

Ⅱ式：02CWLH74：1，敞口，长颈高领，平底。颈肩素面，腹部饰绳纹。口径8.4、底径4.5、高12.5厘米（图4-3-3，8）。

甑　1件。

02CWLH48：1，残。夹砂灰陶，砂粒较细。仅余腹和底部箅的残片，平底，箅上残存四个透气孔，不可复原。残存部分腹径27.6、底径13、高5.4厘米（图4-3-4，1）。

纺轮　2件，发表1件。形制完全相同，扁圆形，中心有一穿孔。

02CWLH47：1，泥质灰褐色，质地细腻坚硬。直径4厘米（图4-3-4，2）。

盆　1件。

02CWLH48：4，残，不可复原。夹砂灰陶，砂粒细小。折沿圆唇，颈肩饰弦纹，腹壁斜内收，外饰细绳纹。底残失。口径19.8、残高9.9厘米（图4-3-4，3）。

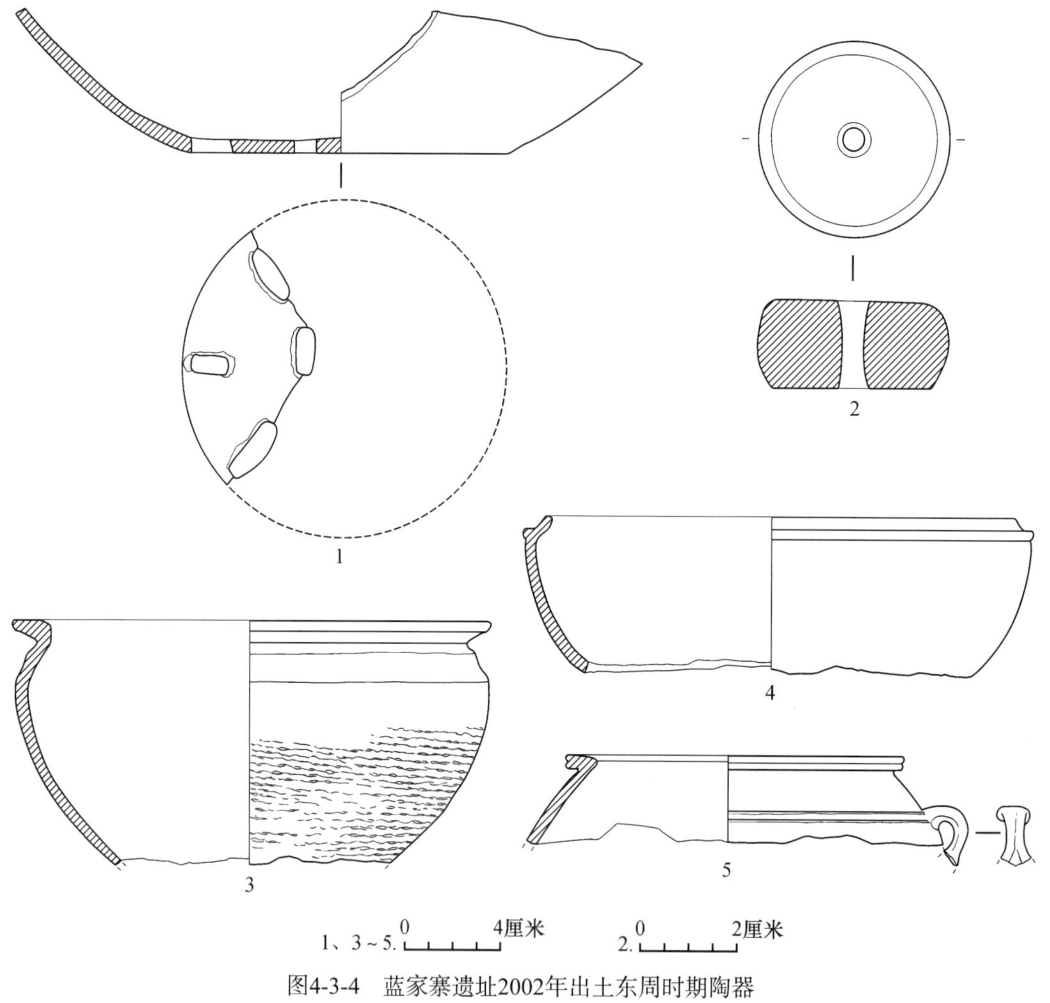

图4-3-4　蓝家寨遗址2002年出土东周时期陶器

1. 甑（02CWLH48：1）　2. 纺轮（02CWLH47：1）　3. 盆（02CWLH48：4）　4. 盒（02CWLH27：5）　5. 罐（02CWLH15：15）

盒　1件。

02CWLH27：5，残，仅余盒身。泥质灰陶。子母口，口微敛，底部残失。口径20.6、高6.6厘米（图4-3-4，4）。

罐　1件。

02CWLH15：15，残，不可复原。夹砂灰褐陶。折沿，双圆棱唇，肩附双耳，饰两道弦纹。口径13.6厘米（图4-3-4，5）。

3. 石器

14件。包括石范、石锛、石球、磨石等10件，另有残碎不可辨识者4件。

范　3件，发表2件。皆砂石质，泛土红色，长方形。

02CWLH69：1，长14.4、宽9、厚5.8厘米（图4-3-5，1；图版九四，2）。

02CWLH69：2，长14、宽9.2、厚5.2厘米（图4-3-5，2；图版九四，3）。

02CWLH69：1和02CWLH69：2大小相当，且同出于02CWLH69中，属同一套制作铁锛的石范。

锛　1件。

02CWLH28：1，白色，石质细腻，通体打磨光滑，刃部尤甚。通高3.4、宽3.3、厚0.8厘米（图4-3-5，3；图版九四，4、5）。

球　2件。皆圆球状。

02CWLH6：3，灰白色砂石。直径约7厘米（图4-3-5，4）。

02CWLT12⑤：1，混合岩，内里为泥红色砂石，部分外露，外包裹为灰白色石，系打磨而成。直径约4.6厘米（图4-3-5，5）。

磨石　2件。

02CWLG2：2，灰白色砂石，长方形。长32.4、宽10.4、厚8.8厘米（图4-3-5，7）。

02CWLT76⑤：1，黄色砂石，呈六棱柱体。高6、边长约2厘米（图4-3-5，6）。

鞋垫式石器　2件。磨制而成，状似鞋垫。

02CWLH18：1，残长3.3、宽4、厚1.3厘米（图4-3-5，8）。

02CWLT66②：1，残长4.2、宽2.6、厚0.6厘米（图4-3-5，9）。

4. 铁器

共46件。其中以镬、锸居多，还有铲3件、镞2件、环2件、刀1件、矛2件和斧1件，另残碎锈蚀不可辨析者12件。

镬　14件。形制相同，唯于顶部用于嵌置把柄的銎部略有不同，据此可分为三式。

Ⅰ式：11件，发表1件。銎部口呈长方形，下为尖楔形，銎槽较深。

02CWLT27③B：1，略残，刃部前端平齐。高12.4、宽6、銎深2厘米（图4-3-6，1；图版九五，1、2）。

Ⅱ式：1件。銎部口呈椭圆形，下为尖楔形。

02CWLT14③B：1，刃部前端略残。高10.8、宽5、銎深3厘米（图4-3-6，2；图版九五，3～5）。

图4-3-5　蓝家寨遗址2002年出土东周时期石器

1、2. 范（02CWLH69：1、02CWLH69：2）　3. 锛（02CWLH28：1）　4、5. 球（02CWLH6：3、02CWLT12⑤：1）　6、7. 磨石（02CWLT76⑤：1、02CWLG2：2）　8、9. 鞋垫式石器（02CWLH18：1、02CWLT66②：1）

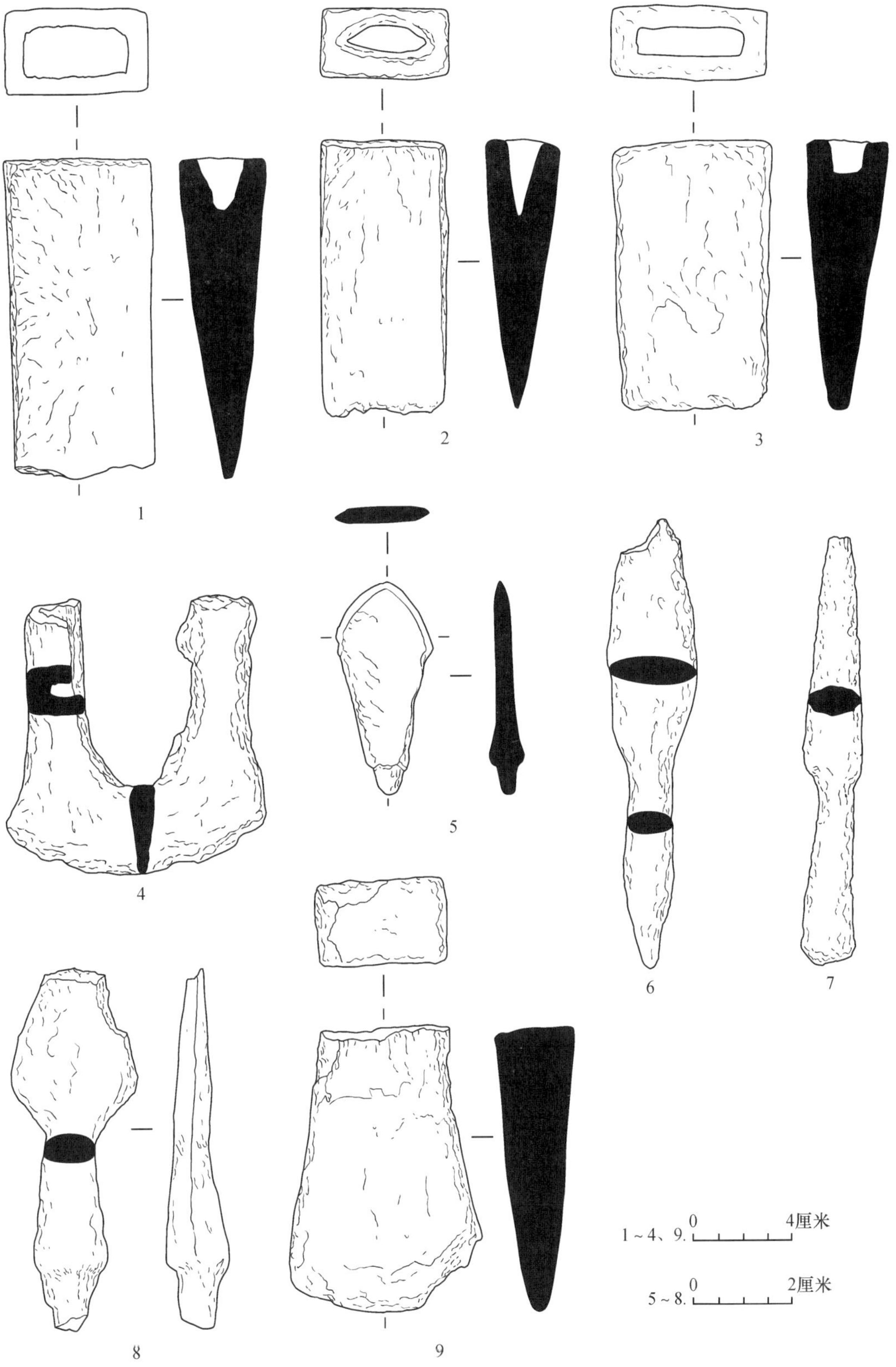

图4-3-6　蓝家寨遗址2002年出土东周时期铁器

1. Ⅰ式䦆（02CWLT27③B：1）　2. Ⅱ式䦆（02CWLT14③B：1）　3. Ⅲ式䦆（02CWLT14③B：2）　4. 锸（02CWLH57：1）　5、6. 镞（02CWLT42③B：1、02CWLT41③B：1）　7、8. 矛（02CWLH66：1、02CWLH24：1）　9. 斧（02CWLH48：6）

Ⅲ式：2件，发表1件。銎部口呈长方形，下为方楔形。

02CWLT14③B：2，高10.4、宽6.4、銎深1.3厘米（图4-3-6，3；图版九五，6、7）。

锸　9件，发表1件。形制相同，銎两侧置有嵌装把柄的凹槽，刃部前端为圆弧状。

02CWLH57：1，残高10.8、刃部宽10.2厘米（图4-3-6，4）。

镞　2件。锋部皆为扁体双刃，铤部皆为圆柱体，锈蚀。

02CWLT41③B：1，锈蚀严重。残长8.8、最宽2厘米（图4-3-6，6）。

02CWLT42③B：1，残长4.2、最宽1.8厘米（图4-3-6，5）。

矛　2件。皆残。

02CWLH66：1，残长8.3、最宽1厘米（图4-3-6，7）。

02CWLH24：1，残长7.1、最宽2.6厘米（图4-3-6，8）。

斧　1件。

02CWLH48：6，残，銎部缺失。呈梯形，宽弧刃。通高11.2、刃宽8厘米（图4-3-6，9）。

二、魏晋隋唐时期遗物

以陶瓷器类残片为主，数量不多，多为碗、钵类器底部分残块。另外有少量板瓦残片。

1. 瓷器

以青釉碗、钵、杯和罐为主，皆青釉，内壁满施釉，外壁施釉不满，近底部露胎。内底可见有烧造时留下的支钉残痕，胎色为灰白色，釉多泛黄或酱色。

02CWLH15：7，碗口沿残片。弧长9.8、宽6厘米。釉面粗糙，有明显冰裂纹，极易剥落（图4-3-7，9）。

02CWLH15：2，为壶罐类器的腹底残块。底径14、残高11.2厘米（图4-3-7，10）。

2. 陶器

碗　6件，其中3件可复原。皆泥质灰陶，质地细腻，可分三式。

Ⅰ式：02CWLT82②：1，敞口，圆唇，深弧腹，饼足。口径18.7、底径11.2、高7厘米（图4-3-8，1）。

Ⅱ式：02CWLT84③B：1，宽扁沿唇，浅腹，平底。口径17.8、底径11.2、高6厘米（图4-3-8，2；图版九六，1）。

Ⅲ式：02CWLT73③B：1，敞口，折腹，平底。口径6.8、底径4.2、高2.8厘米（图4-3-8，3；图版九六，2～4）。

盆　3件，可复原1件。

02CWLT82③B：1，泥质灰陶。敞口卷沿，腹壁斜直，平底。口径32、底径12、高15.8厘米（图4-3-8，4）。

板瓦　发表1件。泥质灰陶，质地细腻。凸面饰细直绳纹。

02CWLH15：6，残长13.2、宽13.6、厚1.2厘米（图4-3-7，11）。

其余陶瓷器皆残碎，无法复原。

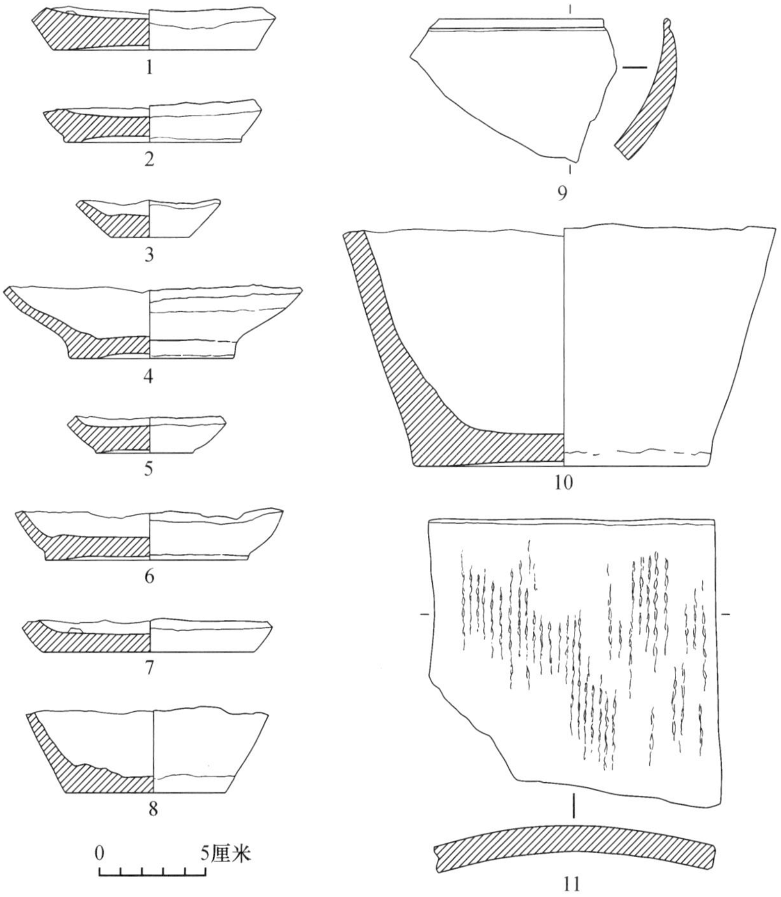

图4-3-7　蓝家寨遗址2002年出土魏晋隋唐时期遗物

1～8、10. 陶瓷器底（02CWLH15：18、02CWLH15：17、02CWLH14：1、02CWLH46：1、02CWLT72①：2、02CWLH15：3、02CWLH15：16、02CWLH15：4、02CWLH15：2）　9. 瓷器口沿（02CWLH15：7）　11. 板瓦（02CWLH15：6）

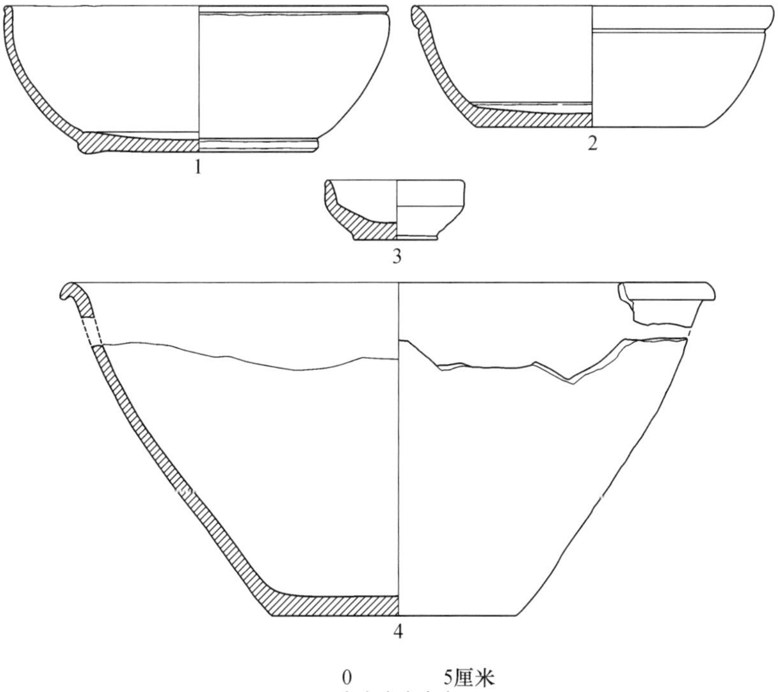

图4-3-8　蓝家寨遗址2002年出土魏晋隋唐时期陶器

1. Ⅰ式碗（02CWLT82②：1）　2. Ⅱ式碗（02CWLT84③B：1）　3. Ⅲ式碗（02CWLT73③B：1）　4. 盆（02CWLT82③B：1）

三、明清时期遗物

主要为大量瓷器残片、几块砖瓦和铜钱。

1. 瓷器

全部为青白瓷，多属碗、杯类（图4-3-9）。多于器物内壁和底部饰以花草纹、抽象符号、

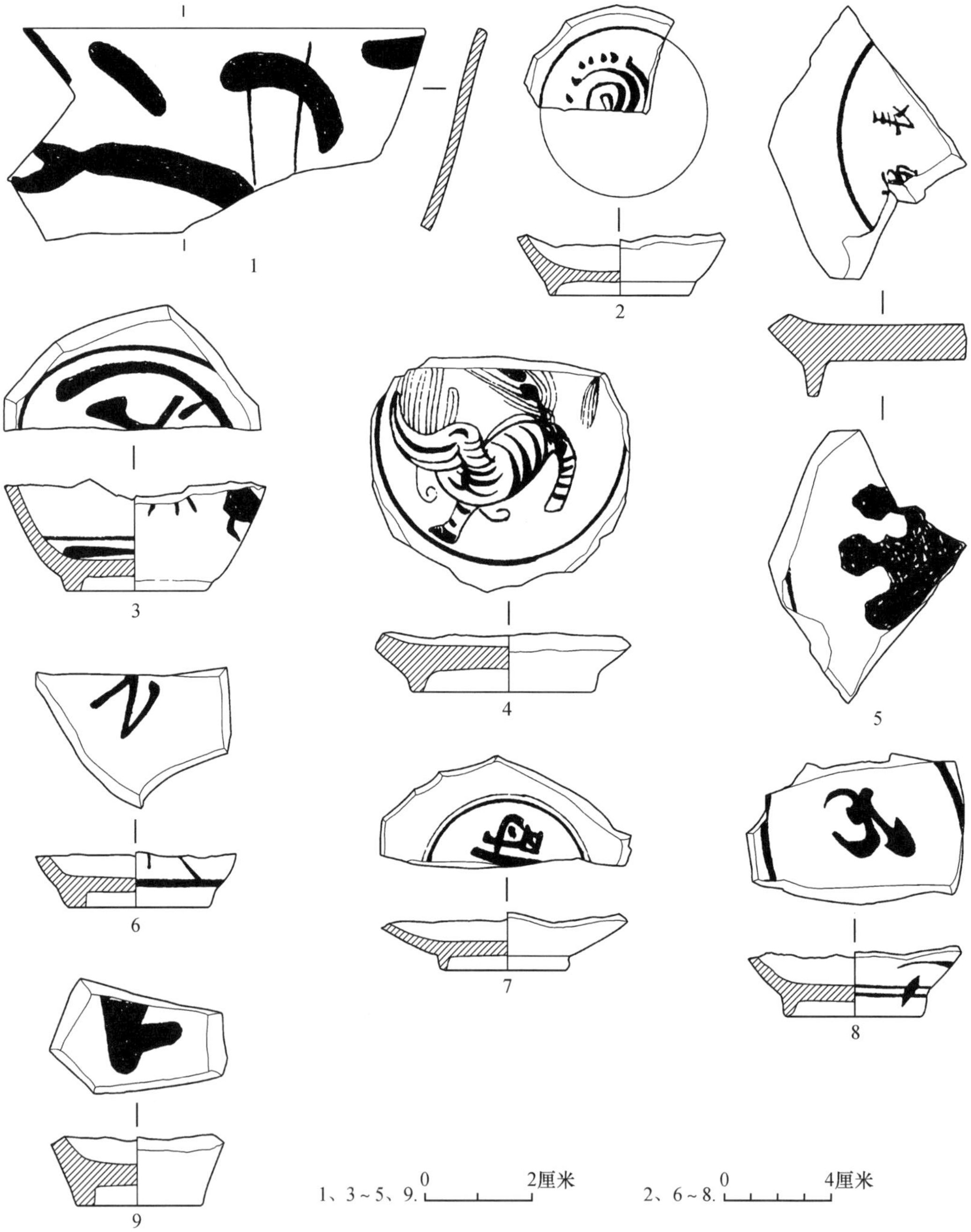

图4-3-9　蓝家寨遗址2002年出土明清时期瓷器

1. 口沿（02CWLH40：1）　2～9. 器底（02CWLT92②：1、02CWLT93②：1、02CWLH4：3、02CWLT02③B：1、02CWLT66②：2、02CWLT55②：1、02CWLT51②：2、02CWLT25②：2）

动物纹和“寿”字等吉祥文字。02CWLH4：3，碗内底饰一虎纹，虽抽象，但线条流畅，形态可爱（图4-3-9，4）。

2. 铜钱

共8枚。有宽永通宝、洪化通宝、乾隆通宝、咸丰通宝、道光通宝，另有模糊不可辨析者2枚。其中乾隆通宝、咸丰通宝、道光通宝是常见的清代年号钱。而宽永通宝和洪化通宝则不常见。

宽永通宝　1枚。

02CWLT32②：1，直径2厘米（图4-3-10，1；图版九七，1、2）。

洪化通宝　1枚。

02CWLT46②：2，残。直径2.4厘米（图4-3-10，2）

乾隆通宝　1枚。

02CWLT02②：2，字迹漫漶。直径1.8厘米。

道光通宝　2枚。

02CWLT58②：1、02CWLT46②：1，直径皆1.9厘米。

咸丰通宝　1枚。

02CWLT05②：1，略残。直径1.9厘米（图版九七，3、4）。

模糊不可辨析者　2枚。

02CWLT47②：1，残。直径1.7厘米。

02CWLG1：1，直径1.6厘米。

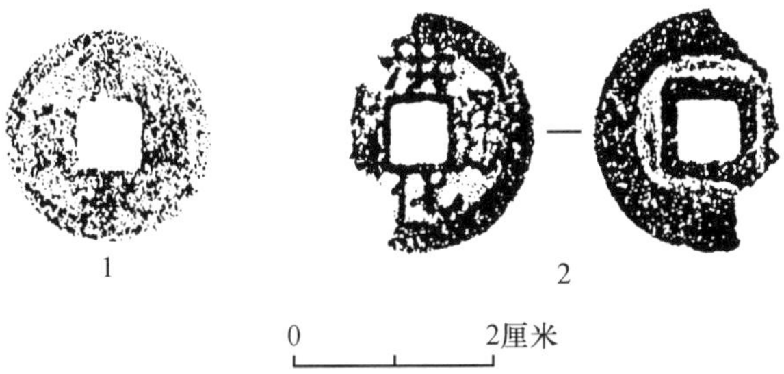

图4-3-10　蓝家寨遗址2002年出土明清时期铜钱

1. 宽永通宝（02CWLT32②：1）　2. 洪化通宝（02CWLT46②：2）

第五章　石园子墓地2001年发掘资料

2000年，湖南省益阳市文物工作队等单位在该地点发现墓葬7座。2001年10～11月，中国社会科学院考古研究所三峡考古队蓝家寨发掘组继续对石园子墓地进行发掘（编号为01CWS），清理古代墓葬9座（见表5-0-1），揭露面积近2000平方米。为了获得墓地的整体效果，将去年的发掘部分又重新揭开（图版八三，2）。经过两年的发掘，除东部民居所压的墓葬外，这处墓地的中心区基本全部揭露，共发现16座墓葬。除1座墓（01CWSM8）外，其余均为东周时期墓葬。此外，在墓地西南部还清理了6个东周时期灰坑（图5-0-1；表5-0-2）。东周时期遗存之上有清代时期的堆积。

表5-0-1　石园子墓地2001年墓葬登记表

墓号	位置（探方号省略“01CWS”前缀）	墓向/°	墓室结构	人骨与葬式	随葬品	备注
01CWSM1	T10西壁偏南	272	长方形土坑竖穴墓，有木棺板灰痕，口长3.3、宽2、深0.9米	无	无	
01CWSM2	T21西北部	297	长方形土坑竖穴墓，口长2.48、宽0.96、深1.43米	无	陶器7件（鬲1件、豆4件、盂1件、高领罐1件）	有壁龛
01CWSM3	T23中部	358	倒“凸”字形土坑竖穴墓，有木棺。口长3.6、宽2.3、总深4.02米	无	铜器2件（剑1件、戈1件）陶器6件（鬲1件、豆4件、高领罐1件）、石器1件	木棺四周有白膏泥，壁下部抹黄泥
01CWSM4	T13东北部	267	长方形土坑竖穴墓，口长2.31、宽0.8、深0.8米	无	无	
01CWSM5	T22北部	277	梯形土坑竖穴墓，口长2.5、宽1.01、深0.96米	无	铜饰件1件、陶豆3件	有壁龛
01CWSM6	T32西壁偏北	2	长方形土坑竖穴墓，口长2.58、宽0.92、深1.15米	无	无	有壁龛
01CWSM7	T33中部	282	长方形土坑竖穴墓，口长2.3、宽0.87、深1.1米	无	陶器4件（豆2件、罐1件、盂1件）	有壁龛
01CWSM8	T02东部	97	长方形土坑竖穴墓，口长2.38、宽0.81、深0.7米	仰身直肢，骨已朽	陶板瓦6块	属明清时期
01CWSM9	T41东北部	268	长方形土坑竖穴墓，口长2.58、宽1.17、深1.05米	无	陶器2件（豆1件、罐1件）	

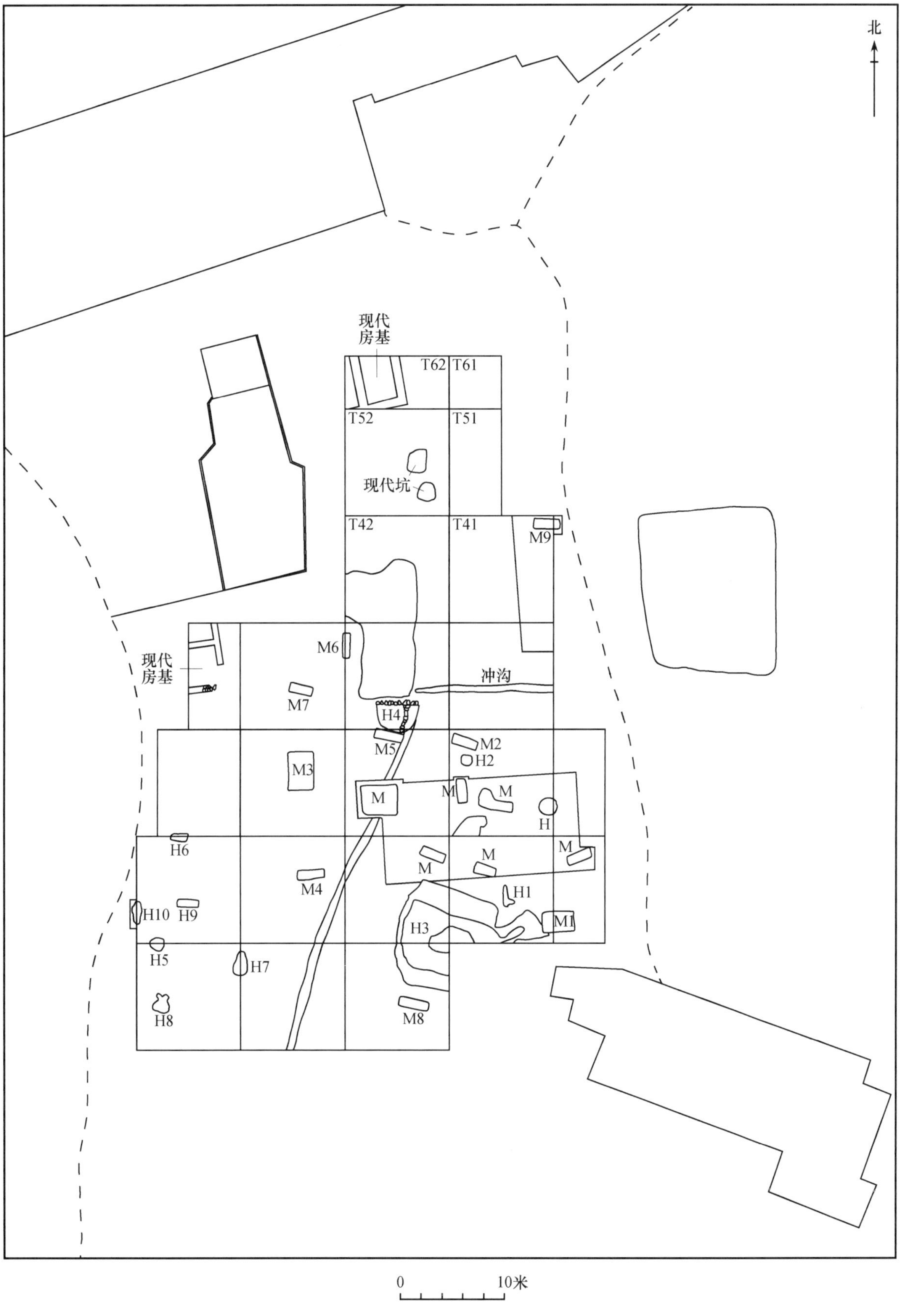

图5-0-1　石园子墓地探方和遗迹分布图

表5-0-2　石园子墓地2001年灰坑登记表

单位号	位置（探方号省略“01CWS”前缀）	开口层位	形状与结构	尺寸	时代
01CWSH1	T11东部	2层下	平面不规则，弧壁，圜底	长2、宽1.2、深0.1米	清
01CWSH2	T21西北部	2层下	平面圆角方形，弧壁，平底	长1.2、宽1.1、深0.3米	清
01CWSH3	T12东南角	2层下	平面呈瓢形，剖面呈倒“凸”字形，圜底	主体上口东西10、南北9.25、最深1.35米	清
01CWSH4	T32南壁中部	2层下	平面半圆形，弧壁，平底，北面有一层石块，中间有隔断	长径3.8、短径2.1、深1.22米	清
01CWSH5	T14南壁偏西	2层下	平面近圆形，弧壁，平底	东西径1.33、南北径1.2、深0.15米	东周
01CWSH6	T24南壁偏西	2层下	平面圆角长条形，弧壁，平底	长1.64、宽0.74、深0.31米	东周
01CWSH7	T03西壁偏北	2层下	平面椭圆形，弧壁，圜底	长径2.1、短径1.24、深0.49米	东周
01CWSH8	T04西南部	2层下	平面不规则，弧壁，圜底	南北长1.82、东西长1.72、深1.23米	东周
01CWSH9	T14中部	1层下（此处无2层）	平面长方形，弧壁，底不平，中部略凸	长2.12、宽0.9、深1.1米	东周
01CWSH10	T14西南部	1层下（此处无2层）	平面不规则，斜直壁，圜底	长1.96、宽1.06、深1米	东周

第一节　文化堆积和典型层位

石园子墓地的文化堆积比较薄，地层堆积最深不足1米，通常为0.4～0.5米。南部发掘各方层位土质、土色大体统一，时代相当。北部01CWST41、01CWST42、01CWST51、01CWST52、01CWST61、01CWST62因为接近民宅，为现代遗迹扰乱，基本不见单纯的清代以前的层位。

以01CWST21北壁剖面作为典型层位介绍如下（图5-1-1）。

第1层：耕土层。灰褐土，土质疏松，较黏。厚0.15～0.3米。出土青花瓷片等。

第2层：文化层。黄褐土，土质较硬。厚0.05～0.1米。出土青花瓷片等。此层下开口遗迹有01CWSM2。

第2层以下为生土。

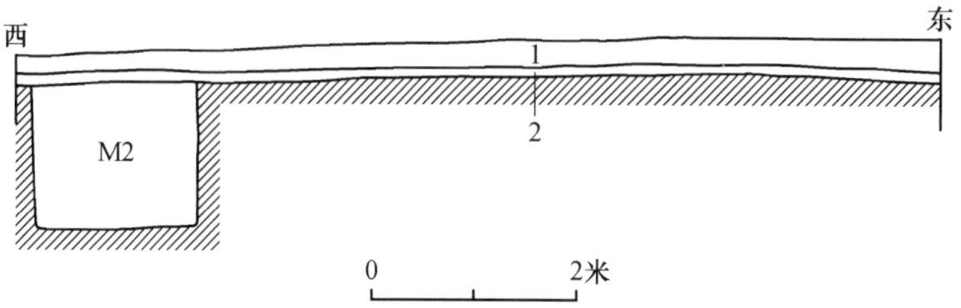

图5-1-1　石园子墓地01CWST21北壁剖面图

第二节　东周时期遗存

一、遗　　迹

有墓葬和灰坑两种。

1. 墓葬

共发现8座（01CWSM1～01CWSM7、01CWSM9）。除01CWSM3、01CWSM6为南北向外，余者都是东西向。均为长方形土坑竖穴墓，填土为灰褐色花土，有大型墓和小型墓之分。大型墓有两座（01CWSM1、01CWSM3），小型墓6座。大型墓发现木质葬具，小型墓不见。小型墓多有壁龛，内有陶器。大型墓01CWSM1无随葬品，而01CWSM3则有较多遗物出土，有铜器、陶器和石器。小型墓除01CWSM4、01CWSM6外，其他墓葬均有陶器随葬。因为土质腐蚀性强，人骨都已荡然无存，故葬式均不清楚。

01CWSM1　位于01CWST10西壁偏南。于第2层下开口，打破生土（图5-2-1；图版八四）。墓向为272°。平面呈长方形，四壁竖直，经过加工，较为平整。墓口长3.3、宽2、深0.9米。以木棺为葬具，棺木已经腐朽成木板灰。根据板灰的痕迹推知，木棺盖长2.37、宽0.91米，棺底板长2.48、宽1.08米。棺盖和棺底板都是由三块木板拼成，两端有横木固定。棺底东西横木分别长为1.32米和1.15米，厚0.05米。木棺残高0.22米。不见随葬品。墓葬填土为灰褐色花土，质松而黏。填土中出土3块灰褐色绳纹陶片。

01CWSM2　位于01CWST21西北部，于第2层下开口（图5-2-2；图版八五）。墓向297°。为长方形土坑竖穴墓。墓口长2.48、宽0.96米，底长2.37、宽0.7米，墓深约1.43米。口大底小，西壁上部有一长方形壁龛，宽0.7、进深0.19、高0.37米。龛内出土陶器7件（图5-2-3），有鬲（01CWSM2：1）、豆（01CWSM2：2、01CWSM2：3、01CWSM2：6、01CWSM2：7）、盂（01CWSM2：4）、高领罐（01CWSM2：5）。没有发现葬具和人骨架痕迹。

01CWSM3　位于01CWST23的中部，于第2层下开口（图5-2-4；图版八六）。墓向358°。平面呈长方形，剖面呈倒“凸”字形，有木棺为葬具。葬具以上土圹口大底小，修整十分光滑，下半部有抹黄泥的现象，黄泥厚近0.2米。葬具横架在生土二层台上，以下的土坑不很规整，用白膏泥和黄土掺和并且夯实。口径长3.6、宽2.3米，墓底（生土二层台）长3、宽1.6米，墓口距棺底（生土二层台）深3.3米。棺底土坑深0.68米。木棺保存较好，顶板已塌落。棺呈长方形，长2.4、宽1.1、残高0.46米。木棺底板由三块板组成，四边底框均在，南面棺立板下方中央有一扁弧形孔，棺底两横垫木较长，直接深入两侧的墓壁中。横垫木接触棺底板两侧有弧形凹窝，应与固定棺板有关。需要指出的是，在木棺的四周全部为厚0.08～0.12米的白膏泥所包裹。墓中出土遗物较多（图5-2-5），有青铜剑（01CWSM3：1）、青铜戈（01CWSM3：8）、陶鬲（01CWSM3：7）、陶豆（01CWSM3：3～01CWSM3：6）、陶高领罐（01CWSM3：2）、石器（01CWSM3：9）等。铜剑置于棺顶板上，铜戈则放在棺底板下，

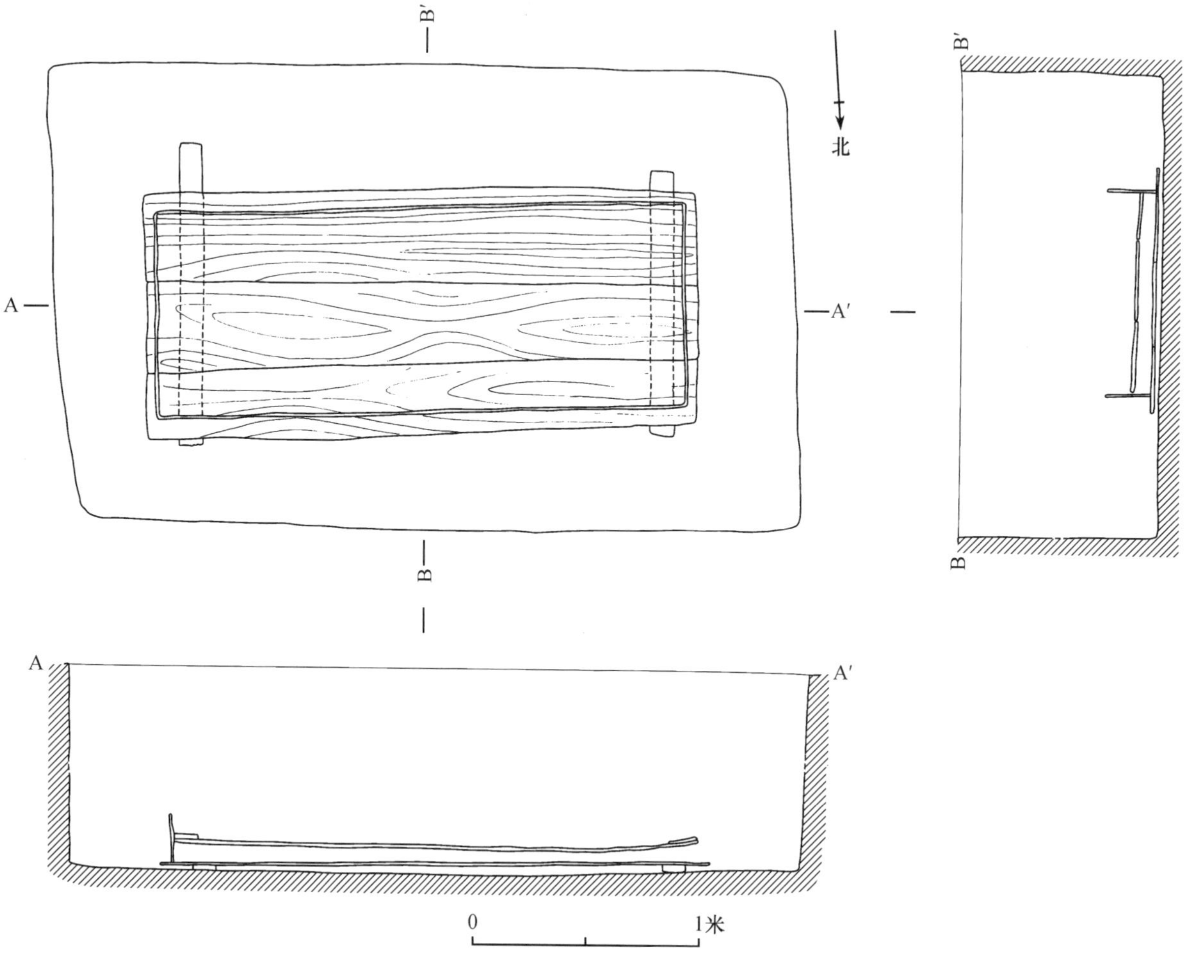

图5-2-1　石园子墓地01CWSM1平、剖面图

而陶器集中放在棺内北侧，石器出土在二层台的西北角。

01CWSM4　位于01CWST13东北部，于第2层下开口。墓向267°（图版八七）。为长方形土坑竖穴墓。墓口长2.31、宽0.8米，底长2.2、宽0.73米，墓深0.8米。没有发现葬具和人骨架痕迹，也没有出土随葬品。

01CWSM5　位于T22北部，于第2层下开口（图5-2-6；图版八八）。墓向277°。为梯形土坑竖穴墓，墓口东宽西窄。墓口长约2.5、宽0.73～1.01米，底长2.09、宽0.66米，墓深0.96米。口大底小，东壁上部有一长方形壁龛，宽0.41、进深0.3、高0.27米。龛内出土陶豆3件（01CWSM5∶1～01CWSM5∶3）（图5-2-7）。墓底还发现残铜饰件1件（01CWSM5∶4）。没有发现葬具和人骨架痕迹。

01CWSM6　位于01CWST32西壁偏北，于第2层下开口。南北向，墓向2°。为长方形土坑竖穴墓。墓口长2.58、宽0.92米，底长2.39、宽0.78米，墓深1.15米。墓南壁有一龛，宽0.46、进深0.23、高0.28米。没有发现葬具和人骨架痕迹，也没有出土随葬品。

01CWSM7　位于01CWST33中部，于第2层下开口（图5-2-8；图版八九）。墓向282°。为长方形土坑竖穴墓。墓口长2.3、宽0.87米，底长2.13、宽0.61米，墓深约1.1米。东壁中部有一龛，龛宽0.42、进深0.15、高0.34米。龛内出陶器4件（图5-2-9），有豆（01CWSM7∶2、01CWSM7∶3）、盂（01CWSM7∶1）、罐（01CWSM7∶4）。没有发现葬具和随葬品。

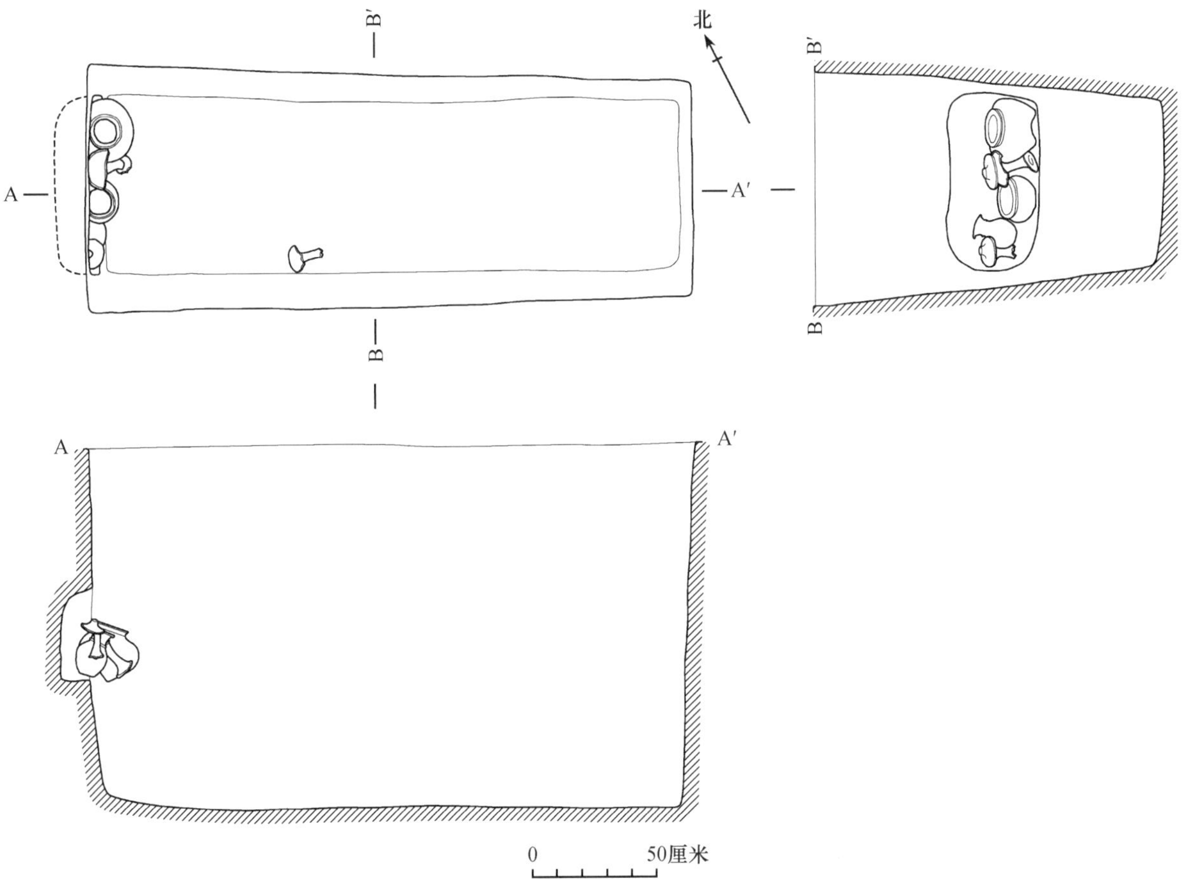

图5-2-2　石园子墓地01CWSM2平、剖面图

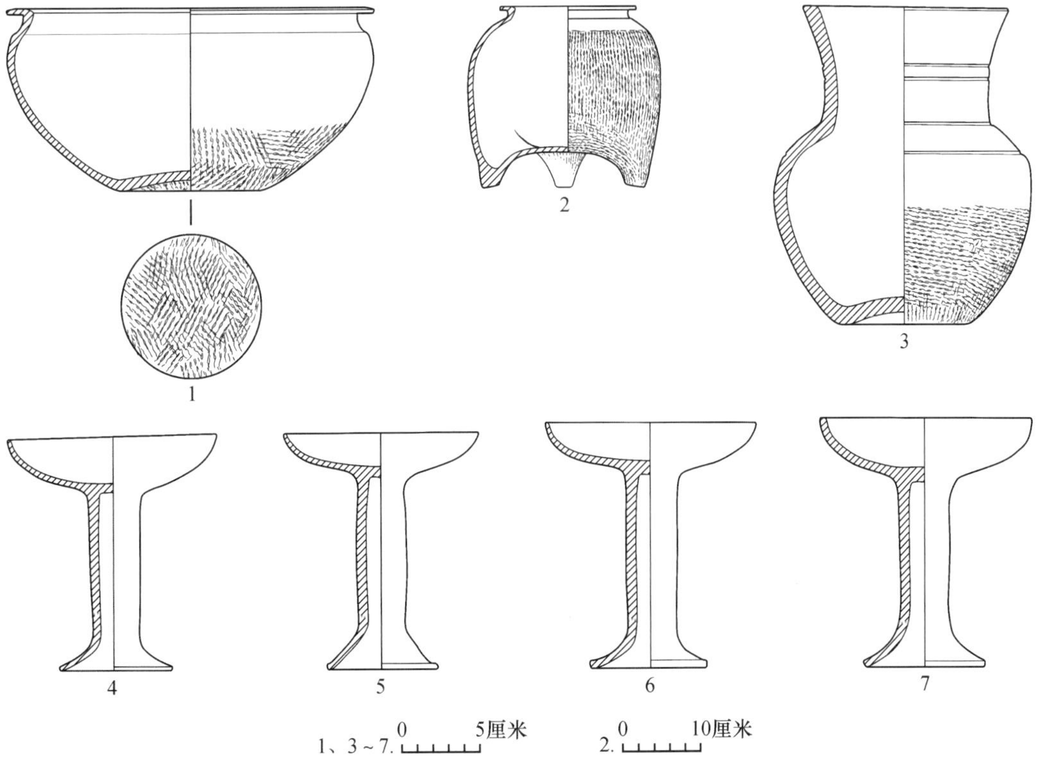

图5-2-3　石园子墓地01CWSM2出土陶器

1. 盂（01CWSM2：4）　2. 鬲（01CWSM2：1）　3. 高领罐（01CWSM2：5）　4～7. 豆（01CWSM2：2、01CWSM2：3、01CWSM2：6、01CWSM2：7）

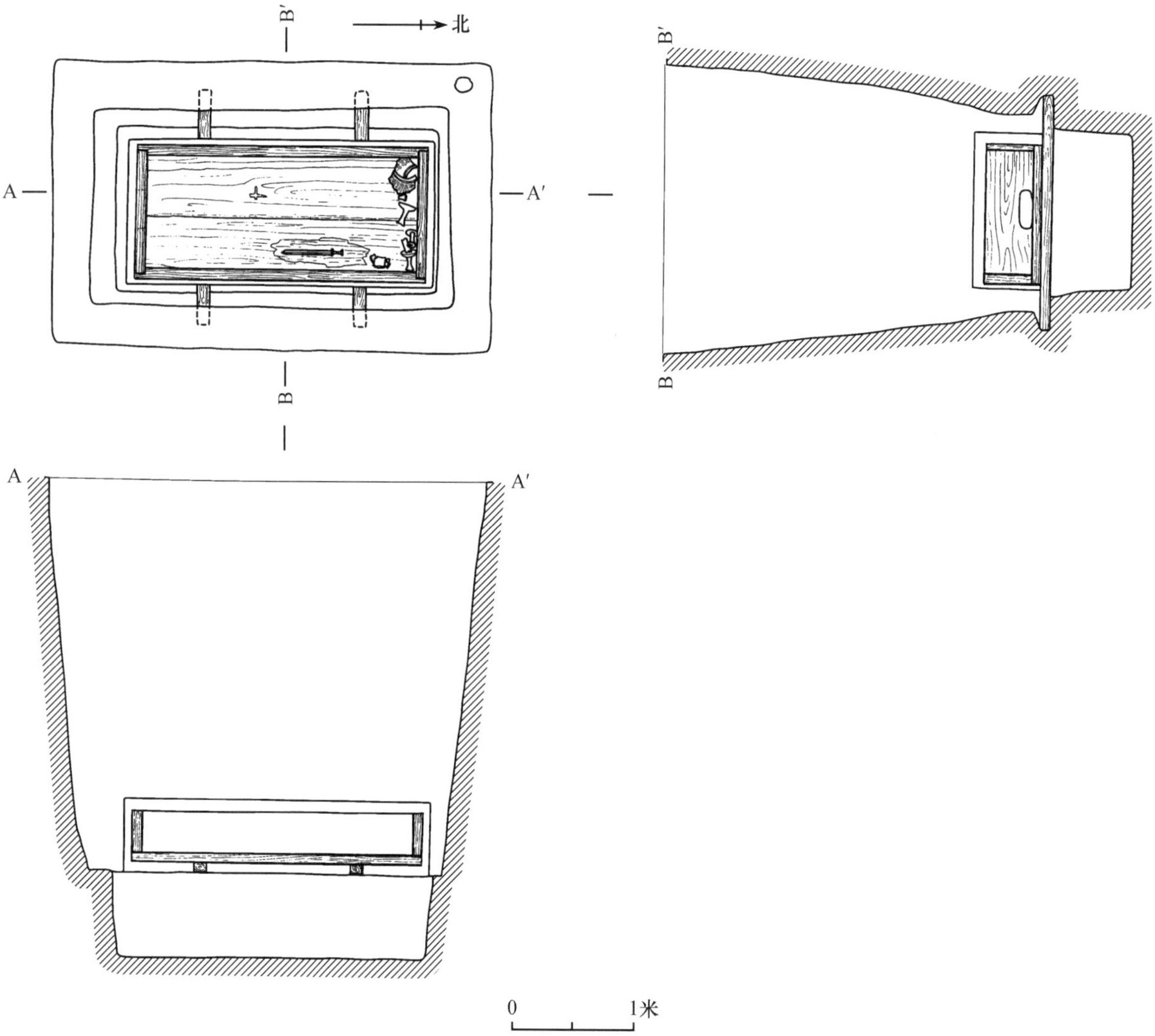

图5-2-4　石园子墓地01CWSM3平、剖面图

01CWSM9　位于01CWST41东北部，于第2层下开口（图5-2-10；图版九〇，1）。墓向268°。为长方形土坑竖穴墓。墓口长2.58、宽1.17米，底长2.43、宽1米，墓深1.05米。墓西壁中部出土陶器2件（图5-2-11），为高领罐（01CWSM9：1）和豆（01CWSM9：2）。没有发现葬具和人骨痕迹。

2. 灰坑

共6个。

01CWSH7　位于01CWST03西壁偏北，于第2层下开口（图5-2-12；图版九〇，2）。为椭圆形，弧壁，圜底坑，长径2.1、短径1.24、深0.49米。坑的北部和东部为较硬的灰色土，含大量的炭块，并出土较多的陶器，多可复原（图5-2-13），有鬲（01CWSH7：10）、罐（01CWSH7：6、01CWSH7：9）、豆（01CWSH7：1～01CWSH7：5、01CWSH7：7、01CWSH7：8）。坑的南部和西部为疏松的黄灰土，包含烧土块和石块。从包含物看，可能不是一般的废弃物堆积坑。

二、遗　　物

此次发掘所出的遗物主要来自墓葬中，灰坑仅有01CWSH7内出土一些陶器、石器，其他灰坑基本不见器物。遗物以陶器为主，豆为多，基本组合为鬲、豆、高领罐（或罐）、盂。鬲、盂多饰规整绳纹，豆和高领罐为素面。此外，还有铜器和石器等。

1. 铜器

共3件。青铜质，有剑、戈和铜饰件。

剑　1件。

01CWSM3：1，模制，保存较好。三角形缘，直刃，剑身扁平细长，身末端略窄，截面呈菱形，有窄格，圆茎，茎首略内凹。剑有木质剑鞘，涂黑漆，已残。长52.2、宽4.8、厚1.2厘米，柄首直径4厘米（图5-2-5，1；图版九八，1）。

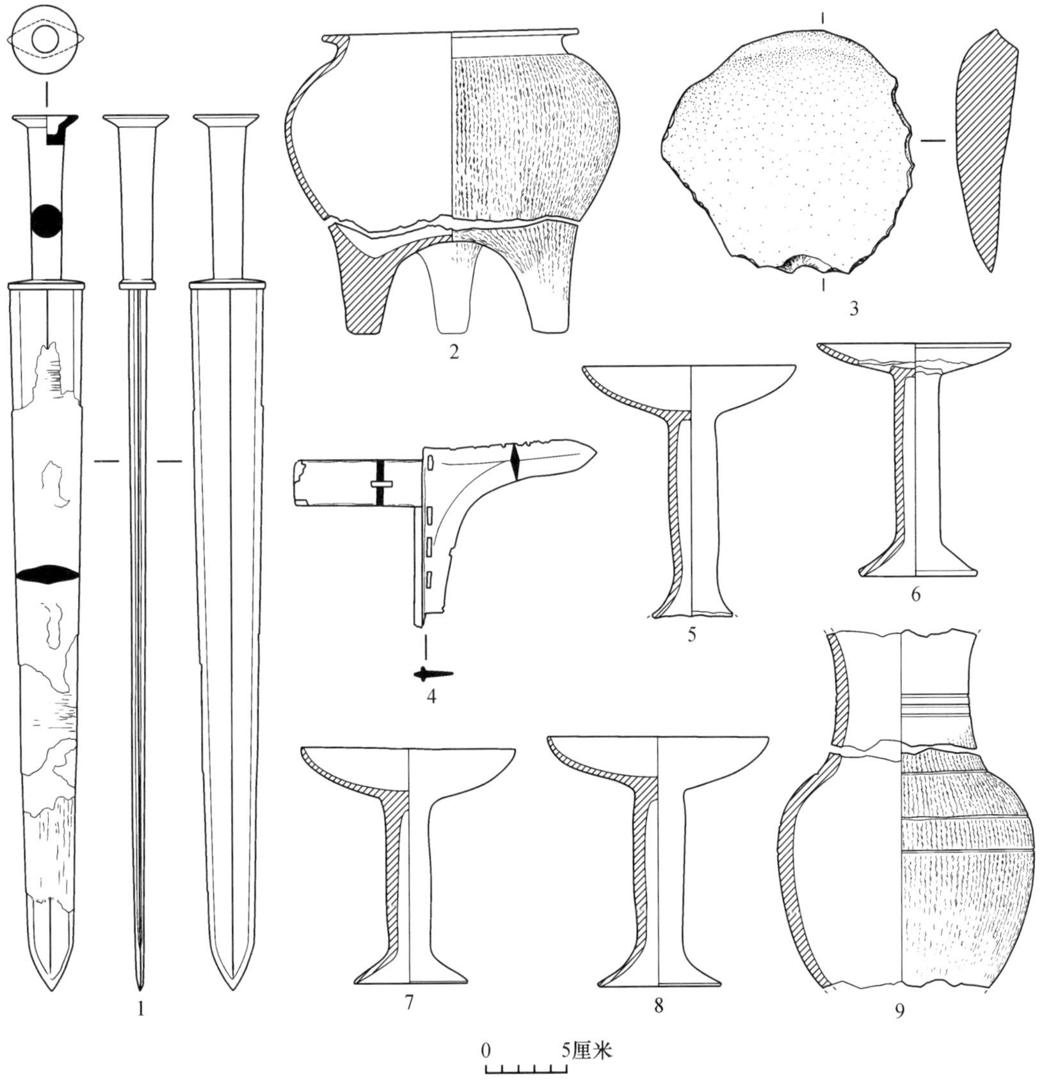

图5-2-5　石园子墓地01CWSM3出土遗物

1. 青铜剑（01CWSM3：1）　2. 陶鬲（01CWSM3：7）　3. 石器（01CWSM3：9）　4. 青铜戈（01CWSM3：8）　5～8. 陶豆（01CWSM3：3、01CWSM3：4、01CWSM3：5、01CWSM3：6）　9. 陶高领罐（01CWSM3：2）

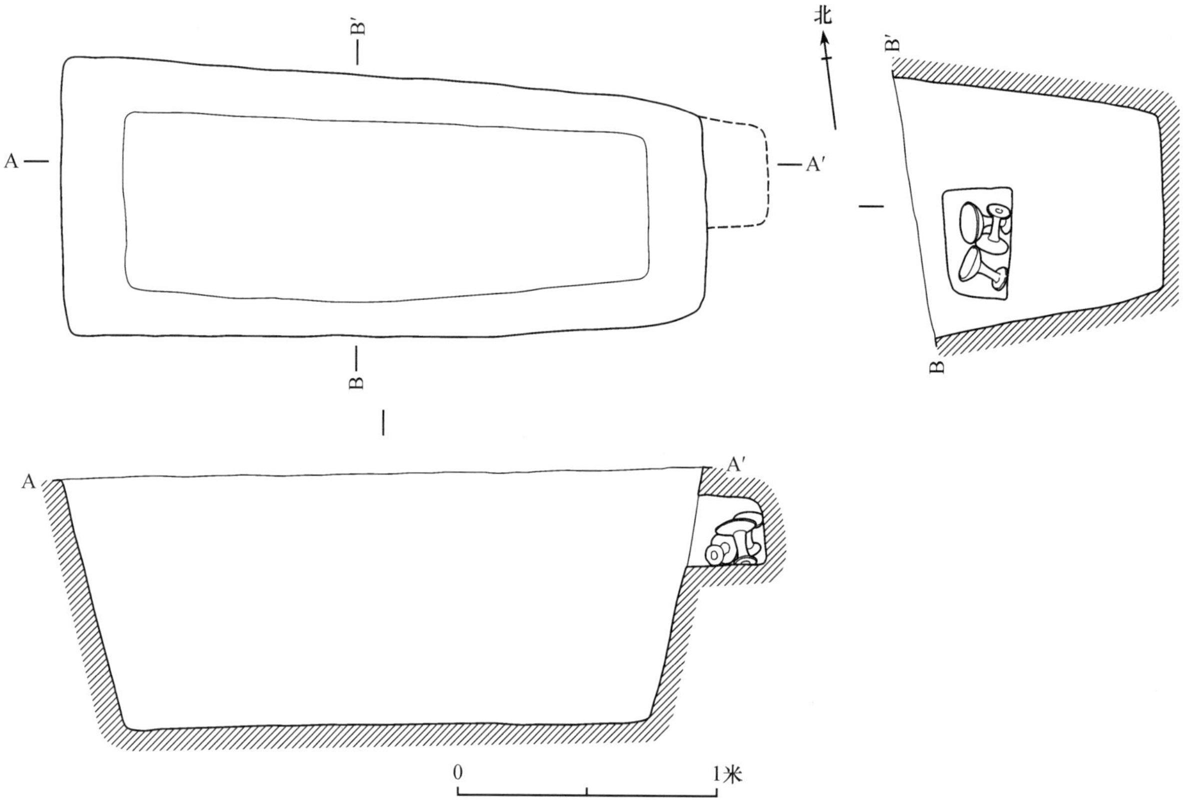

图5-2-6　石园子墓地01CWSM5平、剖面图

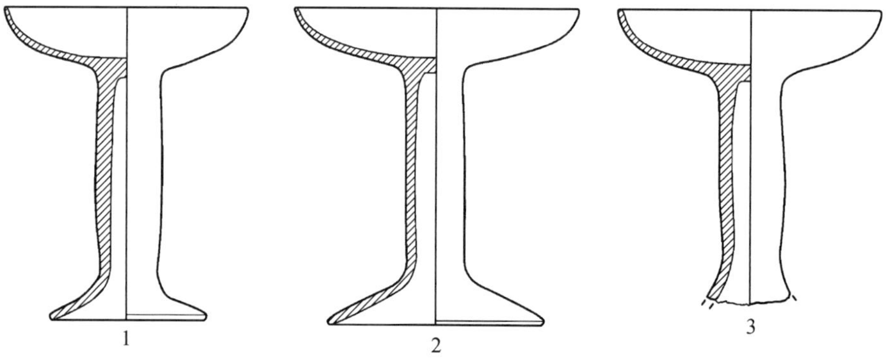

图5-2-7　石园子墓地01CWSM5出土陶豆

1. 01CWSM5：1　2. 01CWSM5：2　3. 01CWSM5：3

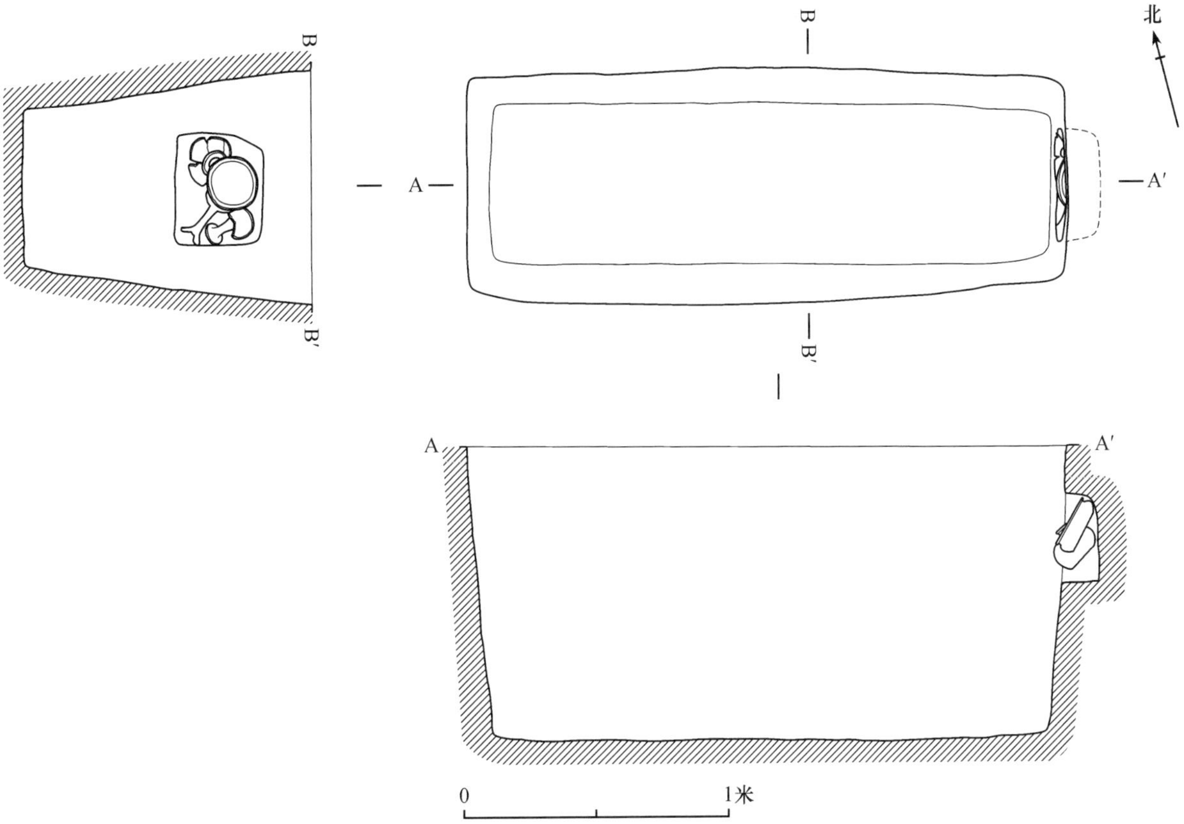

图5-2-8　石园子墓地01CWSM7平、剖面图

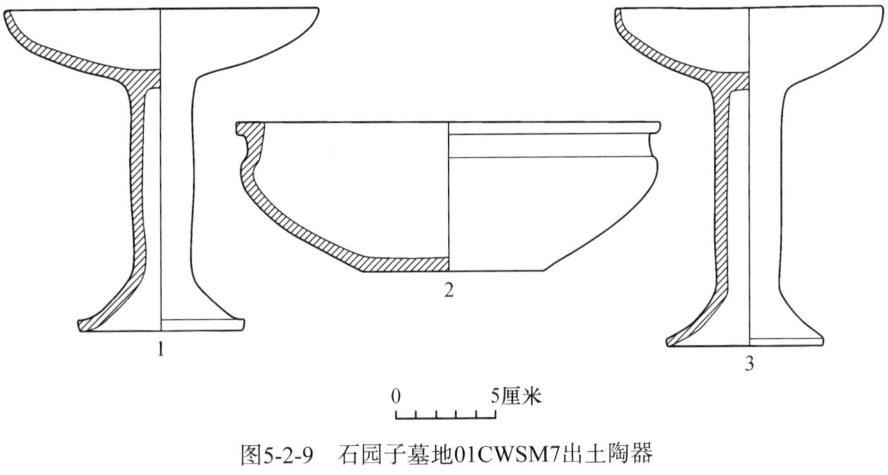

图5-2-9　石园子墓地01CWSM7出土陶器

1、3. 豆（01CWSM7：2、01CWSM7：3）　2. 盂（01CWSM7：1）

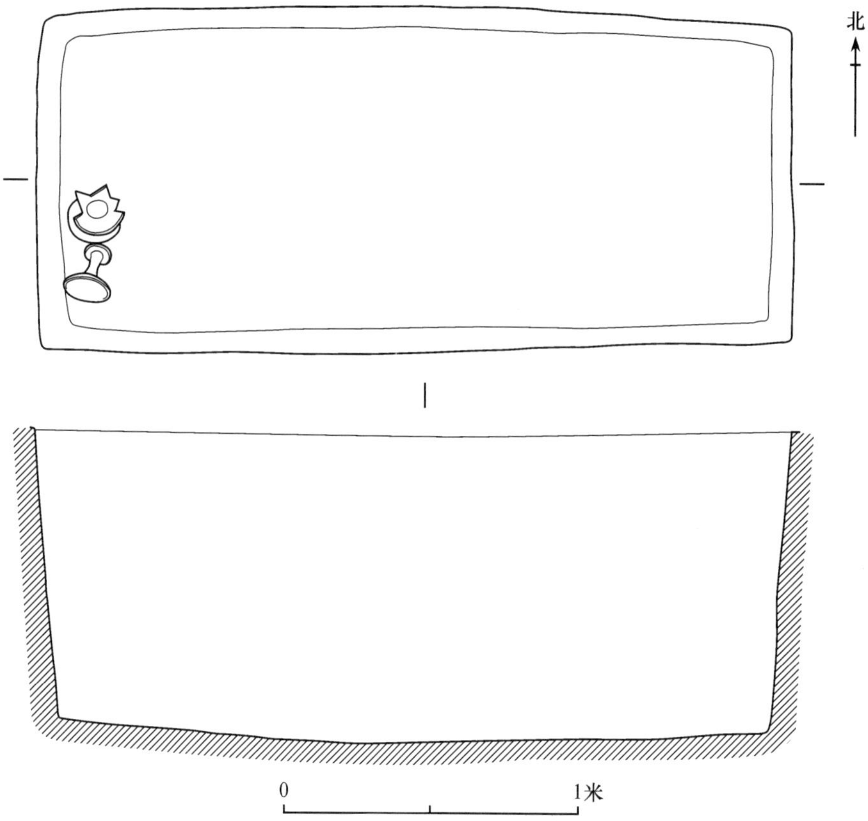

图5-2-10　石园子墓地01CWSM9平、剖面图

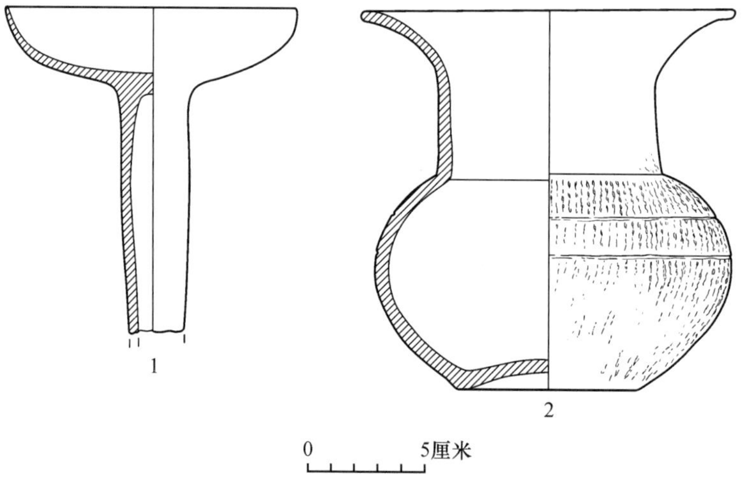

图5-2-11　石园子墓地01CWSM9出土陶器

1. 豆（01CWSM9：2）　2. 高领罐（01CWSM9：1）

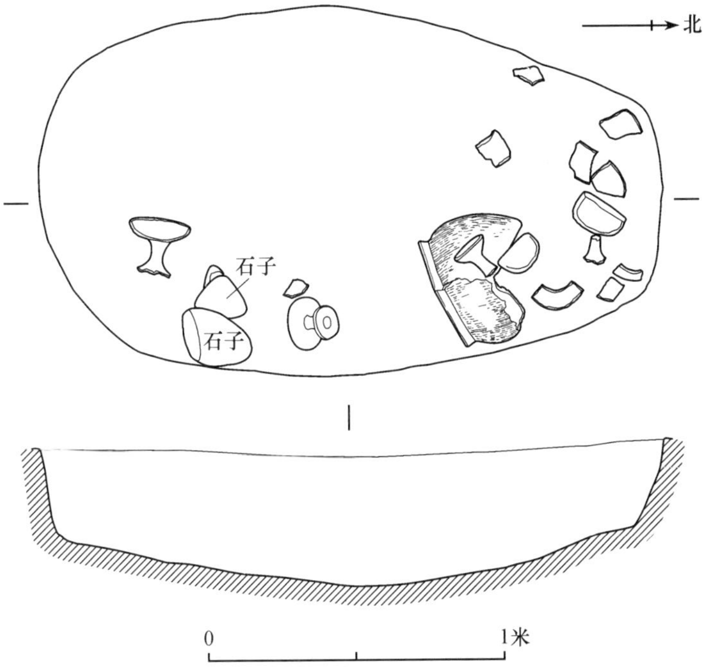

图5-2-12　石园子墓地01CWSH7平、剖面图

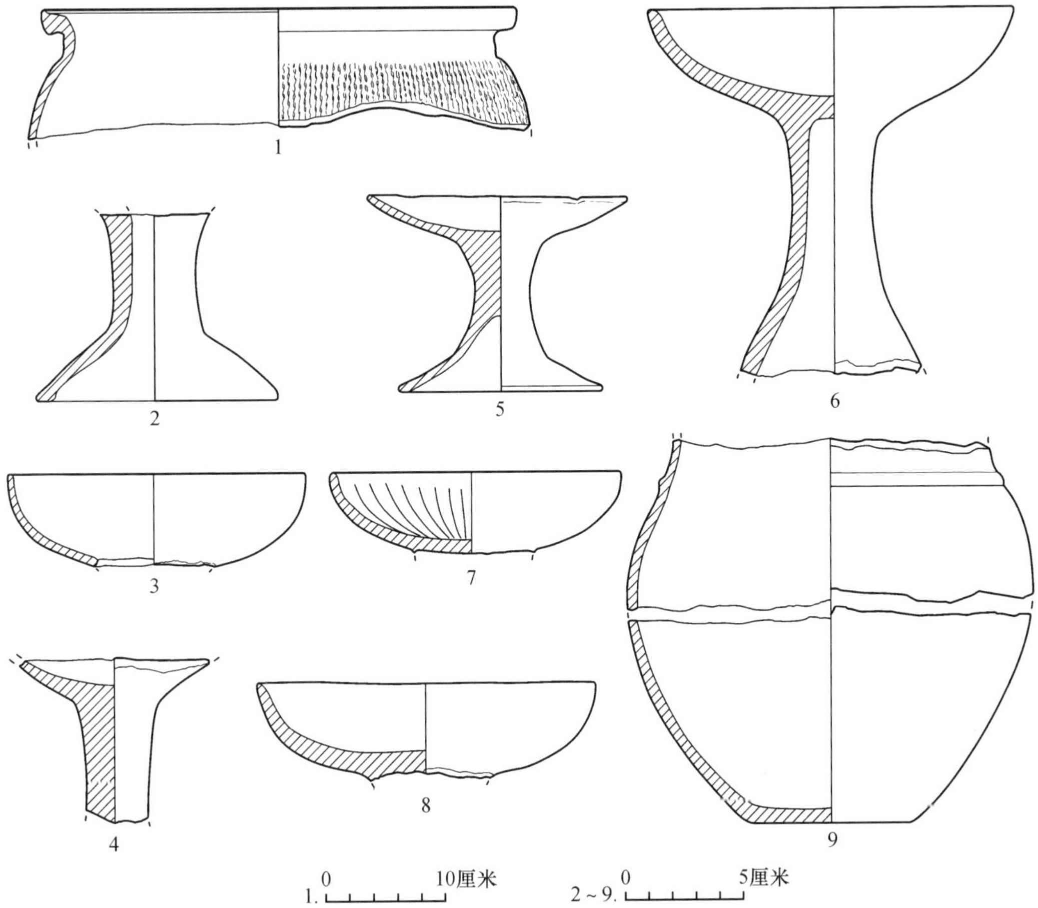

图5-2-13　石园子墓地01CWSH7出土陶器

1. 鬲（01CWSH7：10）　2～8. 豆（01CWSH7：1、01CWSH7：2、01CWSH7：3、01CWSH7：4、01CWSH7：5、01CWSH7：7、01CWSH7：8）　9. 罐（01CWSH7：9）

戈　1件。

01CWSM3：8，模制，较粗糙，有沙眼。三角形缘，前部呈上刃近平直，胡上有四竖穿，尾呈长方形扁体，与前刃部近平，有一横穿。长18.6、宽10.8、厚0.4厘米（图5-2-5，4；图版九八，2、3）。

残铜饰件　1件。

01CWSM5：4，呈钩状，已经腐蚀成碎片。残长4.2厘米。

2. 陶器

陶器以泥质陶为主，也有夹砂陶，陶色以灰褐色为多，红褐色次之，还有灰陶、红陶等。主要是手制，有些经过慢轮修整，多较粗糙，素面器多，纹饰以绳纹为主，还有弦纹，鬲足较高，通体有绳纹。器类较为简单，以豆为多，还有鬲、高领罐、盂、罐等。

鬲　3件。

01CWSM2：1，夹砂灰褐陶，泛黑。手制。高体，方唇，平沿较宽，小口，矮领，溜肩，近直腹，最大径在肩部，浅袋足，矮实足根，弧裆较平。肩以下饰规整绳纹，绳纹到足根。口径17.2、腹径24、高21.6厘米（图5-2-3，2；图版九九，1、2）。

01CWSM3：7，上部为泥质，腹下部和足为夹砂，砂质较大，浅灰褐陶。圆唇，平沿，短颈，溜肩，鼓腹，腹最大径在中部，浅袋足，圆柱状足，高实足根。领部以下饰绳纹。口径15.8、腹径20.8、残高17.8厘米（图5-2-5，2）。

01CWSH7：10，夹砂灰褐陶。方圆唇，凹平沿，矮领，溜肩，下残。领部以下饰有规整绳纹。口径40、残高10厘米（图5-2-13，1）。

豆　21件。墓葬中都是泥质陶，仅灰坑出土1件夹砂陶，均为手制，有些经过轮修，有些较粗糙，墓葬中都为素面，仅灰坑有1件带纹饰。多为圆唇，弧壁，盘平底，管状柄，喇叭座。

01CWSM2：2，灰褐陶。口径13、底径7、通高14.2厘米（图5-2-3，4；图版九九，3、4）。

01CWSM2：3，红褐陶。口径12.3、底径7、通高14.2厘米（图5-2-3，5）。

01CWSM2：6，灰褐陶。底座为方沿。口径13.4、底径7.4、通高14.8厘米（图5-2-3，6）。

01CWSM2：7，灰褐陶。口径13.6、底径7.8、通高14.8厘米（图5-2-3，7；图版九九，5、6）。

01CWSM3：3，红色，柄胎呈灰色，较粗糙，浅盘，棒槌状柄，底座残。口径13.2、残高14.8厘米（图5-2-5，5）。

01CWSM3：4，灰褐陶。浅盘，薄壁。口径12、底径7.3、残高14厘米（图5-2-5，6）。

01CWSM3：5，灰色。口径12.8、底径6.8、通高14.2厘米（图5-2-5，7；图版一〇〇，1）。

01CWSM3：6，灰褐陶。胎较厚。口径13.3、底径7.4、通高15.2厘米（图5-2-5，8）。

01CWSM5：1，红褐陶。口径12、底径7.8、通高14.4厘米（图5-2-7，1；图版一〇〇，2）。

01CWSM5：2，红褐陶。轮修。浅盘。口径13.6、底径10.4、通高14.8厘米（图5-2-7，2；图版一〇〇，3）。

01CWSM5：3，红褐陶。底座残。口径12.8、残高13.6厘米（图5-2-7，3；图版一〇〇，

5、6）。

01CWSM7：2，红褐陶。口径15.6、底径8.2、通高15.6厘米（图5-2-9，1；图版一〇〇，4）。

01CWSM7：3，红褐陶。口径13.5、底径8、通高16.4厘米（图5-2-9，3；图版一〇一，1）。

01CWSM9：2，红褐陶。底座残。口径12.4、残高13.4厘米（图5-2-11，1）。

01CWSH7：1，灰褐陶，厚胎。上部残。底径10厘米（图5-2-13，2；图版一〇一，3、4）。

01CWSH7：2，灰褐陶。深盘，下部残。口径12.4、残高3.8厘米（图5-2-13，3）。

01CWSH7：3，红褐陶。仅存柄部。残高6.8厘米（图5-2-13，4）。

01CWSH7：4，灰褐陶。口部残，弧壁，管状柄，喇叭座。底径8.6、残高8厘米（图5-2-13，5；图版一〇一，2）。

01CWSH7：5，灰褐陶，厚胎。底略残。口径15.5、残高14.6厘米（图5-2-13，6；图版一〇一，5）。

01CWSH7：7，灰褐陶，部分泛红。仅存盘部。内部打磨光滑，饰有放射状暗划纹。口径12.2、残盘高3.2厘米（图5-2-13，7；图版一〇二，1、3、5）。

01CWSH7：8，夹砂红褐陶。仅存盘部。圆唇，弧壁，平底。口径14、残盘高4厘米（图5-2-13，8）。

高领罐　3件。

01CWSM2：5，泥质红褐陶。厚胎，手制轮修。方唇，敞口，弧形领较高，折领，弧鼓腹，凹圜底。领部饰二周凹弦纹，领与腹交界处也有一周凹弦纹，上腹部有一周凹弦纹，下腹部和器底满饰交错绳纹。口径13、腹径16.4、底径8.8、通高19.4厘米（图5-2-3，3；图版一〇二，2、4、6）。

01CWSM3：2，泥质灰褐陶。颈部颜色略深。手制。口残。高领，圆肩，底残。领部有压磨凹弦纹三周，领以下饰有规整绳纹，在领与腹交界处有一周凹弦纹，腹部偏上还有二周凹弦纹。此器陶片质地坚硬，残缺很多，不能复原，应与毁器习俗有关。腹径16、残高21.4厘米（图5-2-5，9）。

01CWSM9：1，泥质灰褐陶。手制轮修，制作粗糙。圆唇，大喇叭口，高领，鼓腹，最大径在中部，凹圜底。上腹部有二周凹弦纹，腹和器底饰有绳纹，经磨平，已不清楚。口径15.6、腹径15、底径7.8、通高15.4厘米（图5-2-11，2）。

盂　2件。

01CWSM2：4，泥质红褐陶，部分泛灰。手制，粗糙。圆方唇，微卷沿，短颈，弧鼓腹，最大径在上部，凹圜底。上部素面，下腹部和底部饰有交错绳纹。口径23、底径9.2、通高11厘米（图5-2-3，1；图版一〇三，1、3、5）。

01CWSM7：1，泥质灰褐陶。手制，粗糙，不规整。方唇，平折沿，束颈，弧腹，最大径在上部，平底略内收。口径21.4、底径9.4、通高7.2厘米（图5-2-9，2；图版一〇三，2、4、6）。

罐　3件。

01CWSM7：4，泥质灰褐陶。手制。铁轨式口沿，弧腹，凹圜底。腹和底部饰有绳纹，器残，不能复原。

01CWSH7：9，泥质灰褐陶。手制，粗糙。素面磨光。口残，颈部有一周凸棱纹，弧鼓腹，平底略内凹。底径7.2、残高约15厘米（图5-2-13，9）。

01CWSH7：6，夹砂灰褐陶。圆唇，弧腹，下残，腹饰绳纹，器残。

3. 石器

3件，发表1件。

01CWSM3：9，灰褐色砾岩，一面磨制。长径15.4、短径14、厚3.6厘米（图5-2-5，3）。

第三节　清代文化遗存

清代时期遗存主要是墓地的第1层及此层下开口的灰坑，第2层及此层下开口的一座墓葬和部分灰坑。

一、遗　　迹

1. 墓葬

仅1座。

01CWSM8　位于01CWST02东部，于第2层下开口（图5-3-1；图版九一）。墓向97°。为长方形土坑竖穴墓，墓内填土为灰褐色花土。墓口长2.38、宽0.81米，底长2.3、宽0.78米，墓深0.7米。有木棺葬具，根据板灰痕迹可知，木棺大体长2、宽0.6、高0.4米，棺板厚0.02米。棺内有人骨架一具，为男性，仰身直肢，头向东，面向上，在头骨的东、南、北三面各竖两块板瓦。骨架已腐蚀，保存不好。不见其他遗物。

2. 灰坑

共发现灰坑4个，此处刊布2个。

01CWSH1　位于01CWST11东部，于第2层下开口（图5-3-2）。平面不规则形，弧壁，圜底。长径2、短径1.2、深0.1米。坑内为灰黑土堆积。

01CWSH3　位于01CWST12东南角。于第2层下开口（图5-3-3）。平面呈瓢形，剖面呈倒“凸”字形，圜底。东部有一斜坡式通道，铺有几块石头，可能是有台阶作用的垫脚石。通道长2.2、宽0.6、深0.65米。通道以外的三面有深0.25米的平台，坑壁斜直，显然是有意识所为，可能是用于架顶盖的部分。平台下为锅底坑。主体部分上口南北长9.25、东西宽10米，下口南北长5.4、宽9米，通深1.35米。坑内有三层堆积，文化内涵一致。出土青花粗瓷片、乾隆通宝、雍正通宝等铜钱及铁镞等。

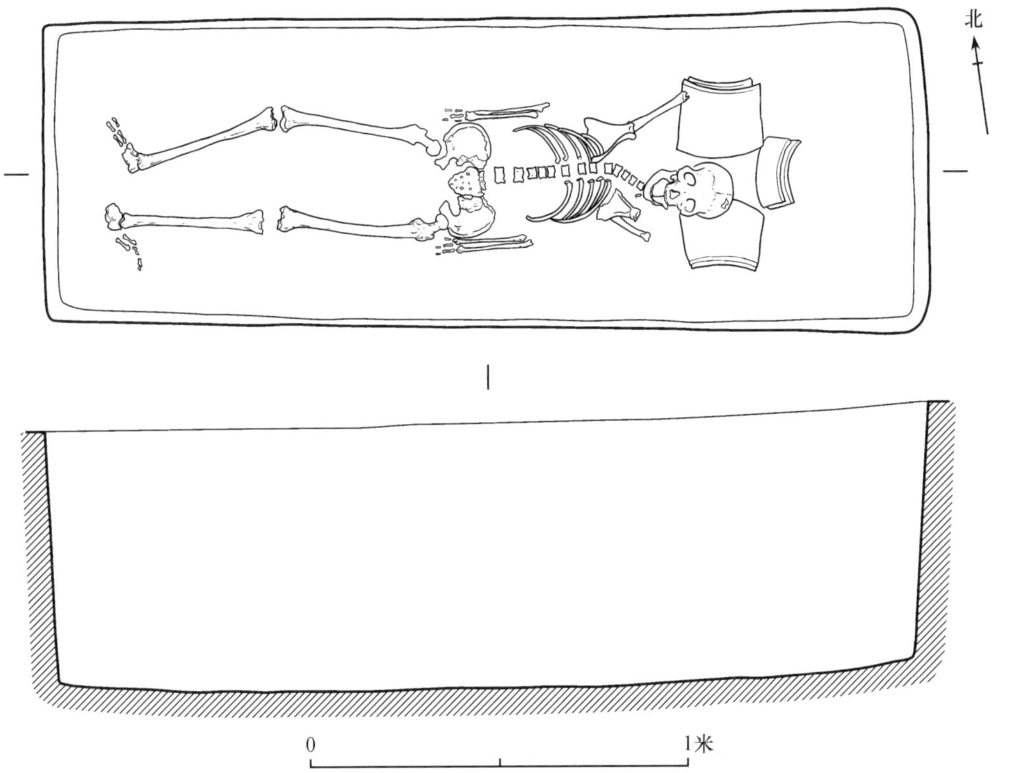

图5-3-1　石园子墓地01CWSM8平、剖面图

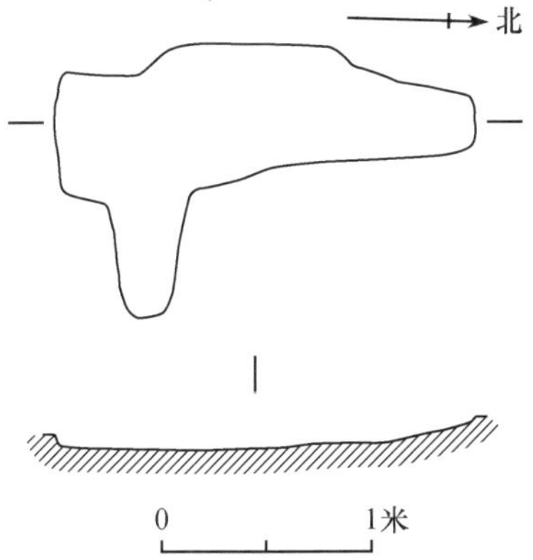

图5-3-2　石园子墓地01CWSH1平、剖面图

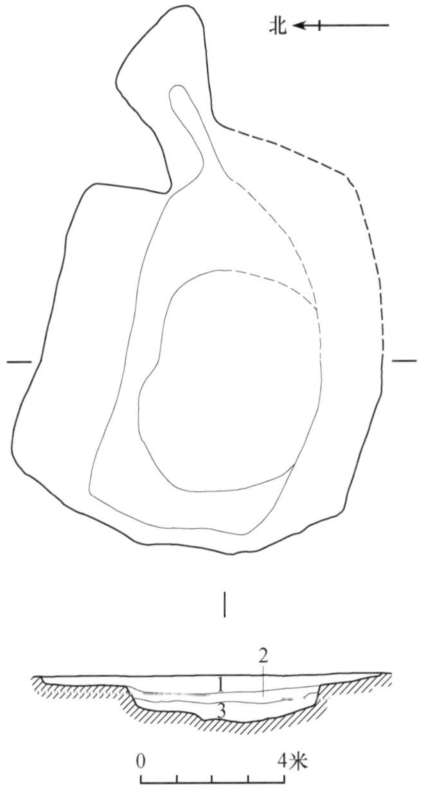

图5-3-3　石园子墓地01CWSH3平、剖面图

二、遗　　物

清代时期的遗物有瓷器、陶器、铁器和铜钱。其中以青花粗瓷为多。

1. 瓷器

几乎都是粗瓷，制作粗糙。以青花瓷为主，也有一些缸胎酱釉器等。圈足器的足底通常无釉。纹饰均为印制青花花草图案，花纹较为随意，显然都是民间生活器皿。酱釉缸胎器表有刻划印章字的现象。器类有碗、盘、盅、钵、匙、罐等。

碗　19件，发表3件。

01CWSH1：3，足底无釉。圆唇，斜直壁，内底平，高圈足。外壁饰有点线组成的花草纹，内底有黑点釉。口径10.6、底径5.5、高6.6厘米（图5-3-4，1）。

01CWSH3②：13，上残，平底，圈足。外部有点线纹，圈足内底有釉，饰二周青花弦纹，内底中央有一墨青点釉。底径7、残高3.4厘米（图5-3-4，4）。

01CWST11②：1，圈足无釉，内底有釉。上残，圈足较高。外壁、内壁均饰有花草纹，圈足外有三周弦纹，内底有纹饰，外底有戳印标记和弦纹。底径5.8、残高3厘米（图5-3-4，2）。

盘　5件。复原1件。

01CWSH1：1，圈足无釉。圆唇，敞口，内平底，矮圈足。内壁和外壁均饰有花草纹，内底中间有葵花纹一周，外底中央有一戳印标记。口径20、底径11、高3.6厘米（图5-3-4，8）。

盅　6件，发表4件。

01CWST21②：1，圈足底无釉。尖唇，微侈口，弧腹，圈足。外壁满饰花草纹，内底有一青花图案。口径6.3、底径2.8、高3.8厘米（图5-3-4，3；图版一〇四，1、2）。

01CWSH2：1，白釉，仅残存底部。内、外底都有文字。底径2.6厘米（图5-3-4，5）。

01CWST11①：2，较粗糙，圆唇，敞口，弧壁，弧底，圈足。外壁饰有点线纹，内底有纹。口径6.6、底径3、高3.8厘米（图5-3-4，6）。

01CWSH1：2，器型与01CWST11①：2相同。口径6.5、底径3.1、高3.8厘米（图版一〇四，3～5）。

钵　3件，发表1件。

01CWSH1：4，圆唇，弧壁，底残。内壁和外壁均饰有花草纹。残高6.6厘米（图5-3-4，10）。

匙　3件，发表1件。均为残片。

01CWSH3①：1，有开片，圆唇，方头，直斜壁，平底，把部残。内、外壁均有青花纹饰。残长3.8厘米（图5-3-4，9）。

罐　9件，发表1件。均为残片。

01CWST21①：2，绿釉，粗瓷，缸胎。敛口，铁轨式口沿，矮领，下残。腹部刻划印章式吉祥古字“万”。残长7.2厘米（图5-3-4，7）。

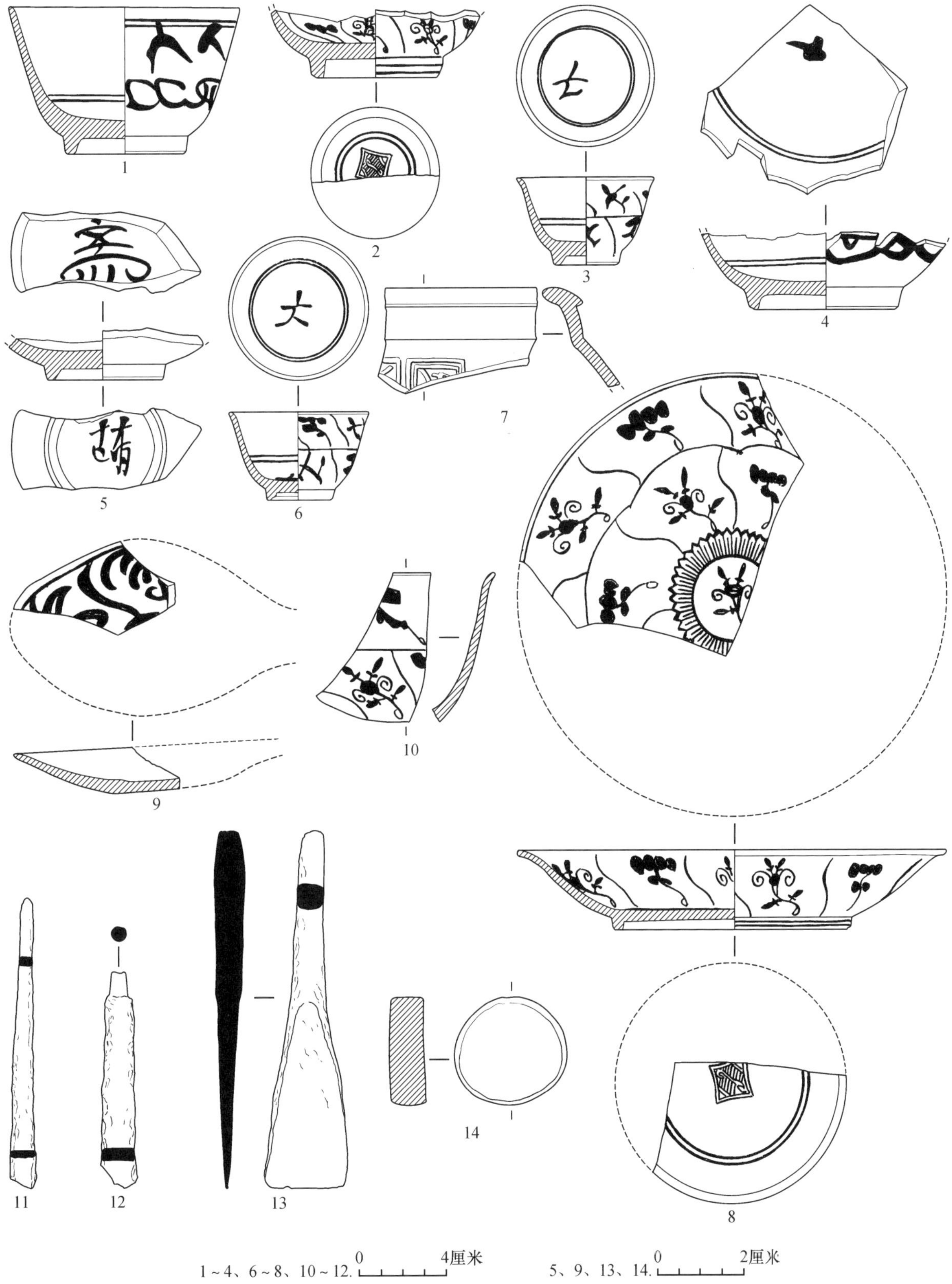

图5-3-4　石园子墓地2001年出土清代遗物

1、2、4. 瓷碗（01CWSH1：3、01CWST11②：1、01CWSH3②：13）　3、5、6. 瓷盅（01CWST21②：1、01CWSH2：1、01CWST11①：2）　7. 瓷罐（01CWST21①：2）　8. 瓷盘（01CWSH1：1）　9. 瓷匙（01CWSH3①：1）　10. 瓷钵（01CWSH1：4）　11～13. 铁镞（01CWSH3①：2-1、01CWSH3①：2-2、01CWST52①：1）　14. 圆陶片（01CWSH3①：3）

2. 陶器

圆陶片　1件。

01CWSH3①：3，泥质灰褐陶。素面。圆形。直径2.6、厚0.8厘米（图5-3-4，14）。

3. 铁器

镞　3件。

01CWSH3①：2-1，前端残，扁体，茎较短。长13、厚0.3厘米（图5-3-4，11）。

01CWSH3①：2-2，前端呈铲状，直刃，正锋，圆茎残。长9.5、厚0.4厘米（图5-3-4，12）。

01CWST52①：1，前端呈铲形，圆茎。长7.8、前宽1.9厘米（图5-3-4，13）。

4. 铜钱

共7枚。

嘉庆通宝　3枚。

01CWSH3①：4-1、01CWSH3①：4-2、01CWSH3①：4-4（图5-3-5，1～3）。

乾隆通宝　2枚。

01CWSH3①：4-3（图5-3-5，4）、01CWSH3②：15。

小钱　2枚。

01CWSH3②：14、01CWSH3②：16。

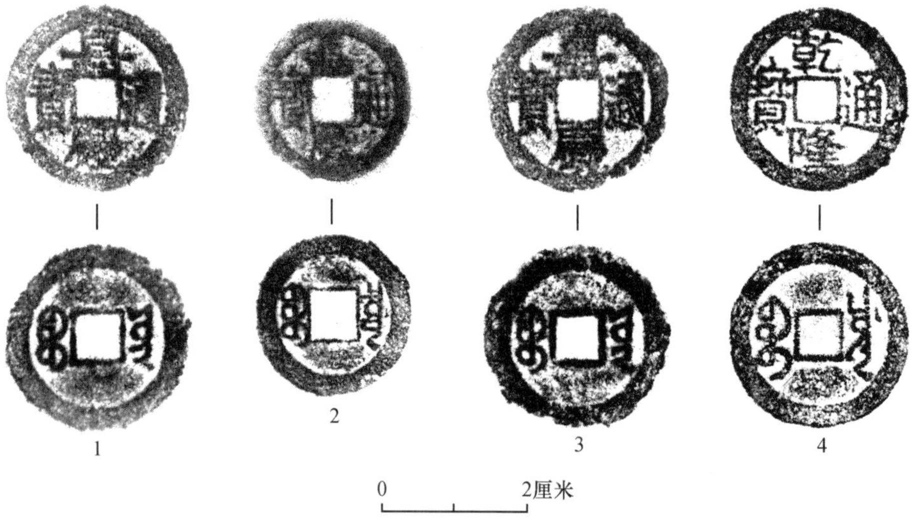

图5-3-5　石园子墓地2001年出土清代铜钱拓片

1～3. 嘉庆通宝（01CWSH3①：4-1、01CWSH3①：4-2、01CWSH3①：4-4）　4. 乾隆通宝（01CWSH3①：4-3）

第六章　结　　语

蓝家寨遗址和石园子墓地是一处比较重要的考古学遗存。二者所在的大昌镇地处长江三峡的重要支流大宁河畔，曾是联系东西、贯通南北的重要地区枢纽之一。距此不远有已发现的规模较大的西周时期遗址——双堰塘遗址。这处遗址和墓地的发掘，对认识峡江东部地区考古学文化面貌，建立考古学编年等都具有较为重要的学术意义。2001～2002年度的发掘是十多年来蓝家寨遗址和石园子墓地考古工作中规模较大的一次，这不仅体现在发掘面积上，而且体现在发现的遗迹和遗物数量上，这些发现为深入研究蓝家寨遗址和石园子墓地提供了丰富的一手资料。

第一节　蓝家寨遗址的年代与性质

根据考古调查和发掘资料可知，蓝家寨遗址大体可以分为东周时期、魏晋时期和明清时期三个阶段。其中东周时期遗存最为重要。

一、东周时期遗存

与本遗址及周边商周时期文化遗存相对比，1994年、2001～2002年发掘区内出土的东周遗迹和遗物，特别是陶器和金属器，包含巴、楚两种文化因素，表明东周时期的大昌盆地应是巴楚文化交汇的地区之一。

出土的巴蜀文化风格的典型器以柳叶形铜剑柄（94CWLT103②：10-1）、烟荷包式铁钺（94CWLT103②：4）等为代表[①]。

出土陶器中鬲、豆、盂、罐等器形大多为较典型的楚文化遗物，参照既往的分期成果，年代处于春秋晚期至战国中期之间。其中，高柄豆体现出较强的春秋晚期至战国早中期楚文化特征。陶鬲（02CWLH27：2）与罗坡岗出土战国中期平沿鬲[②]相近。陶盆（02CWLH48：4）

---

① 赵殿增：《巴蜀文化的考古学分期》，《中国考古学会第四次年会论文集》，文物出版社，1985年，第214～224页。

② 湖北省文物考古研究所、荆门市博物馆：《荆门罗坡岗与子陵岗》，科学出版社，2004年，第62页。

与当阳赵家湖楚墓出土的战国早中期之交的B型陶盂（盆）[①]、江陵雨台山战国中期楚墓Ⅳ式陶盂（盆）[②]相近。陶壶（02CWLH74：1）与本地石园子墓地中的长颈壶（00WLM7：1）接近[③]。铜刀（02CWLH26：2）的形制特点和刀背上装饰的凸棱弧纹与湖北秭归卜庄河遗址采集的楚地铜刀（ZB0040、ZB0039）[④]相近。

综上所述，蓝家寨遗址在东周时期，是巴楚文化交汇的重要地区。但总体而言，楚文化的因素在比例上已经远远超过了巴文化，呈现出明显的强劲态势。

2000年蓝家寨遗址中出土了较多铁器，被认为与宜昌太平溪西湾村上磨垴遗址发现的春秋时期冶铸遗迹有关[⑤]。其实早在1999年，蓝家寨遗址中就已经出土过多件铁器和用于制造铁器的石范[⑥]。因此，蓝家寨遗址出土的铁器亦存在本地制造的可能。2002年的发掘中再次出土了数十件东周时期铁器，还出土用于冶铸铁镬的一套完整石范。这些遗物多出自2002年发掘区的第4层以上，第5层中尚没有发现，推测蓝家寨遗址所处的大昌地区可能于东周中后期出现了较成熟的铁器作坊。

干栏式建筑最早见于河姆渡文化。成都十二桥商代遗址中也曾发现以木桩做基础、木地梁、竹木为墙体和以竹木绑扎与榫卯相结合的干栏式建筑遗存[⑦]，这是目前所知巴蜀地区较早的干栏式建筑的考古材料。湖北蕲春毛家咀遗址发现过西周时期的干栏式建筑遗迹[⑧]。三峡地区的湖北秭归县石门嘴也曾经发现3座魏晋时期房址，残存瓦片堆积和个别柱洞，被认为是干栏式建筑[⑨]。本次发现的02CWLF1，地基未见明显的夯打迹象，表面也没有人为形成的踩踏活动面，加之柱洞排列错落有致，因而可推知02CWLF1的居住面大致应是以桩木做基础，上架横梁，构成楼板而成的建筑形式。遗址没有发现泥土类墙体残块的遗存。联系该地多雨雾又近河的特点，大致可复原02CWLF1是背靠西北、面朝东南，进深两间，上覆茅顶的干栏式建筑。唯02CWLF1东南一排组柱洞前端排列紧凑，南伸较长，且居于向阳处，按照传统建筑的一般布局，推测应是门庭或门廊部分的遗存。虽遭晚期扰乱，但就残状而言，02CWLF1尚存一定规模，形制布局清晰，地基平整坚实，柱洞排列有序，对于研究三峡地区的建筑发展史来说是十分难得的实物资料。其实这种建筑形式，直到北魏时期依然流行于巴蜀地区。

① 湖北省宜昌地区博物馆、北京大学考古系：《当阳赵家湖楚墓》，文物出版社，1992年，第215页。

② 湖北省荆州地区博物馆：《江陵雨台山楚墓》，文物出版社，1984年，第132页。

③ 重庆市文物考古所、湖南益阳市文物考古队、重庆市文物局等：《巫山蓝家寨遗址发掘报告》，《重庆库区考古报告集·2000卷·上》，科学出版社，2007年，第19、20页。

④ 国务院三峡工程建设委员会办公室、国家文物局：《秭归卜庄河》，科学出版社，2008年，第750、752页。

⑤ 重庆市文物考古所、湖南益阳市文物考古队、重庆市文物局等：《巫山蓝家寨遗址发掘报告》，《重庆库区考古报告集·2000卷·上》，科学出版社，2007年，第23页。

⑥ 重庆市博物馆、湖南益阳市文物工作队、重庆巫山县文物管理所：《巫山蓝家寨遗址发掘报告》，《重庆库区考古报告集·1998卷》，科学出版社，2003年。

⑦ 四川省文物管理委员会、四川省文物考古研究所、成都市博物馆：《成都十二桥商代建筑遗址第一期发掘简报》，《文物》1987年第12期。

⑧ 中国科学院考古研究所湖北发掘队：《湖北圻春毛家咀西周木构建筑》，《考古》1962年第1期。

⑨ 吉林大学边疆考古研究中心、湖北省文物考古研究所：《湖北秭归石门嘴遗址发掘》，《考古学报》2004年第4期。

《魏书》记载："獠（对巴人的贬称）者，盖南蛮之别种，自汉中达于邛笮川洞之间，所在皆有。种类甚多，散居山谷……依树积木，以居其上，名曰'干兰'。干兰大小，随其家口之数。"[①]02CWLF1的发现为我们了解这一地区源远流长的干栏式建筑提供了重要的材料。

二、魏晋隋唐时期遗存

虽然遗址中缺少明确的魏晋隋唐文化层，但在2002年的发掘区中，第3B层及以上层位中出土了一些属于这一时期的陶瓷器。同时根据出土遗物判断，第3B层下开口的部分遗迹，如铺石池址02CWLH15等出土较多魏晋以降陶瓷器的遗迹亦可能属这一时期遗存。

出土的碗钵类瓷器，虽然残破，但从腹壁足底的形制和施釉特点观察，部分与2000年度蓝家寨遗址晚期层位出土的青瓷碗、钵相近[②]。那次出土的青瓷壶残片（2000WLG16：1），其肩部模印的带状网格式回纹与巴东楠木园李家湾汉至六朝遗迹中出土的青瓷钵（LⅡT0601③：1）外沿纹样相近[③]，为三峡地区的瓷器贸易与流通研究提供了新资料。出土的隋唐以降陶瓷器，则可与1999年蓝家寨遗址发掘的晚期墓葬材料相互印证[④]。02CWLH15则为池苑建筑的研究提供了新的案例。

东汉末至魏晋，大宁河中游地区先后置北井、泰昌二县。北周时北井县废，泰昌县则延续了下来，在北周至隋初先后改名建昌、大昌，唐因袭之。相较秦汉时期，这一阶段人们在大宁河中游地区的活动显然更为频繁。蓝家寨遗址发现的魏晋隋唐时期遗存应当与这一历史背景有关。

三、明清时期遗存

蓝家寨遗址中还出土一定数量的明清时期遗存。大昌县治在宋代迁徙、元代省并后，于明初恢复建置，弘治年间筑城，清初再次省并后仍筑土堡（见本编第一章第一节）。临近古城的蓝家寨遗址应当是城外的一处聚落遗址。

明清地层出土的铜钱有乾隆、道光和咸丰年间制作的年号钱，另有宽永通宝和洪化通宝等。宽永通宝为日本古钱，始铸于日本后水尾天皇宽永二年（1625年），在中国境内亦有发

① （北齐）魏收：《魏书》卷一百一《獠传》，中华书局，2018年，第2435页。

② 重庆市文物考古所、湖南益阳市文物考古队、重庆市文物局等：《巫山蓝家寨遗址发掘报告》，《重庆库区考古报告集·2000卷·上》，科学出版社，2007年，第23页。

③ 国务院三峡工程建设委员会办公室、国家文物局：《巴东楠木园》，科学出版社，2006年，第344、345页。

④ 重庆市文化局、重庆市博物馆、湖南省益阳市文物考古队等：《巫山蓝家寨遗址发掘报告》，《重庆库区考古报告集·1999卷》，科学出版社，2006年，第18～25页。

现，明清时期亦一度流通使用[①]。洪化通宝是吴三桂死后，其孙吴世藩继位，改元“洪化”后铸造的[②]。上述钱币对认识蓝家寨遗址的发展变迁有重要的参考价值。

第二节　石园子墓地的年代和性质

石园子墓地是与蓝家寨遗址密切相关的遗存。下面仅根据出土遗物等对其年代和性质略作探讨。

一、年　代

石园子墓地出土遗物丰富，特征鲜明。经过考古类型学比较可知，陶鬲（01CWSM3：7）与当阳金家山同类器（JM7：4、JM5：6）形制相似[③]；青铜戈（01CWSM3：8）与当阳金家山同类器（JM42：2）形制相近[④]，推测石园子01CWSM3的年代当在春秋晚期或略晚。而陶盂（01CWSM2：4）、陶高领罐（01CWSM2：5）分别与湖北当阳金家山同类器（JM136：1、JM127：2）[⑤]风格大体相同。可以大体推定01CWSM2的年代相当于战国早中期。这样，可以推定石园子墓地的年代范围当在春秋晚期到战国中期之间。蓝家寨遗址的年代与墓地大体相当。

二、性　质

石园子墓地是一处比较单纯的东周时期墓地。经过2000年和2001年的发掘，基本揭露了墓地的主体部分，初步了解到墓地的大体布局。两座大墓位于西北，其他小墓主要集中在北面和东南部。墓向有东西向和南北向两组，东西向为多。根据出土陶器情况看，这两组墓葬可能表现为年代差异。01CWSM3出土的青铜剑和青铜戈，以及墓葬出土陶器以鬲、豆、盂、罐为组

① 丁福保：《古钱大辞典》，中华书局，1982年，第2074页；付彤：《宽永通宝与明清时期的中日贸易》，《北方文物》1991年第3期；关于东北地区宽永通宝及“宽永十三年”碑的考辨，见林沄：《完颜忠神道碑再考》，《北方文物》1992年第4期。

② 唐石父：《中国古钱币》，上海古籍出版社，2001年，第387页。

③ 湖北省宜昌地区博物馆、北京大学考古系：《当阳赵家湖楚墓》，文物出版社，1992年，第75页，图五四，8、10。后文引用此书均为此版本，不一一注明。

④ 见前注《当阳赵家湖楚墓》，第130页，图九三，3（JM42：2）。从类型学比较看，石园子M3：8应略早于JM42：2。此外，河南陕县（现陕州区）后川57.H.S.M2040是战国早期墓，其中铜戈有数件，与石园子M3：8相近的后川57.H.S.M2040：220形制明显偏早，可供参考。参见中国社会科学院考古研究所：《陕县东周秦汉墓》，科学出版社，1994年，第73页，图五八，2（M2040：220）。

⑤ 见前注《当阳赵家湖楚墓》，第83页，图五八，10；第90页，图六二，18。

合等特征，明显属于楚文化的风格[①]，与典型的巴蜀文化遗物不同[②]。同时，石园子墓地又有自身的特色，陶豆成为最主要的随葬品，有随葬品的墓葬不仅都有豆，而且数量最多。此外，陶鬲（01CWSM2：1）也另有来源。因此说，石园子墓地是包含楚文化、巴蜀文化等不同文化因素的墓地。

三、埋葬习俗

大墓01CWSM3从建筑看，修建讲究，在墓壁下半部出现抹黄泥的现象。葬具横架在生土二层台上，以下的土坑白膏泥和黄土掺和并且夯实，显然别有用意。此外，在木棺的四周全部为白膏泥包裹，比较讲究，应与防潮、防盗有关。

石园子墓地的墓葬中存在毁器习俗。01CWSM2的主要随葬陶器都放在西壁的龛中，但是在墓葬填土中和墓底各发现1件豆柄，显然在埋葬之时，有些陶器已经被人为打碎。在01CWSM3木棺内出土的陶高领罐（01CWSM3：2）陶质坚硬，不像其他陶器那样已经被严重腐蚀，陶片保存较好，但是缺损较多，不能复原，说明这件器物在随葬的时候就已经不完整。

四、墓地与遗址的关系

石园子墓地和蓝家寨遗址都存在东周、清代两期文化堆积。

从出土遗物看，石园子墓地和蓝家寨遗址的东周时期遗存基本对应，存在时间大体相当。蓝家寨遗址是当时居民的生活区域，依傍在大宁河北岸的台地上，而石园子墓地则是当时居民的葬身之所——坟茔地，位于生活区的北部。

石园子墓地和蓝家寨遗址的晚期遗存表明，这里在清代主要是当地居民的生活区域。嘉庆通宝铜钱的出土，表明遗存的年代已到了晚清。大昌古城的东部，是蓝姓家族的主要聚集地，出土瓷器虽不精美，但是数量较多，表明当时此处人口可能仍较为密集。这对于研究大昌古城的历史沿革等有一定的价值。

---

① 参《当阳赵家湖楚墓》。

② 赵殿增：《巴蜀文化的考古学分期》，《中国考古学会第四次年会论文集》，文物出版社，1985年，第214～224页。

附　　录

附录一　1994年蓝家寨遗址调查记录

一、遗 址 概 况

名称：蓝家寨遗址

隶属：大昌镇兴隆村十三组

地理位置：大昌兴隆街东南方约300米，蓝家寨以东约150米。

自然环境：在大宁河北岸一级台地，地势较为平坦，大部为旱田，也有水田。高出河面约15米。

标高：在135米范围内。

中心地理坐标：北纬31°15′50″，东经109°48′20″。

工作情况：这是一处新发现的遗址，由王仁湘和叶茂林在1994年3月12日调查发现，先在断崖上见到灰层，当即进行钻探，了解堆积情况，确定范围，判定性质与年代。（同年）4月，试掘510平方米。

面积：东西100米，南北30～40米，约3000平方米。

保存情况：沿断崖边固砖厂取土造成一定破坏，以往的取土过程也破坏了部分堆积。

二、文化堆积与遗物

地表：在地头采集到绳纹陶片、豆柄、鬲足。

地层：耕土30厘米以下即见灰层，断崖与试掘探方都表明，灰层呈不连续的坑状与沟状，厚10～40厘米，包含陶片较多。试掘还见到铁器和铜器，有锸、镞、钺、剑等。

三、文化性质与年代

性质：主要属楚文化范畴，也见巴文化因素，见巴氏剑、钺等。

年代：春秋战国之际。

四、总体价值评估及依据

该遗址属重要遗址。它的发现与试掘，对研究巴楚史及巴楚关系史提供了重要资料。过去古代巴楚结合部的相关遗址还没有发现过，更不曾做过科学发掘，蓝家寨的发现就因此显得更为重要。

五、建　　议

进一步确定遗址的中心点进行正式发掘。

六、附　　件

遗址位置及范围简图（略）。

记录者：叶茂林　王仁湘

附录二　重庆市巫山县石园子墓地01CWSM3棺木鉴定报告

2001年10～11月，中国社会科学院考古研究所三峡考古队蓝家寨发掘组对石园子墓地进行了发掘，清理古代墓葬9座，揭露面积近2000平方米。大墓01CWSM3修建讲究，在墓壁下半部出现抹黄泥的现象，黄泥厚近0.2米。葬具横架在生土二层台上，以下的土坑不很规整，用白膏泥和黄土掺和并且夯实。此外，在木棺的四周全部用厚0.08～0.12米的白膏泥所包裹。木棺的年代为东周时期。在木棺上取到2厘米见方的木材，用于木材种属鉴定。

一、研究方法

将采集的棺木木材样本（约2厘米×2厘米×1厘米）放入水中煮沸，使其软化。做横向、径向、弦向三个方向切片，在金相显微镜下进行观察、记载，根据《中国木材志》对树种木材特征的描述鉴定树种[①]，选择有明显特征的样本用银粉导电胶将木块粘在铝质样品托上，样本表面镀金，在日立S-530扫描电子显微镜下进行拍照。

二、研究结果

树种构造特征如下：

从木材粗视结构看，木材黄褐色带绿，生长轮明显，轮间呈深色带，散孔材，管孔略小，散生或斜列，具侵填体，木射线稀、细，在肉眼下径切面上射线斑纹明显。

从木材显微构造看，横切面导管为圆形及卵圆形，单管孔或2～3个聚合成丛（图一）；径切面射线组织异形Ⅲ及Ⅱ型，晶体未见，油细胞多，螺纹加厚缺如，单穿孔，穿孔板略倾斜，木射线非叠生（图二）。弦切面单列射线极少，多列射线通常宽2～3列细胞（图三）。

由此断定，棺木树种为樟科（Lauraceae）楠属（*Phoebe* Nees）桢楠（楠木）（*Phoebe zhennan* S. Lee et F. N. Wei）。

三、讨　　论

桢楠通常也叫楠木，为大乔木，高30余米；树干通直，木材有香气，纹理直，结构细密，不易变形和开裂。楠木为珍贵用材树种，素以材质优良而闻名于国内外，耐腐，抗虫蛀，是中

① 成俊卿、杨家驹、刘鹏：《中国木材志》，中国林业出版社，1992年。

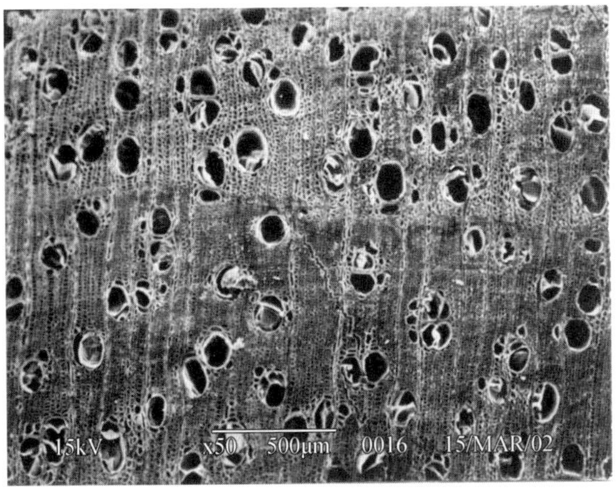

图一　横切面（50倍）

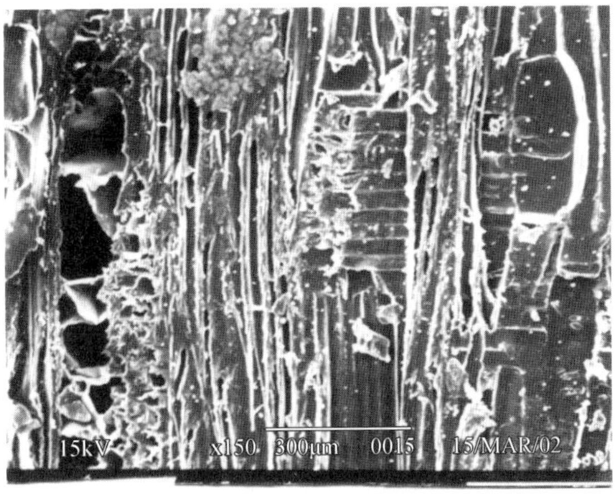

图二　径切面（150倍）

图三　弦切面（80倍）

国特有树种[①]。楠木分布区为四川盆地西部、南部、东部，湖北、湖南、江西，以及台湾的东部山地。楠木是中国亚热带常绿阔叶林的重要组成树种，耐阴，适生于气候温暖、湿润，土壤肥沃的地方，特别是在山谷、山洼、阴坡下部及河边台地，土层深厚，排水良好、中性或微酸性的壤质土壤[②]。

明谢肇淛《五杂俎》："楠木生楚、蜀者，深山穷谷，不知年岁，百丈之干，半埋沙土，故截以为棺，谓之沙板。佳者解之，中有纹理，坚如铁石。试之者，以暑月作合，盛生肉，经数宿，启之，色不变也。然一棺之直，皆百金以上矣。"[③]楠木香味浓烈而清雅，具很强的杀菌作用，防腐耐朽的性能冠于群木之上，所以在中国古代常被选作棺椁的用材。譬如浙江绍兴凤凰山木椁墓的棺和椁[④]，湖北江陵九店东周墓M633椁盖板[⑤]，四川新都战国木椁墓的棺

① 任宪威：《树木学（北方本）》，中国林业出版社，1997年。

② 中国森林编辑委员会：《中国森林（第3卷）》，中国林业出版社，2000年；中国树木志编委会：《中国主要树种造林技术（上册）》，农业出版社，1978年。

③ （明）谢肇淛：《五杂俎》，上海书店出版社，2001年，第194页。

④ 绍兴县文物管理委员会：《绍兴凤凰山木椁墓》，《考古》1976年第6期。

⑤ 湖北省文物考古研究所：《江陵九店东周墓》，科学出版社，1995年。

和椁[①]，四川成都洪家包西汉木椁墓外棺[②]，重庆涪陵易家坝西汉墓的棺和椁[③]，四川昭化宝轮院[④]，重庆巴县冬笋坝[⑤]的船棺，江西李洲坳东周墓出土的一具独木棺[⑥]，安徽天长市汉墓三号墓的椁盖和棺身[⑦]，江西南昌东吴高荣墓的三副棺[⑧]，江西南昌唐墓的内棺[⑨]，安徽郎溪唐宋墓M11（双室合葬砖墓）两室内的棺[⑩]，江苏武进村前南宋墓的棺椁[⑪]，湖北洪湖市蒋岭北宋墓的棺[⑫]，山东嘉祥县元代曹元用墓的椁[⑬]，北京大葆台汉墓内棺、内椁、卷云纹漆板[⑭]，江苏高邮神居山二号墓（三椁两棺）外藏椁盖木、棺柩架木栓、“题凑”木、“题凑”上下盖木、地龙、底板[⑮]，湖南望城风篷岭汉墓的椁[⑯]，湖北荆门包山楚墓一号墓外棺底板、二号墓内棺盖板第三号、二号墓外棺南侧板第二号，均为楠木[⑰]。

鉴定单位：中国社会科学院考古研究所

鉴 定 人：王树芝　王增林

① 四川省博物馆、新都县文物管理所：《四川新都战国木椁墓》，《文物》1981年第6期。

② 四川省文物管理委员会：《成都洪家包西汉木椁墓清理简报》，《考古通讯》1957年第3期。

③ 重庆市博物馆、涪陵县文化馆：《涪陵县易家坝西汉墓发掘简报》，《考古与文物》1990年第5期。

④ 冯汉骥、杨有润、王家祐：《四川古代的船棺葬》，《考古学报》1958年第2期。

⑤ 前西南博物院、四川省文物管理委员会：《四川巴县冬笋坝战国和汉墓清理简报》，《考古通讯》1958年第1期。

⑥ 潘彪、翟胜丞、樊昌生：《李洲坳东周古墓棺木用材树种鉴定及材性分析》，《南京林业大学学报（自然科学版）》2013年第37卷第3期。

⑦ 唐汝明、卫广扬、徐全章：《安徽天长县汉墓棺椁木材构造及材性的研究》，《考古》1979年第4期。

⑧ 江西省历史博物馆：《江西南昌市东吴高荣墓的发掘》，《考古》1980年第3期。

⑨ 江西省博物馆：《江西南昌唐墓》，《考古》1977年第6期。

⑩ 宋永祥：《安徽郎溪唐宋墓》，《考古》1992年第4期。

⑪ 陈晶、陈丽华：《江苏武进村前南宋墓清理纪要》，《考古》1986年第3期。

⑫ 洪湖市文物管理委员会、洪湖市博物馆：《湖北洪湖市蒋岭北宋墓》，《考古》1993年第7期。

⑬ 山东省济宁地区文物局：《山东嘉祥县元代曹元用墓清理简报》，《考古》1983年第9期。

⑭ 大葆台汉墓发掘组、中国社会科学院考古研究所：《北京大葆台汉墓》，文物出版社，1989年。

⑮ 吴达期、徐永吉、邹厚本：《高邮神居山二号汉墓的木材鉴定》，《南京林学院学报（自然科学版）》1985年第3期。

⑯ 长沙市文物考古研究所、望城县文物管理局：《湖南望城风篷岭汉墓发掘简报》，《文物》2007年第12期。

⑰ 湖北省荆沙铁路考古队：《包山楚墓》，文物出版社，1991年。

后　记

《巫山古城和大昌蓝家寨》是中国社会科学院考古研究所多位同仁的集体结果。三峡考古发掘报告作为中国社会科学院重大研究课题之一，得到了中国社会科学院高翔院长等院领导和考古研究所张国春书记、陈星灿所长、施劲松副所长等所领导的高度重视。受考古研究所指派，汉唐考古研究室内蒙古第二工作队于2021年底成立专门的报告编写小组，具体承担了巫山古城和大昌蓝家寨遗址的考古资料整理和报告编写工作。

本报告由中国社会科学院考古研究所董新林任主编，汪盈任执行主编。中国社会科学院考古研究所岳天懿、中国社会科学院大学（研究生院）在读博士研究生陈泽宇，内蒙古第二工作队王岩、王亚琪等参与了资料整理和报告编写工作。报告分为《巫山古城遗址》和《大昌蓝家寨遗址》上、下两编。

上编《巫山古城遗址》：

巫山古城遗址是三峡水利枢纽工程文物保护规划的重点城址。1993～1994年，中国社会科学院考古研究所长江三峡工作队由我所史前考古研究室主任杨虎担任队长，夏商周考古研究室主任殷玮璋任顾问，工作队二组（杜玉生负责，成员有赵超、杨焕新、丛德新等）曾对城址进行勘察、试掘。1997～1998年，又开展了较大规模的重点勘探。2000年和2003年的发掘工作由我所王吉怀、赵超、贾笑冰等主持，发掘结束后进行了初步整理。遗憾的是，大部分资料因故未能如期出版。

2021年12月，主编董新林接到报告编写任务后，立即带领报告编写小组开展工作。对现有的巫山古城发掘相关资料进行全面整理、核校，在此基础上初步完成遗迹、遗物的文字描述与线图清绘工作。需说明的是，时隔多年，几经变动，报告编写小组在资料收集方面遇到较大困难。经多方反复核查，我所和重庆三峡博物馆三峡文物资料室均未见2003年度平江门及粮食局遗址发掘的原始资料。但考虑到遗址的重要性和遗存的复杂性，编写小组于2022年5月前往巫山博物馆（巫山县文物管理所）、重庆中国三峡博物馆（重庆博物馆）等单位，现场重新归拢、梳理相关发掘底稿，并重新对部分出土遗物进行了补充描述和测绘。

报告所涉巫山古城遗址发掘，主要由北门坡、平江门（南门）和粮食局（粮站）三个地点构成。北门坡遗址以墓葬为主，出土遗物根据发掘单位择要重刊。平江门（南门）及粮食局（粮站）遗址出土陶瓷器丰富，根据类型、占比等方面的不同，本编第三章、第四章分别按釉色、窑口进行分类叙述，两章相互补充。同时，为便于学者更好地对巫山古城遗址进行再研究，报告附录全面收录了我所以往巫山古城遗址考古工作的相关资料。

本编巫山古城考古发掘报告由汪盈、陈泽宇撰写。其中我所王吉怀主笔第二章初稿（原文《巫山古城遗址发掘报告》，刊于《重庆库区考古报告集 · 2000年卷》），本报告略作改动。遗迹照片由我所贾笑冰等拍摄；平江门及粮食局遗址的遗物照片由巫山博物馆（巫山县文物管理所）袁毅、丁坤琼等提供。遗迹和部分遗物的原始底图由我所毕道全、丁长峰等绘制；其余遗物线图及已绘底图的核校、清绘工作由内蒙古第二工作队王岩、王亚琪完成，张晓强、陈小云、皮鹏飞、兰晓旭等参加了部分绘图和拓片扫描工作。董新林、汪盈对本编全部内容进行核校统稿。

我们曾与当年担任三峡考古队负责人的郑若葵老师（原中国社会科学院考古研究所副研究员）取得联系。对郑老师热心提供他所编著的《长江三峡巫山、巫溪考古报告》未刊文字稿表示衷心感谢。但该文稿与本编报告内容基本没有重合，因此计划另行出版。

巫山古城遗址是中国社会科学院考古研究所三峡库区考古项目中重要的遗址点。发掘期间，重庆市、原巫山县及巫峡镇的各级文化部门主管领导曾给予考古队诸多帮助。中国社会科学院考古研究所领导多次到考古工地现场指导，并一直关注本报告的编写和出版工作，在此一并表示感谢！

下编《大昌蓝家寨遗址》：

本编报告公布的是中国社会科学院考古研究所三峡考古队蓝家寨考古组于1994、2001、2002年三个年度在大昌蓝家寨遗址和石园子墓地的调查和发掘材料。1994年度的试掘工作，由我所史前考古研究室王仁湘、叶茂林主持。2001～2002年，王仁湘任我所边疆民族与宗教考古研究室主任，安排时任内蒙古工作队队长董新林主持蓝家寨遗址和石园子墓地的考古发掘工作。中国社会科学院考古研究所古方、李春林分别参加了2001、2002年度的发掘和整理工作。参与发掘的工作人员，主要来自中国社会科学院考古研究所内蒙古工作队、河北工作队、辽宁省锦州市博物馆和内蒙古敖汉旗博物馆。

本编报告以发掘者早年撰写的初稿为基础，由中国社会科学院考古研究所内蒙古第二工作队报告编写小组在此基础上进行补充核校。由于距发掘已时隔多年，实物和图文资料几经周转，存储较为分散，此次整理、核对工作中遇到了一定的困难。为保持早年底稿材料的完整性，文字部分尽量维持底稿原貌，线图根据原简报手绘图扫描后用电脑清绘而成。遗迹图版根据早年冲洗照片扫描制版。遗物图版除个别为早年整理时拍摄外，大多由巫山博物馆重新摄影。凡有校改补充者，均依原始记录进行核对。

本编考古发掘报告主要由董新林、岳天懿撰写。其中，中国社会科学院考古研究所叶茂林主笔第二章初稿；李春林主笔第四章和第六章第一节初稿。遗物照片由巫山博物馆（巫山县文物管理所）袁毅、丁坤琼等提供。遗迹、遗物线图的扫描、清绘由中国社会科学院考古研究所内蒙古第二工作队完成。石园子墓地出土木材由中国社会科学院考古研究所王树芝、王增林鉴定。董新林和汪盈对本编全部内容进行核校统稿。

重庆市巫山县大昌镇蓝家寨遗址和石园子墓地是中国社会科学院考古研究所三峡库区基本建设考古项目中的一处重要遗址。中国社会科学院考古研究所领导对三峡考古工作十分重视。2001～2002年考古发掘期间，时任考古研究所党委书记齐肇业同志多次过问工地的发掘情况；

王巍所长、白云翔副所长曾亲自到考古工地现场检查指导。时任国家文物局专家组成员张忠培先生、文物保护司考古处关强处长等也曾亲临考古工地检查指导工作。重庆市、巫山县和大昌镇的各级文化部门主管领导都对考古队的工作给予了大力支持，特别是时任大昌镇兴隆村卢承仲村长给予我们切实帮助。

在上编和下编的报告资料收集和整理过程中，得到了国家文物局、重庆市各级文物部门和同仁的热忱帮助。在此对重庆市文物考古研究院王建国主任，重庆中国三峡博物馆（重庆博物馆）文物信息部三峡文物资料室李琳女士，巫山博物馆（巫山县文物管理所）馆长张潜先生、张辉女士、袁毅先生、丁坤琼女士、张萌女士等的热情帮助表示感谢；对中国社会科学院考古研究所彭小军副研究员、付仲扬研究员提供的支持和帮助表示感谢。最后要感谢张国春书记、陈星灿所长、施劲松副所长对我们团队工作的信任和支持，感谢在报告编辑出版过程中，王光明先生、曹伟女士、王钰女士的辛苦付出！

编 者

2025年7月

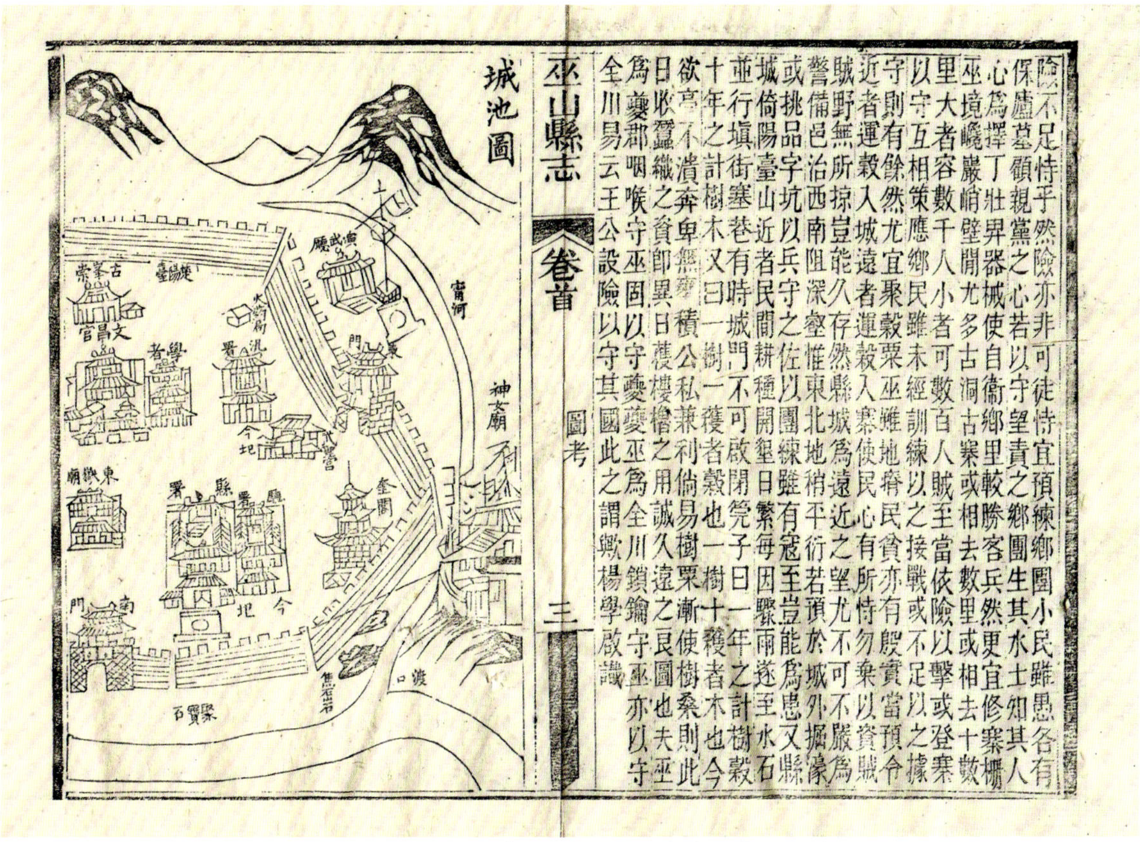

1. 清光绪十九年《巫山县志·城池图》（一）

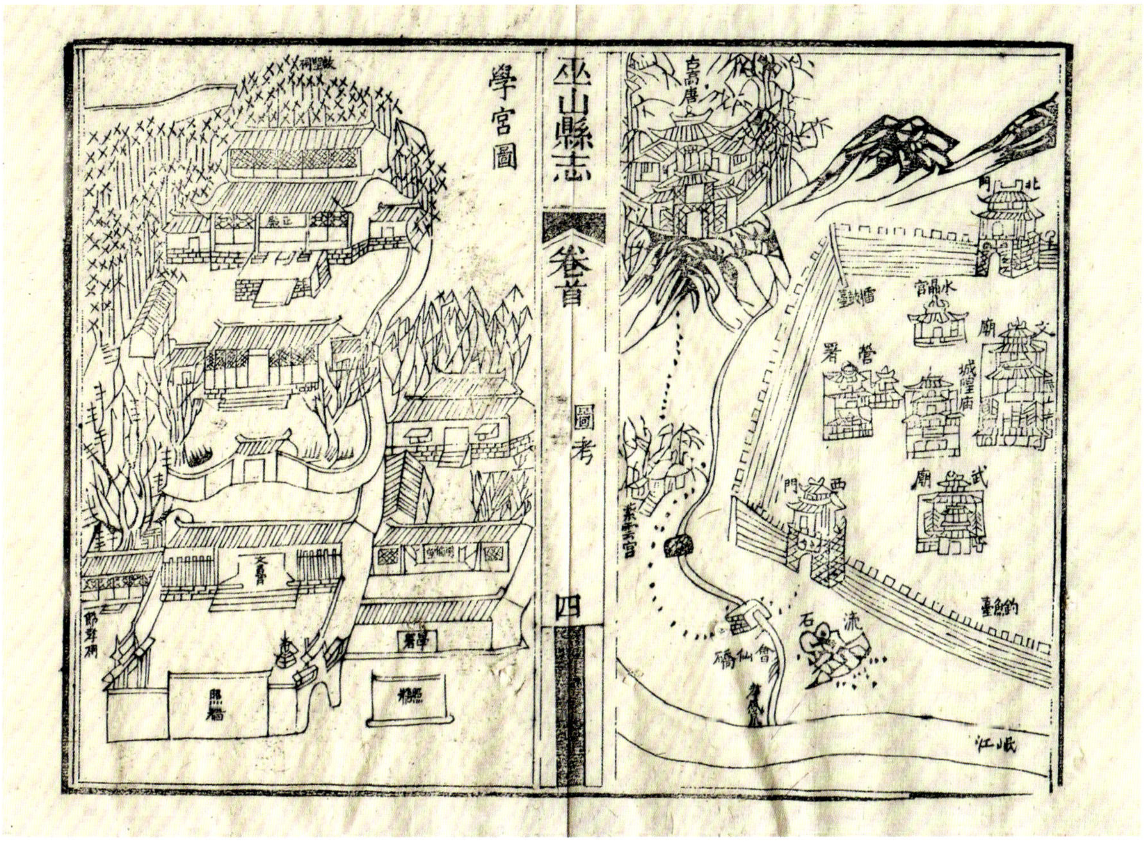

2. 清光绪十九年《巫山县志·城池图》（二）

清光绪十九年《巫山县志》书影

1946年凯赛尔《生活》杂志巫山古城（西—东）

巫山古城遗址位置及地貌

1. 北门坡第一地点远景（西—东）

2. 北门坡第一地点Ⅱ区布方概况（西—东）

2000年巫山古城北门坡墓地发掘现场

1. 北门坡00-T206-M3墓室

2. 北门坡00-T206-M3出土陶俑

2000年巫山古城北门坡00-T206-M3墓室和出土陶俑

1. 北门坡00-T210-M4墓室（里—外）

2. 北门坡00-T210-M4墓室（外—里）

2000年巫山古城北门坡00-T210-M4墓室

1. 北门坡00-T501-M1墓室

2. 北门坡00-T501-M1北壁砖砌壁龛

2000年巫山古城北门坡00-T501-M1墓室和壁龛

1. 平江门遗址布方概况（西北—东南）

2. 平江门03KCW-N-T0101东壁（西南—东北）

2003年巫山古城平江门遗址发掘现场

图版八

1. 平江门东侧南城墙叠压关系（西—东）

2. 平江门03KCW-N-SQ（南—北）

2003年巫山古城平江门遗址南城墙和水渠

1. 平江门03KCW-N-H1（南—北）

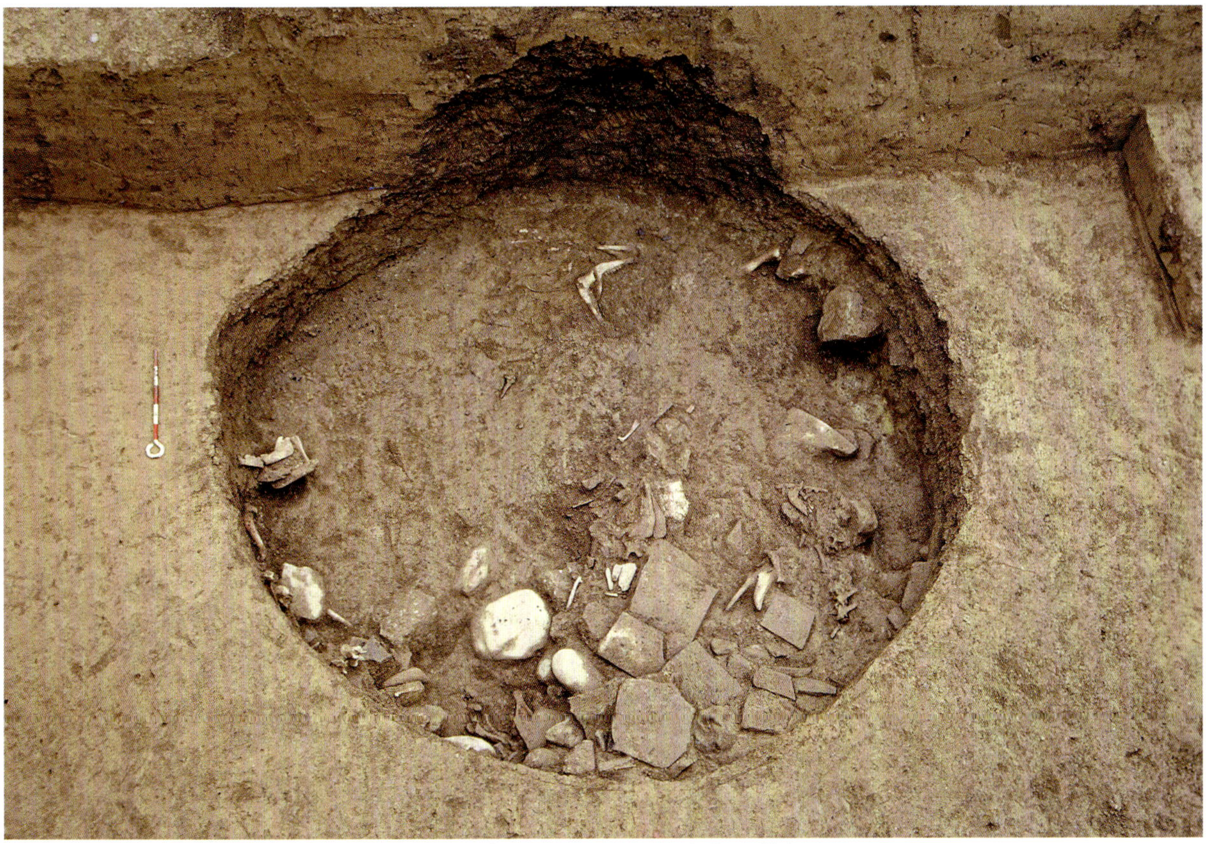

2. 平江门03KCW-N-H2（南—北）

2003年巫山古城平江门遗址典型灰坑

1. 碗（03KCW-N-T0101③：14-1）

2. 碗（03KCW-N-T0101③：14-1）内

3. 碗（03KCW-N-T0101③：23-1）

4. 碗（03KCW-N-T0101③：23-1）内

5. 碗（03KCW-N-T0101Ⅲ期墙：2）

6. 盘（03KCW-N-T0102③：1）

平江门遗址出土青瓷器

1. 青瓷杯（03KCW-N-T0101③：36）

2. 中白瓷碗（03KCW-N-T0101③：1-1）

3. 化妆白瓷碗（03KCW-N-T0101③：3-1）

4. 化妆白瓷碗（03KCW-N-T0101③：4-1）

5. 化妆白瓷碗（03KCW-N-T0101③：4-2）

6. 化妆白瓷碗（03KCW-N-T0101③：5-1）

平江门遗址出土青瓷、白瓷器

图版一二

1. 化妆白瓷碗（03KCW-N-T0101③：6-1）

2. 化妆白瓷碗（03KCW-N-T0101③：29）

3. 紫口碗（03KCW-N-T0101③：15-1）

4. 化妆白瓷盏（03KCW-N-T0101③：7-1）

5. 化妆白瓷盏（03KCW-N-T0101③：7-1）内

6. 化妆白瓷盏（03KCW-N-T0101③：7-1）外

平江门遗址出土白瓷器

1. 化妆白瓷盏（03KCW-N-T0101③：8-1）

2. 化妆白瓷盏（03KCW-N-T0101③：9-1）

3. 化妆白瓷盏（03KCW-N-T0101③：10-1）内

4. 化妆白瓷盏（03KCW-N-T0101③：10-1）外

5. 化妆白瓷盏（03KCW-N-T0101③：11-1）

6. 花卉纹瓦当（03KCW-N-G1：1）

平江门遗址出土白瓷盏、瓦当

图版一四

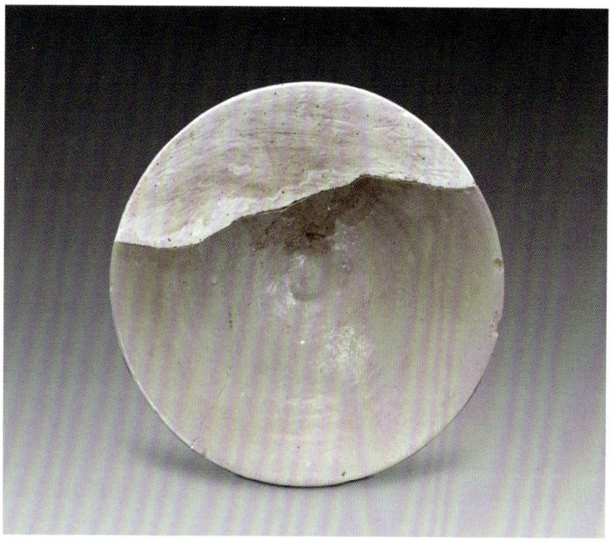

1. 盏（03KCW-N-T0101③：17-1）内

2. 盏（03KCW-N-T0101③：17-1）外

3. 盏（03KCW-N-T0101③：35）内

4. 盏（03KCW-N-T0101③：35）外

5. 化妆白瓷碟（03KCW-N-T0102③：8）内

6. 化妆白瓷碟（03KCW-N-T0102③：8）外

平江门遗址出土化妆白瓷器

1. 化妆白瓷杯（03KCW-N-T0101③：32）内

2. 化妆白瓷杯（03KCW-N-T0101③：32）外

3. 青白瓷碗（03KCW-N-T0101③：22-1）

4. 白瓷碗（03KCW-N-T0101③：22-1）内

5. 青白瓷碗（03KCW-N-T0101③：17-2）

6. 青白瓷碗（03KCW-N-T0101③：17-2）内

平江门遗址出土白瓷、青白瓷器

1. 碗（03KCW-N-T0101③：25）内

2. 碗（03KCW-N-T0101③：25）外

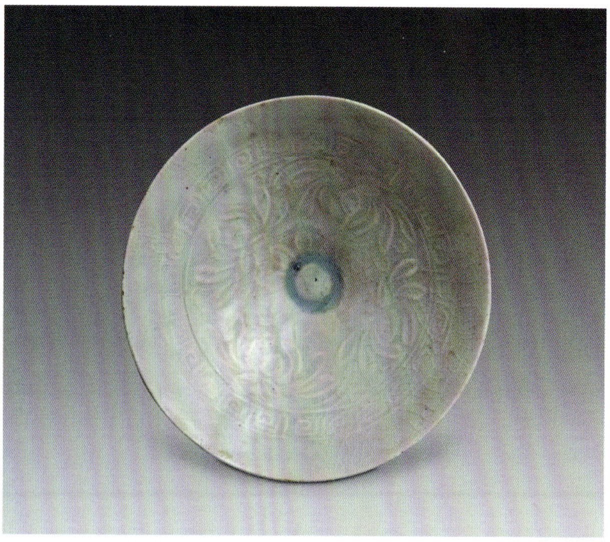

3. 盏（03KCW-N-T0101③：18-1）内

4. 盏（03KCW-N-T0101③：18-1）外

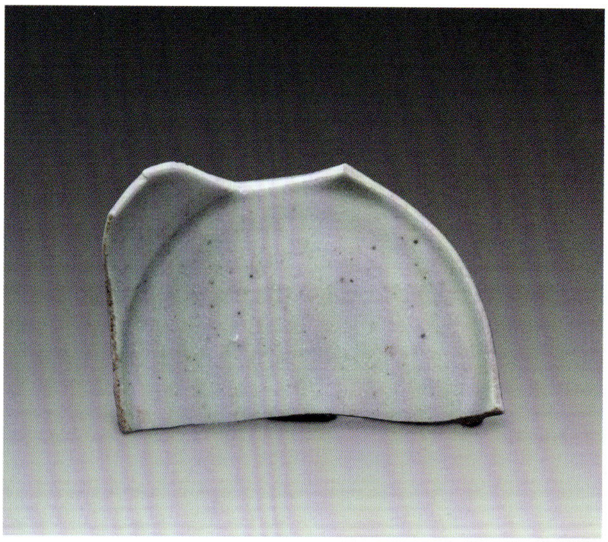

5. 圈足盘（03KCW-N-T0101③：21-1）内

6. 圈足盘（03KCW-N-T0101③：21-1）外

平江门遗址出土青白瓷器

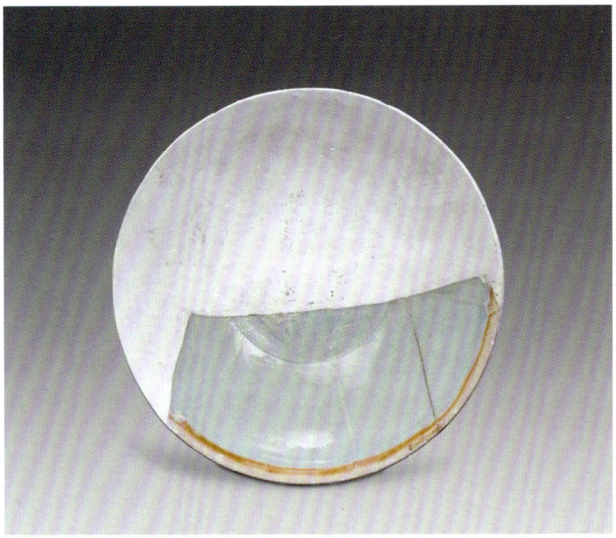

1. 圈足盘（03KCW-N-T0102③：2）内

2. 圈足盘（03KCW-N-T0102③：2）外

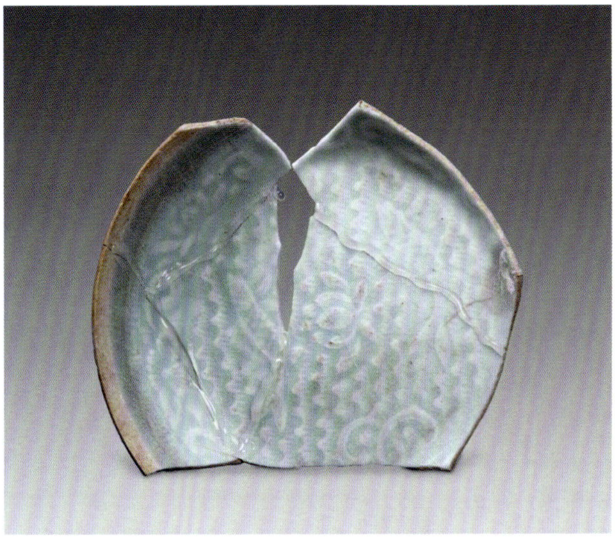

3. 平底盘（03KCW-N-T0101③：2-1）内

4. 平底盘（03KCW-N-T0101③：2-1）外

5. 平底盘（03KCW-N-T0101③：26）内

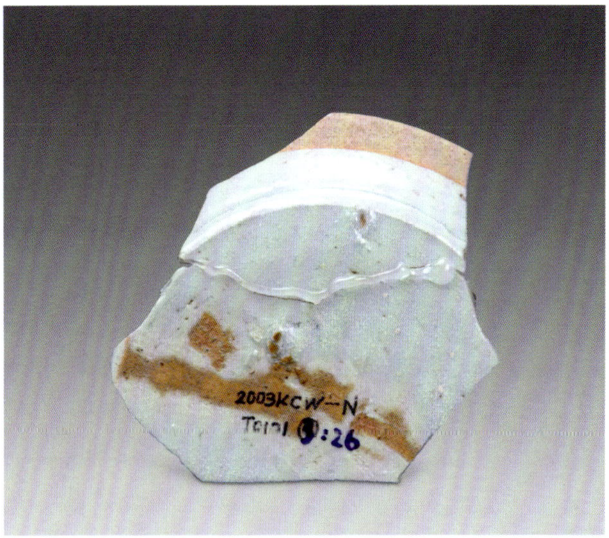

6. 平底盘（03KCW-N-T0101③：26）外

平江门遗址出土青白瓷盘

图版一八

1. 青白瓷平底盘（03KCW-N-T0101③：27）内

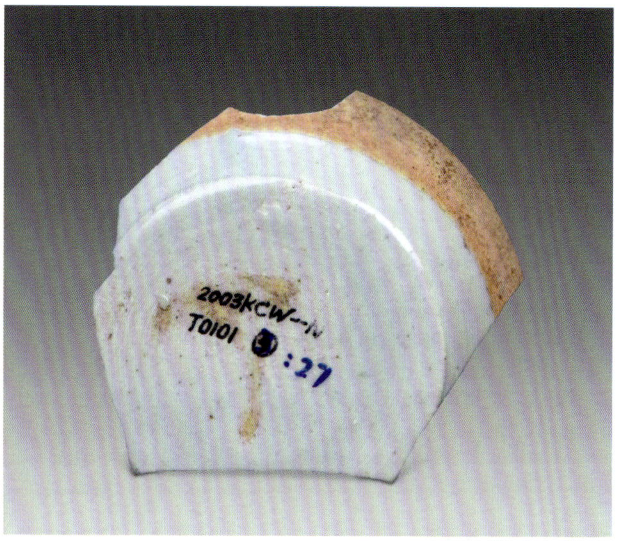

2. 青白瓷平底盘（03KCW-N-T0101③：27）外

3. 青白瓷平底盘（03KCW-N-T0101③：28-2）内

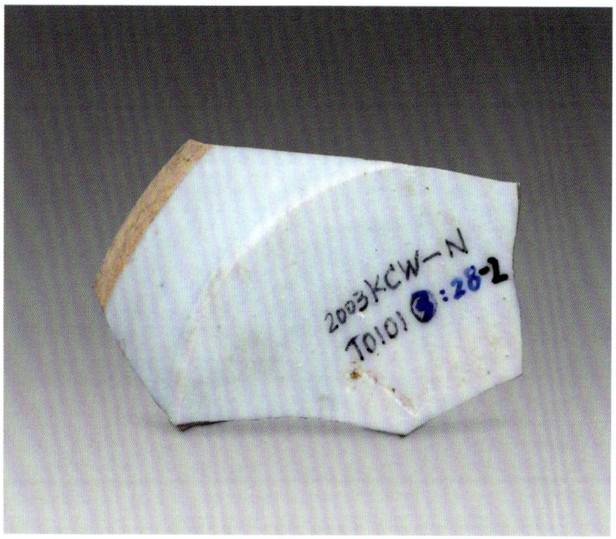

4. 青白瓷平底盘（03KCW-N-T0101③：28-2）外

5. 青白瓷罐（03KCW-NT0101Ⅱ期城墙垫土：1）

6. 黑釉白覆轮碗（03KCW-N-T0101③：5-2）

平江门遗址出土器物

1. 03KCW-N-T0101③：7-2内

2. 03KCW-N-T0101③：7-2外

3. 03KCW-N-T0102③：5内

4. 03KCW-N-T0102③：5外

5. 03KCW-N-T0101③：20-2内

6. 03KCW-N-T0101③：20-2外

平江门遗址出土黑釉涩圈碗

图版二〇

1. 03KCW-N-T0101③：1-3内

2. 03KCW-N-T0101③：1-3外

3. 03KCW-N-T0101③：22-2内

4. 03KCW-N-T0101③：22-2外

5. 03KCW-N-T0101③：28-1内

6. 03KCW-N-T0101③：28-1外

平江门遗址出土黑釉涩圈碗

1. 黑釉灯盏（03KCW-N-T0101③：8-2）

2. 黑釉灯盏（03KCW-N-T0101③：9-2）

3. 黑釉灯盏（03KCW-N-T0101③：10-2）内

4. 黑釉灯盏（03KCW-N-T0101③：10-2）外

5. 黑（酱）釉侈口盏（03KCW-N-T0101③：7-3）内

6. 黑（酱）釉侈口盏（03KCW-N-T0101③：7-3）外

平江门遗址出土酱釉、黑釉瓷器

图版二二

1. 玳瑁釉侈口盏（03KCW-N-T0101③：13-3）内

2. 玳瑁釉侈口盏（03KCW-N-T0101③：13-3）外

3. 黑釉束口盏（03KCW-N-T0101③：6-2）内

4. 黑釉束口盏（03KCW-N-T0101③：6-2）外

5. 黑釉内束口盏（03KCW-N-T0101③：19）内

6. 黑釉内束口盏（03KCW-N-T0101③：19）外

平江门遗址出土玳瑁釉、黑釉瓷器

1. 酱釉内束口盏（03KCW-N-T0101③：13-2）

2. 酱釉内束口盏（03KCW-N-T0101③：13-2）内

3. 酱釉内束口盏（03KCW-N-T0101③：13-2）外

4. 玳瑁釉内束口盏（03KCW-N-T0101③：17-3）

5. 兔毫釉内束口盏（03KCW-N-T0101③：2-2）内

6. 兔毫釉内束口盏（03KCW-N-T0101③：2-2）外

平江门遗址出土酱釉、玳瑁釉、兔毫釉瓷器

图版二四

1. 03KCW-N-T0101③：3-2内

2. 03KCW-N-T0101③：3-2外

3. 03KCW-N-T0101③：11-2内

4. 03KCW-N-T0101③：11-2外

5. 03KCW-N-T0101③：23-2内

6. 03KCW-N-T0101③：23-2外

平江门遗址出土兔毫釉内束口盏

1. 黑釉白覆轮内束口盏（03KCW-N-T0101③：12-2）内

2. 黑釉白覆轮内束口盏（03KCW-N-T0101③：12-2）外

3. 黑釉白覆轮内束口盏（03KCW-N-T0101③：15-2）内

4. 黑釉白覆轮内束口盏（03KCW-N-T0101③：15-2）外

5. 青花瓷碗（03KCW-N-T0102②：4）内

6. 青花瓷碗（03KCW-N-T0102②：4）外

平江门遗址出土黑釉瓷盏、青花瓷碗

图版二六

1. 青花瓷碗（03KCW-N-T0101Ⅲ期墙：1）

2. 青花瓷碗（03KCW-N-T0101Ⅲ期墙：1）内

3. 青花瓷碗（03KCW-N-T0101Ⅲ期墙：3）

4. 青花瓷碗（03KCW-N-T0101Ⅲ期墙：3）内

5. 釉陶盆（03KCW-N-T0101③：31）

6. 釉陶盆（03KCW-N-T0101③：31）外

平江门遗址出土青花瓷、釉陶器

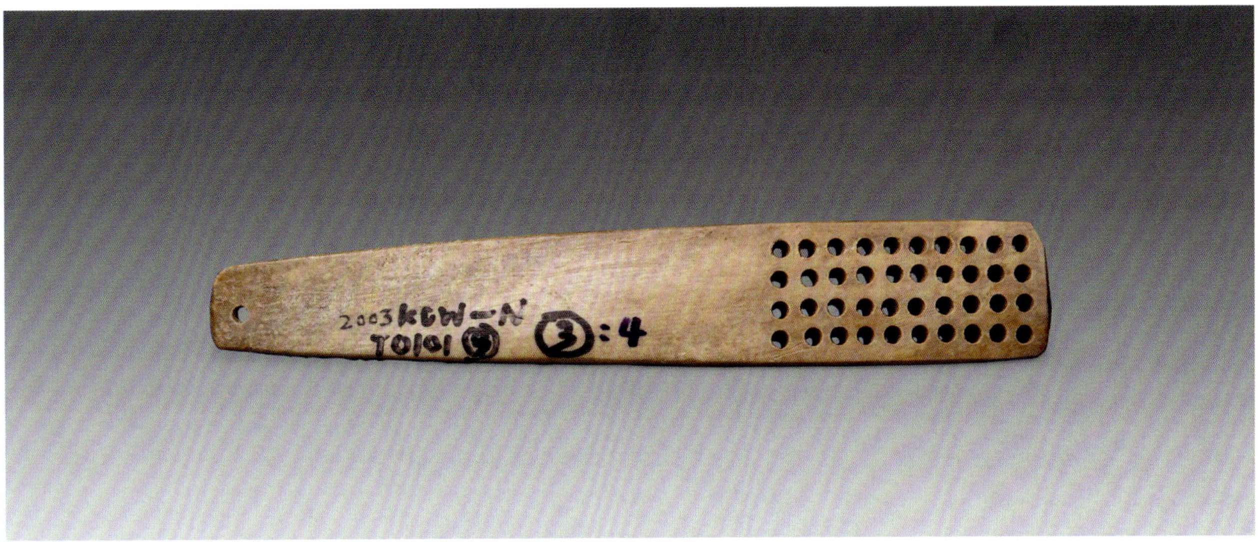

1. 骨刷（03KCW-N-T0101③：4-4）外侧

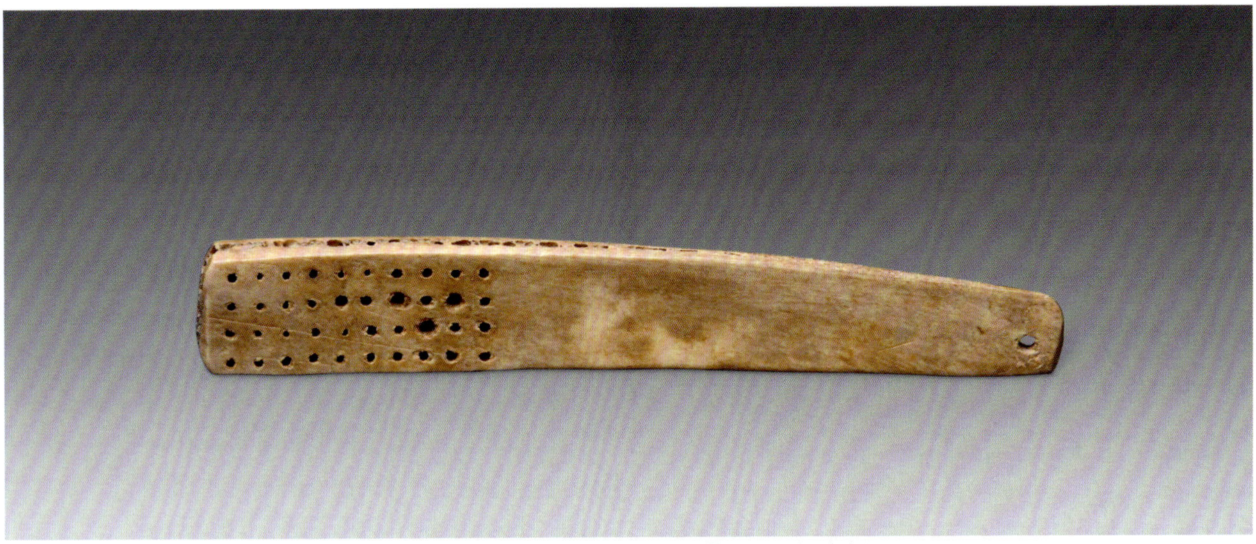

2. 骨刷（03KCW-N-T0101③：4-4）内侧

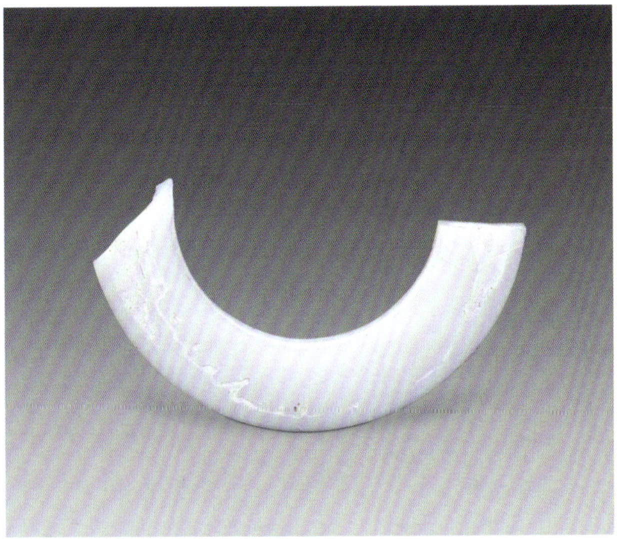

3. 石环（03KCW-N-T0101③：5-3）

4. 石盂（03KCW-N-T0101③：6-3）

平江门遗址出土骨器、石（玉）器

图版二八

1. 条状石器（03KCW-N-T0101③：1-4）正面

2. 条状石器（03KCW-N-T0101③：1-4）侧面

3. 石锛（03KCW-N-G1：2）正面

4. 石锛（03KCW-N-G1：2）侧面

5. 兽面纹瓦当（03KCW-N-T0101③：11-3）

6. 兽面纹瓦当（03KCW-N-T0101Ⅲ期墙：4）

平江门遗址出土石器、瓦当

1. 粮食局遗址布方概况（西北—东南）

2. 粮食局03KCW-L-H24（南—北）

2003年巫山古城粮食局遗址发掘现场

图版三〇

1. 03KCW-L-T0202②：16

2. 03KCW-L-T0201②：2

3. 03KCW-L-T0201②：3

4. 03KCW-L-T0201②：3外

5. 03KCW-L-T0202②：7

6. 03KCW-L-T0202②：7外

粮食局遗址出土青瓷碗

1. 03KCW-L-T0202②：1

2. 03KCW-L-T0202②：1内

3. 03KCW-L-T0202③：15

4. 03KCW-L-T0202③：15外

5. 03KCW-L-T0101②：1

6. 03KCW-L-T0101②：1外

粮食局遗址出土青瓷碗

1. 青瓷托盘（03KCW-L-T0101②：5）内

2. 青瓷托盘（03KCW-L-T0101②：5）外

3. 青白瓷碗（03KCW-L-T0202②：2）

4. 青白瓷碗（03KCW-L-T0202②：2）外

5. 青白瓷碗（03KCW-L-T0202②：5）

6. 青白瓷碗（03KCW-L-T0202②：5）外

粮食局遗址出土青瓷、青白瓷器

1. 细白瓷碗（03KCW-L-T0202②：17）

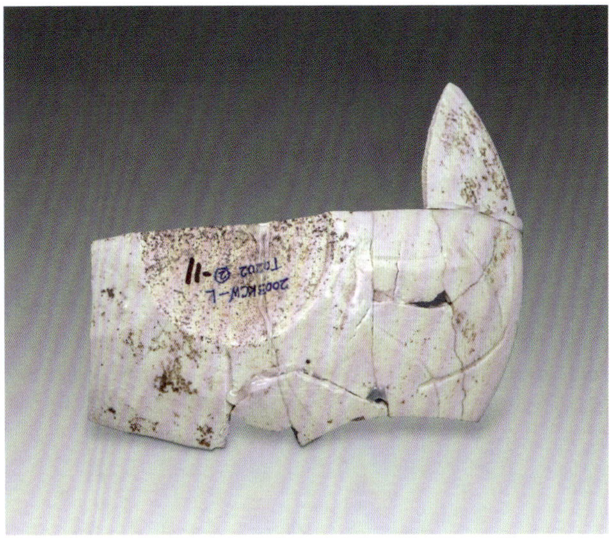

2. 细白瓷碗（03KCW-L-T0202②：17）外

3. 化妆白瓷碗（03KCW-L-T0101③：2）

4. 化妆白瓷碗（03KCW-L-T0101③：1）

5. 化妆白瓷碗（03KCW-L-T0202②：18）

6. 化妆白瓷碗（03KCW-L-T0202②：18）外

粮食局遗址出土白瓷器

1. 03KCW-L-T0202②：4

2. 03KCW-L-T0202②：4外

3. 03KCW-L-T0202②：6

4. 03KCW-L-T0202②：6外

5. 03KCW-L-T0101③：22

6. 03KCW-L-T0101③：22外

粮食局遗址出土白瓷盏

1. 斗笠碗（03KCW-L-T0402②：1）

2. 斗笠碗（03KCW-L-T0402②：1）内

3. 花口盘（03KCW-L-T0304②：3）内

4. 花口盘（03KCW-L-T0304②：3）外

5. 花口杯（03KCW-L-T0202②：8）

6. 花口杯（03KCW-L-T0202②：8）外

粮食局遗址出土青白瓷器

图版三六

1. 敞口碗（03KCW-L-T0101②：2）

2. 敞口碗（03KCW-L-T0101②：2）内

3. 敞口碗（03KCW-L-T0101②：3）

4. 敞口碗（03KCW-L-T0101②：3）外

5. 敞口盘（03KCW-L-T0101②：7）

6. 敞口盘（03KCW-L-T0101②：7）外底

粮食局遗址出土黄釉瓷器

1. 黄釉敞口碟（03KCW-L-T0101③：16）内

2. 黄釉敞口碟（03KCW-L-T0101③：16）外

3. 黄釉单把罐（03KCW-L-T0202②：14）

4. 黄釉单把罐（03KCW-L-T0202②：14）外底

5. 酱釉灯盏（03KCW-L-T0203②：3）

6. 酱釉灯盏（03KCW-L-T0203②：3）外底

粮食局遗址出土黄釉、酱釉瓷器

图版三八

1. 酱釉敛口盏（03KCW-L-T0203②：2）

2. 酱釉敛口盏（03KCW-L-T0203②：2）外

3. 黑釉敞口碗（03KCW-L-T0303②：5）

4. 黑釉敞口碗（03KCW-L-T0303②：5）外

5. 青釉盏（03KCW-L-T0102②：2）

6. 青釉盏（03KCW-L-T0102②：2）外

粮食局遗址出土酱釉瓷、黑釉瓷、青瓷器

1. 青釉钵（03KCW-L-T0101②：6）

2. 青釉钵（03KCW-L-T0101②：6）外

3. 白瓷划花盘（03KCW-L-T0202②：3）

4. 白瓷划花盘（03KCW-L-T0202②：3）内

5. 釉陶敞口盆（03KCW-L-T0304②：2）

6. 釉陶敞口盆（03KCW-L-T0304②：2）外

粮食局遗址出土青瓷、白瓷、釉陶器

1. 擂钵（03KCW-L-T0102②：5）

2. 擂钵（03KCW-L-T0102②：5）内

3. 敛口钵（03KCW-L-T0102②：1）

4. 敛口钵（03KCW-L-T0102②：1）外底

5. 单把鼓腹罐（03KCW-L-T0201②：4）

6. 单把鼓腹罐（03KCW-L-T0201②：4）外底

粮食局遗址出土釉陶器

1. 釉陶双耳鼓腹罐（03KCW-L-T0204②：1）

2. 釉陶双耳鼓腹罐（03KCW-L-T0204②：1）外底

3. 釉陶双耳折肩罐（03KCW-L-T0202②：12）

4. 釉陶双耳折肩罐（03KCW-L-T0202②：12）外底

5. 红陶卧狮（03KCW-L-T0304②：1）

6. 红陶卧狮（03KCW-L-T0304②：1）底

粮食局遗址出土釉陶、红陶器

图版四二

1. 灰陶汽锅（03KCW-L-T0202②：10）

2. 灰陶汽锅（03KCW-L-T0202②：10）外底

3. 灰陶折肩罐（03KCW-L-T0403②：3）

4. 灰陶折肩罐（03KCW-L-T0403②：3）外底

5. 角料（03KCW-L-T0104②：7）

粮食局遗址出土器物

1. 镞（03KCW-L-T0104③：7）

2. 镞（03KCW-L-T0203③：2）

3. 镞（03KCW-L-T0302③：2）

4. 环（03KCW-L-T0402②：2）

5. 泡（03KCW-L-T0205②：1）

粮食局遗址出土铜器

图版四四

1. 半两（03KCW-L-T0302③：5）正面

2. 半两（03KCW-L-T0302③：5）背面

3. 天禧通宝（03KCW-L-T0203③：1）正面

4. 天禧通宝（03KCW-L-T0203③：1）背面

粮食局遗址出土铜钱

1. 03KCW-L-T0104③：1正面

2. 03KCW-L-T0104③：1侧面

3. 03KCW-L-T0104③：3正面

4. 03KCW-L-T0104③：3侧面

5. 03KCW-L-T0104③：6正面

6. 03KCW-L-T0104③：6侧面

粮食局遗址出土石斧

图版四六

1. 锛（03KCW-L-T0104③：5）正面

2. 锛（03KCW-L-T0104③：5）侧面

3. 凿（03KCW-L-T0104③：4）正面

4. 凿（03KCW-L-T0104③：4）侧面

5. 矛（03KCW-L-T0403②：1）正面

6. 矛（03KCW-L-T0403②：1）侧面

粮食局遗址出土石器

1. 滴水（03KCW-L-T0201②：01）

2. 滴水（03KCW-L-T0201②：01）内侧

3. 石构件（03KCW-L-T0203②：06）

粮食局遗址出土滴水、石构件

1. 03KCW-L-Y2：1内侧

2. 03KCW-L-Y2：1外侧

3. 03KCW-L-Y2：2内侧

4. 03KCW-L-Y2：2外侧

5. 03KCW-L-Y2：3

6. 03KCW-L-Y2：3

粮食局遗址出土石范

1. 角锥（03KCW-L-Y2：11）

2. 骨梳（03KCW-L-Y2：29）

3. 角料（03KCW-L-Y2：9）

粮食局遗址出土骨角器

1. 角料（03KCW-L-Y2：7）

2. 角锥（03KCW-L-Y2：4）

3. 角锥（03KCW-L-Y2：12）

粮食局遗址出土角器

1. 铜镞（03KCW-L-H2：1-1、03KCW-L-H2：1-2）

2. 铜矛（03KCW-L-H2：2）

3. 青瓷碗（03KCW-L-H5③：9）

4. 青瓷碗（03KCW-L-H5③：9）内

5. 青瓷碗（03KCW-L-H5③：90）

6. 青瓷碗（03KCW-L-H5③：90）外

粮食局遗址出土铜器、青瓷器

图版五二

1. 03KCW-L-H5③：87内

2. 03KCW-L-H5③：87外

3. 03KCW-L-H5②：4

4. 03KCW-L-H5③：30

5. 03KCW-L-H5③：53

6. 03KCW-L-H5③：53内

粮食局遗址出土青瓷碗

1. 03KCW-L-H5③：101

2. 03KCW-L-H5③：101外

3. 03KCW-L-H5③：8

4. 03KCW-L-H5③：8外

5. 03KCW-L-H5③：66

6. 03KCW-L-H5③：66内

粮食局遗址出土青瓷碗

图版五四

1. 03KCW-L-H5③：92内

2. 03KCW-L-H5③：92外

3. 03KCW-L-H5③：85内

4. 03KCW-L-H5③：85外

5. 03KCW-L-H5③：26内

6. 03KCW-L-H5③：26外

粮食局遗址出土青瓷碗

1. 碗（03KCW-L-H5③：18）

2. 碗（03KCW-L-H5③：18）内

3. 碗（03KCW-L-H5③：72）

4. 碗（03KCW-L-H5③：72）内

5. 盏（03KCW-L-H5③：95）

6. 盏（03KCW-L-H5③：95）外

粮食局遗址出土青瓷器

图版五六

1. 盏（03KCW-L-H5③：88）内

2. 盏（03KCW-L-H5③：88）外

3. 盏（03KCW-L-H5③：33）

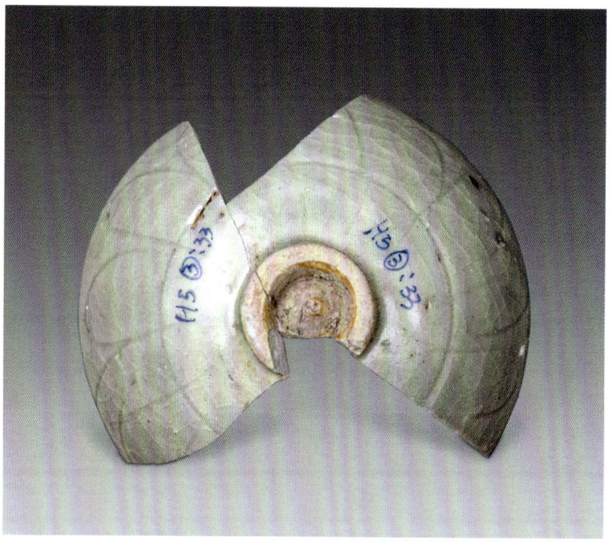

4. 盏（03KCW-L-H5③：33）外

5. 盏托（03KCW-L-H5③：40）

6. 盏托（03KCW-L-H5③：40）外

粮食局遗址出土青瓷器

1. 青瓷盏托（03KCW-L-H5③：83）

2. 青瓷盏托（03KCW-L-H5③：83）外

3. 青瓷盘（03KCW-L-H5③：15）

4. 青瓷盘（03KCW-L-H5③：15）内

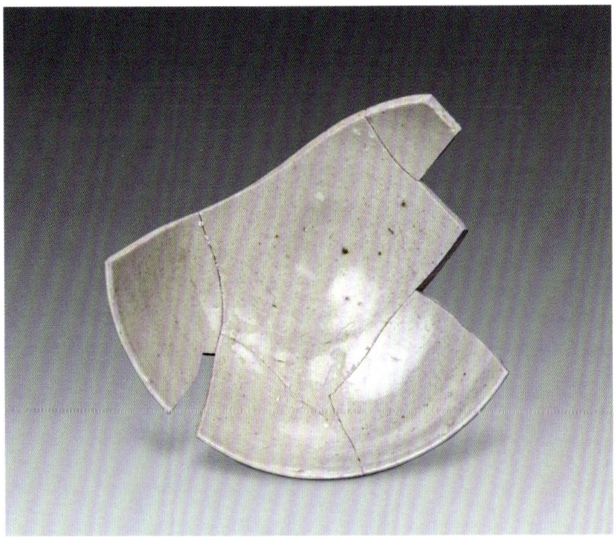

5. 白瓷盏（03KCW-L-H5③：89）内

6. 白瓷盏（03KCW-L-H5③：89）外

粮食局遗址出土青瓷、白瓷器

1. 白瓷盏（03KCW-L-H5③：100）

2. 白瓷盏（03KCW-L-H5③：100）外

3. 白瓷盏（03KCW-L-H5③：86）内

4. 白瓷盏（03KCW-L-H5③：86）外

5. 青白瓷盏（03KCW-L-H5③：77）

6. 青白瓷盏（03KCW-L-H5③：77）外

粮食局遗址出土瓷器

1. 青白瓷盅（03KCW-L-H5③：82）

2. 青白瓷盅（03KCW-L-H5③：82）外

3. 酱釉敛口盏（03KCW-L-H5③：59）

4. 酱釉敛口盏（03KCW-L-H5③：59）外

5. 黑釉内束口盏（03KCW-L-H5③：5）

6. 黑釉内束口盏（03KCW-L-H5③：5）内

粮食局遗址出土青白瓷、酱釉瓷、黑釉瓷器

图版六〇

1. 内束口盏（03KCW-L-H5③：7）

2. 内束口盏（03KCW-L-H5③：7）外

3. 内双腹盏（03KCW-L-H5①：2）

4. 内双腹盏（03KCW-L-H5①：2）内

5. 内双腹盏（03KCW-L-H5③：56）

6. 内双腹盏（03KCW-L-H5③：56）内

粮食局遗址出土黑釉瓷器

1. 黑（酱）釉侈口碗（03KCW-L-H5③：74）

2. 黑（酱）釉侈口碗（03KCW-L-H5③：74）外

3. 黑釉敛口碗（03KCW-L-H5③：27）

4. 黑釉敛口碗（03KCW-L-H5③：27）外

5. 酱釉敛口碗（03KCW-L-H5③：38）

6. 酱釉敛口碗（03KCW-L-H5③：38）外

粮食局遗址出土酱釉瓷、黑釉瓷器

图版六二

1. 03KCW-L-H5③：64

2. 03KCW-L-H5③：64外

3. 03KCW-L-H5③：54

4. 03KCW-L-H5③：54外

5. 03KCW-L-H5③：34

6. 03KCW-L-H5③：34外

粮食局遗址出土酱釉敛口碗

1. 03KCW-L-H5③：57

2. 03KCW-L-H5③：57外

3. 03KCW-L-H5③：35

4. 03KCW-L-H5③：35外

5. 03KCW-L-H5③：37-1

6. 03KCW-L-H5③：37-1外

粮食局遗址出土酱釉敛口碗

1. 03KCW-L-H5③：39

2. 03KCW-L-H5③：39内

3. 03KCW-L-H5③：44

4. 03KCW-L-H5③：44外

5. 03KCW-L-H5③：47

6. 03KCW-L-H5③：47外

粮食局遗址出土酱釉敛口碗

1. 03KCW-L-H5③：61

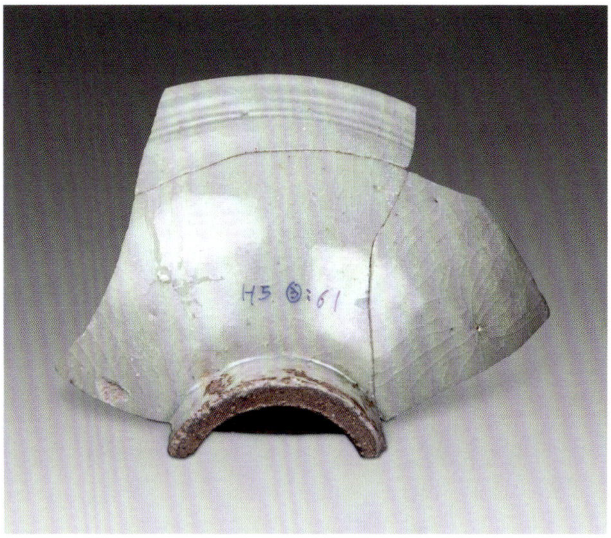

2. 03KCW-L-H5③：61外

3. 03KCW-L-H5①：63

4. 03KCW-L-H5①：63外

5. 03KCW-L-H5①：43

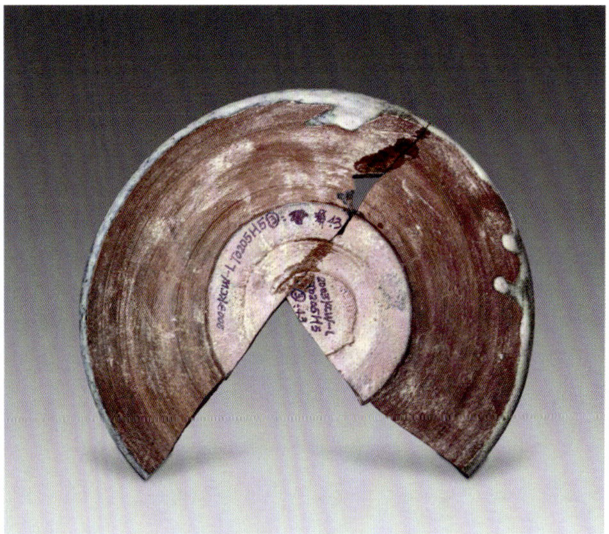

6. 03KCW-L-H5①：43外

粮食局遗址出土窑变釉瓷敛口碗

图版六六

1. 03KCW-L-H5①：55

2. 03KCW-L-H5①：55外

3. 03KCW-L-H5①：46

4. 03KCW-L-H5①：46外

5. 03KCW-L-H5③：48

6. 03KCW-L-H5③：48外

粮食局遗址出土窑变釉瓷敛口碗

1. 酱釉高足杯（03KCW-L-H5③：6）

2. 酱釉高足杯（03KCW-L-H5③：6）外

3. 釉陶鼓腹罐（03KCW-L-H5③：107）

4. 釉陶鼓腹罐（03KCW-L-H5③：107）外

粮食局遗址出土酱釉瓷器、釉陶器

1. 小口鼓腹罐（03KCW-L-H5③：106）

2. 小口鼓腹罐（03KCW-L-H5③：106）外底

3. 单把鼓腹罐（03KCW-L-H5③：78）

4. 单把鼓腹罐（03KCW-L-H5③：78）外底

粮食局遗址出土釉陶器

1. 03KCW-L-H5③：58

2. 03KCW-L-H5③：58外底

3. 03KCW-L-H5③：13

4. 03KCW-L-H5③：13外底

粮食局遗址出土釉陶单把鼓腹罐

图版七〇

1. 03KCW-L-H5③：29

2. 03KCW-L-H5③：29外底

3. 03KCW-L-H5③：80

4. 03KCW-L-H5③：80外底

粮食局遗址出土釉陶单把双耳鼓腹罐

1. 韩瓶（03KCW-L-H5③：104）

2. 韩瓶（03KCW-L-H5③：104）外底

3. 擂钵（03KCW-L-H5③：67）

4. 擂钵（03KCW-L-H5③：67）内

粮食局遗址出土釉陶器

1. 骨针（03KCW-L-H5③：2）

2. 骨锥（03KCW-L-H5③：14）

3. 角锥（03KCW-L-H5③：11）

4. 铜泡、铜杈（03KCW-L-H5③：4-2、03KCW-L-H5③：4-1）

粮食局遗址出土骨角器、铜器

1. 03KCW-L-H14：1内侧

2. 03KCW-L-H14：1外侧

3. 03KCW-L-H14：2内侧

4. 03KCW-L-H14：2外侧

粮食局遗址出土石范

1. 磨石（03KCW-L-H14：3）正面

2. 磨石（03KCW-L-H14：3）侧面

3. 石斧（03KCW-L-H14：5）正面

4. 石斧（03KCW-L-H14：5）侧面

粮食局遗址出土石器

1. 青白瓷盅（03KCW-L-H15：7）

2. 青白瓷盅（03KCW-L-H15：7）外

3. 黑釉敞口深腹碗（03KCW-L-H15：4）

4. 黑釉敞口深腹碗（03KCW-L-H15：4）外

5. 酱（黑）釉侈口碗（03KCW-L-H15：5）

6. 酱（黑）釉侈口碗（03KCW-L-H15：5）外

粮食局遗址出土青白瓷、酱釉瓷、黑釉瓷器

1. 酱（黑）釉侈口碗（03KCW-L-H15：8）

2. 酱（黑）釉侈口碗（03KCW-L-H15：8）外

3. 酱（黑）釉侈口碗（03KCW-L-H15：9）

4. 酱（黑）釉侈口碗（03KCW-L-H15：9）外

5. 黑釉内束口盏（03KCW-L-H15：13）

6. 黑釉内束口盏（03KCW-L-H15：13）外

粮食局遗址出土酱釉瓷、黑釉瓷器

1. 黑釉高足杯（03KCW-L-H15：2）

2. 黑釉高足杯（03KCW-L-H15：2）外

3. 釉陶擂钵（03KCW-L-H15：1）

4. 釉陶擂钵（03KCW-L-H15：1）内

5. 骨料（03KCW-L-H15：12）

6. 宣和通宝（03KCW-L-H15：11）

粮食局遗址出土黑釉瓷、釉陶器、骨料、铜钱

图版七八

1. 石斧（03KCW-L-H18：1）正面

2. 石斧（03KCW-L-H18：1）侧面

3. 砍砸器（03KCW-L-G1：1）正面

4. 砍砸器（03KCW-L-G1：1）侧面

5. 石范（03KCW-L-G2：1）内侧

6. 石范（03KCW-L-G2：1）外侧

粮食局遗址出土石器、石范

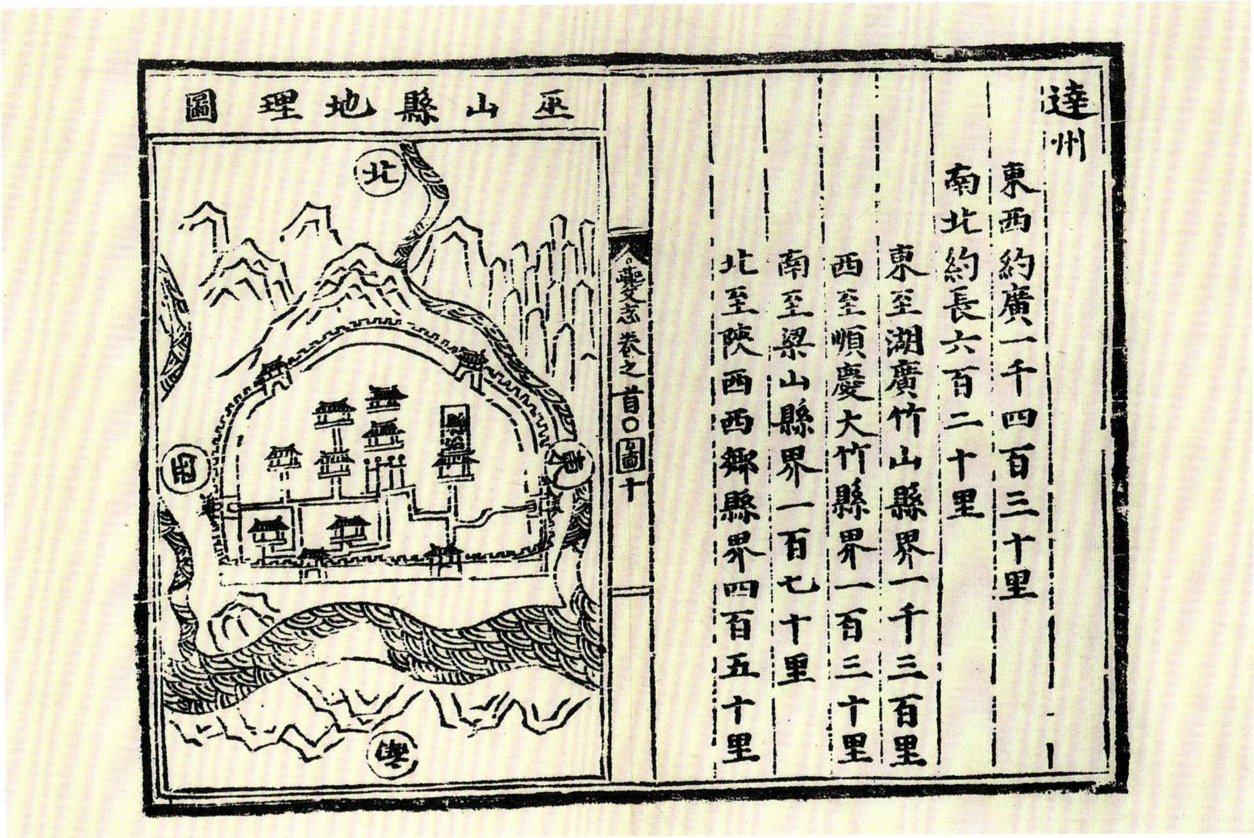

1. 清光绪十九年《巫山县志》载刻《地理图》

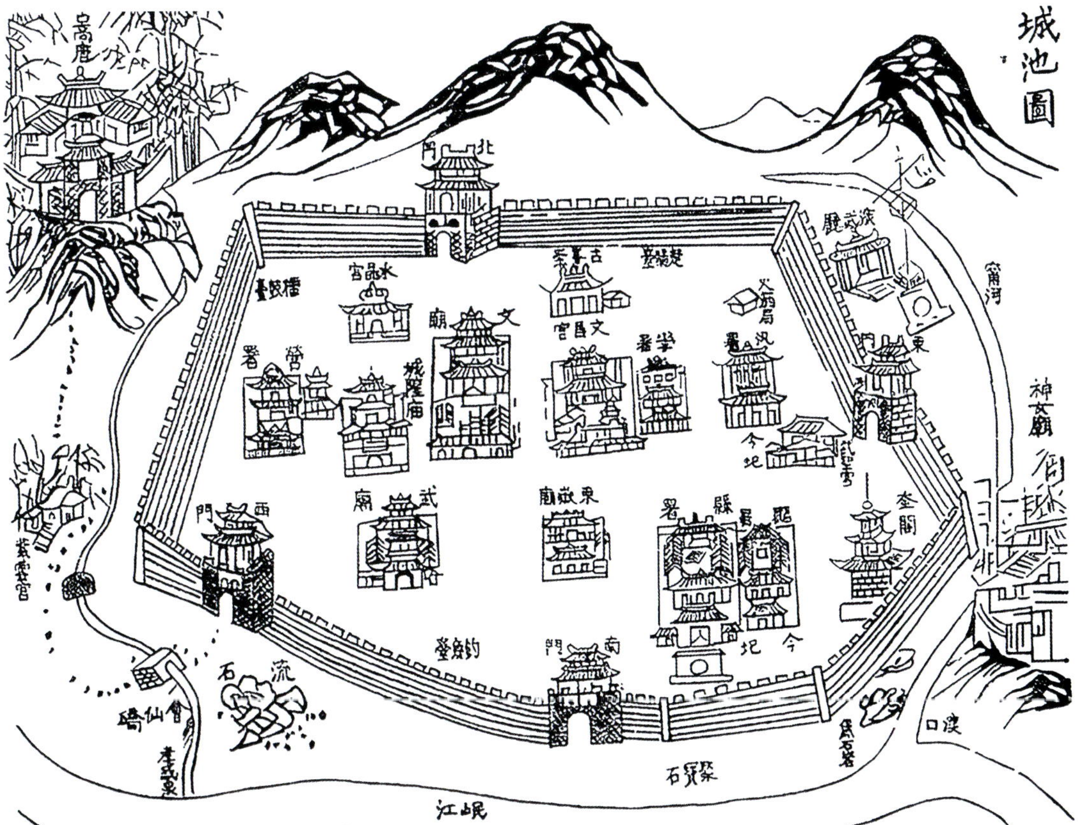

2. 清光绪十九年《巫山县志》载刻《城池图》

清光绪十九年《巫山县志》书影

蓝家寨遗址和石园子墓地地貌（西北—东南）

1. 蓝家寨遗址1994年发掘现场

2. 蓝家寨遗址2001年发掘现场全景（西—东）

蓝家寨遗址1994年发掘现场和2001年发掘现场全景

图版八二

1. 蓝家寨遗址01CWLY1（西北—东南）

2. 蓝家寨遗址01CWLH1（西—东）

蓝家寨遗址01CWLY1、01CWLH1

1. 蓝家寨遗址01CWLH4（南—北）

2. 石园子墓地发掘现场全景（西北—东南）

蓝家寨遗址01CWLH4和石园子墓地发掘现场全景

石园子墓地01CWSM1木棺及底板残痕（东—西）

石园子墓地01CWSM2（东—西）

1. 石园子墓地01CWSM3（南—北）

2. 石园子墓地01CWSM3木棺北局部（南—北）

石园子墓地01CWSM3

石园子墓地01CWSM4（东—西）

石园子墓地01CWSM5（西—东）

石园子墓地01CWSM7（西—东）

图版九〇

1. 石园子墓地01CWSM9（东—西）

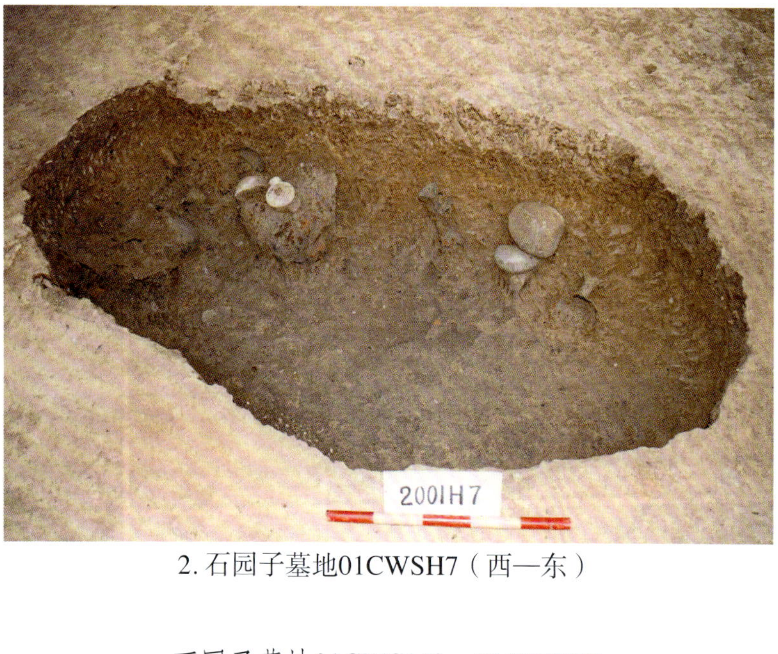

2. 石园子墓地01CWSH7（西—东）

石园子墓地01CWSM9、01CWSH7

石园子墓地01CWSM8（西—东）

图版九二

石园子墓地出土清代瓷盅01CWLT05②：11

1. 刀（02CWLH26：1）

2. 镞（02CWLT76④：1）

3. 镞（02CWLH6：1）

蓝家寨遗址2002年出土东周时期铜刀、铜镞

1. 鬲（02CWLH27：2）

2. 石范（02CWLH69：1）

3. 石范（02CWLH69：2）

4. 石锛（02CWLH28：1）侧面

5. 石锛（02CWLH28：1）正面

蓝家寨遗址2002年出土东周时期陶鬲、石范、石锛

1. 02CWLT27③B：1正面

2. 02CWLT27③B：1侧面

3. 02CWLT14③B：1顶面

4. 02CWLT14③B：1正面

5. 02CWLT14③B：1侧面

6. 02CWLT14③B：2正面

7. 02CWLT14③B：2侧面

蓝家寨遗址2002年出土东周时期铁镬

图版九六

1. 02CWLT84③B：1

2. 02CWLT73③B：1

3. 02CWLT73③B：1内

4. 02CWLT73③B：1外

蓝家寨遗址2002年出土魏晋隋唐时期陶碗

1. 宽永通宝（02CWLT32②：1）正面

2. 宽永通宝（02CWLT32②：1）背面

3. 咸丰通宝（02CWLT05②：1）正面

4. 咸丰通宝（02CWLT05②：1）背面

蓝家寨遗址2002年出土宽永通宝、咸丰通宝

图版九八

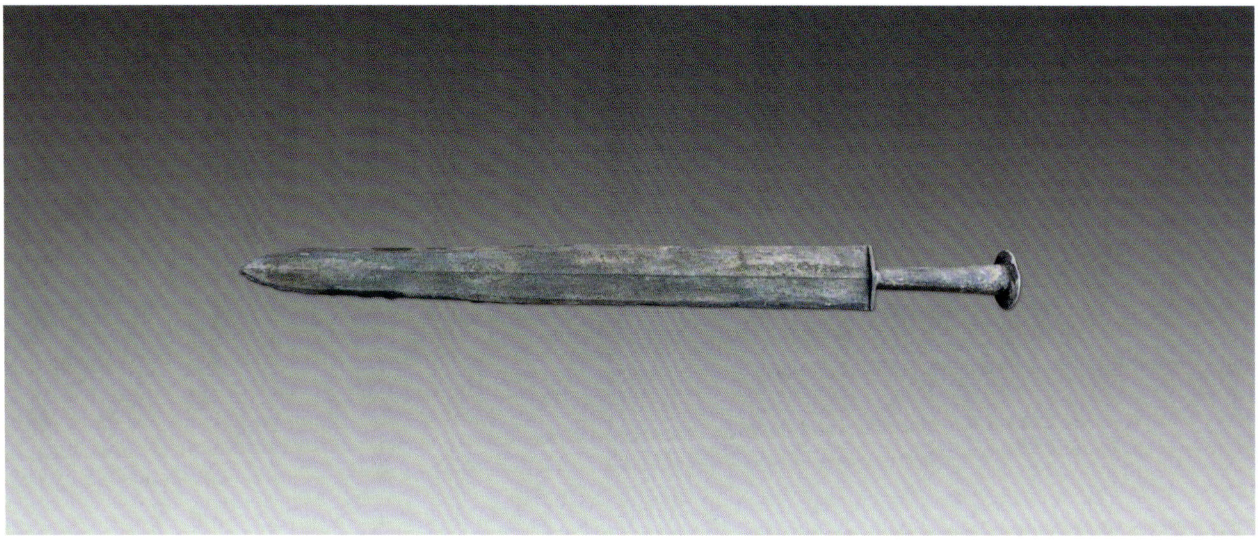

1. 剑（01CWSM3：1）

2. 戈（01CWSM3：8）

3. 戈（01CWSM3：8）

石园子墓地2001年出土东周时期铜剑、铜戈

1. 鬲（01CWSM2：1）

2. 鬲（01CWSM2：1）外底

3. 豆（01CWSM2：2）

4. 豆（01CWSM2：2）底

5. 豆（01CWSM2：7）

6. 豆（01CWSM2：7）底

石园子墓地2001年出土东周时期陶鬲、陶豆

1. 01CWSM3：5

2. 01CWSM5：1

3. 01CWSM5：2

4. 01CWSM7：2

5. 01CWSM5：3

6. 01CWSM5：3俯视

石园子墓地2001年出土东周时期陶豆

1.01CWSM7：3

2.01CWSH7：4

3.01CWSH7：1

4.01CWSH7：1底

5.01CWSH7：5

石园子墓地2001年出土东周时期陶豆

1. 豆（01CWSH7：7）内

2. 罐（01CWSM2：5）俯视

3. 豆（01CWSH7：7）

4. 罐（01CWSM2：5）

5. 豆（01CWSH7：7）外底

6. 罐（01CWSM2：5）外底

石园子墓地2001年出土东周时期陶豆、高领罐

1. 01CWSM2：4俯视

2. 01CWSM7：1俯视

3. 01CWSM2：4

4. 01CWSM7：1

5. 01CWSM2：4外底

6. 01CWSM7：1外底

石园子墓地2001年出土东周时期陶盂

图版一〇四

1. 01CWST21②：1

2. 01CWST21②：1外底

3. 01CWSH1：2

4. 01CWSH1：2内

5. 01CWSH1：2外底

石园子墓地2001年出土清代瓷盅

www.sciencep.com
(SCPC-BZBEZG10-0001)
ISBN 978-7-03-082398-4
9 787030 823984 >
定 价：328.00元